Hans-Joachim Schmutzler

Handbuch Heilpädagogisches Grundwissen

Hans-Joachim Schmutzler

Handbuch Heilpädagogisches Grundwissen

Einführung in die Früherziehung
behinderter und von Behinderung
bedrohter Kinder

Herder Freiburg · Basel · Wien

Gedruckt auf umweltfreundlichem,
chlorfrei gebleichtem Papier

2. Auflage der überarbeiteten und erweiterten Neuausgabe
(früher „Heilpädagogisches Grundwissen"
in der Reihe „kiga–hort–schule")

Umschlaggestaltung: Joseph Pölzelbauer, Freiburg
Umschlaggraphik: Barbara Theis, Freiburg

© Verlag Herder Freiburg im Breisgau 1994
Satz: DTP-Studio Helmut Quilitz, Denzlingen
Druck und Bindung: Freiburger Graphische Betriebe 2000
ISBN 3-451-27002-1

Vorwort zur überarbeiteten und erweiterten Neuausgabe

Heilpädagogik und Früherziehung behinderter und von Behinderung bedrohter Kinder haben ihre größte Wirksamkeit zwischen Geburt und Schulanfang. In dieser Zeit extremer Lernfähigkeit entwickelt das Kind den quantitativ wie qualitativ größten Teil seiner Fähigkeiten und die Grundlage seiner Persönlichkeit.

Werden in dieser lebensentscheidenden Entwicklungsphase Schädigungen, Funktionsschwächen oder Entwicklungsrisiken nicht entdeckt bzw. nicht behandelt, dann entstehen mehr und kompliziertere Entwicklungs-, Lern-, Verhaltens- und Schulschwierigkeiten mit wachsendem Behandlungsaufwand und Belastungen für das Kind und seine Familie. Viele solcher Probleme sind vermeidbar und können durch Frühförderung vermindert oder gar abgebaut werden. Die Effizienz früher medizinischer, heilpädagogischer und psychologischer Hilfen ist hinreichend wissenschaftlich geprüft. Daher führen viele früh geförderte Kinder heute als Erwachsene ein selbständiges Leben.

Trotzdem bedarf es in der Frühförderung weiterer wissenschaftlich gesicherter Qualitätssteigerungen, um für den Einzelfall die optimale Hilfe zu entwickeln. Deshalb ist die heilpädagogische Ausbildung (Professionalisierung) und die Qualitätsverbesserung heilpädagogischer Einrichtungen eine Schlüsselfrage für die Lebenschancen entwicklungsgefährdeter Kinder, damit sie nicht zu „vergessenen Bürgern" werden – so die Ärztin und Pädagogin Montessori.

Frühe Elternberatung und soziale Hilfen, Frühdiagnostik und Frühbehandlung geschädigter und entwicklungsgefährdeter Kinder sind zentrale wie auch komplexe Aufgaben, die aber allein heilpädagogisch nicht gelöst werden können. In diesem Buch wird daher das Behinderungsproblem aus heilpädagogischer, medizinischer, soziologischer und psychologischer Sicht dargestellt. So werden z. B. familiäre, elterliche und psychosoziale Probleme mit dem behinderten Kind, seine soziale Integration in Kindergarten und Schule sowie sozialrechtliche Aspekte im soziologischen Teil behandelt.

Als heilpädagogisches Grundwissen dienen die ersten Kapitel dem fachübergreifenden Verständnis der weiteren, teils überarbeiteten praktischen Kapitel (5.–7.) und Fragestellungen: Was sind und wie entstehen Behinderungen, wodurch werden sie früh erkannt, was sind die spezifischen Enwicklungs-, Lern- und Erziehungsprobleme, und welche effizienten Hilfen gibt es? Im 5. Kapitel folgen nach einem historischen Abriß der Früherziehung didaktisch-methodische Fragen der Förderpraxis mit Beispielen. Zu den Praxishinweisen und Fördermaßnahmen wurde ein Kapitel (5.8.) über Fördereffekte angefügt. Überarbeitet wurden das 6. und 7. Kapitel (Behinderungen und Störungsbilder) durch die Einfügung von Beispielen effizienter Förder- und Therapiemaßnahmen für hörgeschädigte (Cochlea-Implantate), hyperaktive und lernschwache Kinder (Mathematik, Schriftsprache). Stärkere Praxisorientierung bestimmt auch das 7. Kapitel mit heilpädagogischen Fragestellungen der Schule: z. B. Bedingungen und Effekte schulischer Integration behinderter Kinder speziell auch durch die Montessori-Pädagogik.

Diese heilpädagogische Grundorientierung gibt Studierenden ein Überblickswissen. Für die Elterninformation gibt es Praxishinweise, Anleitungen für den Umgang mit dem Kind und zur Kindbeobachtung. Heilpädagogische PraktikerInnen und LehrerInnen finden hier neben Grundinformationen auch Hilfen in Praxisbeispielen und in der weiterführenden Literatur.

Danken möchte ich für konstruktive Leserzuschriften und den Mitarbeitern des Herder-Verlages für ihre Mühe und Geduld mit dem Autor.

Hans-Joachim Schmutzler

Inhalt

1 Was ist eine Behinderung?

Die behinderten Kinder sind dazu da,
um uns die Liebe zu lehren.
(Russ. Sprichwort)

Der Begriff „Behinderungen" wird im Sinne von „anormal" seit 1958 von Egenberger in der Heilpädagogik verwendet.

Definition Behinderung bezeichnet allgemein sowohl Schädigungen als auch Funktionsausfälle und -minderungen des Menschen, die seine Entwicklung zur selbständigen und verantwortlichen Lebensführung (Autonomie) beeinträchtigen und ihn gesellschaftlich im Vergleich zu den Gesunden graduell benachteiligen oder hilfsbedürftig machen.

Bleidick, ein führender deutscher Heilpädagoge, definiert Behinderung daher wie folgt:

> „*Als behindert gelten Personen, die infolge einer Schädigung ihrer körperlichen, geistigen oder seelischen Funktionen soweit beeinträchtigt sind, daß ihre unmittelbaren Lebensverrichtungen oder ihre Teilhabe am Leben der Gesellschaft erschwert werden.*"[1]

Ähnlich ist dies auch im Sozialgesetzbuch definiert.

Verschiedene andere, teilweise ähnliche Begriffe gibt es im Behindertenrecht (Arbeitsförderungsgesetz, Kranken- und Rentenversicherungsrecht), im Schulrecht (Sonderschulaufnahmeverfahren), Sozialhilfe-, Straf-, Zivil-, Unfall-, Versicherungs-, Versorgungsrecht.[2]

1.1 Behinderungsarten und Klassifizierung

Behinderungs-einteilungen Die verschiedenen Einteilungen und Abgrenzungen der Behinderungsarten richten sich jeweils nach den Wissenschaften, dem Behindertenrecht und Institutionen, die sich mit Behinderten befassen. Danach gibt es verschiedene Einteilungen:

1. Medizinische (nach Krankheitsbildern, Organschädigungen, Ursachen und Defekten);
2. Pädagogische Einteilungen (z. B. nach Behinderungsformen, z. B. Blinde, nach Lernbehinderungen und vorhandenen Behindertenschulen und -einrichtungen, z. B. Frühförderstellen);
3. Sozial- bzw. versicherungsrechtliche Einteilungen, aber keine einheitlich standardisierte Klassifikation.

So ist die nachstehende Übersicht auch deswegen unvollständig, weil u. U. auch neue Behinderungen entstehen können (z. B. Strahlengeschädigte nach Tschernobyl, Dioxin-Fälle, Kehlkopflose, exogene Psychosen, gesichtsversehrte Menschen, Gliedmaßenfehlbildungen und -verluste, Mucoviscidose usw., s. S. 36)

Nachstehend sind alle Arten der Behinderungen (bzw. von Behinderten) nach ihren geläufigen Bezeichnungen aufgeführt; entsprechende Begriffe und medizinische Bezeichnungen sind in Klammern genannt.[3]

- Anfallskranke (Epileptiker)

- Altersgebrechliche

- Geisteskranke (Psychotiker)
  - Schizophrene
  - Manisch-Depressive

- Hörgeschädigte
  - Gehörlose (Taubstumme)
  - Schwerhörige

- Intelligenzgeschädigte
  - Geistigbehinderte (z. B. Mongoloide)
  - Lernbehinderte

- Körperbehinderte
  - Gliedmaßenfehlbildungen (Dysmele) und Gließmaßenverlust
  - Krampfgelähmte (zerebrale Bewegungsstörungen; Spastiker und Atethotiker)
  - Querschnittgelähmte
  - Kindergelähmte (Poliomyelitis)
  - Muskelerkrankte (z. B. Muskelschwund, progressive Muskeldystrophie)
  - Wirbelsäulenerkrankte (Skoliosen)
  - Erkrankungen des Zentralnervensystems (Multiple Sklerose, Spina bifida, Hydrocephalus)
  - Knochenerkrankungen (z. B. Knochenentzündungen,
  - Knochentuberkulose, Glasknochenkrankheit)
  - Bluter (Hämophilie)

- Patienten mit Kunstafter (Anus-praeter-Träger; Ileostomie und Kolostomie)
- Rheumaerkrankte (Rheuma und Gelenkrheuma)

- Langfristig Kranke
  - z.B. Zuckerkranke (Diabetiker) und Nierenkranke (Dialysepatienten)

- Sehgeschädigte
  - Blinde
  - Sehbehinderte
  - Taubblinde

- Sprachbehinderte
  - Hörstumme (Aphatiker)
  - Stotterer und Polterer
  - Stammler
  - Dysgrammatiker
  - Stimmstörungen
  - Verzögerte Sprachentwicklung
  - Kehlkopflose

- Verhaltensgestörte
  - Neurotiker
  - Sozial Vernachlässigte und Verwahrloste
  - Autisten

1.2 Mehrfachbehinderung als Regelfall

Die Schwierigkeiten einer einheitlichen Einteilung liegt nicht nur in den verschiedenen Zuständigkeiten, wie z.B. Medizin, Pädagogik, Versicherungs- und Arbeitsrecht usw., sondern auch in der Tatsache der Behinderung selbst: Kaum eine Behinderung ist eine einfache, sondern in der Regel eine Mehrfachbehinderung.

Definition

„Von Mehrfachbehinderten ist immer dann die Rede, wenn zwei oder mehrere Behinderungen zusammentreffen. Dies ist keineswegs die Ausnahme, sondern die Regel. Es gibt, vereinfacht rubriziert:
- *zusammentreffende Behinderungen, die zwangsläufig in einem Kausalzusammenhang (Verursachungszusammenhang, Verf.) stehen: Aus einer Behinderung (der Primärbehinderung) folgt eine zweite (die Sekundär- und Folgebehinderung), z.B. Gehörlosigkeit hat Sprachbehinderung zur Folge;*
- *Behinderungen, die nicht in einem Kausalverhältnis zueinander*

stehen; keine der zusammentreffenden Behinderungen ist Folge der anderen; z. B. Blindheit und Gehörlosigkeit (Taubblindheit);
- *Behinderungen, die nicht zwangsläufig in einem Kausalverhältnis zueinander stehen: Eine Behinderung kann Folge einer anderen sein, muß es aber nicht; häufig sind die Kausalverhältnisse nicht klar ersichtlich, z. B. wenn Lernbehinderung und Verhaltensstörung sich wechselseitig bedingen."*[4]

Pechstein fand in seinen Untersuchungen vor, daß 70% des Mainzer Krankengutes (Kinderneurologisches Zentrum Rheinld.-Pfalz, Mainz) mehrfachbehinderte Kinder sind[5], so daß eine eindeutige Zuordnung zu einer bestimmten Behinderung wie Körperbehinderte oder Lernbehinderte usw. nicht immer möglich ist. In fast allen Behindertenarten sind Mehrfachbehinderungen die Regel, d. h. eine Behinderung ist immer ein komplexes, mehrere Funktionsbereiche wie Sprache, Intelligenz, Lernverhalten usw. erfassendes und beeinträchtigendes Phänomen.

Dazu ein Beispiel:

Mehrfachbehinderungen bei zerebraler Bewegungsstörung[6]

Ein weiteres Beispiel für die Art der Mehrfachbehinderungen ergibt eine Übersicht von 444 Kindern mit zerebraler Bewegungsstörung, die 1972 im Kinderzentrum München betreut wurden. Von diesen CP-Kindern hatten:

194	= 43,7 %	spastische Lähmungen,
28	= 6,3 %	Athetosen,
26	= 5,9 %	Ataxien,
17	= 3,8 %	Hypotonie-Syndrom bzw. Morbus Förster,
112	= 25,22%	minimale zerebrale Bewegungsstörungen,
32	= 7,2 %	charakteristische Mischtypen,
35	= 7,8 %	nicht näher differenzierte zerebrale Bewegungsstörungen.

9,2% der CP-Kinder waren nur einfach, 22% zweifach, 32,2% dreifach, 27,9% vierfach, 7,4% fünffach, 1% sechs- bis siebenfach behindert.

An Häufigkeiten einzelner Behinderungen waren festzustellen:

9,2% „nur" zerebrale Bewegungsstörung,
17,8% Anfallsleiden,
43,4% Sehbehinderung,
5,2% Hörbehinderung,
44,5% Sprachstörungen,
29,0% schwere Verhaltensstörungen,
65,7% Entwicklungsverzögerung und Intelligenzdefekte.

1.3 Behinderung als pädagogischer Begriff

Definition

Eine Behinderung wird eine pädagogische bzw. heilpädagogische Aufgabe dann, wenn die Erziehung mit ihren Maßnahmen behindert wird, die Erziehbarkeit des Kindes und seine Lernfähigkeit so beeinträchtigt sind, daß die für das Leben in der jeweiligen Gesellschaft notwendigen humanen Kompetenzen (Sprache, Denken, Sozialverhalten, Schrift, Selbstversorgung usw.) nicht in dem Maße hinreichend entwickelt werden können, daß eine von Erwachsenen relativ unabhängige und selbstverantwortliche Lebensführung (Autonomie) möglich ist.

Heute gibt es neben dem Begriff der Heilpädagogik noch die Begriffe Pädagogik der Behinderten, Sonderpädagogik, Sondererziehung und Rehabilitation, die häufig synonym verwendet werden.[7]

Die Unterschiede in diesen Begriffen liegen neben historischen Gründen (Heilpädagogik ist der älteste Begriff) in den wissenschaftlichen Begründungen und Sichtweisen (Paradigma, Paradigmen) der Behinderungen und Behindertenpädagogik.

Bleidick unterscheidet:

Behinderungs-paradigmen

1. „Das personorientierte Paradigma. Behinderung ist eine individuelle, meist medizinisch faßbare Kategorie", d. h., „Behindertsein erscheint ... als ein absolut feststehender Defekt, als persönliches, weitgehend unabänderliches und hinzunehmendes Schicksal", das alle sozialen und umweltbedingten Ursachen und Bedingtheiten usw. weitgehend ausblendet.[8] In diesem medizinisch-organologischen Ansatz werden der Pädagogik und Früherziehung nachgeordnete Bedeutungen und Wirkungsmöglichkeiten zugeschrieben.

2. „Das interaktionistische Paradigma. Behinderung ist ein sozialer Zuschreibungsprozeß", d. h., „Behinderung ist vom soziologischen Definitionsansatz her kein vorgegebener Zustand, sondern ein Zuschreibungsprozeß von den Erwartungshaltungen der Gesellschaft"[9]. Danach werden Behinderungen bzw. Behinderte z. B. administrativ „gemacht" oder durch die gesellschaftlichen Umstände, Benachteiligungen usw. „bedingt". Aus dieser Sicht gewinnt die Pädagogik und Früherziehung große Einflußmöglichkeiten, indem sie durch ihre Maßnahmen und politische Aktionen Behinderungen als Zuschreibungsprozesse (Etikettierung, Stigma, siehe unter Soziolog. Teil) weitgehend verhindert oder abbaut.

3. „Das systemtheoretische Paradigma. Behinderung ist organisations-
soziologisch faßbar ein Resultat von Ausdifferenzierung und Entlastung des allgemeinen Schulwesens", d. h., „Behinderung ist eine
vom komplexen Verwaltungsstatus der Großorganisation Bildungs-
und Ausbildungswesen erzwungene Folge der Ausdifferenzierung.
Behinderte Schüler sind jene Schüler, die mit den Mitteln der allgemeinen Schule nicht hinreichend gefördert werden können"[10] und
folglich zu Behinderten erklärt und in Sonderschulen etc. eingewiesen werden oder nicht zu bestimmten Ausbildungen zugelassen
werden. Dieser Ansatz trifft vor allem die lernbehinderten Kinder
und Jugendlichen, Ausländer u. a. sozial Benachteiligte. Hier haben
z. B. Frühförderung, Schule und Lehrerschaft die Möglichkeit und
Aufgabe, Aussonderung zu vermeiden (Prävention).

4. „Das politökonomische Paradigma. Behinderung ist ein Produkt
der Klassengesellschaft", d. h., „Behinderung ist aus den Produkti-
ons- und Klassenverhältnissen der Gesellschaft zu begreifen. Sie ist
insbesondere ein Resultat kapitalistischer Ausbeutung insofern, weil
die Schule für Behinderte als eine dem Arbeitsmarkt vorgelagerte
Institution ein Element im Reproduktionsprozeß der Gesellschaft
darstellt"[11], die „Behinderte" als billige Arbeitskräfte braucht und
deshalb bestimmte Gruppen aussondert. Auch hier hätten Pädagogik, Frühförderung und Schule neben ihren pädagogischen Möglichkeiten vor allem eine politisch-schulsystemverändernde und
gesellschaftskritische Funktion.

Was bedeuten diese Sichtweisen für die Praxis?

Bleidick sieht als das „einigende Band" dieser Sichtweisen das „Hand-
lungsinteresse":

**Praxis-
orientierung**

■ Der erste, medizinische Ansatz „will Defekte heilen oder bestenfalls
Vorsorge treffen".

■ Der zweite Ansatz will Stigmata verhindern und abbauen bzw. das
Kind „normalisieren".

■ Der dritte Ansatz „sucht die Schule als Organisation zu verbessern"
und die Behinderten zu integrieren.

■ Der vierte Ansatz „muß notwendigerweise die Gesellschaft verändern wollen, von der er annimmt, daß sie Behinderte produziert"[12].

Zweifelsohne ist für die Verbesserung der Lebens- und Entwicklungsbedingungen eine Synthese dieser Ansätze notwendig, aber gleichzeitig kann die Pädagogik als die dem einzelnen Kind verpflichtete Praxis nicht auf diese Synthese warten oder gar zuerst auf die Veränderung der Gesellschaft bauen, sondern sie muß unter den gegebenen Umständen jetzt und effektiv handeln. Diese Paradigmen sind für die pädagogische Praxis insofern wichtig, wie sie ihre Ansatzpunkte und Grenzen klar erkennen kann und wo sie politisch-konstruktiv sich für die Behinderten einsetzen muß.

1.4 Dimensionen der Behinderung

1.4.1 Behinderung – ein relativer Begriff

Lebensnormen und -anforderungen

So kann z. B. eine Schädigung des Auges graduell vom totalen Funktionsausfall – Blindheit – bis zu Funktionsminderungen in Form von Kurzsichtigkeit usw. reichen. Dementsprechend unterschiedlich ist der Grad der visuellen Beeinträchtigung, Selbständigkeit bzw. Abhängigkeit nach Maßgabe gesellschaftlicher bzw. beruflicher Standards, Anforderungen und Normen, je nachdem, auf welche Tätigkeit (z. B. schulisches Lernen, Beruf) oder Lebensvollzugsform (z. B. selbständige Fortbewegung, Selbstversorgung) diese Funktionsminderung bezogen wird.

Behinderung ist also ein relativer Begriff, der das Verhältnis der Behinderung zu den Anforderungen umschreibt, die das „Leben" in seiner gesellschaftlichen Situation an den Behinderten stellt, bzw. wie die Gesellschaft (Staat, Wirtschaft, Schule, Wissenschaft, insbesondere Medizin usw.) Behinderung definiert oder normiert.

Beispiel:
Blindheit kann daher sehr unterschiedlich funktionsmindernd und individuell wie gesellschaftlich wirksam werden:

■ In bezug auf die *selbständige Lebensführung* und Selbstversorgung wie Waschen, An- und Ausziehen usw. kann es durch eine frühzeitige Erziehung nur geringe Probleme geben.
■ In bezug auf den Besuch von *Kindergarten und Schule* werden die Probleme schon größer, weil es nicht überall entsprechende Einrichtungen gibt, also: für Behinderte gibt es weniger *Bildungsmöglichkeiten* als für Nichtbehinderte, d. h., hier sind ggf. die gesellschaftlichen Schulangebote niedriger.
■ In bezug auf die *Lernmöglichkeiten* ergeben sich diverse technische Abhängigkeiten, spezielle Förderbedürfnisse und inhaltliche Einschränkungen.

- In bezug auf die *Berufsausbildung* und Ausübung sind enge Ausbildungs- und Zulassungsgrenzen gesetzt, wenngleich es Beispiele genug gibt, daß bestimmte Berufe voll ausgeübt werden können (so gibt es z. B. blinde Juristen, Hochschullehrer).
- In bezug auf die *Freizeit*, wo die Teilhabe im Sport, beim Besuch eines Konzertes, beim Reisen usw. i.d.R. Begleitpersonen erforderlich sind oder sich z. B. Sportvereine gegenüber Behinderten mehr oder weniger öffnen, also gesellschaftliche Normen, Vorurteile und Wertvorstellungen hier wirksam werden.

Die Behinderung und Funktionsminderung ist also in Relation zu den individuell möglichen Lebensvollzugsformen und den jeweiligen gesellschaftlichen Realitäten, ihren Bildungs- und Berufsanforderungen bzw. Normen, Wertvorstellungen, den Lebensstandards usw. zu sehen. Behinderung hat also auch einen gesellschaftlichen Bezug. Demgegenüber hat Behinderung auch einen subjektiven Bezug.

1.4.2 Behinderung und subjektives Erleben

Behindertsein als Lebenszustand und Erlebnisweise umschreibt die Formen von Aktion und Reaktion des Menschen auf die persönlichen Einschränkungen und Funktionsminderungen – wie er mit seiner Behinderung umgeht und wie er mit den psychosozialen Reaktionen aus der Familie, der Schule und der Gesellschaft auf sein Behindertsein

Selbstkonzept Identität reagieren lernt. Erlebt er sich z. B. als minderwertig, verzweifelt, verlassen, oder entwickelt er ein individuelles Wohlbefinden, ein selbst- und lebensbejahendes tragfähiges Selbstkonzept, eben trotz seiner Behinderung eine individuelle und stabile Identität als eine immer wieder neu zu gestaltende Balance zwischen Ich und Umwelt?[13]

1.4.3 Behinderung – ein Prozeß

Behinderungen können sich verschlimmern, ausweiten, gemildert werden oder sogar ganz verschwinden.

Behinderung: Statik und Dynamik Bleidick spricht daher von Behinderung als „Prozeßbegriff"[14], wenn Behinderungen z. B. mit der Geburt auftreten und zu Folgebehinderungen (konsekutive Behinderungen) führen können. So kann eine Gehörlosigkeit konsekutiv (Folgewirkung einer Schädigung) Sprachbehinderungen, intellektuelle oder auch soziale Behinderungen verursachen.

Behinderungen können aber auch durch frühe und systematische pädagogische oder medizinische Maßnahmen abgebaut und geheilt werden (z. B. Bewegungsbehinderungen, Lernbehinderungen, Gaumenspalte). Schließlich können Behinderungen präventiv (vorbeugend) beseitigt werden, wenn z. B. bei angeborenen Stoffwechselstörungen eine Diät u. a. medizinische Maßnahmen erfolgen und somit Intelligenzminderung und andere Schäden vermieden werden.

1.4.4 Wandel des individuellen Behinderungsbildes

Behinderungen können ihr Erscheinungsbild im Verlauf der Entwicklung verändern. Behinderungen können

Verschlimmerung und Heilung

– sich negativ verändern durch unabwendbare Verschlimmerungen (z. B. progressiver Muskelschwund, Erblindung), oder
– sich positiv verändern bis zur völligen Aufhebung der Behinderung durch medizinische oder z. B. heilpädagogische Maßnahmen, oder
– vorübergehender Art sein, wenn z. B. nach einem Unfall oder einer Krankheit Funktionsausfälle bzw. -minderungen eintreten, wie z. B. bei komplizierten Knochenbrüchen, oder
– sich verfestigen, wenn z. B. eine komplizierte Meniskusoperation nicht gelingt und eine dauerhafte Versteifung des Knies eintritt.

1.4.5 Behinderung und Lebensalter

Biographische Aspekte

Behinderung steht auch in einer Relation zum Lebensalter. Wir erwerben nicht nur mit zunehmendem Alter Behinderungen aufgrund der Alterungsprozesse (z. B. Gedächtnis- und Bewegungsschwächen usw.), sondern bestimmte Behinderungen treten nur in bestimmten Altersstufen auf, wie z. B. Lernbehinderungen, bestimmte Sprachbehinderungen (z. B. Sprachentwicklungsverzögerungen) oder Verhaltensauffälligkeiten. Lernbehindert ist man in der Regel nur in bezug auf die mehr oder weniger angemessenen Anforderungen der Schule, oder bestimmte Sprachbehinderungen treten nur in der Kindheit auf.

1.4.6 Behinderung und Krankheit

Krankheiten sind in der Regel vorübergehender Art, die aber zu einer Behinderung werden können, wenn sie ärztlich als solche festgestellt werden und dann Rehabilitationsmaßnahmen und Heilpädagogik erforderlich machen.[15]

1.4.7 Behinderung und soziale Ausgrenzung

Ein besonderes Problem stellen soziale Auslese- und Selektionsmaß-
nahmen dar, die Kinder oder Erwachsene mit bestimmten Funktions-
Sozialauslese oder Leistungsschwächen zu Behinderten „machen", indem z. B. die
Schul- oder Arbeitsnormen so gestaltet werden, daß eine Gruppe mit
bestimmten Leistungs- oder Persönlichkeitsmerkmalen (etwa im Lern-
vermögen oder im Sozialverhalten) zu Behinderten gemacht wird.
Man spricht hier vom „systemtheoretischen" bzw. „gesellschaftstheore-
tischen" Modell, wonach ein bestimmtes Schul- oder Gesellschafts-
system seine „Behinderten" mehr oder weniger absichtlich verursacht
und aussondert, weil sie z. B. in der Schule oder im Arbeitsleben den
Leistungsanforderungen nicht genügen oder systematisch benachteiligt werden, damit man billige und anspruchslose Arbeitskräfte verfügbar hat.[16]

1.4.8 Behinderung als pädagogische Aufgabe

Nicht jede Behinderung wird zu einer pädagogischen Aufgabe. Behinderungen, die erst im Erwachsenenalter auftreten, können, müssen
aber nicht in den Bereich der Pädagogik fallen. Eine Beinamputation
im Erwachsenenalter kann z. B. ohne Pädagogik „bewältigt" werden.
Eine unfallbedingte Sprachbehinderung wird dagegen im Erwachsenenalter durchaus die Sprachheilpädagogik erfordern.

Soziale Zu- Danach ist es auch eine Frage der behinderungspolitischen Zuord-
ständigkeit für nung, d. h., ob eine Behinderung überhaupt der Pädagogik oder ob
Behinderungen sie z. B. allein der Medizin oder anderen helfenden bzw. heilenden
Instanzen als Aufgabe zugewiesen wird oder überhaupt keiner. Geistig
schwerbehinderte Kinder z. B. wurden bis vor wenigen Jahrzehnten als
„nicht schulfähig" zumindest von der Schulpädagogik ausgeschlossen
und in der Nazi-Diktatur als „lebens-unwertes Leben" vernichtet. Die
grauenhaften Bilder z. B. aus den rumänischen Kinderlagern zeigen,
daß soziale Ausgrenzung und Ausschlüsse jeglichen Rechts auf humane Hilfen sowie Erziehung durchaus noch zur heutigen Realität gehören.

2 Behinderung aus medizinischer Sicht

Für die Heilpädagogik bzw. Frühförderung ist die Medizin mit ihren diagnostischen und therapeutischen Möglichkeiten einschließlich der ihr nachgeordneten Heilberufe (z. B. Physiotherapeuten, Logopäden) unerläßlich.

Medizinische Aufgaben und Hilfen

Die Medizin gibt der Frühförderung Aufschluß über
– die organischen Ursachen;
– Art, Schwere und Wirkung der Schädigung (Noxe bzw. Noxen);
– die Reiz- und Informationsverarbeitung des Nervensystems (sie ist grundlegend für Lern-, Lehr- und Erziehungsprozesse);
– die Dauer und den Umfang bzw. Grad der schädigenden Einwirkung (Noxe, Noxen);
– den Zeitpunkt, zu dem diese Noxe einwirkt, weil man „annehmen darf, daß, je früher eine Schädigung eintritt, sie sich desto diffuser und schwerwiegender auswirkt; so auch, ob das betroffene Gehirn noch unreif ist oder ob es schon eine differenzierte Entwicklungsstufe erreicht hat;
– die im Bereich des ZNS (Zentrales Nervensystem) meist sehr unregelmäßig und ganz verschiedenartig lokalisierten Schädigungen (Defekte);
– die individuellen, vor allem konstitutionellen Bedingungen der Betroffenen selbst und ihrer Familie,
– die Häufigkeit des Vorkommens bestimmter Formen von Behinderungen;
– die Kombinationen mehrerer Behinderungen miteinander;
– die Notwendigkeit, das Störungsbild differentialdiagnostisch aufzuklären bzw. verbindlich einzuordnen";[17]
– die pädagogischen Möglichkeiten, Grenzen und Belastbarkeiten des behinderten Kindes;
– die Diagnose der Normalentwicklung und ihre Abweichungen, was wiederum für Fördermaßnahmen von unerläßlicher Bedeutung ist;[18]

– die Belastbarkeit der Familie mit dem behinderten Kind, d. h., ob und wie eine Familie mit dem behinderten Kind umgehen kann, welche Therapien, Behandlungs- und Förder- bzw. Hilfsmaßnahmen angebracht und zumutbar sind, um auch die Familie vor Überlastung zu schützen. Überforderte Familien, insbesondere Mütter, können für das behinderte Kind, die ggf. vorhandenen Geschwister und die Ehe schließlich zu einem unkalkulierbaren Risiko werden.

Außerdem ist die Medizin durch medizinische Gutachten eine wichtige Instanz (in Verbindung mit dem Gesundheits-, Versorgungs- und Sozialamt) bei der Initiierung, Genehmigung, Durch- und Fortführung der Frühfördermaßnahmen.

2.1 Der Behinderungsbegriff aus medizinischer Sicht

Die Medizin sieht Behinderung vor allem von den Ursachen und ihren Folgen her. Dabei unterscheidet sie: *Schädigung, Behinderung* und *Benachteiligung.*

Ursachen- und Folgenkette

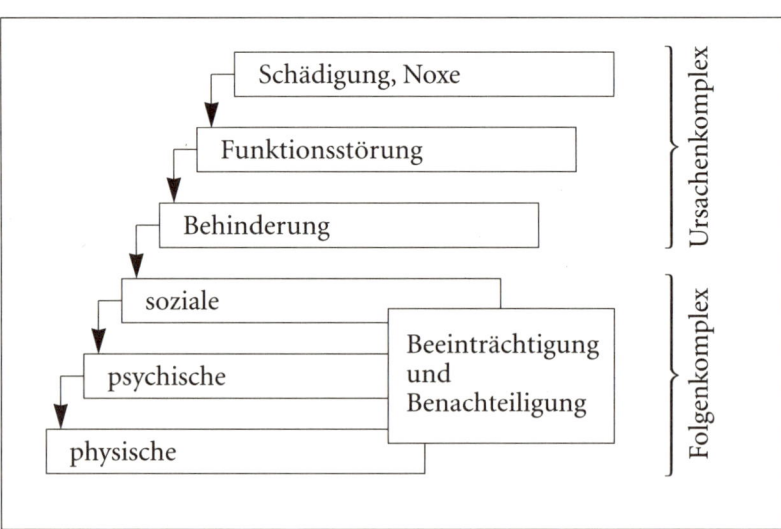

Ursachen- und Folgenkette bei einer Behinderung[19]

Die Medizin unterscheidet zwischen „Schädigung", „Behinderung" und „Benachteiligung" als einer Ursachen-Folgen-Kette mit unterschiedlichen Auswirkungen auf den Menschen:
– hinsichtlich der Komplexität,
– der Dauer und
– der Funktionen, wie z.B. Sprache, Bewegung, Intelligenz, Sozialverhalten usw.

Definition Nach dieser Ursachen-Folgen-Kette definiert Paul[20] im Anschluß an Riviere diese medizinische Begriffe wie folgt:

„Wir unterscheiden: ‚Einfachbehinderungen' von ‚Mehrfachbehinderungen' ohne eine verbindliche Abgrenzung zwischen diesen Begriffen zu haben außer der, daß eine Funktion im Gegensatz zu mehreren Funktionen des Menschen nicht oder nicht vollständig ausgeübt werden können. Selbst der Terminus ‚Behinderung' ist nicht eindeutig definiert. Ich möchte Ihnen deshalb drei Definitionen von M. Riviere aus den ‚Rehabilitation Codes' in deutscher Übersetzung vorstellen:

a) Schädigung (impaiement) ist jede Abweichung von der Norm, die sich in einer fehlerhaften Funktion, Struktur, Organisation oder Entwicklung des Ganzen oder einer seiner Anlagen, Systeme, Organe, Glieder oder von Teilen hiervon auswirkt.
b) Behinderung (disability) ist jede Beeinträchtigung, die das geschädigte Individuum erfährt, wenn man es mit einem nicht geschädigten Individuum des gleichen Alters, Geschlechts und gleichem kulturellen Hintergrund vergleicht.
c) Benachteiligung (handicap) ist die ungünstige Situation, die ein bestimmter Mensch infolge der Schädigung oder Behinderung in den ihm adäquaten psychosozialen, körperlichen, beruflichen und gesellschaftlichen Aktivitäten erfährt.

Das heißt zusammengefaßt: Schädigung ist die gestaltliche Veränderung, die Behinderung ist die funktionale Auswirkung hiervon, während sich die Benachteiligung als mögliche soziale Folge der Behinderung einstellen kann."

2.2 Probleme der Diagnose und Prognose

Entwicklungs-
offenheit

Nach dem obigen Schema von Paul erfolgt aus einer primären Schädigung oder Funktionsstörung nicht zwangsläufig eine Behinderung. Sie
kann es werden, wenn aus einer Wechselwirkung zwischen Individuum
und Umwelt oder aus einer primären Schädigung funktionelle Ausfälle
oder Minderungen entstehen.

So kann z. B. aufgrund einer minimalen Hirnstörung in einem pädagogisch ungünstigen Milieu durchaus eine Behinderung in Lese-
Rechtschreibfähigkeit oder eine Schulschwierigkeit oder Benachteiligung (z. B. Einschränkung der Berufswahl) entstehen.

Das Zusammenwirken von Schädigungen und Folgeschäden sowie der
damit möglicherweise entstehenden Behinderungen ist medizinisch
nicht sofort und eindeutig oder gar endgültig abklärbar, weil es

> *„eine scharfe Grenze zwischen Normalem und Pathologischem …
> nicht gibt, zumal die Grenzwerte immer noch gleichzeitig von vielen
> anderen Faktoren abhängen, die sie beeinflussen, die nicht immer leicht
> erfaßbar sind"* [21].

Zwar gelingt es heute „zu jedem Zeitpunkt der kindlichen Entwicklung,
aus anamnestischen und momentanen Umständen, statistisch die
aktuellen Entwicklungsrisiken zu erfassen", aber „für das einzelne
Kind ist eine sichere prognostische Aussage nicht möglich", und „im
1. Lebensjahr können wegen der noch im Fluß befindlichen Hirnrei-
fung definitive Diagnosen nicht gestellt werden". [22] Aus dieser diagnostischen und damit auch prognostischen Unsicherheit heraus erfolgt
die Notwendigkeit einer fortlaufenden Kontrolle der Kinder.

Fortlaufende
Kontrolle

2.3 Ursachenfelder von Behinderungen (Ätiologie)

Die Ursachen von Behinderungen und Entwicklungsabweichungen sind – wie die nachstehende Übersicht zeigt – im wesentlichen nicht erblicher oder genetischer Art, sondern exogene Schädigungen, also Einflüsse aus den Lebensumständen der Schwangeren, ihrer sozialen, ökonomischen und psychischen Situation und damit der des Kindes.

Entstehungsbedingungen von Behinderungen

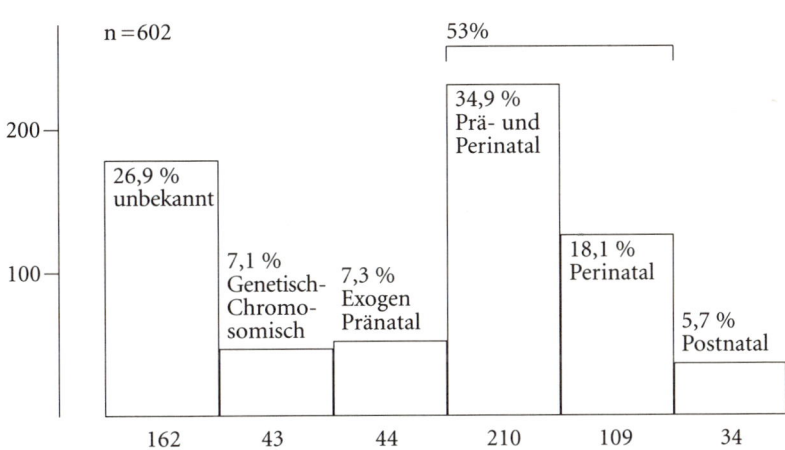

Wahrscheinliche Entstehungsbedingungen kindlicher Behinderungen. Bei der Auswertung ausführlicher, standardisierter Anamnesebögen von 602 zentralnervös geschädigten, behinderten Kindern unter Berücksichtigung des klinischen Befundes betrug der Anteil an prä- u./o. perinatalen Belastungsfaktoren mehr als 50% (nach Kuntze und Eckart 1973).[23]

Diese Ursachen-Felder beeinflussen den Schwangerschaftsverlauf und damit die prä-, peri- und postnatale (vor, während der Geburt und nachgeburtlich) Entwicklung des Kindes.

Weil nicht aus jeder Schädigung eine Behinderung entsteht, aber entstehen kann, ist die Erfassung und Beobachtung der sog. Risikokinder von entscheidender Bedeutung.

2.4 Was sind Risikokinder?

Die Ursachenforschung hat in den beiden letzten Jahrzehnten zunehmend auch die vorgeburtliche Entwicklung und die sozialen Bedingungen der Schwangerschaft einbezogen.

**Schädigungs-
zeitpunkt und
Folgen**

Mit Risikokindern bezeichnet Göllnitz solche Kinder, die „als potentiell gefährdet in ihrer körperlichen und geistigen Entwicklung gelten und einer besonderen Kontrolle, Fürsorge, Therapie und Förderung bedürfen."[24] Er nennt als „Schwerpunkte der Erfassung (von Risikokindern) genetische Erkrankungen in der Aszendenz (Verwandtschaftsverhältnis in aufsteigender Linie, Verf.), pathologische Schwangerschaftsverläufe, komplizierte Geburtssituationen, Auffälligkeiten in der Neugeborenenperiode, zerebrale Krampfanfälle" usw.[25]

Es ist mit immer größerer Sicherheit erkannt worden, daß der Zeitpunkt der Schädigung entscheidend ist für den Ort, das Ausmaß und den Grad einer Schädigung. Das hängt mit den sog. kritischen Phasen der pränatalen Entwicklung zusammen, in denen Fehlbildungen (Teratogenwirkungen) entstehen können.[26] Aus dem Schema S. 31 wird ersichtlich, daß die embryonale Phase als risikoreichste Entwicklungszeit anzusehen ist.

2.5 Zahlen über Risikokinder

**Notwendigkeit
früher
Beobachtung**

Die Zahlen schwanken erheblich. Nach Göllnitz müßte man, würden alle bekannten prä-, peri- und postnatalen Risikofaktoren zugrundegelegt, 60% aller Neugeborenen erfassen[27]. Flehmig zitiert Autoren, nach denen in 20–30% aller Schwangerschaften für Feten Risikofaktoren bestehen und 10–15% aller Neugeborenen nicht unter „optimalen Bedingungen" zur Welt kommen.[28]

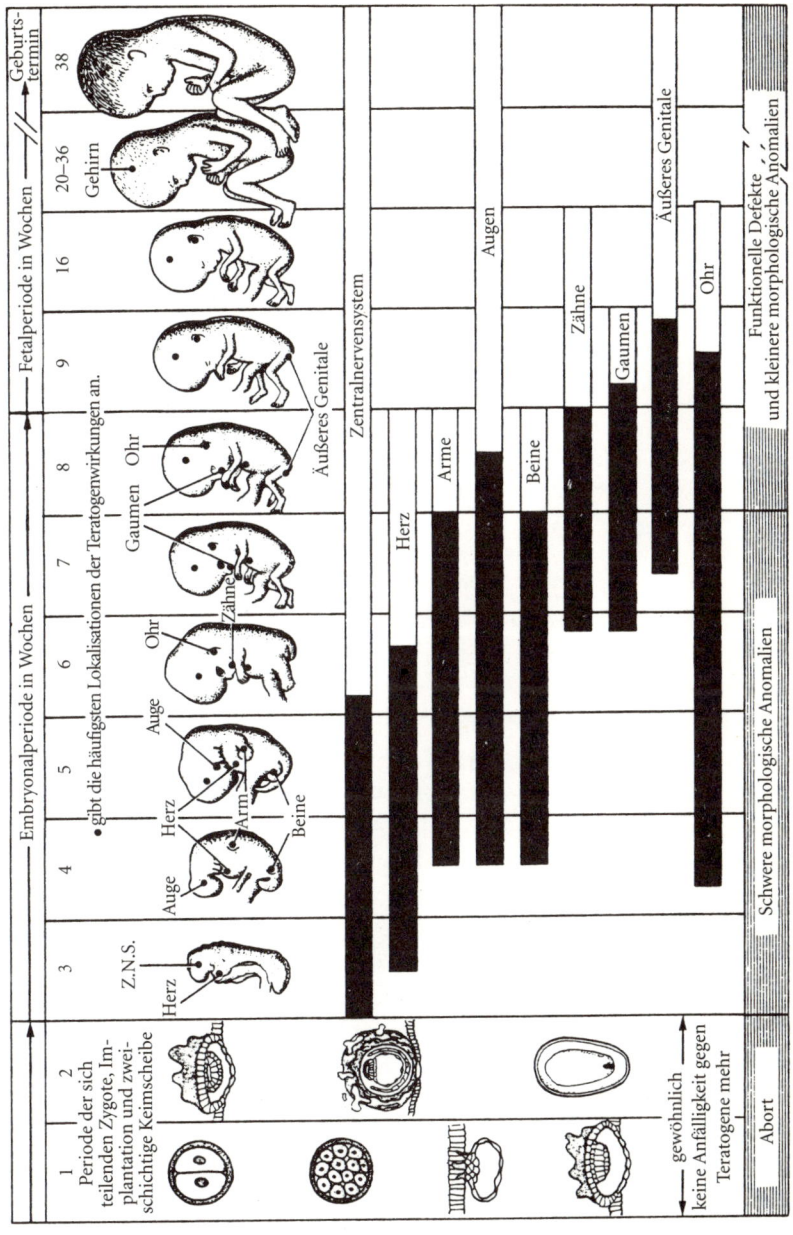

Pechstein[29] nennt wiederum andere Zahlen:

> Überschlägige Regel für die regionale Schätzung von medizinisch-pädagogisch-sozialem Betreuungsbedarf im Bundesgebiet aufgrund der Geburtenzahlen von 1972/73.
>
> In Regionen mit 1 Million Einwohnern *werden geboren:*
> ca. 12 000 Kinder je Jahrgang, darunter
> a) 20 % = 2400   *Risikokinder:*
>   Belastung meist schon nach der Geburt erfaßbar, spätere Entwicklung jedoch überwiegend ohne Behinderung
> b) 10 % = 1200   *Überwachungskinder:*
>   zumeist unter a) enthalten; in den ersten beiden Lebensjahren entwicklungs-neurologisch auffällig; Beobachtung erforderlich, häufig jedoch ‚Spontanremis-sion' der Symptome ohne spätere Behinderung
> c) 5 % = 600   *behinderte Kinder:*
>   zumeist unter a) oder auch b) enthalten. Nur ein geringer Teil von ihnen – schwergeschädigte bzw. dysplastische Kinder – ist schon in den ersten Lebens-monaten diagnostizierbar. Mit dem Alter zunehmender Anteil postnataler Be-hinderungsursachen (psychosoziale Deprivation, Unfälle etc.)
>
> *leben im Kindesalter – 15 Jahrgänge –:*
> ca. 9000 behinderte Kinder.

2.6 Schwangerschaft, Behinderungsrisiko und –prävention

Schon vor der Zeugung sind einige insbesondere erbliche Risikofak-toren zu beachten, die erkennbar sind und durch das Aufsuchen einer genetischen Beratungsstelle abgeklärt werden können.

Beratungs hilfen
Die Bundesregierung gibt folgende Hinweise für das Aufsuchen einer Beratungsstelle[30]:

„Werden unsere Kinder gesund sein?
Diese Frage sollte immer gestellt werden, wenn Einzelpersonen und Paare ein Risiko für ihre Kinder befürchten, weil

– ein oder beide Partner an einer Erbkrankheit leiden oder als Über-träger von Erbkrankheiten in Betracht kommen;
– in der Verwandtschaft mehrmals gleiche Behinderungen aufgetreten sind;

– bereits ein behindertes Kind geboren wurde;
– eine Ehe unter Blutsverwandten geplant ist, oder
– ältere Paare sich ein eigenes Kind wünschen.

Fachleute empfehlen besondere Aufmerksamkeit bei folgenden Krankheitsgruppen:

– Mißbildungen und Mißbildungssyndrome,
– Stoffwechselerkrankungen,
– Nerven- und Geisteskrankheiten,
– Muskelerkrankungen,
– Blindheit und Sehbehinderung ohne erkennbare äußere Ursache,
– Taubheit oder Schwerhörigkeit,
– Hauterkrankungen,
– Störungen der Geschlechtsentwicklung (auch gehäufte Fehlgeburten),
– Bluterkrankheit."

2.7 Erbschäden und Chromosomenabnormalitäten

Obwohl diese Ursachengruppe zu den kleineren zählt, führen Schädigungen des Erbgutes zu den schwersten Fehlentwicklungen und organischen Schäden bzw. Mißbildungen beim Kind.

Umweltrisiken Verantwortlich sind dafür u. a.
– Mutationen (Veränderungen im Erbgut);
– Strahlenschäden (man denke an Hiroshima, Tschernobyl);
– Medikamente (z. B. Contergan, Hormonbehandlungen), insbesondere ärztlich unkontrollierte Medikamenteneinnahme, und
– chemische Einflüsse (Pflanzenschutzmittel);
– dioxinhaltige Umweltgifte, Blei, Cadmium, Quecksilber, Dieselruß, Schwefeldioyid, Kupfer, Chlororganische Verbindungen, PCB, Benzol, Tuluol.

Chromosomenveränderungen sollen bei ca. 0,5 % aller Lebendgeborenen vorkommen.[31]

2.7.1 Chromosomenabnormalitäten oder -aberrationen

Chromosomen sind die Träger der Erbanlagen bzw. der Gene. Chromosomen bestimmen u. a. die Blutgruppe, Körpergröße und -form, beeinflussen die Intelligenz und auch bestimmte Krankheiten. Chromosomen des Menschen wurden nach ihrer Größe, Form und Anordnung gruppiert und numeriert von 1–46 und zu 23 Paaren geordnet.

Erbanlagen und komplexe Schäden

In der Verbindung von männlichem Samen und weiblicher Eizelle werden die Erbanlagen an das Kind weitergegeben. In beiden Zellarten ist je ein Zellkern mit den Chromosomen enthalten. Angeborene Schädigungen einer Zelle, Störungen in dem Prozeß der Zellvereinigung und der darauffolgenden Zellteilungen des werdenden Kindes nennt man Chromosomenabnormalitäten oder -aberrationen.

Chromosomenschädigungen führen u. a. zu Minderwuchs, Fehlbildungen innerer Organe, wie z. B. Nieren, Herz- und Gefäßanomalien, Fehlbildungen der Geschlechtsorgane, schwacher Sexualität, Immunschwächen, Bluterkrankungen (Leukämie) usw., aber auch zu psychisch-geistigen Schwächen und Verhaltensstörungen, Passivität, Bewegungsarmut und vielen anderen Störungen.

Zu den häufigeren Formen von Chromosomenschäden gehört das Ulrich-Turner-Syndrom (Organische Schäden wie z. B. Skelettmißbildungen, Minderwuchs, Sinnesschäden, Intelligenzschwäche usw.; 1 : 2500 weibl. Neugeborenen) und das Klinefelter-Syndrom (1 : 600 überwiegend männl. Neugeborenen, Lernbehinderte).

Zu den bekannteren Behinderungen aufgrund von Chromosomenabnormalitäten gehört das Down-Landonsche Syndrom (Mongolismus) oder Trisomie 21.

Auf ca. 600 Geburten entfällt ein Fall von Trisomie 21, und die Fälle steigen an, insbesondere bei Müttern ab ca. 35 Jahre. Bei den 46 paarweise angeordneten Chromosomen der menschlichen Zelle ist es bei der Trisomie 21 zu einer Störung beim Chromosom 21 gekommen, d. h., statt der zwei sind an diesem Paar drei Chromosomen, also eine Trisomie angeordnet. Das führt beim Kind zu einem komplexen Schädigungsbild mit körperlichen Merkmalen (z. B. geburtliches Untermaß und -gewicht, Zurückbleiben des Längenwachstums, häufig angeborene Herzfehler, Deformationen der Finger, überdurchschnittlich häufig Leukämieerkrankungen, vermindertes Gehirngewicht, Mongolenfalte beim Auge), Intelligenzmängel, sensorische Schäden u.v.a. … Dieses Insgesamt von Schwächen und Schädigungen führt trotz moderner medizinischer Hilfen zu einer stark verminderter Lebenserwartung: Bis zum Ende des 1. Lebensjahres sterben 40 % der Geburten, und nur 40 % erreichen das 6. Lebensjahr.[32]

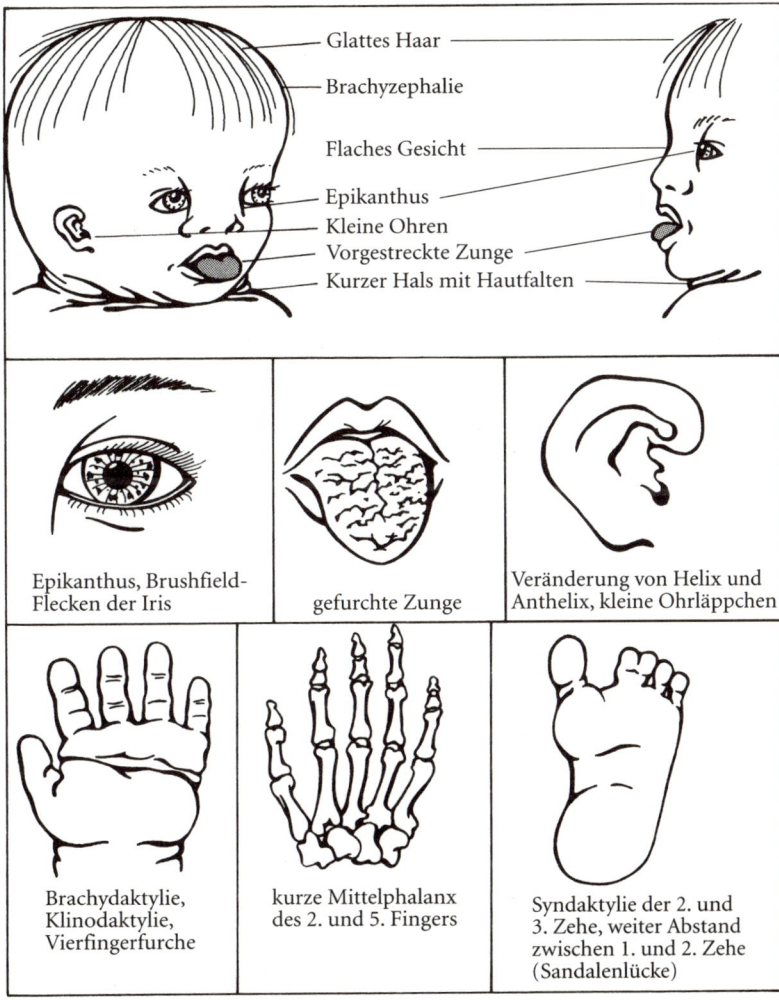

Verschiedene Symptome bei Down-Syndrom (Trisomie 21) am Gesicht, an Augen, Ohren, Zunge, Händen und Füßen[33]

2.7.2 Stoffwechsel- und Drüsenerkrankungen

Auf Erbschäden sind vielfältige Stoffwechselerkrankungen und Ernährungsstörungen zurückzuführen, die zu Schwachsinn (z. B. Lernbehinderung), zu geistiger Behinderung und beträchtlichen Lebenserschwerungen führen können. Bekannte Schädigungen sind die verschiedenen Muskeldystrophien (Muskelschwund).

Heilungsrisiken und -chancen In den alten Bundesländern wurden 500 Jungen mit diesen Erbschäden jährlich geboren. Dieses Leiden hat – besonders vom Typ Duchenne – z. Zt. wenig Chancen auf Heilung, sondern eher auf Linderung.[34]

Zu den angeborenen Stoffwechselerkrankungen zählt auch die Phenylketonurie (Fehlen eines Leberenzyms), die aber durch zuverlässige Frühdiagnose und Diät gut behandelbar ist.[35]

Auch die Mucoviscidose (Cystische Fibrose) ist nicht selten. Es ist eine Erkrankung der schleim- und schweißproduzierenden Drüsen, führt zu Entwicklungsverzögerungen, chronischem Husten, weil die Schleimdrüsen ihr Sekret in die Luftwege abgeben, und außerdem zu schweren Verdauungsstörungen im Darm.

Ohne Frühdiagnose und -behandlung – das zeigen amerikanische Studien – sterben 60 % dieser Kinder im 1. und 90 % bis zum 4. Lebensjahr. Man rechnet 1 Kind auf 1000–2000 Geburten. Diese Kinder können, bei rechtzeitiger Diagnose, medizinischer Behandlung und pädagogischer Förderung sogar Spitzenleistungen in der Schule erreichen.[36]

2.8 Pränatale Risiken

Pechstein hat diese Risiken zusammengestellt.[37] Auf einige soll hier eingegangen werden.

„Pränatale Gefährdung in der Schwangerschaft

Risikofaktoren
1. Schlechte soziale Stellung der Mutter und mangelhafte medizinischsoziale Schwangerschaftsfürsorge.
2. Sehr junge oder alte Mütter (unter 18 und über 35 Jahren).
3. Infektionskrankheiten während der Schwangerschaft.

4. *Andere Krankheiten der Mutter, insbesondere Diabetes, Hyperthyreose, Nephropathie, cardiopulmonale Insuffizienz.*
5. *Chemotherapeutica und andere differente Medikamente, Nikotinabusus, radioaktive Bestrahlung und große Chirurgie während der Schwangerschaft.*
6. *Blutgruppenunverträglichkeit.*
7. *Uterusblutungen während der Schwangerschaft.*
8. *Hydramnion (Fruchtwasserstörung).*
9. *Anhalt für rezidivierende Gestationsstörungen (reproductive failure).*
10. *Mehrlingsschwangerschaft.*
11. *Abnorm kurze (unter 37 Wochen) und abnorm lange (über 42 Wochen) Schwangerschaft.*
12. *Intrauterine Mangelernährung und Placenta-Insuffizienz (Hypotrophie oder ‚small for dates infants' = untermaßige Kinder trotz normaler Schwangerschaftsdauer)."*

2.9 Infektionen (Beispiele)

2.9.1 Röteln

Schutz-impfungen

Röteln (Rubeola) sind eine Vireninfektion in der Schwangerschaft, und sie führen im embryonalen Stadium des Kindes zu Schädigungen der Augen bis zur Erblindung, des Innenohres (angeborene Taubheit), des Herzens, der Zähne, Wachstumsrückständen, Myokardschäden (Herzschäden), Gefäßmißbildungen und Gehirnmißbildungen einschließlich Schwachsinn.

Die Art und das Schwangerschaftsrisiko hängt ab vom embryonalen Entwicklungsstadium, in dem die Infektion stattfindet.[38] Röteln lassen sich verhindern durch Vorsorgeuntersuchungen und medizinische Prophylaxe. Doch trotz vielfältiger Aufklärung gab es 1981 noch 75 000 schwangere Frauen, die keinen Rötelschutz hatten, und 1981 wurden 300 rötelgeschädigte Kinder geboren.[39]

2.9.2 Geschlechtskrankheiten

Infektionen durch Geschlechtskrankheiten wie Herpes oder Syphilis entstehen während der Schwangerschaft oder Geburt. Die Folgen sind

u. a. Mikrozephalie (zu kleines Gehirn), Hepasplenomegalie (Leber- und Milzvergrößerungen), Schwachsinn, Lippen- und Gaumenspalte, Spina bifida (angeborene Spaltbildung der Wirbelsäule) und Taubheit.[40]

2.10 Mangelernährung und Gifte in der Schwangerschaft

Zu nennen sind hier insbesondere Jod- und Protein-Kalorienmangel. Sie führen zu schweren geistigen Behinderungen, Mutismus (Sprachlosigkeit), Kleinwuchs, spastischer Diplegie (s. S. 183) sowie motorischen Abnormitäten.[41]

Am häufigsten sind Kombinationen von geistiger Behinderung und schweren Beeinträchtigungen des Gehörs und der Sprache.[42]

Wirkungen von Giften und Mangelernährung

Zu den bekannten Giften in der Schwangerschaft zählen Alkohol und Nikotin mit umfänglichen Auswirkungen (Frühgeburten, Mißbildungen, Mikrozephalie, Lippen-, Kiefer-Gaumenspalte usw.). Dennoch können kleinere funktionelle Schädigungen bis zum 6. Lebensjahr kompensiert werden.[43] A. Janov[44] hat die amerikanischen Forschungen zu diesem Problem in folgende Tabelle gebracht:

Nachgewiesene oder korrelierte Wirkungen von mangelhafter Ernährung, Trinken und Drogengebrauch auf den sich entwickelnden Fetus und das Neugeborene:	
1. Alkohol	Fetales Alkohol-Syndrom
	Geburtsfehler
	Faziale Dysmorphologie
	Intrauterine Wachstumsverzögerung
	Verringertes Geburtsgewicht
	Geistige Retardation
	Schäden des Nervensystems
	Krebs im Säuglingsalter
	Spontaner Abortus
2. Koffein	Geburtsfehler
	Erhöhter Hormonausstoß
3. Drogen	Anoxie (Sauerstoffmangel)
	Gehirnschäden
	Pränatale Süchtigkeit
	Postnatale chronische Lethargie

4. Mangelernährung	Adrenalinüberschuß
	Glukosemangel
	Verringertes Geburtsgewicht
	Geistige Retardation
	Prädisposition für Anorexia nervosa (Magersucht)
	Frühgeburt
	Reduzierte Anzahl von Gehirnzellen
5. Nikotin	Anoxie
	Verengung der Blutgefäße
	Intrauterine Wachstumsverzögerung
	Verringertes Geburtsgewicht
	Prädisposition für Nikotin
	Frühgeburt
	Totgeburt
	Intoxikation

2.11 Psychosoziale Belastungen

Schwanger-schaftsbela-stungen

Der Schweizer Arzt Herzka spricht von „normalen" Belastungen der Schwangeren. Dazu zählen z. B. depressive Symptome: „schwermütige Stimmung, Verlangsamung vitaler Funktionen, oft auch der Körperbewegung, Lustlosigkeit und Inaktivität, Unmöglichkeit, sich zu freuen, erschwertes Denken, Gefühl der Kraftlosigkeit und Entschlußunfähigkeit" usw., die sich in weiteren Symptomen äußern wie z. B. „Schlaflosigkeit, Verstopfung, Herzrhythmusstörungen", aber auch Aggressionen, Vorwürfe gegenüber der Umwelt usw.[45] Daneben gibt es aber beträchtliche psychosoziale Belastungen, die Folgen für das werdende Kind haben können.

2.11.1 Ergebnisse der prä- und perinatalen Psychosymatik

Die pränatale und perinatale Psychosomatik hat in den letzten Jahren bemerkenswerte Forschungsergebnisse über Schwangerschaftsbelastungen und Entwicklungsprobleme bei Kindern hervorgebracht.[46]

2.11.1.1 Frühgeburten und psychosoziale Belastungen

Frühgeburten sind sowohl für das Kind als auch für die Mutter ein erhebliches Risiko. Bei den Kindern wurden überdurchschnittlich viel zerebrale Schäden (Gehirn) ermittelt.

Frühgeburts-risiken Auch die psychosozialen Ursachen werden in folgendem Schema anschaulich.[47] Frühgeburten-Risiken haben insbesondere Mütter,

> „die oberhalb der 30. Schwangerschaftswoche noch voll arbeiten, wobei heute die gehetzte Lebensweise, vermeidbare körperliche und seelische Belastungen, aber auch größere Reisen und Klimawechsel in einem hohen Maße zur Frühgeburt führen können"[48].

Die postnatalen Folgen einer frühen Geburt werden heute aufgrund verbesserter medizinischer Versorgung günstiger eingeschätzt: Es gibt zwar Unterschiede in der Intelligenzentwicklung, d. h. ein

> „signifikant niedriger, aber nicht so gravierender Unterschied, auffallend sind aber die spastischen Diplegien (doppelseitige, zentrale Lähmung) und zerebralen Bewegungsstörungen sowie verzögerte Sprachentwicklung"[49].

Ursachen

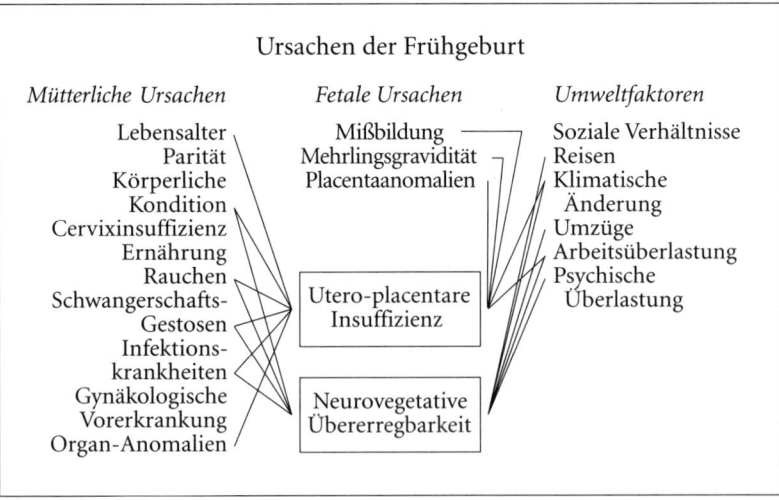

Ursachen der Frühgeburt

Mütterliche Ursachen — Fetale Ursachen — Umweltfaktoren

Lebensalter
Parität
Körperliche Kondition
Cervixinsuffizienz
Ernährung
Rauchen
Schwangerschafts-Gestosen
Infektionskrankheiten
Gynäkologische Vorerkrankung
Organ-Anomalien

Mißbildung
Mehrlingsgravidität
Placentaanomalien

Utero-placentare Insuffizienz

Neurovegetative Übererregbarkeit

Soziale Verhältnisse
Reisen
Klimatische Änderung
Umzüge
Arbeitsüberlastung
Psychische Überlastung

2.11.1.2 Angst, Streß, Schwangerschaft und Entwicklungsprobleme

Auch hier scheint es einen Zusammenhang mit postnatalen Entwicklungsproblemen bei den Kindern zu geben. Welche Folgen Angst, Streß, streßbedingter pränataler Sauerstoffmangel auf den Fetus und das Neugeborene haben können, zeigt nachstehende Übersicht auf der Basis amerikanischer Forschungen.[50]

Streßfolgen

Nachgewiesene oder korrelierte Wirkungen von streßbedingten emotionalen und psychologischen Störungen der Schwangeren auf den sich entwickelnden Fetus und das Neugeborene:

1. Anoxie (streßbedingt)	Gehirnschäden
	Gehirnlähmung
	Krippentod
	Epilepsie
	Lern- und Verhaltensprobleme
	Geistige Störungen
	Geistige Retardation
	Psychogener Abortus
2. Angst	Autismus
	Emotionale Störungen in der Kindheit
	Verminderter Widerstand gegen Infektionen
	Erhöhte Streß- und Adrenalinspiegel
	Übererregbarkeit im Säuglingsalter
3. Blutdruck und Herzschlag	Übererregbarkeit
	Abnormale Herzfrequenz
	Verringertes Geburtsgewicht
	Nahrungsmangel
	Sauerstoffmangel
4. Hormonale Störungen	Wachstumsstörungen
	Schilddrüsenüberfunktion
	Schilddrüsenunterfunktion
	Niedrige-Streß-Schwelle
	Neurologische Schäden
	Frühgeburt
	Sexuelle und Geschlechtsanomalien
	verhaltensmäßige
	strukturelle Totgeburt
5. Unerwünschte Schwangerschaft	Mißbildungen
	Spontaner Abortus
	Totgeburt

Die Schwangerschaft ist offensichtlich für das Kind ein Entwicklungs-
abschnitt, in dem das Wohlbefinden der werdenden Mutter, ihre psychosoziale Stabilität und ihre Lebensgewohnheiten sowie ihre wirtschaftlichen wie familiären Bedingungen Auswirkungen auf die gesunde leibliche und psychische Entwicklung des Kindes haben.

2.12 Geburtsrisiken

Die Geburtsreife tritt ein, wenn die Dauer der Schwangerschaft
280 Tage, das Geburtsgewicht des Kindes mehr als 2500 Gramm und
die Länge mehr als 48 cm beträgt. Das optimale Geburtsgewicht liegt
zwischen 3001 und 4500 g. Der Anteil von Totgeburten, Säuglings-
sterblichkeit und frühkindlichen Hirnschäden nimmt in dem Maße zu,
wie das Geburtsgewicht sich unter 3000 g verringert. Aber das Risiko
steigt auch bei Kindern über 4500 g.[51]

Pechstein hat die wesentlichen Risiken der Geburt zusammengestellt[52]:

Risikofaktoren

„'Perinatale' Gefährdung vor, unter oder nach der Geburt

1. *Früh- oder Mangelgeburt (Geburtsgewicht unter 2500 g).*
2. *Zwillings- (bzw. Mehrlings-)geburt.*
3. *Lageanomalien des Kindes (Steißlage-Entbindung etc.).*
4. *Instrumentelle und operative Entbindungen, evtl. mit Ausnahme
   der unkomplizierten Beckenausgangszange (Kaiserschnitt; Zange;
   Wendung; Saugglocke etc.).*
5. *Mangelhafte Geburtsleitung; unsachgemäße Anaesthesie; Hypo-
   und Hyperventilation der Mutter.*
6. *Placenta- und Nabelschnuranomalien ('Placenta praevia', 'vorzeitige Lösung', feste Nabelschnurumschlingung, Nabelschnurvor-
   fall, Knoten und Tumoren der Nabelschnur).*
7. *Abnorme Wehentätigkeit.*
8. *Wehenschwäche und Verlängerung der Geburt, insbesondere der
   Austreibungsperiode; Sturzgeburt.*
9. *Verengungen des Geburtskanals, insbesondere des Beckens.*
10. *Asphyxie von mehr als 2 min Dauer bis zum ersten Atemzug mit*

künstlicher Beatmung oder mehr als 10 min Dauer bis zur norma-
len Atemtätigkeit; niedrige ‚Apgar-Noten' (unter 7).
11. *Schwere Gelbsucht (Ikterus gravis), Hypoglykämie, schwere oder*
chronische Acidose in der Neugeborenenperiode.
12. *Jede ernsthafte Erkrankung oder Infektion in der Neugeborenen-*
periode, insbesondere Meningoencephalitiden."

2.12.1 Risiken geburtshilflicher Maßnahmen

Nach Göllnitz ist keine der verschiedenen geburtshilflichen Maßnahmen ohne Risiko. Als besonders gefährlich gelten Zangengeburten,
aber auch die Sektio (Kaiserschnitt) und die Saugmethode sind nicht
ohne Probleme.[53]

Geburts-probleme und Entwicklungs-chancen

Zu den Geburtsrisiken gehören auch die Beckenlage-Kinder. Hier
liegt der Anteil der Frühgeborenen unter 1500 g bei 10–15 % mit Folgen primärer Entwicklungsstörungen von 4–5 % gegenüber 1,5–2 %
im Durchschnitt.[54]

Durch operative Maßnahmen (Kaiserschnitt, Vakuumextraktion,
Zangengeburten) geborene Kinder treten häufig auf bei berufstätigen,
älteren und bis zur 34. Schwangerschaftswoche tätigen Frauen. Die
Kinder zeigten bei Vakuumextraktion anfängliche, aber nicht signifikante (bedeutende) Verzögerungen der Greifentwicklung.[55] Bei Zangengeburten zeigten sich durch Nachuntersuchungen bis zum 6. Lebensjahr ebenfalls Verzögerungen der Motorik (Greifentwicklung),
Rechts-Links-Unterscheidung; sowohl bei Kaiserschnitt als auch bei
Vacuum-Kindern wurden höhere Zahlen von Strabismus (Schielen)
u. a. augenärztlich relevanten Befunden entdeckt.[56]

Im Vergleich zu normalentwickelten Schulkindern zeigten sich bei
348 verhaltensgestörten Kindern durch eine Befragung der Mütter
zum Geburtsverlauf folgende Symptome (siehe Abb. Seite 44).[57]

Dringend geboten: Geburtsvorbereitung!
Durchweg wird von Fachleuten eine moderne Geburtsvorbereitung
unter Einschluß des Vaters gefordert. Bekannte Verfahren der „Schule
des Gebärens" sind die Methoden von Dick-Read, Lamaze und Le-
boyer.[58]

Geburtsverlauf und mögliche Folgen

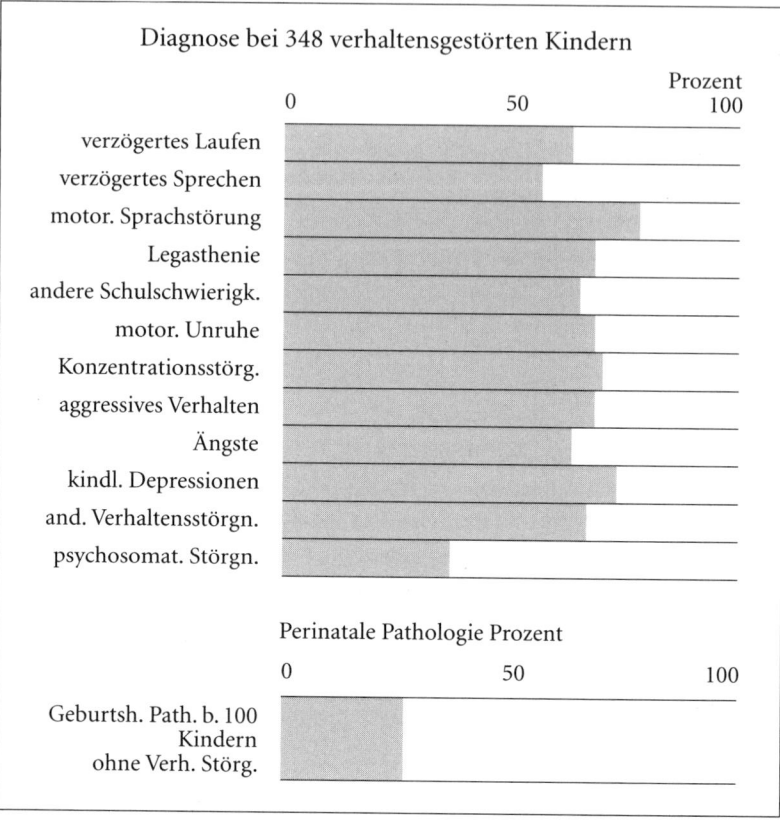

Diagnose bei 348 verhaltensgestörten Kindern

2.12.2 Andere Einflüsse auf den Geburtsverlauf

Soziale Risiken

Einfluß auf den Geburtsverlauf und die postnatale Entwicklung haben auch die schlechte soziale Situation der nicht selten ledigen Mutter, eine ablehnende Haltung des Vaters bzw. der Familie gegenüber der Schwangerschaft. Die eigene Ablehnung des Kindes bzw. eine unerwünschte Schwangerschaft können zu kindlichen Entwicklungsstörungen wie Magen-Darmerkrankungen, Schlaf- und Eßstörungen, viel Schreien u. a. Verhaltensstörungen führen.[59]

2.13 Geburtsbedingte Schädigungen und Verhaltensstörungen

Die perinatale Pathologie führt als Ursache von mentalen Retardierungen, zerebralen Lähmungen und sog. minimalen kindlichen Hirnschäden den pränatalen Sauerstoffmangel an, der für mentale Retardierungen zu 85 % und für zerebrale Lähmungen zu 55 % verantwortlich gemacht wird.[60]

In den Untersuchungen zeigte sich, daß Sauerstoffmangel besonders in der Embryonalzeit zwar die stärksten Schäden anrichtet, aber zum Geburtszeitraum bzw. während der Geburt noch eine beachtliche Größe darstellt.[61]

Qualität der Geburtshilfe
Nach Manzke ist die Qualität der Geburtshilfe ein entscheidender Faktor über die Gesundheit oder Behinderung:

„Über das Schicksal der Kinder entscheidet wesentlich die Güte der Reanimation. Gelingt es innerhalb kurzer Zeit, Atmung und Herzkreislauffunktionen zu normalisieren, sind die Entwicklungschancen gut. Die Mehrzahl der überlebenden Kinder weist keine bleibenden Schäden auf.“[62]

Göllnitz stellt allerdings fest, daß, wenn der Atemstillstand (Apnoe) bzw. der Sauerstoffmangel (Asphyxie)

„nicht nach 5–10 Minuten behoben ist, kann, wenn das Kind überhaupt am Leben bleibt, mit Sicherheit ein schwerer Entwicklungsschaden erwartet werden. Aber auch kurzzeitige Asphyxie vermag, je nach Reifegrad des Kindes und nach verursachender Schädigung, spätere neurologische und psychische Dauerschäden unterschiedlicher Ausprägung nach sich ziehen. Auf jeden Fall handelt es sich um ‚Problemkinder‘, die bis zum Schulalter vom Pädiater und vom Kinderneuropsychiater kontrolliert und betreut werden sollten.“[63]

Problemkinder

2.14 Postnatale Risiken

Basale Eltern-Kind-Anpassung

Die ersten drei postnatalen Monate sind eine Phase der aktiven Umstellung des Säuglings auf den „sozialen Mutterschoß", d. h. vor allem der Aufbau der Mutter-Kind-Beziehung und die Entwicklung der „sozialen Mütterlichkeit" und natürlich auch der Vater-Kind-Beziehung oder auch -Bindung. Jetzt und in den nachfolgenden ersten drei bis sechs Lebensjahren können hier für die spätere Entwicklung erhebliche Risiken entstehen, wenn diese Beziehungen bzw. Bindungen nicht oder nur sehr unvollkommen gelingen.

Es hat sich in den letzten Jahren immer deutlicher erwiesen, daß sich nicht nur das Kind an die Mutter bzw. an den Vater anpaßt, sondern es vollziehen sich auch umgekehrte interaktionale Prozesse der Anpassung der Eltern an das Kind. Diese wechselseitigen Anpassungs- und Interaktionsprozesse sind für das Kind von außerordentlicher Bedeutung, insbesondere für die Gefühlsentwicklung und damit sein psycho-somatisches Wohlbefinden. Weil die Gehirnentwicklung noch im vollen Gange ist und in den ersten drei Lebensjahren die Sensomotorik, fast alle Lernformen (Habituations-, Reiz-Reaktionslernen usw.) und die grundlegenden Formen der Intelligenz[64], die Sprache, die Bewegung und somit alle humanen Kompetenzen entwickelt werden, sind die postnatalen Risiken nach Pechstein ebenfalls von beachtlicher Bedeutung[65]:

Humankompetenzen und postnatale Gefährdung

„Postnatale‘ Gefährdung jenseits der Neugeborenenperiode

Risikofaktoren

1. *Gehirn- und Hirnhautentzündungen.*
2. *Schwere Unfälle, insbesondere Kopfunfälle mit Hirnverletzungen im Straßenverkehr.*
3. *Cerebrale Impfschäden, z. B. nach Pockenimpfung.*
4. *Schwerwiegende, langdauernde Ernährungsstörungen und stoffwechselbedingte, komatöse Zustände vor allem im Säuglingsalter.*
5. *Ungenügende und ständig wechselnde mütterliche (elterliche) Zuwendung in den ersten drei Lebensjahren (weniger als täglich 4 Stunden in der Wachzeit; bei Aufenthalt in Heimen, Krippen oder Tagespflegenestern; bei doppelter Berufstätigkeit der Eltern oder bereits bei Betreuung von Zwillingskindern oder Geschwistern mit Geburtenabstand von weniger als 1 Jahr).*

6. *Physische Kindesmißhandlung.*
7. *Erzieherisch-soziale Vernachlässigung bei Erziehungsunfähigkeit der Angehörigen.*
8. *Überprotektives, verwöhnende Erziehungshaltung der Sozialumwelt jenseits des 3. Lebensjahres (Großmutter-Erziehung; Einzelkind-Situation).*
9. *Unphysiologische, nicht entwicklungsgerechte psychophysische Leistungsanforderungen in den verschiedenen Altersstufen, z. B. durch Ganztagsunterbringung in Kindergärten und Schulen vor dem 12. Lebensjahr; durch überstrenge, überfordernde, starre Erziehungshaltung der Eltern; durch überzogene Schulanforderungen mit ständigen, demotivierenden Mißerfolgserlebnissen; durch familiäre Krisen, insbesondere bei Ehescheidung der Eltern. "*

2.14.1 Beispiele für postnatale Risiken

Hirnhauterkrankungen

Besonders zu beachten sind die entzündlichen Erkrankungen, wie z. B. der Hirnhaut (Meningitis), die sich zur Erkrankung des Gehirns ausweiten kann. Kinder zeigen Symptome, wie z. B. Bewußtseinsstörungen, Koma, Fieber, Krämpfe, Lähmungen usw.

Schädel-Hirn-Trauma

Nicht wenige Kinder erleiden beim Spielen, durch häusliche oder außerhäusliche Unfälle – insbesondere durch Verkehrsunfälle – schwere Hirnverletzungen. Aber auch Kindesmißhandlungen sind nicht auszuschließen. Folgen davon sind: Lähmungen, Sprach- und komplexe Funktionsstörungen, wie z. B. geistige Behinderung.[66]

Mangel- und Fehlernährung des Kindes

Die Frühentwicklung des Kindes und sein sich im Aufbau befindliches Nervensystem ist besonders anfällig für Mangel- und Fehlernährung, die zu Hyperaktivität und Verhaltensstörungen, Lustlosigkeit, allgemeiner Lebensschwäche, Minderung der Gehirnfunktionen, Kleinwüchsigkeit, niedriger Toleranzschwelle für Streß usw. führen.[67]

2.15 Aspekte medizinischer Frühdiagnose und -erfassung

Die Frühdiagnostik einschließlich der pränatalen Diagnostik hat sich in den letzten Jahren erheblich und so verbessert, daß es bedeutend weniger Behinderungen geben könnte, denn „Behinderungen sind in der Mehrzahl nicht schicksalhaft bedingt, sondern vielmehr weitgehend vermeidbar"[68].

2.15.1 Vorsorgeuntersuchungen der Mutter

Mutterpaß und Vorsorgeschein berechtigen nach ärztlichem Attest zu kostenlosen Vorsorgeuntersuchungen.

Viele Risiken können erkannt und früh behandelt werden. Das zeigen die

Vorsorgeschema und Risiken

„zehn Beispiele für Schwangerschaftsrisiken, die durch Früherkennung zu meistern sind:

Schwangerschaftsrisiken

1. Schwangerschaftsvergiftungen
Der Arzt nennt sie Schwangerschaftstoxikosen. Sie sind an erhöhtem Blutdruck, Ödemen, Eiweiß im Urin usw. zu erkennen.

2. Rhesus-Unverträglichkeit
Eine Blutuntersuchung der Mutter kann schon früh klären, ob sich ihr Blut mit dem ihres Kindes verträgt.

3. Zuckerkrankheit
Die Urin- und Blutuntersuchung gibt Klarheit darüber, ob die Schwangere Diabetes hat oder nicht.

4. Schwere Blutarmut
Eine behandlungsbedürftige Blutarmut wird bei den routinemäßigen Blutuntersuchungen der Schwangerenvorsorge sicher erkannt.

5. Infektionskrankheiten
Treten ansteckende Krankheiten (Röteln, Virusinfektionen, Toxoplasmose, Listeriose usw.) während der Schwangerschaft auf, kommt es

bei der Beurteilung des möglichen Risikos vor allem auf die Art, die Schwere und auch den Zeitpunkt der Erkrankung an.

6. Innere Krankheiten
Bei Störungen des Herz- und Gefäßsystems, der Lunge, der Leber oder der Nieren kann der Arzt schon frühzeitig eventuellen Risiken für Mutter und Kind begegnen.

7. Übergewicht
Weil sich Übergewicht nachteilig auf Schwangerschaft und Geburt auswirken kann, wird der Arzt möglicherweise eine Diät verordnen.

8. Rauchen und Mißbrauch von Drogen
Nikotin beeinträchtigt die Entwicklung des Babys im Mutterleib. Alkohol, Medikamente, die nicht ausdrücklich vom Arzt verordnet wurden, oder Rauschgift können zu erheblichen Gesundheitsstörungen des Kindes führen. Hier hilft nicht Früherkennung, sondern Früherkenntnis: Verzicht auf alles, was dem Baby schaden könnte.

9. Störungen bei früheren Schwangerschaften
Hatte die Schwangere bereits früher einmal eine Fehl- oder Frühgeburt, können wirksame Maßnahmen für einen normalen Verlauf der Schwangerschaft ergriffen werden.

10. Komplikationen bei der Geburt
Es gibt eine Reihe von Anzeichen, die auf Schwierigkeiten während des Geburtsvorgangs hinweisen können. Zum Beispiel eine falsche Lage des Kindes, ein zu enges Becken der Mutter, Mehrlingsschwangerschaften usw. In diesen Fällen wird durch Spezialuntersuchungen dafür gesorgt, das Risiko bei der Entbindung so gering wie möglich zu halten."[69]

2.15.2 Vorsorgeuntersuchungen des Kindes

Pflicht zu regelmäßiger Kontrolle

Zu den Hauptaufgaben der Eltern gehört, daß das Kind zu den Vorsorgeuntersuchungen gebracht wird. Leider ist es aber so, daß zu den letzten Untersuchungen nur noch 58 % der Kinder gebracht werden. Dies ist ein schweres Versäumnis, weil die Aufdeckungswahrscheinlichkeit von Behinderungen oder Entwicklungsstörungen mit dem zunehmenden Alter des Kindes deutlich zunimmt bzw. zuverlässiger wird. Werden durch mangelnde regelmäßige Kontrolle Schäden und Funktionsschwächen nicht rechtzeitig entdeckt, so kommt es zu Verhaltens-schwierigkeiten und Lernverzögerungen besonders im Sprach- und Bewegungsbereich, wenn nicht gar zu Behinderungen.[70]

2.15.3 Hinweise für Eltern

Eltern sollten mit ihrem Kind den Arzt aufsuchen, wenn folgende Symptome erkennbar sind[71]:

„Hinweise für das Vorliegen eines Entwicklungsrückstandes
Solange der Entwicklungstest noch nicht standardisiert, objektiviert und validiert ist, muß seine Beurteilung dem erfahrenen Arzt überlassen bleiben. Immerhin geben bestimmte Entwicklungsstörungen in den verschiedenen Monaten des ersten Lebensjahres den Eltern auch einen Hinweis darauf, daß bei ihrem Kind möglicherweise ein Entwicklungsrückstand vorliegt. Die nachfolgenden Tabellen sollen den Eltern zeigen, wann sie ihr Kind unbedingt zu einer eingehenden kinderärztlichen Untersuchung bringen müssen, damit der vorhandene Entwicklungsrückstand in einer bestimmten Funktion so früh wie möglich genauer diagnostiziert und einer entsprechenden Behandlung zugeführt werden kann.

Für die Beurteilung der Kriechentwicklung ist es wichtig, das Kind auf den Bauch zu legen; die Prüfung der Entwicklung des Sitzens erfolgt in Rückenlage. Bei der Entwicklung des Stehens und Gehens wird das Kind in den Achselhöhlen gehalten. Die Prüfung der Entwicklung des Greifens und der Handbeherrschung erfolgt in den ersten 5 Monaten in Rückenlage, vom 6. Monat an beim Sitzen auf dem Schoß an einem Tisch. Bei der Prüfung der Sozialentwicklung sollten sich die Eltern so weit wie möglich mit dem Gesicht dem Kind nähern.

Tabelle 1

Beobachtungs-hinweise

Mögliche Störungen der Entwicklung des Kriechens
Suche den Arzt auf,
– wenn Dein Kind am Ende des 1. Monats den Kopf noch nicht für einen Augenblick heben kann,
– wenn am Ende des 2. Monats Dein Kind den Kopf noch nicht 5 cm hoch halten kann,
– wenn es am Ende des 3. Monats den Kopf noch nicht eine Minute

lang so hoch halten kann, daß das Gesicht senkrecht zur Unterlage gehalten wird,
- wenn am Ende des 4. Monats Dein Kind noch nicht aus der Bauchlage in die Rückenlage rollen kann,
- wenn es am Ende des 5. Monats sich noch nicht aktiv aus der Bauch- oder Rückenlage zur Seite dreht,
- wenn es am Ende des 6. Monats in Bauchlage noch nicht mit einer Hand zum Spielzeug greift,
- wenn es am Ende des 8. Monats noch nicht rückwärts kriechen kann,
- wenn es sich am Ende des 9. Monats noch nicht um die eigene Achse dreht und vorwärts kriecht,
- wenn es am Ende des 11. Monats noch nicht auf allen Vieren kriechen kann.

Tabelle 2
Mögliche Störungen der Entwicklung des Sitzens
Suche den Arzt auf,
- wenn Dein Kind am Ende des 2. Monats nicht symmetrisch heftig strampelt,
- wenn Dein Kind am Ende des 3. Monats den Kopf nicht wenigstens ½ Minute aufrecht hält, wenn es beim Sitzen festgehalten wird,
- wenn es am Ende des 4. Monats bei Heranziehen aus der Rückenlage den Kopf noch nach hinten kippen läßt,
- wenn am Ende des 5. Monats der Kopf nicht sicher gehalten wird und beim Heranziehen an den Händchen aus Rückenlage nicht zwischen den Schultern gehalten wird,
- wenn am Ende des 7. Monats das Kind sich an den angebotenen Fingern nicht selbst zum Sitzen hochzieht,
- wenn es am Ende des 9. Monats noch nicht längere Zeit mit gutem Gleichgewicht sitzen kann oder sich um die eigene Achse dreht,
- wenn es am Ende des 11. Monats noch nicht mit ausgestreckten Beinen sitzen kann.

Tabelle 3
Mögliche Störungen der Entwicklung des Stehens und Gehens
Suche den Arzt auf,
- wenn Dein Kind am Ende des 4. Monats sich beim Aufrechthalten unter den Achseln noch nicht auf Zehenspitzen stützt,

- wenn es am Ende des 6. Monats beim Aufrechthalten noch nicht auf den Zehenspitzen tanzt,
- wenn es am Ende des 8. Monats noch nicht kurz stehen kann, wenn es mit den Händen gehalten wird,
- wenn es am Ende des 10. Monats sich noch nicht am Laufstall oder an Möbeln zum Stehen hochzieht,
- wenn es am Ende des 11. Monats noch nicht an Möbeln und anderen Gegenständen seitwärts geht,
- wenn es am Ende des 12. Monats an der Hand noch nicht einige Schritte gehen kann.

Tabelle 4
Störungen der Greif-Entwicklung
Suche den Arzt auf,
- wenn Dein Kind am Ende des 2. Monats die Rassel noch nicht eine kurze Zeit festhält,
- wenn es am Ende des 3. Monats seine Hände nicht anschaut,
- wenn es am Ende des 5. Monats die Hand noch nicht sicher zum Spielzeug führen kann,
- wenn es am Ende des 6. Monats noch nicht einen Würfel greift,
- wenn es am Ende des 8. Monats noch keinen Knopf zwischen Daumen und Zeigefinger halten kann,
- wenn es am Ende des 9. Monats noch nicht aus der Tasse zu trinken versucht oder ein Tuch vom Kopf nimmt,
- wenn es am Ende des 12. Monats mit einer Hand noch nicht zwei kleine Würfel festhalten und das Spielzeug dem Erwachsenen hinreichen kann.

Tabelle 5
Störungen des Gesichts- und Gehörsinnes
Suche den Arzt auf,
- wenn Dein Kind am Ende des 1. Monats das Licht einer Taschenlampe nicht mit seinen Augen ein wenig nach rechts und links verfolgt,
- wenn es am Ende des 2. Monats nicht auf eine Glocke hört oder eine Rassel von einer bis zur anderen Gesichtsseite verfolgt,
- wenn es am Ende des 3. Monats nicht mit seinen Augen nach dem Ton einer Glocke sucht,

- wenn es am Ende des 4. Monats die Rassel in der Hand nicht anschaut,
- wenn es am Ende des 5. Monats nicht aufhört zu weinen, wenn die Mutter singt oder wenn es Musik hört,
- wenn es am Ende des 6. Monats nicht mit Sicherheit das Rascheln von Seidenpapier außerhalb seines Gesichtsfeldes hört,
- wenn es am Ende des 7. Monats nicht mit dem Würfel auf den Tisch schlagen kann,
- wenn es am Ende des 8. Monats nicht bei einer Unterhaltung zuhört,
- wenn es am Ende des 9. Monats nicht 2 Würfel aneinander schlagen kann,
- wenn es am Ende des 10. Monats ein kleines Spielzeug nicht vom Tisch werfen kann,
- wenn es sich am Ende des 12. Monats nicht für Autos interessiert.

Tabelle 6
Störungen der Sprachentwicklung
Suche den Arzt auf,
- wenn Dein Kind am Ende des 1. Monats nie vor der Mahlzeit schreit,
- wenn es am Ende des 4. Monats nicht beim Ansprechen lacht,
- wenn es am Ende des 5. Monats noch nicht kleine Silben bildet (ga – ga – ga–), auf dem Arm der Mutter nicht nach Gegenständen sucht, die die Mutter benennen kann („Wo ist der Papa?"),
- wenn es am Ende des 7. Monats sich noch nicht durch bestimmte Silbenruflaute bemerkbar macht,
- wenn es am Ende des 9. Monats noch nicht 8 verschiedene Silben nachplappert (patsch, patsch),
- wenn es am Ende des 10. Monats noch nicht den Kopf schüttelt, „nein-nein" und noch nicht spontan winke-winke macht,
- wenn es am Ende des 12. Monats noch nicht wenigstens 2 Worte in Kindersprache spricht oder auf Musik hört oder bei Aufforderung „Bring mir den Ball!" den Ball sucht und ihn holt.

Tabelle 7
Sozialentwicklung
Suche den Arzt auf,
- wenn Dein Kind am Ende des 1. Monats sich durch Hautkontakt oder Stillen nicht beruhigt,

- wenn es am Ende des 2. Monats beim Ansprechen durch die Mutter nicht mit den Augen hinschaut,
- wenn es am Ende des 3. Monats nicht lacht, wenn ein Erwachsener ganz nah hinsieht, mit dem Kind spricht und das Gesicht bewegt,
- wenn es am Ende des 4. Monats sich nicht freut, wenn mit ihm gespielt wird,
- wenn es am Ende des 5. Monats nicht aufhört zu weinen, wenn man mit ihm spricht bzw. wenn es freundlich und böse in Mimik und Sprache nicht unterscheiden kann,
- wenn es am Ende des 6. Monats die Ärmchen nicht ausstrecken will, um hochgenommen zu werden,
- wenn es am Ende des 7. Monats nicht „eia" machen kann (Gesicht an die Wange anschmiegen),
- wenn es am Ende des 8. Monats nicht gegenüber fremden Personen „fremdelt",
- wenn es am Ende des 9. Monats sich nicht hinter Möbeln verstecken will oder sich nicht ärgert, wenn ihm das Spielzeug weggenommen wird,
- wenn es am Ende des 10. Monats etwas nicht nachmacht, über das gelacht wurde,
- wenn es am Ende des 11. Monats noch nicht beim Trinken aus der Tasse hilft und Zwieback allein essen kann,
- wenn es am Ende des 12. Monats noch nicht selbständig mit dem Löffel essen will und mit seinem Spiegelbild spielt.

Motoskopische Untersuchungen

Der Begriff der motoskopischen Untersuchung (aus dem Lateinischen movere = bewegen und aus dem Griechischen skopein = betrachten) wurde erst kürzlich von Milani in die ärztliche Diagnostik eingeführt. Er bedeutet so viel wie genaue Diagnostik bestimmter Bewegungen und Bewegungsstörungen, um cerebrale Bewegungsstörungen im Hinblick auf eine neurophysiologische Behandlung so früh wie möglich erkennen zu können.

Der Säugling muß völlig entkleidet sein; ohne daß er angefaßt wird, betrachtet man zunächst seine spontanen Bewegungen in Bauch- und Rückenlage. Der Untersucher bringt anschließend den Säugling in verschiedene horizontale und vertikale Positionen und betrachtet, ob dieser in der Lage ist, den Kopf hochzuhalten, bestimmte Stützreaktionen vorzunehmen usw. Wichtig ist dabei die Beachtung des Alters des Kindes, denn die entscheidende Beurteilung bei der Motoskopie stellt die Fähigkeit des Säuglings dar, sich entgegen der Schwerkraft aus der Horizontalen in die Vertikale aufzurichten und dabei in verschiedenen Altersstadien typische Bewegungsmuster zu zeigen.

Primitive frühe Nahrungsreflexe

Siehe
Kap. 5.7.6
In den ersten Wochen und Monaten nach der Geburt bestehen noch primitive Reflexe, die nach und nach abgebaut werden müssen, damit eine Entwicklung zum aufrechten Gang sich vollziehen kann. So ist der Schluckreflex, mit dessen Hilfe der junge Säugling automatisch bei Nahrungsaufnahme schluckt, etwa bis zum 5. Lebensmonat vorhanden. Der Saugreflex, durch den schon das Neugeborene bei der Berührung der Lippen zu saugen anfängt, ist etwa bis zum 4. Monat nachprüfbar. Beim Suchreflex wendet sich das Kind, wenn es hungrig ist, bei Berühren des Mundwinkels mit dem Kopf in eine bestimmte Richtung. Diese Reflexe müssen sicher abgebaut sein, wenn das Kind mit Hilfe seiner Mundmuskulatur Sprachbewegungen machen soll.

Primitive Körperreflexe

Siehe
Kap. 5.7
Beim Rückgratsreflex streicht man am Rücken des Kindes neben der Wirbelsäule von oben nach unten auf einer Seite, dadurch wird das Becken des Kindes auf der gleichen Seite nach oben gezogen. Dieser Reflex besteht nur in den ersten 2 Monaten.

Um den sogenannten asymmetrisch-tonischen Nackenreflex zu prüfen, wird der Kopf des Kindes in Rückenlage auf eine Seite gedreht. Daraufhin streckt sich der Arm, auf den das Gesicht nunmehr schaut, horizontal vom Körper weg, während der andere Arm gewinkelt zum Hinterkopf des Kindes zeigt. Dieser Reflex wird vom 4. Monat an allmählich abgebaut und muß im 7. Monat verschwunden sein.

Der Hals-Stellreflex läßt sich dadurch auslösen, daß der Säugling aus der Rückenlage schnell zur Seite gelegt wird. Es folgt dann die Schulter wegen der noch fehlenden Fähigkeit der selbständigen Drehung zum Kopf und Körper nach. Das Kind dreht sich gewissermaßen total. Dieser Hals-Stellreflex sollte bereits im 3. Monat verschwunden sein.

Stell- und Gleichgewichtsreaktionen

Etwa zwischen dem 4. und 6. Monat müssen die meisten primitiven Reflexmuster nach und nach abgebaut sein. Sie werden durch Muster ersetzt, welche die Stell- und Gleichgewichtsreaktionen ermöglichen. Beides ist aber Voraussetzung für normales Sitzen, erst recht für das Stehen und Gehen.

Eine Gleichgewichtsreaktion im Sitzen mit Abstützen nach vorne sollte vom 6. Monat an, mit Abstützen zur Seite vom 8. Monat an und mit Abstützen nach hinten vom 10. Monat an vorhanden sein. Das Stehen ohne Gleichgewicht sollte sich allmählich vom 10., mit Gleichgewicht vom 11. Monat an entwickeln. Ein normaler Säugling sollte vom 11. Monat an krabbeln, vom 12. Monat an mit Gleichgewicht gehen können."

2.16 Frühtestverfahren für Eltern und Erzieherberufe

Kind- beobachtung in der Familie

Schon der Begründer des deutschen Kindergartens, Friedrich Fröbel, forderte Mitte des letzten Jahrhunderts eine regelmäßige Beobachtung und Tagebuchführung über die Kindesentwicklung. Heute gibt es einfache Verfahren, wie z. B. den Entwicklungskalender[72] oder die bilderreiche Darstellung über „Die ersten 365 Tage im Leben eines Kindes".[73]

Kiphards Buch: „Wie weit ist ein Kind entwickelt?"[74] richtet sich auch an Eltern und Erzieherinnen und ermöglicht es, ihr Kind zu beobachten und grobe Entwicklungsrückstände aufzudecken.

Von diesen einfachen Beobachtungs- und Siebverfahren sind nachfolgende Verfahren zu unterscheiden:

- Statistisch teilweise abgesichert, d.h. mit größerer Zuverlässigkeit und Genauigkeit arbeitet man mit der von Hellbrügge u.a. entwickelten „Münchener Funktionellen Entwicklungsdiagnostik", die angewendet werden kann von Kinderärzten, Psychologen und für das Testen ausgebildeten Pädagogen. Sie reicht vom 1.–3. Lebensjahr.
- Zu den bekannten und teststatistisch zuverlässigeren Verfahren zählen auch die Denver-Entwicklungsskalen, die 85–100 % der Säug-

linge und Keinkinder von 0–6 Jahren mit Entwicklungsverzögerungen herausfinden können.[75]

Davon gibt es verschiedene (lang-kurz) Versionen, die wenig Zeit beanspruchen (15–20 Min.). In einem jüngeren ärztlichen Fachbuch heißt es:

„Die DES sind ein verläßliches, kostengünstiges Screening, um Kinder mit einer Entwicklungsverzögerung mit hoher Wahrscheinlichkeit zu identifizieren. Sie sind sehr geeignet, um symptomlose Kinder mit möglichen Entwicklungsproblemen zu testen und einen intuitiven Verdacht auf Verzögerungen festzustellen. Sehr effektiv sind die DES bei der Beobachtung von Kindern mit hohem Risiko, z. B. solchen mit perinatalen Problemen.“[76]

2.17 Chancen der Frühtherapie aus medizinischer Sicht

Eine Früherkennung solcher Störungen und ihre Behandlung ist nicht nur für die Gesamtentwicklung entscheidend, sondern auch aussichtsreich, sofern sie mit anderen Frühfördermaßnahmen zur sensorischen und sprachlichen Entwicklung und intensiver Elternberatung bzw. -anleitung kombiniert werden. Mit neurophysiologischen Behandlungsmethoden, z. B. nach Vojta, Bobath, Castillo-Morales ist es

Fördereffekte

„möglich, bei leicht betroffenen Kindern eine vorhandene zerebrale Bewegungsstörung weitgehend zu bessern, so daß sie auch durch differenzierte neurologische Untersuchungen kaum noch nachweisbar sind. Schwerer geschädigte Kinder werden durch eine frühzeitig eingeleitete Behandlung in die Lage versetzt, mit den kleineren Anforderungen des Alltags – wie Waschen, Kleiden, Essen und Trinken – selbständig fertig zu werden und damit ein einigermaßen sinnvoll erfülltes Leben zu führen. Sehr schwer geschädigte Kinder können auf diese Weise pflegefähig gemacht und vor stärkeren Deformitäten oder Kontrakturen bewahrt werden.“[77]

2.17.1 Bewertung von Behinderungen und Frühtherapie aus ärztlicher Sicht

Die amerikanischen Ärzte Frankenburg u. a. kommen zu folgenden Positionen:

1. „Frühe Erlebnisse beeinflussen alle Entwicklungsbereiche. Tatsächlich lassen alle derzeitigen Forschungsergebnisse den Schluß zu, daß die Entwicklung jeder menschlichen Fähigkeit auf einer komplexen dynamischen Interaktion zwischen genetischen Faktoren und Umwelteinflüssen beruht … und daß Ärzte eine gewisse Möglichkeit haben, die Umweltkomponente zu beeinflussen." [78]

2. „Verschiedene Langzeituntersuchungen nach pränatalen und perinatalen Komplikationen konnten keinen anderen stärker wirksamen Einzelfaktor als die familiären und sozioökonomischen Charakteristiken der Umwelt des Kindes nachweisen. Der Einfluß der jeweiligen sozialen Schicht kann das intellektuelle Defizit verstärken oder abschwächen. In bevorzugten Familien zeigten Kinder, die perinatale Komplikationen, Anoxie oder symptomlose intrauterine Infektionen durchmachten, im allgemeinen keine signifikanten oder nur geringe Restzustände in Nachuntersuchungen", d. h., falls sie Behandlung erfuhren.

3. Man kann sog. „kritische Perioden" in der Entwicklung annehmen, in der bestimmte Fähigkeiten entwickelt werden, wie z. B. die Intelligenz in den ersten 4 Lebensjahren, wo die „Wachstumsrate von Gehirn und Nervensystem am größten ist".[79]

4. „Das Fehlen von frühen Umweltreizen führt nicht allein zu einem Stillstand der Entwicklung, sondern auch zu einer echten Atrophie (allgemeine bzw. Zellrückbildung) von sensorischen Fähigkeiten und Entwicklungsrückbildung … Daher ist es eine wichtige Aufgabe der Frühtherapie, die Entwicklungsgeschwindigkeit eines Kindes zu maximieren und nicht zu normalisieren …" [80]

5. „Gelingt es nicht, eine Behinderung zu bessern, so kann sich die Wirkung in anderen Entwicklungsbereichen vervielfältigen oder zu weiteren sekundären Behinderungen sozialer oder emotionaler Natur führen. Man hat erkannt, daß eine Beeinträchtigung im sensorischen System oft zu Behinderungen in einem anderen System führt. Fällt so der ‚sensorische Synergismus', den jedes System für ein anderes besitzt, aus, so multipliziert sich der Effekt der ursprünglichen Behin-

derung", d. h., aus einem Hörschaden kann es zu visuellen Perzeptionsstörungen und umgekehrt kommen.

6. „Wird die Diagnose einer intellektuellen oder kognitiven Behinderung verzögert, so verschlechtert sich mit der Zeit die Entwicklung des Kindes gegenüber anderen", weil das „Vorhandensein einer Behinderung die Reaktionen der Eltern, Lehrer und Betreuer in der Umgebung beeinflußt oder steuert"[81].

7. Aus ärztlicher Sicht kann die „Frühförderung … die Wirkungen einer Behinderung verringern und verbessern und dies vielmehr als eine spätere Förderung… Mehrere Langzeituntersuchungen weisen darauf hin, daß bis zu einem Drittel dieser Kinder normale Schulklassen besuchen, daß sie mit ihren gleichaltrigen Genossen mithalten können und Klassen nicht wiederholen müssen.

8. Eltern benötigen Modelle für gutes Erziehungsverhalten mit einem behinderten Kind und spezielle Instruktionen, wie sie mit ihm in einer natürlichen stimulierenden Weise arbeiten sollten"[82], und sie brauchen die Unterstützung in ihrem Schock, Kummer und reinen körperlichen Erschöpfung, Hilflosigkeit.

Bei aller notwendigen Spezialisierung der ärztlichen Dienste zeigt sich hier eine Gesamtverantwortung für das behinderte Kind und seine Familie sowie für ihre sozio-ökonomischen Umfeldbedingungen.

3 Behinderung aus soziologischer Sicht

Viele behinderte Kinder und Jugendliche kommen aus der sozialen Unterschicht, wie z.B. Lernbehinderte (bis zu 80 %) und Geistigbehinderte. Soziologische Sicht heißt, zu fragen: Wie wirken sich soziale Bedingungen, wie z.B. Schichtzugehörigkeit, soziale Beziehungen in der Familie, Armut, Unwissenheit usw. und die Institutionen, wie Schule und ihre organisatorischen Strukturen und Normen, ihr Handeln zum Vor- oder Nachteil der Behinderten aus? Unter welchen sozialen Bedingungen entstehen Behinderungen? Welche Rechte und Pflichten, Vergünstigungen oder Benachteiligungen bestehen für die Behinderten z.B. beim Kindergarten- oder Schulbesuch, bei der Aufnahme oder evtl. dem Ausschluß, bei der Mittel- und Stellenplanausstattung einer Frühförderstelle, im Mutterschutz usw.?

Nachdem bei Behinderungen diese sozialen Abhängigkeiten, Bedingtheiten und Folgen von Schichtzugehörigkeit, Sozial- und Bildungsstatus immer deutlicher erkannt wurden, ist es die Aufgabe einer Soziologie der Behinderten, insbesondere solche Zusammenhänge umfassender und differenzierter aufzuklären und der Öffentlichkeit zugänglich zu machen.[83]

3.1 Behinderung in ihren sozialen Abhängigkeiten

Risiko-Kinder und Risiko-Schicht

Es zeigte sich schon aus medizinischer Betrachtungsweise, daß Behindertsein mehr als zufällig mit der sozialen Wirklichkeit zu tun hat, wenn z.B. Mütter eines bestimmten Sozialstatus bzw. einer Schicht (Unterschicht) eher behinderte Kinder oder risikobeladene Frühgeburten haben als Mütter anderer höherer sozialer Schichten. Es erwies sich immer deutlicher, daß es für Behinderung soziale bzw. psychosoziale Determinanten gibt, die Behinderungen bei der Entstehung und in ihrem weiteren Verlauf beeinflussen.

3.2 Beispiel: Frühgeburten, Unterschicht, Alter und Bildungsgrad

Psychosoziale Risikofaktoren

„Ein zunehmendes Gewicht erhalten (bei Frühgeburten und biologischen Anfangsproblemen, Verf.) ... psychosoziale Risikofaktoren. Die soziale Schicht, der Bildungsgrad und die Intelligenz der Mutter erwiesen sich für den Entwicklungsstand mit fünf und mehr Jahren – und zuvor vor allem für die Entwicklung des aktiven Sprechens – als die bedeutsamsten Prognoseindikatoren aus der Neugeborenenzeit; nur bei Kindern mit eindeutigen neurologischen Schäden standen die biologischen Risikofaktoren an erster Stelle ... sie wirken sich mit zunehmendem Alter des Kindes immer stärker aus.“ [84]

Sozial benachteiligte Mütter

Besonders Mütter unter 18 Jahren und aus der Unterschicht mit wenig Erziehungswissen, ohne Unterstützung durch ein soziales Beziehungsnetz und „ohne positiv erlebte Beziehung zum Partner können zu einem erheblichen Risikofaktor für das entwicklungsgefährdete Kind werden“ [85].

3.3 Beispiel: Geistige Behinderung und Unterschicht

In einer Untersuchung (M. Liepmann) heißt es:

„Die Befunde zur sozialen Schichtzugehörigkeit weisen darauf hin, daß nicht nur – wie inzwischen bekannt – die leichteren Grade der geistigen Behinderung (IQ > 60), also die Lernbehinderung, vorwiegend ein Problem der sozial unterprivilegierten Schichten sind, sondern auch schwere geistige Behinderung (IQ < 50). Dieses Ergebnis ist unerwartet.“ [86]

Die Autorin sieht die Ursachen des Zusammenhanges zwischen geistiger Behinderung und Schichtzugehörigkeit z. B. in der

„Quantität medizinischer Versorgung ... sowie unzureichende Mutterschutzregelungen und schichtspezifisches Verhalten der schwangeren

Frauen (nicht zuletzt bedingt durch die ihnen angebotenen Arbeitsplätze, auf deren Gestaltung sie kaum einen Einfluß haben und die sie als typische ‚Hinzuverdiener' akzeptieren müssen"[87].

Armutsprobleme

Die primär soziale Bedingtheit vieler Behinderungen und insbesondere der größten Gruppe – Lernbehinderungen – darf heute als feste Erkenntnis gelten: Die wirtschaftlich sozialen Daten der Eltern (keine oder niedrige berufliche Qualifikation, Arbeitslosigkeit, Gelegenheitsarbeit), ihr i. d. R. niedriger Bildungsstand, schlechte bis katastrophale Wohnverhältnisse (Obdachlosengebiete), keine kindgemäßen Erziehungsmethoden, fehlende Kindergartenplätze u. v. a. Bedingungen sind als soziale Hauptursachen für Lernbehinderung anzusehen.[88]

3.4 Historischer Abriß der gesellschaftlichen Lage und Rechte Behinderter

Für den Behinderten positive Veränderungen der gesellschaftlichen, insbesondere der finanziellen, ausbildungsbezogenen bzw. beruflichen Situation, der sozialen Einstellungen oder Wertungen gegenüber Behinderten zu bewirken, ist außerordentlich schwierig, langwierig und komplex.

Das liegt z. B. an historisch-sozial bestimmten Denkhaltungen. Das generelle Denken in Nützlichkeitskategorien, aber auch vorrationale und oft religiös begründete Einstellungen bzw. Wertungen haben den Behinderten überwiegend in eine soziale Randstellung gebracht, wenn er nicht gleich nach der Geburt getötet wurde.[89]

Krüppel wurden im griechischen Altertum (600 v. Chr.) zu Bettlern gemacht oder noch stärker verunstaltet, um ein erhöhtes Mitleid zu erregen.[90]

Mit dem Aufkommen des Christentums veränderte sich nur langsam die Situation des Behinderten:

„Zweifelsohne erlebte das Behindertenbetreuungswesen vom Ausgang des römischen Reiches bis zum Mittelalter einen enormen Ausbau, gemessen an den Leistungen vorheriger Zeiten. Insbesondere das Existenzrecht und der Pflegeanspruch wurden theologisch begründet."[91]

Aber auch danach gab es Rückfälle, die Verteufelung, Ausgrenzung und Vernichtung von Behinderten.[92]

Mit der Industrialisierung und einer enormen Verstärkung des Brauchbarkeitsdenkens veränderten sich auch die Stellung und die Lebenschancen Behinderter.

Für die Zeit bis zum Ende des 18. Jhdts. schreibt Borel über die Lage der Geistigbehinderten:

Wirtschaftlich-
keitsdenken

„Geistigbehinderte Menschen wurden hinsichtlich ihres Daseins diesem Rentabilitätsaspekt subsumiert. Die Lage von geistigbehinderten Menschen im ausgehenden Feudalismus … kann als eine sich schrittweise verschlechternde Lage bezeichnet werden mit der Tendenz zur Hoffnungslosigkeit angesichts der Beurteilung ihrer Lebens- und Daseinsberechtigung unter dem Gesichtspunkt der wirtschaftlichen Verwertbarkeit. Langfristig gesehen bedeutete die Betrachtung des Lebens geistigbehinderter Menschen unter dem Gesichtspunkt der Wirtschaftlichkeit immerhin die Überwindung der Ausgrenzungsideologie: Geistigbehinderte Menschen werden zum Gegenstand wissenschaftlicher und wirtschaftlicher Interessen. An der aktuellen und hoffnungslosen Lage der unmittelbar Betroffenen hat dies nichts geändert.“[93]

3.5 Behinderung und Sozialrecht

Wandel sozialer
Wertungen

Man könnte glauben, daß diese Denkweisen auch noch heute dominieren, wenn Thimm über die Situation in den 70er–80er Jahren schreibt:

„Die Behinderung wird sozialrechtlich vor allem als Erwerbsminderung gefaßt. Viele Leistungen der Behindertenhilfe – keineswegs nur die berufsbezogenen – setzen voraus, daß ein physischer bzw. psychischer Schaden in die Kategorie ‚Minderung der Erwerbsfähigkeit‘ überführt wurde – selbst für Kinder! Die vordergründige Orientierung von Rehabilitation an den Normen der Erwerbstätigkeit, die den einzelnen vor allem unter dem Gesichtspunkt seiner ökonomischen Verwertbarkeit einstuft, schlägt sich in verschiedenen Bereichen durch…“[94],

wie z. B. in den sozial- und schulrechtlichen Definitionen, bei den Rehabilitationsmaßnahmen und durch den Ausschluß beachtlicher Gruppen, wie z. B. Kinder, Hausfrauen, alte Menschen und Familien mit behinderten Kindern.

Auch die gesonderte Heraushebung mancher Verursachungen, wie z. B. Kriegsleiden, Berufskrankheiten und -unfälle, macht Unterschiede, die für den nicht in diese Kategorien fallenden Behinderten zu nicht nachvollziehbaren Ungerechtigkeiten führte. Auch die neue Definition „Grad der Behinderung" hat diese Unterschiede in der Praxis nicht vollständig beseitigt.

3.6 Was ist Rehabilitation?

Rehabilitation oder Eingliederung

> *„ist die Hilfe, die notwendig ist, um Behinderungen abzuwenden, zu beseitigen, zu bessern, ihre Verschlimmerungen zu verhüten oder ihre Folgen zu mildern und dem behinderten und von Behinderung Bedrohten einen seinen Neigungen und Fähigkeiten entsprechenden Platz in der Gemeinschaft, insbesondere im Arbeitsleben zu sichern … (bzw.) Behinderte möglichst auf Dauer in Arbeit, Beruf und Gesellschaft einzugliedern"*[95].

3.6.1 Eingliederungshilfen

Eingliederungshilfen sind weiter als der Rehabilitationsbegriff gefaßt und enthalten einen größeren Bereich von sog. „Kann-Leistungen", die auch die Frühförderung behinderter und von Behinderung bedrohter Kinder betreffen, wenn das „Vorliegen einer wesentlichen Behinderung, durch die die Fähigkeit zur Eingliederung in die Gesellschaft in erheblichem Umfang beeinträchtigt ist"[96], gegeben ist.

Diese offene Formulierung erschwert die Eingliederung einer großen Gruppe von Kindern, die man als potentiell lernbehindert bezeichnen kann. Es sind Kinder, die aus ungünstigen sozialen Verhältnissen kommen (z. B. Obdachlosensiedlungen), Entwicklungsverzögerungen insbesondere im psychischen, kognitiven, sensomotorischen, sprachlichen Bereich usw. aufweisen, aber eben nur schwache, medizinisch kaum nachweisbare und ‚wesentliche' Behinderungen haben. Ihnen droht dann der bekannte Teufelskreis: Sie kommen aus entwicklungshemmendem Milieu, gehen in die Primarstufe, ggf. in den Schulkindergarten, bleiben in der Schule 1–2mal sitzen, gehen dann in die Sonderschule für Lernbehinderte, bekommen keinen Berufsausbildungsplatz, werden arbeitslos oder nur Gelegenheitsarbeiter und fallen so wieder in das sozial- und entwicklungsbehindernde Milieu zurück, aus dem sie gekommen sind.

3.6.2 Sozialhilfe-Prinzipien

Die Frühförderung z. B. wird u. a. nach den Prinzipien der Eingliederungshilfen finanziert.[97] Dementsprechend sind die Sozialhilfe-Prinzipien aufgebaut:
– das *Nachrangigkeitsprinzip*, d. h., wenn nicht Selbsthilfe möglich ist, unterhaltspflichtige und -fähige Angehörige 1. Grades oder Ehegatten und Hilfe von anderen Leistungsträgern zuständig sind;
– das *Individualisierungsprinzip*, d. h., hier entscheidet sich die Hilfe „nach der Besonderheit des Einzelfalles";
– das Bedarfsdeckungsprinzip, d. h., „Sozialhilfe wird nur bei gegenwärtig vorliegendem Bedarf geleistet"[98].

Gerade diese Bedarfsermittlung eröffnet den Trägern der Sozialhilfe bei der Einrichtung von Frühförderstellen oder Sonderkindergärten und ihrer personellen, finanziellen und materiellen Ausstattung Spielräume, die überwiegend zu Lasten der Behinderten und von Behinderung bedrohten Kindern gehen.

3.7 Stigmatisierung von Behinderten

Ausgrenzung und Ablehnung

Die soziale Aus- und Abgrenzung Behinderter ist ein oft subtiler Prozeß, der mit Stigmatisierung bezeichnet werden kann. Stigma (griech. = Gebrandmarkter) bedeutet, daß eine Eigenschaft, wie z. B. geistige oder körperliche Schwäche, ein „Anderssein" oder eine Behinderung in eine Relation zur sog. „Normalität" gebracht wird und die sich zu einem diskriminierenden Stereotyp ausbildet, wie z. B. Spasti, Krüppel. Oft wird sie mit diversen Zuschreibungen (Etikettierung, Labeling) wie Faulheit, Bösartigkeit usw. ausgestattet, d. h., so wird ein unerwünschtes, abgelehntes Anderssein bezeichnet und bewertet. Stigmatisierungen sind „ein allgemeiner Bestandteil von Gesellschaft"[99].

3.7.1 Ursachen und Folgen der Stigmatisierung

Psychosoziale Beschädigung

Aus der Begegnung mit den „Normalen" und sog. „Gesunden" können durch das Anderssein des Behinderten Stigmatisierungen und zusätzliche sozialbedingte seelische Beschädigungen entstehen. Die Stigmatisierung hängt erheblich ab von der Sichtbarkeit (Visibilität) einer Behinderung, dem Wissen von ihren Ursachen und wie sie mehr oder weniger abstoßend auf die „Normalen"[100] wirkt. Sie hängt aber auch ab von epochalen Wertskalen, wie z. B. der aktuellen Hochschätzung des Leistungsprinzips und der kognitiven Kompetenzen, der Jugendlichkeit und Schönheit, Anpassungsfähigkeit, dem gesellschaftlichen Rang von Mitleid, Hilfsbereitschaft und Dienst am Schwachen usw.

3.7.2 Soziale Diskriminierung

Soziale Wertskalen

Der solchen Wertungen entspringenden Vorurteilen ausgesetzte Behinderte wird sozial diskriminiert: „Dabei reicht die Skala … von der physischen Ausstoßung aus der Gesellschaft bis zur Zuweisung eines transzendenten Status, wie dies in einigen Gesellschaften mit Blinden oder Epileptikern geschieht", d. h., ihnen werden besondere Kräfte oder göttliches Wirken zugesprochen.[101] Auswirkungen von Stigmatisierungen sind auf gesellschaftlicher Ebene Verdrängung, Verharmlosung, Schuldzuweisungen an den Behinderten selbst oder die Eltern, Ausgrenzung aus den Bildungseinrichtungen, Vermeidung des Anschauens Behinderter usw.; immerhin gibt es auch positiv anerkanntes Spenden-Mitleid, aber auch wertende Skalierungen der verschiedenen Behinderungsformen.

Rückwirkungen auf Behinderte und ihre Angehörigen

Stigma-Kompensation

Bei den Behinderten und ihren Eltern wiederum kommt es zu verschiedenartigen Kompensationsversuchen durch Überforderung, wie z. B. kosmetische Operationen des Kindes, um es möglichst „unauffällig" zu machen, und familiäre Selbstüberforderung, Rückzug aus der Gesellschaft und soziale Selbstisolierung. Daneben gibt es aber auch bewußte Selbstorganisationen, wie z. B. die „Krüppelbewegung", bis zu Attacken und Aggressionen gegenüber den sog. „Gesunden" und „Normalen".

3.7.3 Überwindung der Stigma-Probleme

Stigma-Management

Einen Ausweg aus diesem Dilemma zwischen Nichtbehinderten und Behinderten sieht Thimm u. a. darin, daß der Behinderte über diese Vorurteile und die Mechanismen ihrer Entstehung aufgeklärt wird und lernt, mit dem Stigma umzugehen (Stigma-Management). Umgekehrt muß die Gesellschaft über Behinderungen, ihre Entstehung usw. über die Massenmedien aufgeklärt werden. Schließlich kann die direkte Begegnung zwischen Behinderten und Nichtbehinderten vorurteils-mindernd und entstigmatisierend wirken.[102]

Hierzu sind die neuen Ansätze gemeinsamer – integrativer – Erziehung und das Normalisierungsprinzip entscheidende Voraussetzungen.

3.7.3.1 Normalisation und Integration

Die Geschichte zur sozialen Lage Behinderter hat gezeigt, daß sie vielfach abgewertet, stigmatisiert, ausgesondert (segregiert), oft von Eltern über Jahre aus Angst und Scham versteckt und in verschiedener Weise benachteiligt wurden: In pädagogischer Hinsicht wurde ihnen Bildung vorenthalten (z. B. Ausschluß vom Schulbesuch), oder sie wurde verkürzt; sie wurden als medizinisch aussichtslose Fälle behandelt, soziale Rechte beschnitten u. v. a.

Soziale Programmatik

Diesem Zustand ein Ende zu bereiten sind die Ziele dieser beiden für die Behindertenarbeit, das Behindertenrecht und für die Verbesserung seiner gesellschaftlichen Stellung *programmatischen* Begriffe: Normalisation und Integration.

Normalisation

Der Begriff Normalisierung hat seinen Ursprung in der Montessori-Pädagogik, und er meint einmal die Beseitigung aller Entwicklungshemmnisse für das Kind und gleichzeitig die Optimierung seiner Entwicklung und Lernfähigkeiten bzw. Kompetenzen, damit es zur Unabhängigkeit vom Erwachsenen, d. h. zu Selbständigkeit und Mündigkeit gelangen kann.

In der Behinderten-Pädagogik wurde der Begriff erst in den 50er Jahren und in Deutschland noch später heimisch durch den Dänen Bank-Mikkelsen, der Normalisierung wie folgt definiert:

Definition

„Unter Normalisierung vesteht man: Anerkennung des geistig behinderten Menschen und seiner Behinderung; Gleichstellung des Behinderten mit anderen Bürgern des Landes; das Recht der Behinderten auf Behandlung, Unterricht und Ausbildung, die dem jeweiligen Bildungsgrad anzupassen sind, damit sie sich optimal entwickeln können.“[103]

Soziale Gerechtigkeit

Es geht also hier schlicht um die allgemeinen sozialen Rechte für alle Bürger, eben auch des behinderten Bürgers, die ihm bisher vorenthalten oder eingeschränkt wurden.

Diese Definition ist jedoch sehr bescheiden insofern, als es ja zunächst um das Nachholen der generellen Gleichstellung geht und noch nicht um das aufgrund der Behinderung, also seiner in der Regel nicht selbstverschuldeten Schwäche, notwendige Mehr an Hilfen. Aber gerade dieses „Mehr" an lebensnotwendiger und vor allem früher Hilfe ist der Punkt, an dem sich das Schicksal des Behinderten entscheidet.

Die Umsetzung von Normalisation und Integration

Die Umsetzung dieser Programmatik erfaßt viele Institutionen, Normen und Handlungsformen der Gesellschaft, die nach Wolfensberger für den Behinderten verändert werden müssen. Nach ihm ist Normalisation

Definition

„die Anwendung von Mitteln, die der kulturellen Norm soweit wie möglich entsprechen mit der Absicht, persönliches Verhalten… und Charakteristika zu entwickeln bzw. zu erhalten, die den kulturellen Normen soweit wie möglich entsprechen"[104].

Anpassungsprogramm

Normalisation als Anpassungstechnik an die Kulturnormen der jeweiligen Gesellschaft vollzieht sich praktisch nach Maßgabe eines Rollenbzw. interaktionstheoretischen Schemas.

Wolfensberger unterscheidet dabei drei soziale Handlungsebenen und zwei Aktionsformen (Interaktion und Interpretation):

Normalisation: Interaktion und Interpretation

1. Person-Ebene: Hier entwickelt das Kind interaktiv (z. B. mit Eltern) kulturspezifische Grundverhaltensmuster bzw. -formen wie Sprache, Hygiene, selbständiges An- und Ausziehen usw.

Auf dieser Ebene werden durch die Aktionsform „Interpretation" Konzepte sozialen Ausdrucks und sozialer Wahrnehmung gelernt: Anrede, Höflichkeitsformen, situationsspezifische Deutung und Anwendung, soziale Verhaltensformen.

2. Ebene – primäre und mittlere soziale Systeme: Dazu zählen Familie, Spielgruppen, Kindergarten, Schule usw. Durch die Aktionsform „Interaktion" wird das Kind fähig, sich hier „systemadäquat" zu verhalten.

In der Aktionsform „Interpretation" lernt es z. B. die institutionsspezifischen Bedingungen, Verhaltensformen, Sitten usw. wahrzunehmen, zu deuten, zu nutzen und nach Maßgabe eigener Interessen anzuwenden oder zu beeinflussen.

3. Ebene – Gesellschaftssysteme: Hier sind die sozialen Gestaltungen wie Bildungssystem, Parteien, oberregionale Verwaltungen, Verbände usw. gemeint, in denen sich Aktionformen vollziehen und die die Lebensbedingungen des Behinderten beeinflussen. Hier werden z. B. Interpretationsmuster entworfen, wie z. B. Behinderte gesehen, beurteilt, begünstigt oder benachteiligt werden durch Gesetze, Vorschriften, Erlasse usw.

Dieses Schema zeigt die sozialen Lebensräume auf, in denen sich das Leben des Behinderten vollzieht, von denen aus es bestimmt, geleitet und auch geprägt wird durch Aktionsfreiräume, Lebenschancen, wechselseitige Interpretationsmuster zwischen Behinderten und Nichtbehinderten. In diesen sozialen Räumen bzw. Sozialisations- und folglich auch Normalisationsinstanzen konkretisieren sich die kulturellen Normen, d. h. Vorschriften und Regeln darüber, was erlaubt, verboten, erwünscht bzw. „normal" oder „nicht normal" ist. Hier vollzieht sich auch das soziale Handeln in Form von Mittelanwendungen (z. B. Erziehung, finanzieller oder materieller Hilfen) gegenüber den Behinderten.

Definition

Normalisation ist bei Wolfensberger vor allem Sozialisation durch Anpassung an kulturelle Normen und Rollen der jeweiligen Institutionen wie Kindergarten, Schule usw. Umgekehrt heißt Normalisation gegenüber den Behinderten, die Institution und ihre Aktionsformen so zu gestalten, daß Normalisation als Aufnahme des Behinderten möglich wird.

Diese soziologisch-formale, technizistische Mittelanwendung ist ergänzungsbedürftig, weil hier ein entscheidendes Moment, die Interaktionspraxis auf personaler Ebene zwischen Behinderten und Nichtbehinderten, wesentlich zu kurz kommt.[105]

3.7.3.2 Integration – ein sozialer und personaler Akt

Integration: programmatisches Handlungsprinzip

Innerhalb dieses Normalisierungsansatzes ist die soziale Integration ein programmatisches Handlungsprinzip, das die Normalisierung ermöglichen soll. Dabei geht es nicht nur um das räumliche, physische bzw. soziale Integriertsein in den sozialen Institutionen wie Kindergarten, Schule, Beruf, Vereine usw., sondern um die sozialisierende, erziehende Wirkung des Sozialen im alltäglichen Miteinander, d. h. um das Erlernen der in der jeweiligen Gruppe, Klasse bzw. Gesellschaft üblichen Kompetenzen, Einstellungen, Lebensvollzugs- und Umgangsformen usw. Erst durch dieses gemeinsame Leben und Lernen erwartet man eine entstigmatisierende, die Beziehungen zwischen Behinderten und Nichtbehinderten „normalisierende" Wirkung. Insofern vollzieht sich Normalisation durch soziale Integration, d. h., Behinderte lernen trotz ihrer Behinderung ihr Optimum an Unabhängigkeit und sozialer Teilhabe zu entwickeln, umgekehrt lernen Nichtbehinderte mit den Behinderten unbefangener, vorurteilsfreier und solidarischer zu leben und sie in ihrer personalen Würde, in ihrem „So-sein" anzuerkennen.

Identität als Prozeß

Dies ist eine zentrale Voraussetzung dafür, daß auch der Behinderte sich mit seinen Stärken und Schwächen selbsterkennen, selbstachten und sich in seinem „So-sein" annehmen, also personale Integration und Identität entwickeln kann. Normalisation und Integration können in diesem Sinne auch als Weg und Ziel zur Verbesserung der psychisch-sozialen Situation und Befindlichkeit Behinderter begriffen werden.

Bedingungen der Integration

Die bisherigen Integrationsversuche orientierten sich vielfach an den Normalisierungsprinzipien des Schweden Nirje.[106]

Nach Maßgabe seiner programmatischen Definition bestimmt Nirje 8 Zielbereiche für die Normalisationspraxis:

Pädagogische Zielbereiche

1. Normaler Tagesrhythmus nach familienähnlichen Abläufen wie Schlafen, Aufstehen, Frühstücken, Schule oder Arbeit, Freizeit usw.
2. Normaler Wochenrhythmus wie alle anderen Gleichaltrigen, d. h. 5–6 Arbeitstage, Wochenende, Ausflüge usw.
3. Normaler Jahresrhythmus wie z. B. Urlaub, Feste, Feiertage.
4. Normaler Lebenslauf wie Familie, Kindergartenbesuch, Schule, Beruf, Ablösung vom Elternhaus.
5. Normale Anerkennung des Behinderten wie z. B. Anerkennung seiner Rechte, Wünsche, Eigenheiten, Entscheidungen usw.
6. Normale heterosexuelle Beziehungen pflegen dürfen und Anerkennung des Behinderten als Sexualwesen.
7. Normale ökonomische Standards durch Sicherung der wirtschaftlichen Existenz auf Grund eigener Arbeit, eigenen Geldes usw.
8. Normale Einrichtungsstandards, wie z. B. eigenes Kinderzimmer, altersentsprechende Wohnung, so wie es beim Bevölkerungsdurchschnitt üblich ist.

Kritische Punkte und Forderungen

Die Voraussetzungen für die Realisierung dieser Prinzipien stoßen noch immer auf vielfache Widerstände und Probleme:

- Es gibt personelle Probleme, d. h., in Kindergärten und Schulen sind die wenigsten auf Arbeit mit Behinderten beruflich vorbereitet, die Einrichtungen personell quantitativ zu schwach ausgestattet.
- Auf sozial-kommunikativer Ebene muß ein entsprechendes „Klima" gegeben sein, d. h., die „integrativen Bereitschaften, soziale Annäherungs- und Solidarbedürfnisse oder -regeln" müssen für alle gültig sein, insbesondere „Einstellungen, die auf die Überwindung sozialer Verfremdungen hinauslaufen"[107].
- Zu beachten ist die Tatsache, daß nicht alle Eltern und nicht alle Erzieher für Integration sind.[108]
- Technische und bauliche Voraussetzungen sind zu schaffen, Rampen, Fahrstühle, große Türen für Rollstühle usw.
- Zusätzliche didaktisch-mediale Mittel zur Individualisierung und entsprechende Erziehungs- und Unterrichtskonzepte müssen vielfach erst noch entwickelt werden, um sowohl den behinderten als auch den nichtbehinderten Kindern zu ihrem vollen Recht auf Bildung und Erziehung zu verhelfen; hier wäre an die Montessori-Pädagogik anzuknüpfen, die sowohl individualisierende Methoden als auch entsprechende didaktische Materialien entwickelte.

- Sicherung der notwendigen Therapien muß gewährleistet sein, und dies unter allen Umständen, wenn das Kind diese benötigt, u.v.a.
- Die notwendige Kooperation mit Logopäden, Frühförderzentren, Kinderärzten, Physiotherapeuten usw. muß ermöglicht werden, um dem behinderten Kind nicht nur die gleichen Förderchancen wie dem nichtbehinderten, sondern eben das absolut notwendige Mehr an Entwicklungs-, Erziehungs- und Lebenshilfe zu gewährleisten.

Siehe Kap. 7 Die bisherigen Integrationsversuche im westeuropäischen Raum haben gezeigt, daß unter Berücksichtigung der genannten Bedingungen Integration durchaus Chancen hat, wenn die Gesellschaft entschlossen ist, Integration als Weg und Ziel ausdrücklich zu realisieren und den dafür nötigen pädagogisch-personellen, finanziellen und materiellen Mehrbedarf gesetzlich gesichert bereitzustellen. Mit den bisher in der Sozialhilfe oft üblichen Kann- oder Sollvorschriften ist die Integration bereits im Vorschulalter nur schwer zu realisieren.[109]

4 Behinderung aus psychologischer Sicht

Das behinderte und von Behinderung bedrohte Kind und seine Familie ist mit folgenden psychologischen Problemen belastet oder durch sie gefährdet:

Soziales und psychisches Problemgemenge

– Entwicklungs-, lern-, denk- und sozialpsychologischen bzw. emotionalen Schwierigkeiten, die sich mit den Schwierigkeiten der Eltern, sich auf ihr behindertes Kind einzustellen, mit ihrem behinderten Kind zu leben, es zu lieben und annehmen zu lernen, oft zu einem entwicklungsgefährdenden Gemenge an Problemen entwickeln.

Hinzu kommen Probleme, die manche Eltern ohnehin haben:
– wirtschaftliche Sorgen, wie Arbeitslosigkeit und zu kleine Wohnungen;
– Alkohol- oder Drogenabhängigkeit;
– Mängel oder Unsicherheiten in der Erziehungskompetenz, oder sie selbst sind behindert.

Zu den größeren Schwierigkeiten zählt:

Wechsel-wirkungen

– der elterliche Schock auf die Tatsache, daß sie ein behindertes Kind haben, und die daraus resultierenden Folgen für das behinderte Kind beim Aufbau einer angemessenen entwicklungsfördernden Eltern-Kind-Beziehung;
– die Rückwirkungen durch die Tatsache, ein behindertes Kind und damit ungewöhnliche psychische und physische Belastungen zu haben, auf die eheliche Partnerschaft, auf die gegebenenfalls vorhandenen Geschwister, auf die weitere Familie wie Großeltern und den engeren sozialen Umkreis wie Nachbarschaft usw.

Dieses Problemgemenge in der Eltern-Kind-Beziehung, im Verhältnis der Ehepartner, zwischen behindertem Kind und den nichtbehinderten Geschwistern, im Verhältnis von Familie und sozialem Umfeld erfordert auch die Einbeziehung der Psychologie in die Behindertenpädagogik und besonders in die Frühförderung.

4.1 Spezielle Aufgaben der Psychologie

1. *Diagnostik,* d.h. die Erfassung der individuellen Entwicklungsfortschritte, die Aufdeckung der psychofunktionellen Defizite besonders in den Bereichen Sprache, Intelligenz bzw. kognitiven Funktionen, Sozialverhalten, Emotionalität, Wahrnehmung, sensomotorische Fertigkeiten, Spiel usw., die wiederum entscheidend sind für die Erstellung des in der Frühförderung notwendigen Gutachtens („Entwicklungsüberprüfung"), aber auch diagnostische Aufdeckung der Stärken des Kindes, um diese zu fördern und ggf. unbehebbare Schwächen zu kompensieren.
2. In der Zusammenarbeit mit den Pädagogen die Erstellung und regelmäßige Überprüfung von *Förderplänen* (siehe z.B. Kap. 5.7.5).
3. Einsatz *psychologischer Methoden* (z.B. Verhaltensmodifikation) zur Beseitigung von Lernhemmungen, Ängsten, Störungen der Kontaktaufnahme, Verhaltensstörungen, Aggressionen bzw. Autoaggressionen, Eßstörungen usw., aber auch beim Aufbau von Selbständigkeit und Sauberkeit usw.
4. *Psychologische Beratung* der Familie und ggf. psychotherapeutische Hilfen, Elterntraining usw.

4.2 Elternreaktionen auf ihr behindertes Kind

Leibliche und seelische Annahme

Eine Schlüsselfrage für die Kindesentwicklung ist die leibliche und seelische Annahme des Kindes durch die Eltern. Sie setzt ein bei der bejahten Zeugung und Schwangerschaft. Hier vollziehen sich bei der Mutter innere Auseinandersetzungen mit Ängsten und Erwartungen, Hoffnungen und Wünschen auf ein gesundes Kind. In der Bereitschaft der Frau, das noch ungeborene Kind als eigene Person anzunehmen und anzuerkennen, liegt die spezifische Anpassungsleistung der Mutter in der Schwangerschaft. Jetzt entstehen die Fundamente für den Aufbau einer optimalen Beziehung zum Kinde, auch für das nachgeburtliche Leben. Das Kind ist für die Mutter bzw. Eltern der Projektionspunkt ihrer Liebe, aber auch der jeweiligen Hoffnungen und Wünsche – Richter spricht vom „Substitut des idealen Selbst", dem Ich-Ideal – von Mutter und Vater, d.h., es soll in ihren Erwartungen die Person werden,

**Ideales und
reales Kind**

die sie selbst gerne geworden wären.[110] Nicht selten gibt es mütterliche Erwartungen, das Kind möge ein idealisiertes Abbild einer von ihr geliebten Person, z. B. des Vaters, der eigenen Mutter zu werden. Solche Hoffnungen auf sog. „Idealqualitäten" des Kindes sind nach Richter durchaus normales Verhalten, weil dies „der persönliche Ausdruck des Menschheitsstrebens nach einem besseren Leben für die zukünftige Generation" bedeutet.[111]

Nach der Geburt wird es zur Aufgabe, die Differenz zwischen erhofftem und realem Kind zu erkennen und auszugleichen, indem sich die Eltern auf die physische und seelische Annahme konstruktiv einstellen lernen. Diese Unterscheidung ist deswegen notwendig, weil eine rein physische Annahme, konkretisiert in Pflege und Ernährung, nicht ausreicht, sondern daß die innere Bejahung entwickelt wird, die Liebe zum Kind mit seinen positiven und negativen Seiten, den Belastungen und Freuden, die ein Kind bringt. Erst wenn die Mutter das Kind als unentbehrlichen Teil ihres Lebens bejaht und dessen Nichtvorhandensein als bedrohlichen Verlust erlebt, hat sich die seelische Annahme vollzogen.

**Seelische
Annahme als
Entwicklungs-
bedingung**

Für das Kind bedeutet diese seelische Annahme die Basis für die Entfaltung seiner Persönlichkeit, denn die „ursprüngliche Mutter-Kind-Bindung ist die Keimzelle aller späteren emotionalen Bindungen des Kleinkindes; sie ist die formende Beziehung, in deren Verlauf das Kind seine Selbstgefühle entwickelt"[112], das „Urvertrauen" als Grundlage der Lebenssicherheit dafür, daß es sich der Welt zuwenden und diese sich zueigen machen kann, also lernt, Fähigkeiten und Kenntnisse erwirbt und somit personale Unabhängigkeit entwickelt.

Dieser Prozeß wird durch das Erleben, ein behindertes Kind zu haben, fundamental beeinträchtigt oder gar beschädigt.

4.2.1 Stufen seelischer Annahme

Die Forschung hat sich in den letzten Jahrzehnten dieser für die Frühförderung zentralen Schlüsselfrage zugewandt und einen prozeßhaften Verlauf herausgefunden, der folgende Stufen aufweist:

Stufen der Annahme	Erlebnis und Aktivitätsformen
Aktive seelische Annahme ▲	– Akzeptieren und Gestalten der Lebenssituation – Wertverwirklichung – Solidarität – Handeln im konkret Möglichen
Trauer ▲	– Depression – Gram – Gefühl des Verlustes
Verhandeln mit dem Schicksal ▲	– Suche nach Heilungswegen – Hoffen auf Wunder
Auflehnung ▲	– Aggression/Protest – Ursachen- und Schuldsuche – Isolation
Gewißheit ▲	– Annäherung an die Wahrheit – Ablehnung der Wahrheit – Vermittlung der Wahrheit – Schock
Ungewißheit ▲	– Noch-Nicht-Wissen bzw. Wissen – Verdacht – Unannehmbarkeit – Leugnung, Selbstbeschwichtigung – Verdrängung
Geburt	

Diese Phasen der elterlich/mütterlichen Reaktionen treten individuell und unterschiedlich auf, je nachdem, wie schon Erfahrungen in der Krisenbewältigung gemacht wurden, und dies hängt wiederum auch von religiös-weltanschaulichen Grundeinstellungen ab.[113]

4.2.2 Das behinderte Kind verändert die Familie

Erfahrungstatsache ist, daß sich mit der Geburt eines behinderten Kindes bzw. der Erkenntnis der Behinderung das Leben der Mutter und Familie grundlegend ändert.

Wie Eltern und das familiäre Umfeld das behinderte Kind aufnehmen, welche Reaktionen hieraus entstehen, wurde in Untersuchungen zur psychischen und ökonomischen Lage von Familien mit geistigbehinderten Kindern ermittelt:

Familiäre Krisensymptome
- Gefühle der „Verzweiflung, Hilflosigkeit, dumpfer Leere";
- „Gedanken an Strafe, Vererbung, Alkohol", an den Tod des behinderten Kindes und Zukunftsängste;
- Gefühl, von der Gesellschaft verlassen zu sein;
- „seitens der Verwandtschaft teils Mitleid und Verwöhnung, teils Hilfsbereitschaft und Entlastung, Ekel und Abneigung und Abbruch der Beziehungen";
- mangelnder „Mut, die Öffentlichkeit mit dem behinderten Kind zu konfrontieren"[114].

4.2.2.1 Wie Mütter ihr behindertes Kind erleben

Für die Praxis ist wichtig zu wissen, wie die Mütter für sich die Tatsache eines behinderten Kindes erleben, z. B.

Neue Lebensorientierung
- als starke Einschränkung der Freizeit und Realisierung eigener Interessen;
- als Reduzierung der Erwartungshaltung gegenüber dem behinderten Kind und Umorientierung in der eigenen Lebensplanung;
- als Veränderung grundsätzlicher Lebenseinstellungen und Wertvorstellungen, z. B. zu Urlaubsreisen mit dem behinderten Kind;
- als Anpassung aller Familienmitglieder an die Situation mit einem behinderten Kind auf jeweils unterschiedliche Weise;
- als permanente Auseinandersetzung mit dem sozialen Umfeld (Familie, Nachbarschaft usw.);
- als konstruktive Integration der familiären Problemlage mit den außerfamiliären Hilfssystemen, wie z. B. Ärzte, Therapeuten, Pädagogen usw.

4.2.2.2 Wachsender Realismus und die Rolle des Vaters

In der Regel entwickeln die Eltern und besonders die Mütter sehr schnell eine realistische Sichtweise, um die anfallenden organisatorischen Probleme, die physischen Belastungen und den erhöhten Pflegeaufwand mit allen möglichen Therapieverpflichtungen zu bewältigen.

Eine Mutter umschrieb ihren lebenslangen Prozeß mit dem behinderten Kind wie folgt:

„Es ist ein Schicksal, das man nie annehmen kann, mit dem man sich aber abfinden und arrangieren kann. Eine Familie mit einem behinderten Kind lebt immer anders als eine sogenannte ‚normale‘ Familie.“[115]

Schlüsselrolle des Vaters

Daher ist es von größter Bedeutung, wie im Prozeß der seelischen Annahme vor allem der Ehepartner mitarbeitet. Es zeigte sich bei allen Müttern übereinstimmend, daß die

„Zusammenarbeit und die gegenseitige Unterstützung beider Ehepartner eine wichtige Rolle (spielt und) die ‚beste‘ und wirksamste Hilfestellung (ist). Die Sicherheit und das Gefühl der Mutter, mit dieser speziellen Problematik nicht alleine gelassen zu werden, hat wesentlich dazu beigetragen, mit der Tatsache einer Behinderung des Kindes leben zu lernen.“[116]

4.2.2.3 Was bringt die Hilfe von außen?

Als besonders nützliche Hilfen von außen bewerten die Mütter „Eltern-Kind-Spielkreise“ und „Elterngesprächskreise“, wo sie ihre persönlichen Erfahrungen und Ratschläge austauschen können. Auch eine begleitende psychologische Beratung in den Institutionen der Frühförderung, im Kindergarten und in der Schule werden durchweg begrüßt, aber – wie die o. g. Untersuchung zeigte – wurde von

Fallspezifische Hilfe

„keiner Mutter die Notwendigkeit gesehen, eine über einen längeren Zeitraum andauernde Beratung für den Konfliktlösungsprozeß in Anspruch zu nehmen; sie waren sich sicher, diesen ohne fachliche Hilfe durchleben zu können und zu wollen“[117].

Ausnahmen – besonders bei alleinerziehenden Müttern – machen allerdings solche Hilfen längerfristig notwendig. Im Vordergrund steht die Lösung der praktischen Alltagsprobleme im Bereich der Organisation, der Erziehung und Pflege. Hier kann die pädagogische ganzheitliche Frühförderung besonders wirksam werden.

4.3 Psychologische Einflüsse auf Behinderungen und Ursachen

4.3.1 Fehlentwicklungen in der Beziehung zum Kind

Zu beobachten ist gelegentlich eine extreme Mutter-Kind-Bindung über die Jahrzehnte hinaus und der Verzicht auf alle Eigeninteressen der Mutter. Andere Fehlentwicklungen der Mutter-Kind-Beziehung sind z. B. das Mitschlafen des erwachsenen behinderten ‚Kindes' im Ehebett, Schwierigkeiten im wechselseitigen Ablösungsprozeß u. v. a. Probleme der Selbständigwerdung, weil sich die Mutter nicht ablösen kann, oder durch Verwöhnung, Vernachlässigung, Überbemutterung (Overprotecting) bzw. diverse Fehlerziehungshaltungen, z. B. als Über- und Unterforderung.

4.3.2 Kindesmißhandlung: Was heißt Mißhandlung?

Der Begriff der Mißhandlung bzw. Vernachlässigung ist wissenschaftlich nicht eindeutig definiert, obwohl das Phänomen sehr alt ist und heute endlich offen diskutiert wird.[118]

Nach Frank[119] gibt es folgende Beschreibungen:

Formen der Mißhandlung

„Es gibt verschiedene Formen von Kindesmißhandlung und -vernachlässigung, die bei einem Kind auch gleichzeitig vorliegen können:
- *Körperliche Mißhandlung liegt vor, wenn durch körperliche Gewaltanwendung Kindern ernsthafte, vorübergehende oder bleibende Verletzungen zugefügt werden. Von Kindesmißhandlung spricht man, wenn gewalttätiges Verhalten der Eltern oder Erzieher ein Grundelement der Kindererziehung ist.*
- *Körperliche Vernachlässigung liegt vor, wenn Eltern oder Erzieher ein Kind nicht gut versorgen. Formen körperlicher Vernachlässigung können sein: ein Kind mangelhaft ernähren, unzureichend bekleiden, hygienisch schlecht versorgen, die notwendige medizinische Versorgung vorenthalten.*
- *Emotionale Mißhandlung meint eine feindliche oder abweisende Haltung von Eltern oder Erziehern gegenüber einem Kind. Von Mißhandlung wird nur dann gesprochen, wenn ein solches Verhalten der*

Eltern oder Erzieher einen festen Bestandteil der Erziehung aus-
macht.
– *Emotionale Vernachlässigung bedeutet, daß Eltern oder Erzieher*
ihren Kindern durch Unterlassung das für eine gesunde emotionale
Entwicklung notwendige Familienklima vorenthalten. Beispiele emo-
tionaler Vernachlässigung sind: Ein Kind erhält keine oder zu weni-
ge Aufmerksamkeit, Liebe und Wärme. Das Kind wird nicht in den
Arm genommen, liebkost oder gelobt, wenn es etwas Gutes getan hat.
Es wird nicht zum Spielen ermuntert. Es wird keine Sicherheit und
Geborgenheit geboten.
– *Sexueller Mißbrauch heißt, ein Kind einer sexuellen Stimulation*
aussetzen, die nicht zu seinem Alter, seiner psychosexuellen Entwick-
lung und seiner Rolle innerhalb der Familie paßt. Beispiele für sexu-
ellen Mißbrauch sind: Sexuelle Beziehungen zwischen Eltern und
Kindern, zwischen Geschwistern oder zwischen Kindern und ande-
ren Erziehern, Familienmitgliedern oder Bekannten. Sexueller Miß-
brauch kann von Berührungen bis zur Vergewaltigung gehen und
unter Zwang, Gewalt und Erpressung stattfinden.

Diesen Formen von Mißhandlungen können folgende Begriffe zuge-
ordnet werden, die in der Literatur als eigenständige Zustandsbilder
beschrieben werden:
– *Psychosozialer Minderwuchs, d. h. eine Entwicklungsstörung eines*
Kindes aufgrund von körperlicher und emotionaler Vernachlässi-
gung (englischer Begriff: Failure to thrive).
– *Münchhausen-Stellvertreter-Syndrom: Eltern täuschen bei ihren*
Kindern Krankheitssymptome vor, so daß die Kinder häufigen und
langwierigen Krankenhausaufenthalten mit zum Teil schwerwie-
genden Untersuchungen und Behandlungen unterzogen werden."

Mißhandlung und soziale Behinderung

In der sozialpädiatrischen Diskussion – insbesondere durch Pechstein
und Hellbrügge angeführt – wird auch der Begriff „soziale Behinderung" gebraucht. Er deckt sich in mancher Hinsicht mit der Mißhandlung und sozialen Benachteiligung und Ausgrenzung. Er wurde von
Hellbrügge eingeführt, um „positive Emotionen der Hilfe" in der Bevölkerung bzw. Behindertenhilfe und die „notwendige ärztliche, psychologische und pädagogische Aufmerksamkeit" zu erreichen.[120]

Soziale Behinderung – Soziose

Definition *„Soziale Behinderung (wurde gewählt), um die umweltabhängige Psychogenese einer Gruppe schwerwiegender Entwicklungsstörungen besonders zu kennzeichnen, bei der die ,Gemeinschaftsfähigkeit' des Kindes bzw. des späteren Erwachsenen z. T. schwerwiegend beeinträchtigt ist und die sich aus einer unzureichenden sozialen Umwelt während der ,sensiblen Entwicklungsperiode' der ersten 3 Lebensjahre herleitet."*[121]

Dieser Begriffsrahmen sollte eine Präzisierung des landläufigen Begriffs der „Verhaltensstörung" sein und durch den Begriff der „Soziose" ersetzt werden. Dieser Ausdruck soll deutlich machen,

„daß es sich um eine soziale Krankheit handelt, welche die kindliche Sozialisation und Sozialentwicklung betrifft, die sich in Symptomen abweichenden Sozialverhaltens äußert und die daneben auch eine soziale Ätiologie hat"[122].

Hauptmerkmale der Soziose sind: Aggressionen, Provokationen, soziale Apathie; Vorstadien sind Distanzlosigkeit, soziale Überängstlichkeit, pathologische Trotzigkeit.[123]

Soziose und Deprivation
Begründet wird dieses nach Hellbrügge „Krankheitsbild" mit den Erkenntnissen aus der Deprivationsforschung, d. h. Forschungen, die sich mit milieubedingten Mängeln an sensorischer, emotionaler und sozialer Stimulation für das Kind befassen, insbesondere sind hier folgende Namen zu nennen: Bowlby 1951, R. Spitz 1967, Meierhofer u. Keller 1970, Langmeier und Matejcek 1977, Schmalohr 1980[124].

Deprivation
Definition Moog/Moog definieren Deprivation als „das Vorenthalten von Reizen und Erfahrungen, die für die psychische und/oder körperliche Entwicklung förderlich sind"[125]. Betrachtet man diese Definition in Verbindung mit „Soziose" und „Mißhandlung", kommt man nicht um die Frage nach dem Grad der Absichtlichkeit bzw. Bösartigkeit herum, mit der den Kindern die entwicklungsnotwendigen Lernanreize und Erfahrungen vorenthalten bzw. nach der sie mißhandelt werden.

Hospitalismus – Mutterentbehrung

Damit bezeichnet man seit R. Spitz entwicklungsdeprivierende Schädigungen von Säuglingen und Kleinkindern durch die Trennung von der Mutter und fehlender „mütterlicher" Zuwendung nach Maßgabe der basalen Bedürfnisse des Kindes: Liebe und Geborgenheit, Körperkontakt, Wärme und Zärtlichkeit, sprachliche, spielerische und sensomotorische Anregungen, regelmäßige Ernährung und Pflege als Dauererfahrung.[126] Besonders das angeborene Kontaktbedürfnis und die Kontaktsuche des Säuglings wird durch die Mutterentbehrung schwer beeinträchtigt (vgl. Kap. 6.9.4).

Soziale Kontaktsuche und Kontaktmangel

> *„Fortgesetztes, immer erfolgloses Kontaktsuch-Weinen nimmt zunächst über Wochen an Intensität zu, um sich aber später wieder abzuschwächen und einem depressiven Zustand Platz zu machen, in dem das Kind nicht mehr laut schreit, sondern nur noch wimmert (anaklitische Depression) ... dieser Zustand beim ein- bis zweijährigen Kind leitet – falls sich die Lebensumstände nicht drastisch ändern – über zum psychischen Hospitalismus (Deprivationssyndrom).*
>
> *Diese psychische Erkrankung bildet sich aus, wenn es in seinem ersten und zweiten Lebensjahr keine individuelle Bindung (an eine feste Bezugsperson, Verf.) knüpfen kann und womöglich noch weiteren schädigenden Einflüssen ausgesetzt ist wie Anregungsarmut und häufigem Umgebungswechsel bzw. Wechsel der Bezugsperson wie in Heimen usw."*[127]

Hospitalisierte Kinder zeigen nach B. Hassenstein folgende Symptome:

Symptome

- Die normale Lächelreaktion verschwindet.
- Die Kinder vermeiden Blickkontakte und entwickeln Bindungslosigkeit und -unfähigkeit.
- Sie zeigen eine „wahllose Zutraulichkeit", ohne feste Bindungen zu entwickeln.[128]

In Kindergärten und Schulen fallen diese Kinder auf, weil sie sich einem zuerst in den Arm werfen und bald darauf sich plötzlich abwenden oder für pädagogische Maßnahmen und Zuwendungen unansprechlich wirken. Die Folgen sind umfassend: Die Entwicklung von „Urvertrauen" und der emotionalen Grundlagen der kognitiven Entwicklung ist beschädigt oder eingeschränkt; die emotionale Entwicklung ist durch Unsicherheit, Mißtrauen und Aggressivität, geringe Leistungsmotivation und mangelnde Willenssteuerung gekennzeichnet.[129] Das natürliche kindliche Lernen aus Wißbegierde und Erkunden, Spielen und Nachahmen zeigt sich bei diesen Kindern eingeschränkt, als erschiene ihnen jede Eigenaktivität, jedes Spiel oder Spielzeug sinnlos.[130] Hospitalismus ist nicht auf Heime beschränkt, wo dieses Phänomen von Spitz erforscht wurde, sondern auch in Familien durch Überlastung und Lieblosigkeit, bei unerwünschten und abgelehnten Kindern, durch physische und psychische Vernachlässigung.[131] Nicht wenige Eltern, insbesondere aus sozial schwachen Verhältnissen, mit Drogen- und Alkoholabhängigkeit usw., sind mit der Erziehung ihrer Kinder überfordert, besonders dann, wenn diese behindert sind.

Familiärer Hospitalismus

Kind als „vergessener Bürger"

Es ist aber auch eine Frage nach der sozialen Rechtsstellung und dem Schutz des Kindes in der jeweiligen Gesellschaft, seinem Recht auf Gesundheit, Erziehung und Bildung, das mit der sozialen Situation, der Bildung – insbesondere Erziehungskompetenz – der Eltern und Familie korrespondiert. Die Ärztin und Pädagogin Maria Montessori betrachtete Anfang dieses Jahrhunderts das Kind als einen „vergessenen Bürger", dem viele dieser Rechte nach wie vor vorenthalten werden.

Die Begriffe und Phänomene Mißhandlung, Soziose und Deprivation fußen zum überwiegenden Teil auf sozialen Tatbeständen und dementsprechend behinderten oder geschädigten Lernprozessen des Kindes, schweren Erziehungsfehlern der Eltern[132] und sind somit weniger ein medizinisches als ein soziales, psychologisches und pädagogisches Problem, das selbstverständlich die medizinische Diagnose, Unterstützung und Beratung erfordert.

4.4 Lern-, entwicklungs- und persönlichkeitspsychologische Besonderheiten

Einleitend muß festgehalten werden, daß sich das Lernen Behinderter grundsätzlich nicht von dem der Nichtbehinderten unterscheidet, sondern eben durch die Schädigungen oder Deprivationen verzögert, erschwert bzw. auf bestimmte Sinnesaktivitäten, z. B. bei blinden Kindern das Tasten oder Hören, konzentriert wird; außerdem stehen dem behinderten Kind – je nach Schädigung eingeschränkt – die bei jedem Menschenkind vorhandenen Lernformen zur Verfügung wie sie z. B. von Gagné dargestellt wurden.[133] Von diesen Lernformen werden die meisten bereits in den ersten drei Lebensjahren wirksam (Nachahmungs-, Reiz-Reaktions-, Verstärkungs-, Versuch-Irrtumslernen usw.), ja manche werden – wie z. B. Habituation bzw. Orientierungsreaktion auf einen neuen Gegenstand bzw. Zustand, und der bedingte Reflex – schon pränatal aktiv.

4.4.1 Geistige Entwicklungsstufen nach Piaget

Zu den Besonderheiten des Lernens Behinderter gehört auch die Tatsache, daß sie bestimmte Stufen der intellektuellen Entwicklung nicht überschreiten bzw. in ihnen verharren.

Viele Fachleute der Lern- und Geistigbehindertenpädagogik beziehen sich hier auf Jean Piaget und seine Mitarbeiter, insbesondere Bärbel Inhelders Untersuchung über debile Kinder. Danach kommen z. B. Geistigbehinderte über die zwei ersten Entwicklungsstufen Piagets nicht hinaus:
– die sensomotorische Stufe, die bis ca. zwei, und
– die voroperationale Stufe, die bis ca. sieben Jahre beim normalen Kind reicht.

Die sensomotorische Stufe ist gekennzeichnet durch die Entwicklung von Vorstellungen und ein Vorverständnis von Raum, Zeit, Kausalität (Ursache-Wirkungsdenken) und durch das Fehlen von Symbolprozessen. Dies ist die Fähigkeit, Personen oder Gegenstände zu bezeichnen oder mit ihnen geistig als Vorstellung zu operieren, wenn die realen Objekte abwesend sind.

Sensomotorisches Lernen: Das sensomotorische Lernen ist gekennzeichnet durch sensorische und motorische Aktionen, also im handelnden Umgang mit konkreten Dingen, wie z. B. Spielzeuge anschauen, bewegen usw.

Die voroperationale Stufe ist gekennzeichnet durch die Bildung von Vorstellungen und Symbolen und das Operieren mit diesen Symbolen. Diese Fähigkeiten zeigen sich nach Piaget/Inhelder durch folgende Aktionen des Kindes:

– die „*aufgeschobene Nachahmung*", also die Nachahmung von Beobachtungen oder Tätigkeiten, die sich vorher ereigneten;
– das „*symbolische Spiel oder Fiktionsspiel*", z. B., wenn die Puppe nun schlafen gehen muß oder wenn das Kind „tut als ob" es schliefe usw. Hier wird die „nachahmende Geste" zum Symbol;
– die „*Zeichnung oder das Zeichenbild*" mit 2 bis 2½ Jahren;
– das „*innere Bild*" als verinnerlichte Nachahmung und
– die „*verbale Erwähnung* von nicht-aktuellen Ereignissen", wenn z. B. das Kind miau sagt, wenn die Katze jetzt nicht da ist.[134]

Konkrete Operationen: Mit „konkreten Operationen" meint Piaget nicht das praktische Handeln mit Gegenständen, sondern das verinnerlichte Handeln mit Vorstellungen bzw. Anschauungen von Aktionen und Dingen.

Reversibilität   Eine besondere Leistung auf dieser Entwicklungsstufe ist die „*Reversibilität*" als die Fähigkeit,
– zwischen zwei und mehr Bezugspunkten geistig eine Beziehung herzustellen, wie z. B. seine eigene Bewegung mit der eines herannahenden Fahrrades und danach sein eigenes Verhalten zu steuern;
– eine logische Operation, einen Denk- oder Handlungsvorgang vor- und rückwärts zu denken, wie z. B. eine Umkehrung von Addition in Subtraktion, der Multiplikation in Division usw.;
– daß das Kind jetzt zwischen reversiblen und irreversiblen Vorgängen zu unterscheiden und sich durch sein Denken von Raum und Zeit unabhängig zu machen lernt, d. h., es ist nicht mehr auf das konkrete Vorhandensein von Gegenständen oder konkrete Handlungen angewiesen, um sich eine Vorstellung vom Gegenstand oder der Handlung zu bilden. Wenn ein Kind auf dieser Stufe einen Gegenstand sucht, wird es sich zu erinnern versuchen, wo es überall war, also „geistig" suchen, bis es ihn findet. Das Kind auf der sensomotorischen Stufe wird losgehen und eben überall suchen;

Invarianz-   – den *Invarianzbegriff* zu entwickeln; das ist die Erkenntnis, daß z. B.
begriff   die gleiche Wassermenge in verschiedenen Gefäßen dieselbe Menge bleibt oder die Menge einer Knetekugel dieselbe bleibt, wenn man sie zur Wurst umformt.

Diese ersten Stufen nach Piaget sind – kurz gesagt – die entscheidenden Entwicklungsabschnitte, in denen der Mensch die grundlegenden geistigen logischen Operationen und Begriffe bzw. Kategorien wie Substanz (Materialeigenschaften), Raum, Zeit, Zahl usw. entwickelt.[135]

4.4.2 Lernen läßt sich früh stimulieren

In den von Papousek durchgeführten Untersuchungen beantworteten Neugeborene einen akustischen Reiz mit Bewegungsreaktionen, die dann durch geschmackliche Stimulation verstärkt wurde. Statistisch signifikante Lerneffekte ließen sich bereits am 7. Tag feststellen. Besonders zwischen dem 3. und dem 5. Lebensmonat wird das Lernen immer schneller und wichtiger und kann durch eine entsprechende Interaktion zwischen Mutter und Kind erheblich beeinflußt werden. In Interaktionen befindet sich der Säugling insofern in einer Lernsituation, wie er durch sein eigenes Verhalten Veränderungen bei der Mutter auslöst und über ihre Reaktionen etwas über sein eigenes Agieren erfährt. Diese wiederum stimuliert das Kind zu neuen Aktivitäten. „Kontinuität und Konsistenz" im Verhalten der Mutter sind für das Kind wichtige Lernbedingungen.[136]

Stimulations-formen
Zu den „natürlichen" stimulativen mütterlichen Verhaltensweisen schreibt Papousek:
- Sie stellt sich in das visuelle Feld ihres Säuglings.
- Sie wählt spontan die richtige Entfernung.
- Sie paßt sich in der Stimme und im Verhalten an.
- Sie „stimuliert über mehrere Wahrnehmungskanäle gleichzeitig.
- Sie belohnt wirksam, und sie läßt sich manipulieren.
- Sie ermöglicht dadurch ihrem Kind, sehr früh die Konsequenzen seiner eigenen Aktivität kennenzulernen."[137]

4.4.3 Wesen und Funktion der Lernprozesse

Lernen durch Interaktion
Lernprozesse sind aktive Verhaltensänderungen durch die Begegnung bzw. Interaktion zwischen Personen und durch die Auseinandersetzung mit der Sachwelt (z. B. Spielzeuge, Entwicklungsmaterialien, der dinglichen Umgebung) bzw. den kulturellen Objektivationen (Sprache, Literatur, Technik, Wissenschaft usw.). Obwohl die Lernfähigkeit bzw. Bildbarkeit angeboren ist, ist das Lernen angewiesen auf planmäßige Erziehung und die unverzichtbare didaktisch geplante Vermittlung von Kind und Welt. Dies geschieht in der Regel zuerst durch die

Mutter, die dem Kinde ihre Sprache gibt, es lehrt, richtig zu sprechen, mit ihm Zärtlichkeiten austauscht und spielt und es an ihren alltäglichen Verrichtungen teilhaben läßt.

4.4.3.1 Spielen – ein komplexes Lernen

Selbständiges Problemlösen

Im Spiel sind viele Lernformen miteinander verbunden, d.h., in ihm vollziehen sich selbständige Auseinandersetzungen und Problemlösungen mit Personen und Dingen. Spiel als komplexe Vollzugsform kindlichen Lernens ist zwar auch wie Lernen ein angeborenes Phänomen, aber eben auch und vor allem auf Erziehung und Förderung angewiesen, also ein Erziehungs- und Kulturphänomen. Ohne die systematische Anleitung, Förderung und Erziehung verharrt das Spiel auf den einfacheren Stufen (z. B. Funktionsspiel), und das Lernen im Spiel bleibt zufällig, d. h., die individuelle Spielentwicklung und damit menschliche Entwicklung bleibt hinter ihren Möglichkeiten zurück. Das gilt insbesondere für die behinderten Kinder.

Daher ist systematische Spielförderung eine Hauptform der Früherziehung.[138]

4.4.3.2 Lernvorgang und Lernauswirkungen

Lernen als Selbstgestaltung

Lernen ist ein aktiver Selbstgestaltungsprozeß auf der Basis der angeborenen Lernfähigkeiten bzw. -formen, wie z. B. Reiz-Reaktions-, Nachahmungslernen usw. Der Lernprozeß selbst ist kaum beobachtbar, sondern lediglich an seinen Auswirkungen im Verhalten, in den Leistungsformen und -graden erkennbar.

Die Lernauswirkungen zeigen sich nach Kanter[139] als

- „Kenntnis- und Wissenszuwachs", z. B. in der Sprache, Sachwissen;
- „Beherrschen von Fertigkeiten und Könnensformen", z. B. schreiben, rechnen, lesen, sich an- und ausziehen können;
- „Verfügen über formale Fertigkeiten", z. B. denken, methodisch arbeiten können;
- „Verwirklichen sozialer Verhaltensweisen", z. B. Tischsitten, soziale Regeln einhalten können;
- „Vollzug von Einstellungen und Werthaltungen", z. B. Bejahung oder Ablehnung der Frauenarbeit, Leben nach religiösen Werten usw.

4.4.4 Lernen und Reifung in der Entwicklung – Chancen und Risiken

Besonders für die Entwicklung der ersten Lebensjahre gilt es zu beachten, daß bereits das Neugeborene nicht nur über mehrere Lern- und Verhaltensformen verfügt, sondern sich endogene Reifeprozesse von Lern- und Erziehungsprozessen nur sehr schwer trennen lassen. Fest steht:

> „Der Säugling wird mit einem bereits umfangreichen Verhaltensrepertoire geboren, dessen Erwerb nicht auf Erfahrung zurückgeführt werden kann. Wir beobachten selbständiges Gehen meist gegen Ende des ersten Lebensjahres, sinnvolle Zwei-Wort-Sätze nicht vor dem 18. Lebensmonat, logische Operationen, die ein Verständnis der Mengenmathematik ermöglichen, selten vor dem sechsten Lebensjahr. Wenn auch eine besonders förderliche Entwicklungsumwelt eine gewisse Beschleunigung zu bewirken scheint, so kennen wir doch heute noch keinen Weg, den Erwerb dieser Merkmale oder Kompetenzen vorzuverlegen.“ [140]

Reifen und Lernen als Interaktionsprozesse

Es scheint also besonders für die ersten 6–8 Lebensjahre zu gelten: Lernen kann das Reifen stimulieren, und Reifeprozesse können neue Lernmöglichkeiten eröffnen.

4.4.4.1 Lernen und Gehirnentwicklung

Diese wechselseitige Abhängigkeit liegt offensichtlich an der Ausreifung des Gehirns, die sich unter dem Einfluß von Umweltbedingungen (Erziehung, Lernmöglichkeiten, soziokulturelle Bedingungen, wie z. B. das Vorhandensein von Spielzeug usw.) bis zum ca. 15. Lebensjahr hin erstreckt. Heese beschreibt die Stufen der Gehirnentwicklung wie folgt [141]:

> „Man kann die Hirnentwicklung in vier Hauptzeiträume einteilen, von denen einige sich zeitlich überlagern:
> 1. Die Zeit, in der die Nervenzellen (Neuronen) gebildet werden und sich vermehren. Das ist ein Zeitraum, der etwa mit der 15. bis 25. Schwangerschaftswoche angegeben werden kann.
> 2. Die Zeit, in der die Gliazellen gebildet werden. Diese Zellen bestimmen die Umgebung der Neuronen und sind deshalb wichtig für deren normale Funktion.

Die Bildung solcher Gliazellen geschieht zwischen der 28. Schwangerschaftswoche und dem Ende des 1. Lebensjahres.

3. Ungefähr zur gleichen Zeit, in der die Bildung der Gliazellen beginnt, kommt ein weiterer Prozeß in Gang, die Differenzierung der Neuronen. Dieser Vorgang ist vielleicht der entscheidende für die spätere Leistungsfähigkeit des Gehirns. Er beginnt etwa in der Zeit der Geburt, und er ist mit dem Beginn des 4. Lebensjahres im wesentlichen beendet. Zum ‚Pensum' dieser Zeitspanne gehört folgendes: Die Nerven wachsen zu ihren Endorganen aus. Die Nervenzellen bilden Synapsen aus; d.h., sie schaffen sich die Möglichkeit für Kontakte. Eine enorm hohe Zahl von Synapsen von Nervenzellen untereinander gestattet es dem Nervensystem, seiner Aufgabe gerecht zu werden: Informationen aufzunehmen, zu verarbeiten, sie gespeichert verfügbar zu halten und auf Abruf herauszugeben.

4. Die vierte Phase macht die Nervenfasern funktionsfähig: sie erhalten Isolierscheiden; man nennt diesen Vorgang Myelinisation. Erregungsimpulse können jetzt ohne die Gefahr von ‚Kurzschlüssen' nerval transportiert werden. Das beginnt mit der Geburt und dauert intensiv bis zum 6. Lebensjahr, und es klingt etwa im 15. Lebensjahr aus."

Vier Hauptphasen der Hirnentwicklung (nach N. Herschkowitz, leicht modifiziert):

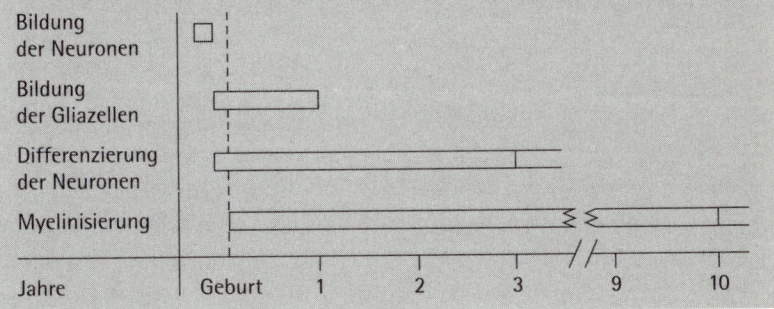

Eine „gesteigerte Reiz-Reaktionsbereitschaft" in der frühen, postnatalen Gehirnentwicklung und ein

Frühe Reiz-zufuhr und Funktions-kapazität des Gehirns

„Mehr oder Weniger an Sinnesreizzufuhr in diesem Zeitraum höchster Entwicklungsgeschwindigkeit (sind entscheidend dafür, daß) nicht nur funktionelle, sondern auch morphologisch-strukturelle Veränderungen im interneuronalen Dendritenapparat der Hirnrinde bewirken kann und damit das Ausmaß der späteren Funktionskapazität des Gehirns maßgeblich bestimmt." [142]

Die Entwicklung bestimmter grundlegender Fähigkeiten, wie z.B. Wahrnehmung, Sprache, Bewegung, Intelligenz und Sozialverhalten, scheinen

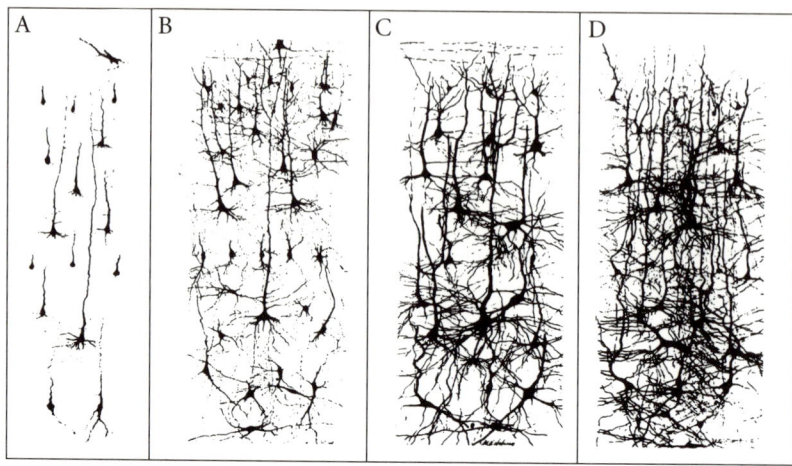

Gehirnstruktur: die Dendriten-Aussprossung beim Menschenkind[143]
A: bei Geburt
B: im Alter von 3 Monaten
C: im Alter von 15 Monaten
D: im Alter von 24 Monaten

Beispiel

besonders in den ersten Lebensjahren an die Gehirnentwicklung gebunden zu sein, wenngleich das Lernen in der Auffassung vieler Fachleute in dem Maße wichtiger wird, wie Reifeprozesse in ihrem Umfang und Einfluß abnehmen. Exemplarisch für die Abnahme der Bedeutung von Reifeprozessen kann der Spracherwerb sein: In den ersten 10–12 Monaten ist der Ausreifungsprozeß aller für die Sprache notwendigen Organe (Muskulatur des Atmungssystems und Sprechapparates, Kehlkopf, Stimmbänder, Sinne, Lautbedeutungsverständnis usw.) noch im vollen Gange, aber kaum, daß das Kind seine ersten Worte spricht, wird das von Reifungsprozessen unabhängige Sprachlernen, das Sprachmilieu und die Sprachaktivierung immer entscheidender für die Entwicklung des Wortschatzes und der gesamten Sprachkompetenz.

4.4.4.2 Interaktion von Lernen, Reifen und Persönlichkeits- entwicklung

Beim konkreten individuellen Fall greifen diese Bereiche immer inter-
aktional ineinander.

Beispiel
Ein spastisch mehrfachgeschädigtes Kind mit einer Sehschwäche (z. B.
unerkannter Kurzsichtigkeit) und einschließenden, also ungesteuerten
Reflexbewegungen, will in einem Alter, wo es greifen und die Auge-
Hand-Koordination lernt, ein Spielzeug greifen. Die Sehbehinderung
und der einschießende Reflex behindern das greifenwollende Kind. So
wird nicht nur das Greifenlernen, sondern auch seine Motivation bzw.
Spielfreude, seine sensomotorische Intelligenz und so auch sein gesam-
tes Verhalten verschiedenartig beeinflußt, d. h., es wird womöglich aggressiv oder apathisch, wenn ihm sein Spiel auf Dauer nicht gelingt.
Eine so anwachsende Verhaltensstörung kann wiederum rückwirken
auf die Motivation und Handlungsbereitschaft, d. h., die Hoffnung auf
Erfolg oder die Furcht vor Mißerfolg stärken oder schwächen. Kommen nun noch deprivierende Umweltbedingungen, also fehlende Spiel-
mittel, unangemessene Spielanregungen und eine Fehl- bzw. Mangelerziehung hinzu, dann ergeben sich komplizierte Wechselwirkungen
zwischen Kind und Umwelt, die seine angeborene spontan-aktive Aus-
einandersetzungs-, Lern- und Entwicklungsbereitschaft zusätzlich beeinträchtigen.

Die biologisch-organische Schädigung (Spastik und Sehschwäche)
steht also in einer bio-sozialen Interaktion mit den sozialen und kulturellen ggf. deprivierenden und hemmenden Umweltbedingungen (z. B.
fehlendes Spielzeug, Fehl- und Mangelerziehung).

Dieser bio-soziale Interaktionsprozeß produziert u. U. neue, sich an-
häufende oder kumulierende Beeinträchtigungen des Lernens.

4.4.5 Entwicklungspsychologische Besonderheiten der ersten Lebensjahre

Die ersten 6–8 Lebensjahre unterscheiden sich qualitativ von den späteren dadurch, daß hier die grundlegenden humanen Kompetenzen
wie Wahrnehmung, Sprache, Intelligenz, Sozialverhalten usw. aufgebaut und danach vollendet oder perfektioniert werden. Hier also ent-

scheidet es sich, ob Schädigungen notwendigerweise zu Behinderungen führen oder diese vermindert bzw. vermieden werden. Dies geschieht durch medizinisch-therapeutische Maßnahmen, aber auch durch pädagogisch-psychologische Maßnahmen der Beeinflussung der

4.4.5.1 Bedingungsgruppen fördernder oder hemmender Faktoren des Lernens

Lernbeeinträchtigungen werden durch folgende Gruppen entwicklungspsychologischer Besonderheiten der ersten Lebensjahre mitbedingt:
– die Ausbildung der motorischen und sensorischen Vermittlungsprozesse und
– die sensiblen Phasen, die man zusammen als primäres oder frühes Lernen bezeichnen kann.

Definition

„Mit dem Begriff Primäres Lernen sind spezifische Lernabläufe in frühester Kindheit gemeint, in denen die sensorischen (sinnesmäßigen) und motorischen (bewegungsmäßigen) Vermittlungsprozesse entwickelt und aufgebaut werden, welche notwendige Voraussetzung für spätere komplexe Lernleistungen darstellen. Dies geschieht in einem Wechselspiel zwischen
– organischem Wachstum,
– Reifungsvorgängen,
– Anregungen durch Umweltreize sowie eigener Erfahrung
und führt zur Ausbildung erforderlicher Feinstrukturen des Zentralnervensystems sowie zum Aufbau der Bewegungs- und Wahrnehmungswelt." [144]

Sensomotorische Grundfunktionen

Sensomotorische Grundfunktionen: Gemeint sind hier die Ausbildungen von Grundfunktionen, wie z.B. die Hand-Hand- oder Augen-Hand-Koordination; aber auch die Entwicklung der Sinnessysteme gehört dazu, die sich noch weit in die ersten Lebensjahre hinein erstreckt, indem sie sich an die Umwelt anpassen, in der das Kind leben lernt.

Obwohl bei der Geburt alle Sinne funktionsbereit sind, vollzieht sich ihre Entwicklung, d.h. ihre Umweltanpassung, ihre Koordination untereinander (intersensorielle Koordination) und ihre Koordination mit der Motorik (sensomotorische Koordination) entscheidend durch die Umwelterfahrungen in den ersten Lebensjahren.

Stufen der Funktionsreifung und -organisation

Die Funktionsreifung der einzelnen Bereiche hat folgende Stufen:

„1. Orale Organisation (Mundfunktion, Geschmack, Geruch): 1.–3. Lebensmonat.
2. Optische Organisation (Auge, Motorik der Hände, des Rumpfes, der Beine): 3.–12. Lebensmonat.
3. Akustische Organisation und Motorik des Sprechapparates: ab 12. Monat." [145]

Links- und Rechtshänder

Insgesamt erstreckt sich die sensomotorische Ausreifung bis zum ca. 7. Lebensjahr, wo sich z. B. die Sehfähigkeit voll ausbildet, die Raumlagestabilität verfestigt und die Rechts-Links-Unterscheidung bzw. die Festlegung der Rechts- oder Linkshändigkeit endgültig vollzieht. [146]

Beispiel für die Anpassung des Sinnessystems an die Umwelt: Blind geborene Kinder, die durch operative Maßnahmen im Jugendalter erst sehen lernten, haben Schwierigkeiten bei der Formwahrnehmung und -unterscheidung. So dauerte es Monate, bis Dreiecke von Quadraten unterschieden werden konnten; ein hochintelligentes Mädchen mit ausgezeichnetem Abitur konnte z. B. nie mehr als drei Personen visuell erkennen. [147]

Die Entwicklung des Gehirns vollzieht sich offensichtlich einerseits nach Maßgabe von Reifungsgesetzen und andererseits in einem Dialog mit der Umwelt, an die sich das Wahrnehmungssystem anpaßt.

Definition

Sensible Phasen: Aus dem obigen Beispiel kann man schließen, daß es für die Entwicklung bestimmter Kompetenzen in der Wahrnehmung, in der Motorik und für andere basale Funktionen bzw. Fertigkeiten sog. sensible Phasen oder kritische Entwicklungsabschnitte vorübergehender Dauer gibt, in denen der Organismus besonders empfänglich bzw. lernbereit ist und in denen er schnell und intensiv etwas lernt bzw. eine Kompetenz entwickelt und für immer behält (z. B. Bewegung, Sprache, kognitive Grundfunktionen, Intelligenz, Sozialverhalten usw.). Das bedeutet: So schnell und intensiv lernen Kinder nie wieder wie in diesen Phasen. Deshalb brauchen sie auch in diesen sensiblen Phasen die entsprechenden Entwicklungs-, Handlungs- und Lernanreize. Fehlen diese Außenreize, dann kann die Gesamtentwicklung gestört, das Erreichen einer höheren Stufe der Entwicklung beeinträchtigt oder eine Behinderung begünstigt werden. [148]

Die Ärztin und Pädagogin Maria Montessori hat ihre Früherziehung und entsprechende sensomotorischen Entwicklungsmaterialien auf diese sensiblen Phasen abgestimmt, und von Hellbrügge ist diese Konzeption weitgehend in seine sozialpädiatrische Theorie und Praxis übernommen worden.[149]

4.4.5.2 Sensible Phasen und kognitive Entwicklung

Kognitive Grundfunktion und Wahrnehmungskategorien

In den Bereich des Primären Lernens fällt auch die Entwicklung der basalen kognitiven Grundfunktionen und Elementarbegriffe wie Identifikation (Erkennen, Wiedererkennen), Negation (Unterscheiden, Vergleichen), Kombination (von isolierten Merkmalen: z. B. gelbes, großes Dreieck, also Farbe, Größe, Form) und Implikation (Erkennen und Nachvollziehen einer logischen Folge) sowie die Entwicklung der geistigen Kategorien wie Substanz, Raum, Zeit, Zahl und Kausalität, d. h. das Instrumentarium geistiger Welterfassung und -verarbeitung. In diesem Bereich liegt der Schwerpunkt der Forschungen Piagets.

Seine Stufentheorie der geistigen Entwicklung von der sensomotorischen Intelligenz bis zu den formal-abstrakten Operationen wird nicht normal vollzogen, wenn nicht jede dieser Stufen ihre volle Entfaltung erreicht hat.

Stimulative Entwicklungsaufgaben

Die geistige Entwicklung ist nach Piaget ein aktiver schöpferischer Aufbauprozeß von elementaren Denkstrukturen zu immer höheren, komplexeren Denkstrukturen größerer Leistungsfähigkeit, die auf der aktiven Entfaltung der vorausgegangenen Denkstrukturen und Kompetenzen fußt. Es hängt aber wesentlich von den von außen durch entwicklungsgemäße Lernmöglichkeiten bzw. pädagogisch gesetzten Herausforderungen (Entwicklungsaufgaben) ab, ob das Kind die nächsthöhere Stufe hervorbringen kann. Man könnte die Stufen der geistigen Entwicklung nach Piaget auch als „sensible Phasen" betrachten, die auf bestimmte, phasengemäße Herausforderungen – fördernde Entwicklungsaufgaben – angewiesen sind, damit die jeweilige stufengemäße geistige Leistungsfähigkeit voll entwickelt und damit die Voraussetzung für die nächsthöhere Leistungsstufe geschaffen wird.[150]

4.4.5.3 Stabilisierungs- und Verfestigungstendenzen

Mit diesem Ausdruck beschreibt Kanter „diejenigen Prozesse im Ent-
wicklungsgang…, die zu einer Stabilisierung der Verhaltensweisen sowie
Profilierung und Verfestigung des einzelmenschlichen Verhaltensreper-
toires im Sinne der reifen Persönlichkeitsstruktur führen"[151]. Diese ist
aber grundlegend gefährdet in dem Maße, wie biologisch-organische
Schäden z. B. in der Wahrnehmung und negative soziokulturelle Bedingungen mit Störungen im Bedingungsbereich des Primären Lernens ein-
hergehen und damit nicht nur im positiven Sinne zu Verfestigungen,
sondern auch im negativen Sinne zu sich verfestigenden Entwicklungs-,
Verhaltens- bzw. Persönlichkeitsstörungen führen können.

Individuelles Behinderungs-bild   Das jeweils individuelle Behinderungsbild ergibt sich letztendlich aus
den Wechselwirkungen in einer Reife-Lern-Entwicklung zwischen Schä-
digung und entwicklungsfördernden bzw. -hemmenden Bedingungen in

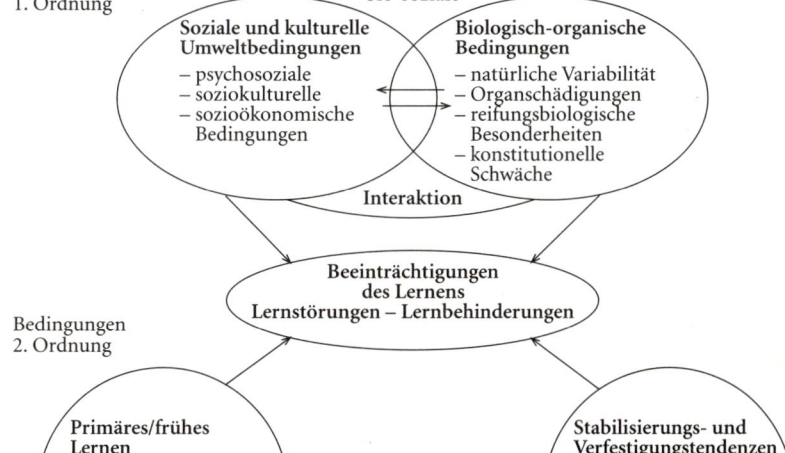

Gruppen von Bedingungen
für das Entstehen von Lernbehinderungen

Bedingungen 1. Ordnung

bio-soziale

Soziale und kulturelle Umweltbedingungen
– psychosoziale
– soziokulturelle
– sozioökonomische Bedingungen

Biologisch-organische Bedingungen
– natürliche Variabilität
– Organschädigungen
– reifungsbiologische Besonderheiten
– konstitutionelle Schwäche

Interaktion

Beeinträchtigungen des Lernens Lernstörungen – Lernbehinderungen

Bedingungen 2. Ordnung

Primäres/frühes Lernen
– Ausbildung der moto-rischen und senso-rischen Vermittlungs-prozesse
– sensible Phasen

Stabilisierungs- und Verfestigungstendenzen
– Herausbildung und Verfestigung von Per-sönlichkeitsmerkmalen
– Ausformung der Person
– Gewinnung der Ich-Identität

und
Kumulation

Verfahren	Alter		…Entwicklung						
	Monate / Jahre		sozio-emotionale	sprachliche	kognitive	Wahrnehmungs-	motorische	allgemeine	Aspekte des Neugeborenenverh.
Aktiver Wortschatztest für 3- bis 6jährige Kinder	3–6 u. mehr Jahre			×					
Altersinventarium der aktiven mimischen Psychomotorik							×	×	
Bayley Scales of Infant Development	0–36 Monate				(×)			×	
Bender Gestalt Test for Young Children	5–6 u. mehr Jahre		×			×			
Beobachtungsbogen für Kinder im Vorschulalter			×				×	×	
Brazelton Neonatal Behavioral Assessment Scale	0–6 Monate								×
Bühler-Hetzer-Kleinkindertests	0–6 u. mehr		(×)		(×)	(×)	(×)	×	
Burks Behavior Rating Scales, Preschool and Kindergarten			×					×	
Chattell Infant Intelligence Scale					(×)			×	
Charlop-Atwell Scale of Motor Coordination							×		
Columbia Mental Maturity Scale					×			×	
Denver-Entwicklungsskalen								×	
Developmental Test of Visual-Motor Integration				(×)		×			
Duisburger Vorschul- und Einschulungstest				(×)	(×)				
Echelle de Developpement									
Educational Evaluation			(×)						
Entwicklungsgitter			×	×	×	×	×	×	
Entwicklungskontrolle für Krippenkinder			(×)	(×)	(×)	(×)	(×)	×	
Fragebogen zur Erfassung praktischer und sozialer Selbständigkeit			×		×				
French-Bilder-Intelligenz-Test					×				
Frostigs Entwicklungstest der visuellen Wahrnehmung						×			
Gesell Developmental Scales			(×)	(×)	(×)		(×)	×	
Graham-Rosenblith Behavior Test for Neonates	0–6 Monate								×
Griffiths Entwicklungsskalen			(×)	(×)	(×)		(×)	×	
Grundintelligenztest Skala 1			(×)		×				
Hannover-Wechsler-Intelligenztest für das Vorschulalter			×	×	×				
Heidelberger Sprachentwicklungstest				×	×				
Infant Psychological Development Scales					×				

Infant Security Scale
Joël Scale of Behavior Maturity
Körperkoordinationstest für Kinder
Kognitiver Fähigkeitstest, Kindergartenform
Kramer-Test
Labyrinth-Test
Landauer Sprachentwicklungstest für Vorschulkinder
Lincoln-Oseretzky-Skala KF 18
McCarthy Scales of Children's Abilities
McCarthy Short Form
Mann-Zeichen-Test
Motor-Free Visual Perception Test
Motoriktest für 4- bis 6jährige Kinder
Münchener Entwicklungsscreening
Münchener Funktionelle Entwicklungsdiagnostik
Prescreening Developmental Questionnaire
Primary Progress Assessment Chart
Psycholinguistischer Entwicklungstest
Raven-Matrizen-Test
Revised Developmental Screening Inventory
Revised Parent Developmental Questionnaire
Short Denver Developmental Screening Test
Skala zur Erfassung des Sozialverhaltens von Vorschulkindern
Snijders-Oomen nichtverbale Intelligenzuntersuchung
Southern California Sensory Integration Tests
Sprachfreie Entwicklungstestreihen
Stanford-Binet-Intelligenztest
Testbatterie zur Entwicklung kognitiver Operationen
Vineland Social Maturity Scale
Vorschul-Lerntest

x: Spezielle Skala/Skalen für diesen Bereich
(x): Spezielle Skala/Skalen für diesen Bereich zwar vorgesehen, Interpretierbarkeit aber fraglich
(Die Altersangaben beziehen sich bei mehreren Ausgaben eines Tests auf die deutsche Fassung bzw. auf die neueste Version)

der Umgebung des Kindes. Hierauf beruht die Kumulation entsprechender Lernzuwächse, die sich in den Verhaltens- und Leistungsformen und Persönlichkeitsmerkmalen eines Kindes ausprägen: z.B. in der sprachlichen, intellektuellen, sozialen oder motorischen Kompetenz.

Kanter brachte diesen Prozeß in obiges Schema (siehe Seite 97)[152].

4.5 Übersicht der Frühtestverfahren

Es ist das Verdienst der Autoren Rennen-Allhoff und Allhoff[153], eine übersichtliche Zusammenstellung der gängigen Frühtestverfahren erstellt zu haben, um so schnell einen geeigneten Test finden zu können (Seite 98 und 99).

5 Heilpädagogik – Frühförderung

Heute gibt es neben dem älteren Begriff Heilpädagogik die Begriffe: Behindertenpädagogik, Sonderpädagogik, Sondererziehung und Rehabilitation, die häufig synonym verwendet werden.[154] Der Begriff Frühförderung ist erst in den 70iger Jahren etabliert worden, obwohl es schon früher eine Praxis der Erziehung und Förderung Behinderter gab, die man mit Frühförderung bezeichnen kann.

5.1 Früherziehung Behinderter – historische Wurzeln

Eine bewußt planmäßige Früherziehung von Kindern unter sechs Jahren ist ein historisch junges Phänomen, wenngleich es erste Überlegungen dazu schon in der Antike, z. B. bei den Griechen, gab. In der nachfolgenden Skizze werden einige Aspekte der Geschichte der Früherziehung unter Einschluß behinderter Kinder chronologisch aufgezeigt.

Antike
Kinderdarstellungen auf griechischen Vasen usw. zeigen Mütter mit Kindern kosend in Frauengemächern, und Pindar schreibt: „... da hat sorgende Liebe mich erstmals in den Windeln gebettet..."; und auf einer anderen Darstellung sieht man eine Mutter mit einem Kleinkind sprechen, d. h., hier wird schon ein Geistes- und Seelenleben vorausgesetzt.[155]

Auch über Einzelfragen wie Bewegungs-, Sprach- und Sozialerziehung wurde nachgedacht. Bei Plato heißt es: „... die Bewegungsgymnastik der ganz kleinen Kinder ist eines der Mittel, die einen großen Einfluß haben auf die Heranbildung eines Teiles der Seelentugend"; offenbar wußte man auch schon etwas über die Bedeutung der Bildbarkeit und Frühentwicklung der ersten drei Jahre, wo sich die Sprache erst entfaltet, denn Plato schreibt[156]:

> *„Für die kleinen Kinder ist also Weinen und Schreien das Zeichen für das, was sie lieben und hassen – Kundgebungen von wenig erfreulicher Art. Dieser Zustand hält volle drei Jahre an, also immerhin eine beträchtliche Zeit des Lebens, daß etwas darauf ankommt, wie man sie zugebracht hat, ob besser oder schlechter."*

In bezug auf die dementsprechende Erziehungsmethode heißt es weiter: „…denn gerade der Anfang der Erziehung birgt stets die größte Gefahr in sich", und Plato fordert darum auch schon eine frühe öffentliche Erziehung:

> *„Man muß denn zu dem Ende sämtliche Kinder dieses Alters vom dritten bis zum siebenten Jahre, abgeteilt nach kleinen Bezirken (Komen), zu denen sie gehören, sich bei den Tempeln zusammenfinden",*

denn die Kinder bedürfen nach Plato einer Spielerziehung und auch schon der Strafe:

> *„Für die weiteren Entwicklungsstufen des Geistes aber, also für ein dreijähriges, vierjähriges und auch noch sechsjähriges Kind bedarf es der Spiele, mit der Verhätschelung aber muß es nun ein Ende haben, vielmehr muß man jetzt mit Strafen vorgehen, nur nicht mit entehrenden… man darf weder durch übermütige Maßlosigkeit der Züchtigung die Bestraften zum Zorne reizen, noch etwa von jeder Strafe absehen und sie dadurch verwöhnen."* [157]

Schulische Bildung erfolgte im 5. Jahrhdt. v. Chr. z. B. in Athen erst mit sieben Jahren und nur für Knaben – und nicht für Sklaven – in den Fächern Sport, Musik, Schreiben und Lesen sowie Rechnen. Da es griechische Abbildungen schreibender und lesender sowie musizierender Mädchen gibt, kann man annehmen, „daß zumindest die Töchter gehobener Kreise einen entsprechenden Unterricht genossen haben müssen", evtl. von einem Paidagogos (Hauslehrer, Kindererzieher). [158]

Mittelalter

Die Früherziehung wurde also – wenn auch nur für die höheren Stände – vom klassischen Altertum her durch das Mittelalter durchaus als Aufgabe erkannt.

Berthold von Regensburg (1220–1272) war ein bekannter Prediger. Seine Erziehung zielte vor allem auf die Stabilisierung des jeweiligen Standes (Schuster erziehen ihre Kinder zu Schustern usw.) und auf die Arbeitsamkeit, Religiosität und Bescheidenheit sowie gegen Müßiggang.

Von der Bedeutung der Früherziehung wußte man, daß die ersten Erfahrungen und Eindrücke lange Auswirkungen auf die nachfolgende Entwicklung haben. In der Sprache Bertholds von Regensburg hieß das so:

> *„Was zuerst in den neuen Topf kommt, danach schmeckt er immer gerne. Und nachdem, wer das kleine Kind zuerst gute Dinge lehrt, danach tut es immer gerne; und wer es böse Dinge lehrt, danach tut es immer gerne."* [159]

Neuzeit

Eine deutliche Zunahme pädagogischen Bewußtseins erfolgte im Humanismus der Renaissancezeit um das 15. Jahrhundert. In dieser Epoche entstand ein neues Selbstverständnis des Menschen.

Man erkannte nunmehr den Wert seiner Bildbarkeit und Bildung nicht nur im beruflich-praktischen Sinne, sondern begriff die Bildung umfassender als Entwicklung aller Fähigkeiten, insbesondere der Sprachen, der Literatur und Philosophie, der Geschichte – insbesondere der griechischen Tradition – und Naturwissenschaften. Man sah den Menschen als „uomo universale" = universaler Mensch, alles zu lernen und zu können. Diese Wiedergeburt (= Renaissance griech. Wissens und Kultur) und der Rückgriff auf die Antike bedeutete damals das Erlebnis menschlicher Persönlichkeitsformung durch die Antike als klassische Lehrmeisterin [160]. Der gebildete Mensch wird danach und fortan als das Werk seiner Selbsttätigkeit bzw. seiner Erziehung begriffen, „weil er Ursache, Freiheit, Tat ist, Ergebnis seines eigenen Aktes" [161] ist. Dieses neue anthropologische Denken schloß immer mehr auch die Früherziehung des Menschen ein.

Johannes Ludovius (1492–1540), ein spanischer Humanist, schrieb ein Buch über „Die Erziehung der Christin". Er stellt die Spielerziehung in den Mittelpunkt:

> *„…Wenn das Kind zu sprechen und gehen anfängt, so muß es mit Gleichaltrigen seines Geschlechtes spielen, und zwar immer in Gegen-*

wart der Mutter oder einer Person gesetzten Alters… Das junge Gemüt
soll nur mit guten Eindrücken erfüllt werden";

besonderen Wert legt er auf die sittliche Erziehung im Sinne christlicher Wertvorstellungen.

Bei der frühen Spracherziehung durch die Mutter bezieht er sich auf Plato, der vor Ammen warnte, die Kindern „unnütze und alberne Märchen" erzählen, denn:

„Das kleine Kind hört die Mutter zuerst und richtet nach deren Spra-
che sein erstes Stammeln… Die ersten Sinneseindrücke und die erste
Seelenbildung erhält das Kind durch das, was es von der Mutter hört
und sieht." [162]

Ein anderer Spanier, J. P. Bonet (1579–1633), Offizier, Diplomat, Sekretär, schrieb das erste Lehrbuch der Taubstummenbildung (1620), das in mehrere Sprachen übersetzt wurde. Über den Tastsinn bzw. das Sehen und die Entwicklung eines Handalphabets erschloß er ihnen den Zugang zur Sprache und Bildung. [163]

Es ist nicht auszuschließen, daß J. R. Pereira, ein spanisch-französischer Taubstummenpädagoge, die Schrift von Bonet kannte. Für seine taubstumme Schwester entwickelte er eine Methode auf der Basis des sog. Handalphabetes, und er förderte so insgesamt 10–15 Schüler, die eine derart hohe Bildung erlangten, daß sie die Bewunderung von Kaiser und Königen erregte. [164]

J. A. Comenius' (1592–1670) „Informatorium der Mutterschul" umfaßt ebenfalls den Bereich vom ersten bis sechsten Lebensjahr und zielt vor allem auf „Elemente des gegenständlichen Erfassens und Unterscheidens, an Zählen, Schätzen usw., aber auch … Sittlichkeit, Religion (und) Übungen der *äußeren Sinne* und … Hinwendung zu den sich ihnen darstellenden Gegenständen" [165]. Verstandes- und Sinnes-, Bewegungs- und Spracherziehung, Sozial-, Spiel- und Arbeitserziehung sind hier schon grundgelegt.

Bei Comenius finden wir bedeutende Hinweise auf die Erziehung Behinderter: Blinde, Taube, Lahme, Kränkliche und Gehirnschwache. Nach Borel ist es „bedeutsam, daß Comenius explizit auf die Notwendigkeit und die Erziehungsbedürftigkeit behinderter Menschen hinweist und entsprechende Unterlassung als Verfehlung anprangert"[166], weil nach Comenius auch der schwächste Geist bildbar ist:

> *„Denn je schwerfälligeren und kargeren Geistes einer von Natur aus ist, desto mehr bedarf er der Hilfe, um von dem gefühllosen Stumpfsinn und der Dummheit möglichst befreit zu werden, und eine solche hoffnungslose Anlage läßt sich kaum finden, daß ihr die Pflege durchaus keine Besserung bringen könnte."*[167]

Historisch gesehen befinden wir uns nun in einer Epoche des Aufbruchs von Rationalität, Aufklärung und Wissenschaft und einem neuen Verständnis von Religion. Hier ist insbesondere der Pietismus zu nennen, der sich als tätiger Glaube versteht. So entstanden vor diesem geistesgeschichtlichen Hintergrund für die Früherziehung und die behinderten und benachteiligten Kinder allmählich größere Bildungs- und somit Überlebenschancen.

August Hermann Francke (1663–1727), Theologe, Pädagoge und Professor, war Gründer der einzigartigen Franckeschen Stiftungen, die mit der Gründung einer Armenschule begannen und in die auch behinderte, verwaiste und erziehungsschwierige Kinder aufgenommen wurden.

Der französische Abbé l'Epeé (1712–1789) war Taubstummenlehrer und gründete auf der Kenntnis von Bonet die erste Taubstummenschule 1770 in Paris. Seine enormen Erfolge in öffentlichen Prüfungen (in vier Sprachen) lassen ihn stolz berichten:

> *„Diese Kinder, die man bis dahin als Auswurf der Natur betrachtet hat, haben sich mehr ausgezeichnet und ihren Eltern mehr Ehre gemacht als die anderen Kinder…"*[168]

Die sensationellen Erfolge von Epeé beeinflußten auch andere Männer, die sich des Elends der Blinden erbarmten, wenn sie z. B. auf Marktplätzen zur Volksbelustigung und Gespött vorgeführt wurden. So entstand ebenfalls in Paris (1784) die erste, von V. Haüy (1745–1822) gegründete Blindenanstalt der Welt. Auf einer Rußlandreise machte Haüy die Bekanntschaft des preußischen Königs Friedr. Wilhelm III., der wiederum die erste preußische Blindenanstalt 1806 in Berlin gründen ließ.

In Deutschland war es S. Heinicke (1727–1790), der als Begründer der deutschen Taubstummenbildung und der ersten Taubstummenanstalt gilt (1778).[169]

Auch Joh. H. Pestalozzi (1746–1827) hat – wenn auch nicht so umfassend wie sein Schüler Fröbel – Ansätze einer Früherziehungskonzeption in seinen Schriften „Buch der Mütter" bzw. „Wie Gertrud ihre Kinder lehrt" entwickelt und der Mutterbildung eine hohe Bedeutung zugesprochen.[170]

Entscheidender jedoch ist sein Bericht über die „erfolgreiche Beeinflussung von schwerbehinderten Kindern" und ihr Recht auf humane Behandlung, ihr Lebensrecht und ihre Entwicklungsmöglichkeit, wenn nach den Prinzipien der Individualisierung und einer entsprechenden erzieherischen Beeinflussung gearbeitet wird[171], denn wie für Comenius ist auch für Pestalozzi „der aller Elendeste … fast unter allen Umständen fähig, zu einer alle Bedürfnisse der Menschheit befriedigenden Lebensart zu gelangen…"[172].

In der Phase des Übergangs vom 18. bis 19. Jahrhundert rückt damit die Früherziehung Behinderter und der Armen – wir würden heute sagen sozial Benachteiligter – immer weiter weg von der sozialen und pädagogischen Ausgrenzung. Das zeigt sich in der Zunahme von Anstalten und Bildungseinrichtungen für behinderte und sozial ausgestoßene, benachteiligte Kinder.

Freiherr von Fellenberg (1771–1844) gründete, durch Pestalozzi beeinflußt, auf seinem Gute in Hofwyl bei Bern eine Kleinkinderschule und Armenerziehungsanstalt, die als sog. „Wehrlischulen" nach dem bei Fellenberg arbeitenden Lehrer Wehrli bekannt wurden.

In Weimar gründete mit Unterstützung Goethes, Wielands und des Herzogs von Weimar der Privatgelehrte J. D. Falk (1768–1826) die „Gesellschaft für Freunde in der Not" (1813) und ein Rettungshaus für verwahrloste, vagabundierende elternlose Kinder, die er beköstigte und pädagogisch förderte. Ähnliche Einrichtungen gründete in Horn bei Hamburg Pfr. Joh. H. Wiechern (1808–1881), die als das sog. „Rauhe Haus" in die Geschichte eingingen.

Friedr. von Bodelschwingh (1831–1910) begründete die noch heute bestehenden Betheler Anstalten bei Bielefeld, die alle Behinderten und Gebrechlichen, die Verwaisten und Verwahrlosten usw. aufnahmen, versorgten und pädagogisch förderten.

Zu den berühmten Fällen der Geschichte der Früherziehung Behinderter gehört die Geschichte von „Victor", dem sog. „Wilden von Aveyron", ein Kind, das in den dortigen Wäldern ausgesetzt wurde und von dem franz. Arzt, Spezialist für Taubstumme und Schwerhörige J. Itard (1774–1838) behandelt wurde. Dieses Kind wurde aufgrund seiner vielfältigen Defizite als Idiot definiert. Doch Itard hat eine Reihe von Methoden, didaktischen Materialien und Sinnesmaterialien usw. entwickelt und bei diesem Jungen unter den gegebenen Umständen ein Höchstmaß an Fähigkeiten herangebildet. Sein Schüler E. Seguin (1812–1880) hat seine Arbeit fortgeführt und weiterentwickelt für die Erziehung Geistigbehinderter auf der Grundlage der Sinneserziehung. An diesen Erfahrungen setzte später Maria Montessori an.

Hinzuweisen ist noch auf den Schweizer Arzt Joh. J. Guggenbühl (1816–1863), der 1841 mit Unterstützung von Fellenberg eine „Heilanstalt für Kretinen und blödsinnige Kinder" eröffnete und die Kinder mit den damals bekannten medizinischen und pädagogischen Mitteln behandelte.

Nur wenige Jahre später, 1857, gründete der Deutsche H. M. Deinhardt (1808–1880) zusammen mit J. D. Georgens (1823–1886) die „Heil-Pflege- und Erziehungsanstalt Levana" in Baden bei Wien. Beeinflußt durch die Pädagogik Fröbels entwickelten sie eine für die damalige Zeit Musteranstalt für behinderte und speziell geistigbehinderte Kinder, in der Ärzte und Pädagogen in Praxis und Forschung zusammenwirkten. Auf sie geht der Begriff der „heilenden Erziehung" und der „Heilpädagogik" zurück.

Die Einrichtung von speziellen Kindergärten und Früherziehungseinrichtungen für Gehörlose usw. setzte bereits im letzten Jahrhundert ein: Für Taubstumme wurde 1872 in Dresden eine Vorschule und 1894 in Berlin ein Kindergarten errichtet. Im Gegensatz zu den Schulen für Behinderte vollzog sich die Entwicklung der institutionalisierten Früherziehung in Kinder- bzw. Sonderkindergärten für behinderte und von Behinderung bedrohte Kinder wesentlich langsamer und ist bis heute nicht abgeschlossen, wie dies die Diskussion um die Integration immer wieder belegt.

Die Nazi-Herrschaft und der systematische Mord an Behinderten oder ihre Verstümmelung (Zwangskastrationen) vor und während des

2. Weltkrieges war in der Geschichte der Behinderten ein grausamer Rückfall in Zeiten vor dem Altertum.

Erst 20–30 Jahre nach dem 2. Weltkrieg wurde die Frühförderung behinderter und von Behinderung bedrohter Kinder zu einem Problem für Ärzte und Pädagogen. Ende der 50iger und Anfang der 60iger Jahre waren die wirtschaftlichen, politischen und sozialen Voraussetzungen gegeben, nicht nur offen über die Verbrechen an Behinderten zu sprechen, sondern es entstand daraus auch ein starker Impuls, sich für die Behinderten insgesamt – nicht nur die Kriegsbeschädigten – aktiv einzusetzen. Es waren vor allem engagierte Eltern und Fachleute, die Interessenverbände und Fördereinrichtungen (z. B. die Bundesvereinigung Lebenshilfe) gründeten und sich für das Recht auf Schule, Bildung und Frühförderung einsetzten, um insbesondere auch die Eltern sozial zu entlasten. Dieser Prozeß ist – trotz beachtlicher Fortschritte – bis heute nicht abgeschlossen.

5.2 Früherziehung – Frühförderung

5.2.1 Zum Begriff Früherziehung

Definition Früherziehung heißt die Erziehung des Kindes von der Geburt bis zum Schuleintritt. Damit umfaßt dieser Begriff alle pädagogischen, didaktischen und methodischen notwendigen Maßnahmen, um die grundlegenden humanen Kompetenzen wie Sprache und Intelligenz, Motorik und Wahrnehmung, Emotionalität und Sozialität sowie die dementsprechenden angeborenen und aktiven Lernfähigkeiten in ihrer Entwicklung anzuregen, zu lenken und soweit wie möglich zu optimieren.

Früherziehung ist planmäßiges methodisches Handeln auf der Basis der Interaktion mit dem Kinde und setzt eine Didaktik bzw. Methodik sowie eindeutige Erziehungsziele voraus.

Erziehende Pflege Auch Kinderpflege ist ein Teil der Früherziehung insofern, wie dabei durch die Qualität des Umgangs (Zärtlichkeit usw.) sozial-emotionale Lernprozesse ausgelöst werden. Durch solche Früherfahrungen erlernt das Kind, wie Menschen miteinander umgehen, d. h., hierdurch erwirbt es Werthaltungen und Lebenseinstellungen.

Uneinheitliche Begriffe neben der Früherziehung
Neben dem Begriff „Früherziehung" gibt es verschiedene Begriffe mit
unterschiedlichen Bezugssystemen, wie z. B.
- auf die Pädagogik bzw. Erziehungswissenschaften: So spricht man
  von Frühpädagogik, Elementarpädagogik usw.;
- auf die Erziehungsinstitutionen: Kindergarten, -Krippen, -Heim,
  Kinderladen, Vorklassen, Vorschulerziehung usw.;
- auf das Lebensalter, z. B. 0–3jährige als „Frühkindliche Erziehung"
  usw.

**Definitions-
probleme**
Eine klare und einheitliche Definition liegt für die Erziehung 0–6jähri-
ger nicht vor, ja nicht einmal für den Zeitrahmen der Früherziehung.
Alle diese Begriffe haben diverse Nachteile: Sie sind auf bestimmte
Altersabschnitte, bestimmte Kindergruppen oder gerade jetzt beste-
hende Institutionen begrenzt, oder – wie z. B. Vorschulerziehung – auf
bestimmte Institutionen („Heimerziehung") und ihre jeweils spezifischen Anforderungsnormen (z. B. Schulleistungen) bzw. Teilziele der
Erziehung (z. B. kognitive Förderung) einseitig ausgerichtet.

Dementsprechend groß ist auch unter den Pädagogen die Verwir-
rung, weil sie aus den jeweiligen unterschiedlichen verabsolutierten
Positionen argumentieren und nicht von einem allgemein verbindlichen Erziehungsziel her ihre Pädagogik spezifizieren.[173]

Diese Schwierigkeiten in der Begrifflichkeit und damit eben auch
Zielbestimmung der Erziehung sind allerdings nicht zufällig, sondern
das Ergebnis einer wert- und normenpluralistischen Gesellschaft. Es
wird daher in der Praxis entscheidend sein, ob sich die Erzieher(innen)
über das Erziehungsziel und die davon abhängigen Erziehungsmethoden und -inhalte eindeutige Klarheit verschaffen und immer wieder
überprüfen, ob ihr Handeln dem Kind zur selbständigen und -verant-
wortlichen Lebensführung verhilft oder nicht.

5.2.2 Ziel der Früherziehung

Definition
Kern und Ziel der Früherziehung ist die ganzheitliche Entwicklungs-
und Lebenshilfe zur Unabhängigkeit des Kindes vom Erwachsenen.
Sie zeigt sich in der Gestalt einer individuellen und verantwortungs-
fähigen, also zur selbständigen Lebensführung befähigten Persönlichkeit. Der Schuleintritt, der Übergang zum Beruf und der Eintritt in das

Berufsleben sind entscheidende Zwischenstufen und -ziele auf dem Weg zur Unabhängigkeit, deren Fundamente in der Früherziehung gelegt werden.

5.3 Früherziehung und -förderung behinderter und von Behinderung bedrohter Kinder

Früherziehung wird dann zu einem Teil der Heilpädagogik behinderter und von Behinderung bedrohter Kinder, wenn die Entwicklung der o.g. humanen Kompetenzen und die ihr zugrundeliegenden Lernprozesse durch eine Schädigung, eine eingetretene bzw. drohende Behinderung gefährdet oder so begrenzt sind, daß ein Besuch eines Regelkindergartens oder einer Regelschule sowie die Entwicklung einer unabhängigen und verantwortlichen Lebensführung des zukünftigen Erwachsenen eingeschränkt bzw. bedroht ist. Ansonsten gilt: so „normal" wie möglich und nur „besonders" erziehen, wo unbedingt nötig. Heilpädagogische Früherziehung ist auch nur dann notwendig, wenn Eltern ihr behindertes oder von Behinderung bedrohtes Kind nicht selbst hinreichend erziehen und fördern können.

5.3.1 Frühförderung

Dieser Begriff ist in der Behindertenpädagogik erst in den 70iger Jahren heimisch geworden durch eine Veröffentlichung des Deutschen Bildungsrates „Zur pädagogischen Förderung behinderter und von Behinderung bedrohter Kinder und Jugendlicher".[174] Leitgedanke dieser Empfehlung war das „Prinzip der weitmöglichen Integration Behinderter"[175]. Da heißt es:

> „Die Bildungskommission empfiehlt einen Ausbau der Institutionen und Maßnahmen zur Früherkennung und Frühförderung, die darauf gerichtet sein müssen, Behinderungen zum frühestmöglichen Zeitpunkt zu erkennen und behinderten und von Behinderung bedrohten Kindern rechtzeitig behinderungsspezifischer pädagogischer und therapeutischer Förderung zuzuführen. Dazu bedarf es des Ausbaus eines Systems der Frühförderung..."[176]

Weiter empfiehlt die Kommission

> *„ein flexibles System von Fördermaßnahmen, die einer Aussonde-*
> *rungstendenz der allgemeinen Schule begegnet, gemeinsame soziale*
> *Lernprozesse Behinderter und Nichtbehinderter ermöglicht und den*
> *individuellen Möglichkeiten und Bedürfnissen behinderter Kinder und*
> *Jugendlicher entgegenkommt"*[177].

Definition

Dieser Begriff ist eine Sammelbezeichnung geworden für drei in der Praxis kooperierende Handlungs- und Organisationsbereiche:

– klinisch-ärztliche Frühdiagnostik und Frühtherapie einschließlich medizinisch abhängiger Heilberufe, wie z. B. Logopäden, Physiotherapeuten, Beschäftigungstherapeuten usw.;

– Früherziehung einschließlich pädagogisch-psychologischer Diagnostik und Behandlung sowie der verschiedenen im Einzelfall notwendigen heilpädagogischen Disziplinen: Körperbehinderten-, Sprachbehinderten-, Blindenpädagogik usw.;

– Sozialpädagogik, die sich vor allem mit den sozialrechtlichen Fragen, den Rechten Behinderter und ihrer Angehörigen, den sozialen und persönlichen Problemen der Familie usw. befaßt.

5.3.2 Erziehung und / oder Therapie?

In der Schädigung bzw. Behinderung liegt die Schnittfläche zu den medizinisch-therapeutischen Maßnahmen, die wesentlich auf organische Schäden und ihre Heilung bzw. Behandlung ausgerichtet sind. Die im medizinischen Bereich gelegentlich verwendeten Begriffe „Lerntherapie" oder „Entwicklungstherapie"[178] bezeichnen lediglich aus medizinischer Sicht diese Schnittfläche und Kooperationsnotwendigkeit von medizinischen und früherzieherischen Maßnahmen im Bereich der Frühförderung. Früherzieherische Maßnahmen, die primär auf Lernprozessen beruhen, setzen immer die freie aktive Mitarbeit – Interaktion – des Kindes voraus, seine Lernmotivation und -freude, seine immer freiwillige und nicht auf Zwang beruhende „Mitarbeit", wie z. B. in bestimmten medizinisch-bewegungstherapeutischen Verfahren.

5.3.3 Hauptprinzipien der Früherziehung behinderter Kinder

5.3.3.1 Unterschiede zur Regelerziehung

Von der Erziehung sog. gesunder oder „normaler" Kinder unterscheidet sich die Früherziehung Behinderter nicht grundsätzlich, sondern graduell.

Für Behinderte gelten gleiche Ziele, Inhalte und Methoden wie für nichtbehinderte Kinder. Die Tatsache aber, daß eine Behinderung die Normalerziehung behindert, z. B. eine Mutter oder Regelschullehrerin mit ihren pädagogischen Möglichkeiten an Grenzen stößt – also ihre Erziehung behindert ist – und die Tatsache, daß eine Behinderung die normale Entwicklung und Kompetenzentwicklung bzw. Unabhängigwerdung des Kindes behindert, bedingt die Notwendigkeit einer speziellen Erziehung der Behinderten, also Heilpädagogik. Sie unterscheidet sich von der Regelerziehung durch

Merkmale der Unterscheidung

- ihren *Ansatz* bei der Frühentwicklung menschlicher Kompetenzen, wie Bewegung, Sprache und den frühen, elementaren Wahrnehmungs- und Lernprozessen (vgl. sensomotorische Grundfunktionen);
- einen größeren *pädagogischen Mehrbedarf* an Zeit für die Einführung und Übung, für die Sicherung und den Transfer des Gelernten auf neue Anwendungsbereiche;
- einen *Mehrbedarf an personellem Einsatz*, z. B. von Spezialisten für Sprach- und Bewegungsförderung;
- *kleinere Lerngruppen* und mehr *Individualisierungsnotwendigkeiten*;
- einen *Mehreinsatz an Medien und technischen Hilfsmitteln*, z. B. bei Gehörlosen oder Blinden;
- *methodisch breitere Differenzierung* und durch den Einsatz von zusätzlichen Methoden, z. B. Blindenschrift, Gebärden- oder Fingerzeichensprache (Daktylogie, daktylos, griech. Finger), z. B. bei Gehörlosen;
- *Modifikation und Elementarisierung der Lerninhalte* und -ziele, z. B. bei geistigbehinderten Kindern;
- einen *höheren pädagogischen Aufwand in der Pflege* der Kinder (Windelnwechseln, Waschen usw.) und *Selbständigkeitserziehung*, aber auch in der *Beratung* und *Anleitung* der Eltern;
- durch einen *erhöhten Erziehungsbedarf* bei der Entwicklung der *Sozialkompetenzen*, den Abbau von Aggressionen u. a. Verhaltensschwierigkeiten bzw. Fehlentwicklungen.

Dies sind auch einige Gründe für die Schwierigkeiten bei der gemeinsamen – integrativen – Erziehung Behinderter und Nichtbehinderter, aber auch Ursachen für eine gesonderte Erziehung gewesen. Die Erziehung Behinderter muß also in vieler Hinsicht anders akzentuiert, individueller und differenzierter, umfangreicher und spezialisierter, aber teilweise auch langsamer und reduzierter als eine Regelpädagogik arbeiten, um an die allgemein verbindlichen Erziehungs- und Bildungsziele so nahe wie möglich heranzukommen.

5.3.4 Prinzipien der Erziehung Behinderter

Diese Modifikation der Regelerziehung und Akzentverschiebung auf das elementare Lernen zeigt sich in den nachstehenden Prinzipien[179]:

Definitionen

- *Prävention:* Die Entwicklung Behinderter ist von der Gefahr bestimmt, daß eine Behinderung Folgebehinderungen, Verhaltensschwierigkeiten u. v. a. neue Probleme entstehen lassen kann. Hier vorbeugend tätig zu werden meint das Prinzip der Prävention. So kann z. B. aus einer Wahrnehmungsstörung des Gehörs eine Sprach- oder gar Lernbehinderung entstehen mit Schwierigkeiten beim Schriftspracherwerb. Begleitend können durch Verständigungsprobleme auch noch Verhaltensschwierigkeiten produziert werden. Kommen dann noch Stigmatisierungs-, Zuschreibungs- bzw. Etikettierungsprozesse hinzu: böses, faules Kind usw., kann dieser Prozeß der Anfang einer „devianten Karriere" in Richtung Sonderschule für Lernbehinderte werden.
- *Reedukation:* Mit Reedukation bezeichnet man die Aktivierung und Ausschöpfung von Resten geschädigter Funktionen (Sehen, Hören, Bewegung usw.) z. B. durch den Einsatz technischer Hilfen bei Schwerhörigen, Aktivierung von Bewegungsresten bei Körperbehinderten, Mobilitätstraining bei sehgeschädigten Kindern. Plan- und regelmäßige Intensiv-Förderung kann hier dem Kind zu einer Funktionssteigerung verhelfen.
- *Korrektion:* Viele Kinder haben aufgrund der rasanten und komplexen Entwicklung in den ersten Lebensjahren schon in kurzer Zeit beachtliche Fehlentwicklungen aufgebaut, z. B. im Sozialverhalten oder in Gestalt von Bewegungsstereotypen, Aussprachefehlern, Ungeschicklichkeiten usw. Diese Fehlentwicklungen abzubauen oder zu korrigieren bezweckt das Prinzip der Korrektion.

- *Kompensation:* Wo die erstgenannten Prinzipien nicht wirken oder wo eine irreparable Schädigung, wie z. B. hochgradige Blindheit besteht, müssen sog. „Bewältigungstechniken" dem Kinde vermittelt und eingeübt werden: Blindenschrift, Ausrichtung auf den Tastsinn, technische Verständigungshilfen wie Computer, Gebärdensprache bei Gehörlosen usw.

    Ein berühmtes Beispiel dafür ist Helen Keller (1880–1968), die mit zwei Jahren aufgrund einer Erkrankung taubstumm und blind wurde. Über den Tastsinn und das Fingeralphabet kam sie durch die unermüdliche Hilfe ihrer Lehrerin A. Sullivan zur Sprache und Schrift, promovierte und wurde Schriftstellerin.

- *Integration:* Wie oben schon angesprochen: Behinderte werden von der Gesellschaft zu leicht ausgesondert und stigmatisiert, aber auch umgekehrt gibt es den Prozeß der Selbstisolierung und Vereinsamung usw. Das Prinzip der Integration heißt, diesen Prozessen entgegenzuwirken: durch die Erziehung integrationsfördernden Sozialverhaltens, durch die Pflege des Kindes und seines Äußeren, wie z. B. eine ebenso geschmackvolle Kleidung, Frisur wie alle anderen auch; aber ebenso durch das gemeinsame Spielen und Lernen von Behinderten und Nichtbehinderten, damit das behinderte Kind Selbstbehauptung und Disziplin, Einordnungs- und Durchsetzungsfähigkeit lernt und ein „gleichberechtigtes Dabeisein in der Gruppe" entsteht; so wie es selbst von der Gruppe akzeptiert sein will, muß es umgekehrt lernen, die berechtigten Interessen der anderen zu akzeptieren.[180]

5.3.5 Aufgaben und Funktionsbereiche der Frühförderung

Frühförderung ist in der Praxis sehr unterschiedlich organisiert bzw. auch personell verschieden ausgestattet.

Man kann daher ihre Aufgaben und Funktionsbereiche nur allgemein umreißen:

5.3.5.1 Früherkennung und -erfassung

Funktions-
bereiche
Der erste Schritt in der Frühförderung ist die Früherkennung einer Behinderung oder Entwicklungsverzögerung bzw. drohenden Behinderung. Dies geschieht

- durch die *ärztlichen Vorsorgeuntersuchungen* der Schwangeren und des Kindes (U1–U9);
- indem das Kind dem *Gesundheitsamt* z. B. auf Veranlassung einer Behörde (z. B. Jugendamt) vorgestellt wird;
- indem das Kind einer *Frühförderstelle* vorgestellt wird, d. h., hier kann eine *pädagogisch-psychologische Diagnostik* und – wenn dort ein Arzt beschäftigt ist – auch eine *medizinische Frühdiagnostik* durchgeführt oder eine solche veranlaßt werden.
- durch *wissenschaftliche Beobachtung* der Lernumwelt und die Erfassung der Lernumwelt des Kindes, seine häuslich-familiären Lebensbedingungen;
- durch *aufspürende Früherfassung,* d. h., dadurch sollen Auffälligkeiten, drohende und vorhandene Behinderungen zum frühestmöglichen Zeitpunkt erfaßt werden. Durch die intensive Zusammenarbeit von Frühförderstellen mit Ärzten, Erzieherinnen, Sozialen Diensten usw., besonders Sozialarbeitern in sozialen Brennpunkten, in Ausländerfamilien, alkohol- und drogenabhängigen Familien usw. sollen entwicklungsgefährdete Kinder aufgespürt und der notwendigen Frühförderung zugeführt werden. Weitere Schritte können sein: medizinische Untersuchung im Gesundheitsamt, bei einem Kinderarzt, in einer Kinderklinik, in einem Sozialpädiatrischen Zentrum (als selbständige Einrichtung oder als Teil einer Klinik). Mit Früherfassung ist also der erste Kontakt gemeint, den das behinderte Kind mit einem Arzt, dem Gesundheitsamt oder z. B. einer Frühförderstelle hat und von dem aus die weiteren Maßnahmen erfolgen.

5.3.5.2 Prävention

Medizinische Untersuchung

Die Vermeidung von Behinderungen wird sowohl von der Medizin abgedeckt durch die *Vorsorge- und genetischen Untersuchungen* als auch von der Früherziehung in der Frühförderung, die ihren Schwerpunkt hat in der Vorbeugung von Behinderungen und Folgebehinderungen. Dazu gehören z. B. Maßnahmen, damit sich aus einer Sprachstörung bzw. -behinderung nicht noch zusätzlich Verhaltensprobleme entwickeln.

Beratung

Aber auch durch die *Aufklärung und Beratung* der Familien mit behinderten Kindern kann Prävention geleistet werden. In Verbindung mit der Frühdiagnostik – sei diese nun medizinischer oder pädagogisch-psychologischer Art – wird Prävention insofern geleistet, als

Funktionsschwächen, Entwicklungsstörungen und -verzögerungen sowie ihre Ursachen erkannt und durch vorbeugende Maßahmen, wie z. B. Eltern- und Erziehungsberatung, medizinische Versorgung u. a. vorsorglich behandelt oder vermieden werden.

Soziale Hilfe
Schließlich gehört aus sozialpädagogischer Sicht die *Verbesserung der sozioökonomischen Lage* der Familie und frühe sozialpädagogische Intervention (z. B. Erziehungshilfe, -beratung usw.) in Problemfamilien (Alkoholabhängige, Familien in sozialen Brennpunkten usw.) zu den grundlegenden Präventionsaufgaben.

5.3.5.3 Frühtherapie

Der Therapie-Begriff ist leider nicht sehr eindeutig. Man spricht sowohl im medizinischen als auch im pädagogisch-psychologischen Bereich undifferenziert von Therapie (Lerntherapie, Erziehungstherapie, Psychotherapie, Bewegungs- und Beschäftigungstherapie usw.). Solche Wortschöpfungen haben teils handfeste finanzielle Gründe, denn Maßnahmen, auch im engeren Sinne erzieherische, die aber medizinisch-therapeutisch veranlaßt und damit abrechnungsfähig sind, haben dann als Therapie einen anderen Wert. Oft sind aber solche Begriffe sachlich unbegründete Profilierungsversuche oder schlicht Traditionen (z. B. Psychotherapie, die von dem Arzt Freud so eingeführt wurde).

Therapie-formen
Frühtherapien im Bereich der Frühförderung sind u. a.:
- *Physiotherapien,* z. B. nach Vojta, Bobath u. a.; sie zielen auf die Normalentwicklung und Optimierung der Bewegungsfähigkeiten;
- *Sprachtherapie* bzw. Logopädische Maßnahmen zur Behebung von Sprachrückständen, -störungen, -behinderungen; Übung des Sprechapparates und der dafür erforderlichen sensomotorischen Kompetenzen: Atmung, Lautformung, Zungenmotorik, Hören usw.
- *Eßtherapie* zum Aufbau der Selbstversorgung;
- *Ergotherapie* (Beschäftigungstherapie) zur Förderung sensomotorischer, geistiger und sozialer Kompetenzen;
- *Spieltherapie* zur Entwicklung der Spielfähigkeit und zur Aufdeckung bzw. Behandlung psychosozialer Störungen;
- *Festhaltetherapie,* ein Verfahren mit dem Ziel der Förderung der Kontaktaufnahme, insbesondere bei autistischen Kindern;

- *Verhaltenstherapie* bzw. -modifikation, ein Verfahren zum Aufbau erwünschter bzw. Abbau unerwünschter Verhaltensweisen und vielfältig einsetzbar: Sozialverhalten, Sauberkeits- und Selbständigkeitserziehung usw.

5.3.5.4 Frühberatung

Auch dieser Aufgabenbereich wird von allen an der Frühförderung Beteiligten wahrgenommen:

Kooperation in der Beratung

Ärzte beraten
- die Eltern über die Behinderung, deren Auswirkung, Entwicklung und Behandlung, bei der Ernährung und Versorgung usw.;
- die pädagogischen und psychologischen Mitarbeiter in der Frühförderung über ihre Befunde und die aus ihrer Sicht notwendigen Maßnahmen.

Früherzieher informieren die behandelnden Ärzte und
- beraten die Eltern in bezug auf
  - alle Erziehungsfragen im Umgang mit dem behinderten Kind im Verhältnis zu den ggf. vorhandenen Geschwistern;
  - die Organisation des familiären Alltags;
  - Fragen mit den Ämtern (z. B. Ausfüllen von Formularen bei ausländischen Mitbürgern);
  - den Übergang des Kindes zum Kindergarten, Sonderkindergarten, bei der Schulwahl usw.;
- vermitteln Hilfen,
  - z. B. Familienpflege, sozialpädagogische Familienhilfe, Tagespflege, stationäre Aufnahmen, Tagesstätten, Selbsthilfegruppen, Familienkuren, allgem. sozialer Dienst usw.;
  - auf finanziell-rechtlicher Ebene: Gewährung von Pflegegeld, Schwerbehindertenausweis, Nachteilsausgleich, Sozialhilfe;
  - auf medizinischer Ebene: der Weg zum Gesundheitsamt, Reha-Hilfsmittelversorgung, Adressen von ärztlich-therapeutischen Hilfsdiensten;
  - auf psychosozialer Ebene: Erziehungsberatung, Eheberatung, Lebensberatung, psychotherapeutische Behandlung usw.

Die Beratung, die familien- und fallorientiert immer neu zu organisieren und aufgrund der Komplexität der Lebenssituation der Familie mit behinderten Kindern eine Daueraufgabe ist, hat also vielfältige Funktionen.

5.4 Institutionen der Frühförderung

Die Gründung von Institutionen zur Frühförderung sind seit den 70iger Jahren beeinflußt worden durch die grundlegende Veröffentlichung des Deutschen Bildungsrates (1973). In der Praxis sind sie sehr unterschiedlich ausgestaltet und organisiert worden, denn bis heute gibt es aufgrund fehlender gesetzlicher Voraussetzungen keine allgemeinen Standards hinsichtlich der personellen, materiellen und finanziellen Grundausstattung. Im Gegensatz zur Sonderschule gibt es in der Frühförderung i.d.R. keine Unterteilung in Körperbehinderten-, Lernbehinderten-, Geistigbehinderten- usw. Frühförderung, es werden alle Behinderungsformen und -grade aufgenommen und dann den jeweiligen ärztlich-therapeutischen und pädagogischen Spezialisten im Bedarfsfalle zugeführt.

5.4.1 Organisationsformen

Man kann Haupttypen *institutioneller Frühförderung* unterscheiden:
- *pädagogische Frühförderstellen* oder -zentren in privater (z. B. Elternvereine) oder öffentlicher Trägerschaft (Gemeinde, Stadt usw.).

Pädagogische Frühförderstelle

Der Autor berichtet von einer persönlich bekannten Einrichtung in privater Trägerschaft: Hier arbeiten Sozialpädagogen mit heilpädagogischer Zusatzausbildung, Psychologen, Sonderpädagogen mit Universitätsabschluß (Sprachbehindertenpädagogik), Diplompsychologen, Erzieherinnen, eine Schreib- und eine Verwaltungskraft und eine Ärztin auf Honorarbasis. Angeboten werden folgende Dienste:
- Frühdiagnostik;
- Frühberatung (s.o.);
- Sprachheilbehandlung ambulant in der Frühförderstelle;
- Schwimmtherapie;
- Wahrnehmungs- und Spielförderung in Gruppen;
- Mobile Hausfrühförderung, d.h., die Fachleute gehen im Wochenrhythmus in die Familien und fördern dort die Kinder;

– Eltern-Kind-Gruppen;
– Elterngesprächskreise;
– Medizinische Beratung.

Behandelt werden folgende Behinderungsgruppen:
– Geistigbehinderte;
– Körperbehinderte;
– Entwicklungsverzögerungen und -störungen aller Schweregrade;
– Sprachbehinderungen und -verzögerungen;
– Mehrfachbehinderte;
– behinderungsbedingte Verhaltensstörungen.

Ein hauseigener Fahrdienst ermöglicht es den besonders belasteten Familien, daß ihre Kinder in die Frühförderstelle gebracht werden. Das Frühförderzentrum kooperiert mit
– den niedergelassenen Ärzten bzw. Kinderärzten;
– den niedergelassenen Sprach-, Bewegungstherapeuten usw.;
– den Kindergärten zwecks Beratung und Aufspüren der Früherfassung;
– den für die Frühförderung zuständigen Behörden, z. B. Gesundheitsamt;
– den Sonderkindergärten und -schulen;
– den sozialen Diensten in öffentlicher und privater Trägerschaft;
– den Kliniken, in denen Kinder aus der Frühförderung untersucht und behandelt werden usw.

Die Finanzierung erfolgt über den örtlichen Sozialhilfeträger (bes. § 39, § 40 Bundessozialhilfegesetz), die Krankenkassen (nach RVO) und aus Eigenmitteln (Mitgliederbeiträge, Spenden und sonstige Zuwendungen) des Trägervereins.

Viele Frühförderstellen sind mit weniger Personal ausgestattet und bieten dementsprechend weniger Dienste an. Ein Wegweiser des Bundesministers für Arbeit und Sozialordnung gibt einen Überblick über die Frühförderstellen und ihre Dienste.[181]

**Sonder-
Kindergarten**

■ Sonderkindergärten: Vorschulische und schulvorbereitende Einrichtungen sind Schulkindergärten, Vorklassen und Sonderschulkindergärten für bestimmte Behindertengruppen im Alter von 3–

6 Jahren. Diese Einrichtungen sind z. Zt. sehr umstritten, weil man ihnen vorwirft, daß sie die Integration verhindern und die soziale Isolation fördern. Der Sonderkindergarten ist in den 50iger und 60iger Jahren entstanden und nimmt Kinder ab drei Jahren auf, die behindert oder von Behinderungen bedroht sind und in Regelkindergärten aufgrund ihrer besonderen Erziehungs- und Förderbedürfnisse nicht hinreichend betreut oder gefördert werden können. In der Regel sind es mehrfachbehinderte Kinder, denen spezielle therapeutische und heilpädagogische Dienste bzw. Hilfen bereitgestellt werden sollen.

Dementsprechend sind diese Einrichtungen speziell personell und materiell auszustatten, d. h., die Leitung des Sonderkindergartens und auch die Gruppenleiterin sollte eine heilpädagogische oder sozialpädagogische Fachkraft sein bzw. sich für die heilpädagogische Arbeit eignen. Weitere spezielle Fachkräfte einzustellen ist mit dem Träger bzw. dem überörtlichen Sozialhilfeträger abzustimmen. Die therapeutischen Maßnahmen, wie z. B. medizinische, physiotherapeutische, sprachtherapeutische Maßnahmen und die Zusammenarbeit mit den Sozial- bzw. Heilpädagogen sollen gewährleistet sein.[182]

Tatsache ist auch hier, daß durch die Anbindung an die Sozialhilfe beträchtliche finanzielle, also personelle und somit auch pädagogische Defizite entstehen, die den Sonderkindergarten zumindest in NRW nicht nur unter dem Aspekt der Integration fragwürdig werden lassen.

Medizinisch-sozialpädiatrische Zentren

■ *sozialpädiatrische Zentren*
  – als Abteilungen von Kliniken und
  – als eigenständige Einrichtungen von Kommunen.

Es sind *medizinisch* organisierte und geleitete Einrichtungen, die über fast alle medizinisch-diagnostischen und therapeutischen Einrichtungen und entsprechendes Personal verfügen. Nicht selten sind auch Mutter-Kind-Abteilungen vorhanden, wenn eine Untersuchung oder Therapie sich über mehrere Tage erstreckt. Eine Hausfrüherziehung, bei der die Früherzieher in die Familien gehen und dort „vor Ort" die Kinder fördern und die familiäre Lebenssituation in ihre Arbeit mit einschließen, können diese Zentren i. d. R. nicht leisten. Das kann aber ihre Notwendigkeit nicht schmälern.

Eltern als Co-Therapeuten

Zu den Besonderheiten dieser Institution gehört das Modell: Eltern als Co-Therapeuten.

Hierbei werden Eltern behinderter Kinder von Ärzten, Therapeuten, Psychologen usw. in bestimmte Behandlungsverfahren und entwicklungsfördernde Umfangsformen mit dem Kind durch ein Elterntraining eingewiesen, die sie mit ihrem Kind zu Hause anwenden sollen. Sie ersetzen nicht die Früherziehung, sondern ergänzen diese, sofern die Eltern willens und trotz ihrer enormen Belastungen in der Lage sind, die oft komplizierten Behandlungsprogramme durchzuführen.

Probleme

Diese Übertragung von Spezialistentätigkeit auf die Eltern ist umstritten, weil die „Elternrealität" und „Spezialistenrealität" gegenüber dem Kind sich wesentlich unterscheiden, und daher empfiehlt der Heilpädagoge Speck ein eher partnerschaftliches Verhältnis in offener Kommunikation, mehr Hilfe zur Selbsthilfe und eine deutliche Respektierung des Vorranges der Elternrolle.[183]

5.4.2 Interdisziplinäre und institutionelle Kooperation

Aus diesen vielfältigen, auf die Familie mit behinderten Kindern zentrierten Aufgaben entsteht die Notwendigkeit einer engen persönlich-fachlichen (interdisziplinären) Kooperation von Ärzten und Pädagogen, Psychologen und den verschiedenen Therapeuten. Es muß also interdisziplinär kooperiert werden. Erforderlich ist aber auch eine institutionelle Kooperation von Frühförderstellen und Behörden (Gesundheits-, Jugend-, Sozialamt usw.), den Versicherungen und Kostenträgern sowie Kliniken und Sozialpädiatrischen Zentren und den verschiedenen familienentlastenden sozialen Diensten.

5.4.3 Fachliche und persönliche Anforderungen an den Mitarbeiter in der Frühförderung

Die persönliche, fachliche und institutionelle Kooperation in der Frühförderung erfordert z. B. die Fähigkeit und Bereitschaft, sich mit der Fachsprache, den Denkweisen und Interessen anderer Fachrichtungen und Institutionen vertraut zu machen. Das bedeutet unter anderem, ärztliche Gutachten, Stellungnahmen von Versicherungen oder Behörden (z. B. Gesundheits-, Sozial- oder Jugendamt) verstehen, anwenden und gegebenenfalls Eltern vermitteln zu können. Dazu gehört auch, die Interessen des behinderten Kindes und die seiner Familie anderen Institutionen gegenüber zu vertreten und dementsprechend zu beraten.

Kompetenz-merkmale

Ein solches professionell-fachliches Engagement beinhaltet Fachkompetenz in Verbindung mit sozial-emotionaler wie sprachlicher Anpassungsfähigkeit und Hilfsbereitschaft vor allem gegenüber der Familie mit dem behinderten Kind, die Fähigkeit, sich mit Fachkompetenz einzufühlen, auch vom Standpunkt des anderen, der Familie her zu denken, ohne den eigenen Auftrag und die eigenen Zuständigkeitsgrenzen zu übersehen. Ohne diese Empathie (soziale Phantasie und Intelligenz) und professionelle Moral der Hilfe für das behinderte Kind und seine Familie kann Frühförderung nicht gelingen.

Ausbildungs-aspekte

Da es noch kein professionelles Berufsbild „Frühförderung" gibt, muß hier auf einige Praxisanforderungen hingewiesen werden. Entsprechend den komplexen Berufsanforderungen (in der Regel mehrfach-verschiedenartig behinderte Kinder) sollten Fachqualififkationen breit angelegt sein durch eine pädagogische Grundausbildung, z. B. als Sozial- oder Diplompädagoge mit mindestens zwei bis drei Behinderungsarten. Für den Berufseinstieg unabdingbar sind Kompetenzen, wie z. B. Frühdiagnostik und -therapie, Förderplangestaltung (z. B. in Motorik, Sprache, Wahrnehmung), Spielpädagogik, Beratung, Gesprächsführung, Behindertenrecht. Praktisch unverzichtbar sind wissenschaftliche und experimentalpädagogische Fähigkeiten, um Forschungsergebnisse in die Praxis umzusetzen und um selbst neue Methoden, didaktische Materialien, Förderpläne und -maßnahmen auf das einzelne Kind hin abgestimmt zu entwickeln.

5.5 Pädagogische Konzeptionen der Früherziehung und -förderung: Pädagogik – Didaktik – Curriculum – Methodik

Die Früherziehung und damit auch Frühförderung wurde seit ihren Anfängen beeinflußt von den großen pädagogischen Konzeptionen, wie sie von Comenius, Fröbel und Montessori entwickelt wurden, also von anthropologisch-philosophisch begründeten umfassenden Theorien des Menschen in seinem Verhältnis zur Welt und zu sich selbst. Bei allen drei genannten Pädagogen gab es noch eine Gemeinsamkeit: das christliche Welt- und Menschenbild mit den entsprechenden Grundüberzeugungen und -werten.

Christliche Anthropologen

5.5.1 Früherziehung: Wert- und normgebunden

Didaktisch-inhaltliche und somit auch methodische Entscheidungen sind aus dieser Sicht immer an diesem Welt- und Menschenbild sowie Wertsystem orientiert und darin eingebettet.

Individualität und Personalität

Das Kind, wie der Mensch, wird danach als eine Ganzheit und individuelle wie einmalige Personalität begriffen, die ihren Wert nicht der mehr oder weniger großen Nützlichkeit oder gesellschaftlich relevanten Tätigkeit verdankt, sondern einen absoluten Eigenwert bzw. eine Würde hat, die jede Reduktion auf bestimmte Nützlichkeiten oder gar Ab- oder Entwertung i. S. „lebensunwerten Lebens" wie in der Zeit der Nazi-Herrschaft ausschließt.

5.5.2 Personale Erziehung

Dienende Lebenshilfe

Die Einmaligkeit und individuelle Würde auch des behinderten Kindes verpflichtet die Erziehung zur dienenden Lebenshilfe – auch in den gegebenen Grenzen –, die volle ganzheitliche Entfaltung seiner Person auf jeder Stufe seiner Entwicklung zu ermöglichen. Dabei sind fünf Hauptpunkte personaler Erziehung zu beachten:

Ganzheit

„1. die integrative Einheit von Leib, Geist und Leben, in der kein Faktor ohne den anderen existieren kann" bzw. das Prinzip der Ganzheitlichkeit in der Kindesentwicklung und -erziehung.

Praktisch heißt dies: Keine im Rahmen sittlicher Normen gute

Fähigkeit darf unterdrückt oder vernachlässigt werden, und auch die gewollten oder ungewollten Nebenwirkungen der Erziehung müssen beachtet werden, d.h.: Wenn eine bestimmte Fähigkeit gefördert wird, stellt sich immer die Frage: Was kann gleichzeitig mitgefördert werden, also z.B. Bewegung und Sprache etwa bei den Sing-, Kreis- und Bewegungsspielen. Wenn das Kind lernt, lernt immer das ganze Kind, nicht allein das Ohr, das Auge oder irgendeine Einzelfunktion.

Liebe und Dialog

„2. Das Angelegt- und Angewiesensein auf und das Sicherfüllen im mitmenschlichen Dialog, der aller menschlichen Weltzuwendung vorausgeht", d.h.: vor allem die Liebe zum Kinde und Schwachen und das Prinzip der sozialen Integration, die erzieherische Zuwendung und Lebens- bzw. Entwicklungshilfe.

Wirklichkeitsorientierung

„3. Das ebenso notwendige Angewiesensein auf die Zuwendung zur Welt als dem Gegenüber der Personalität des Menschen", also die Hinwendung zur vollen Wirklichkeit und Förderung von Sach- und Sozialkompetenzen, damit sich auch die lebensnotwendigen Fertigkeiten – sei dies nun für die Schule oder den Beruf – entwickeln können.

Verantwortung

„4. Das Herausgelöstsein aus der Triebverfangenheit und Freisetzung zu sittlicher Tat aus dem Gewissen heraus, auf welcher in besonderer Weise die Würde des Menschen beruht, die ihm zugleich aber auch die Last der Verantwortung auferlegt", d.h.: Sozial- und Verantwortungserziehung, z.B. zum richtigen Umgehen mit der Sexualität oder zu Selbstbeherrschung der Triebe.

Partnerschaft zu Gott

„5. ...die dialogische Partnerschaft zu Gott"[184], d.h.: Für das behinderte und vielleicht ein Leben lang mit dem Behindertsein beladene Kind muß es einen Bezugspunkt geben, von dem aus es Hoffnung, Trost und Orientierung erfahren kann. Dementsprechend hat die christliche Pädagogik eine „Heilerziehung aus dem Glauben" entwickelt.[185]

5.5.3 Von der Pädagogik zum Curriculum

Die modernen didaktischen Konzeptionen der Früherziehung heißen Curriculum, ein Begriff von S. B. Robinson. Sie zielen auf die

„Planung und Vermittlung ... bestimmter Qualifikationen (um) den heranwachsenden Menschen (zu) befähigen, künftige Lebenssituationen zu bewältigen"[186].

5.5.4 Abkehr von der Wert- und Normorientierung: Erziehung als Funktionsförderung

Das Neue daran ist, daß ein – wie bei Comenius, Fröbel oder Montessori – „übergeordnetes Menschen-" bzw. Weltbild fehlt. Von diesen neueren Ansätzen fordert man meß- bzw. „kontrollierbare Lernziele", die durch ein „pragmatisch-technologisches Erziehungsverständnis" auf lerntheoretischer Basis umgesetzt werden können.[187]

Der pädagogisch-technische Spezialist

Der Erzieher ist danach nicht mehr in persönlicher Identifikation an ein übergeordnetes Menschen- und Weltbild gebunden, sondern zum pädagogisch-technischen Spezialisten für die effektive und schnelle Umsetzung vom marktgängigen und oft modisch beliebigen Trainings- oder Förderprogrammen bzw. Lernzielen geworden, wie z. B. „Emanzipation", „Kommunikationsfähigkeit", „Sozialkompetenz" usw.

Funktionsbereiche

Ansätze: Man unterscheidet bei den Curricula für die Früherziehung folgende Gruppen mit den Schwerpunkten:

– „...Verbesserung einzelner *psychischer Funktionen* oder bestimmter Fertigkeiten", d. h., in Lern- und Trainingsprogrammen sollen Wahrnehmung, Denken, Sprache usw. eintrainiert werden.

– „...Einführung in bestimmte *wissenschaftliche Disziplinen* oder unterrichtliche Bereiche", wie z. B. Kunst, Musik, Naturwissenschaften, Technik usw., wie sie sich in den Schulfächern wiederfinden.

– „...Problematisieren bestimmter *Situationen* der vom Kind erlebten sozialen Wirklichkeit": Aus Problemen und Fragen, die das Kind hat oder an das Kind herangetragen werden, sollen „Ich-Autonomie", „Kompetenz(en)" und „Solidarität" usw. entwickelt werden. Man geht von der Annahme aus, daß dieses situationsorientierte Lernen positive Auswirkungen auf die konstruktive Bewältigung zukünftiger Situationen hat.[188]

Dieser situationsorientierte Ansatz soll das Kind herausfordern und so fördern, damit sich aus den gestellten akuten Situationen die für die Gegenwart und Zukunft notwendigen neuen Kompetenzen und Lösungsstrategien entwickeln.

In Arbeitsmappen sind „Didaktische Einheiten" entwickelt worden mit Themenschwerpunkten, wie z. B.: Kinder kommen zur Schule, Wohnen, Meine Familie und ich, Geburt, Zärtlichkeit usw.

– Der letzte Curriculum-Ansatz fußt „in der Orientierung an die allgemeinen Aufgaben der *Sozialisation*, wie sie von der Sozialisationsforschung deutlich gemacht wurden"[189], und dieser Ansatz, der vor allem das soziale Lernen zum Schwerpunkt hat, wird weitgehend auch vom dritten, dem situationsorientierten Ansatz, abgedeckt.

5.5.5 Das Methodenproblem in der Früherziehung

Methoden – Grundsätze

Die eine und richtige Methode gibt es nicht, aber Grundsätze und Erfahrungen aus der Tradition der Früherziehung, die für die Früherziehungspraxis bei behinderten Kindern bedeutsam sind. Das sind:
– Handlungsmodelle für die gesamte Früherziehungspraxis (s. S. 127);
– Förderpläne und Fördereinheiten;
– pädagogische Prinzipien für den Umgang mit dem Kinde;
– methodische Modelle.

5.5.5.1 Handlungsmodelle für die Fördermaßnahmen

Sie dienen der Strukturierung der gesamten Planung sowie Praxis und setzen
– bei der Diagnostik ein (Beobachtung, Tests usw.);
– bei der Erklärung der Behinderung und ihrer Ursachen und
– führen zur Beschreibung des *Ist*-Zustandes.
Danach folgt der Schritt zur Förderplanung
– durch Beratung im Team der Frühförderstelle,
– in der Festlegung der Strategie mit dem Ziel der Ermittlung des *Soll*-Zustandes für die nächsten Fördereinheiten (Frühförderstunden) in den zu fördernden Bereichen, wie z. B. Sprache, Selbständigkeit, Wahrnehmung usw., und der Erstellung eines Förderplanes für Tage, Wochen, Monate.

In dem nachstehenden Beispiel (Seite 128 f.) werden gleichzeitig Bewegung, Sinne, Denken, Sprache und Sozialverhalten eingeplant.

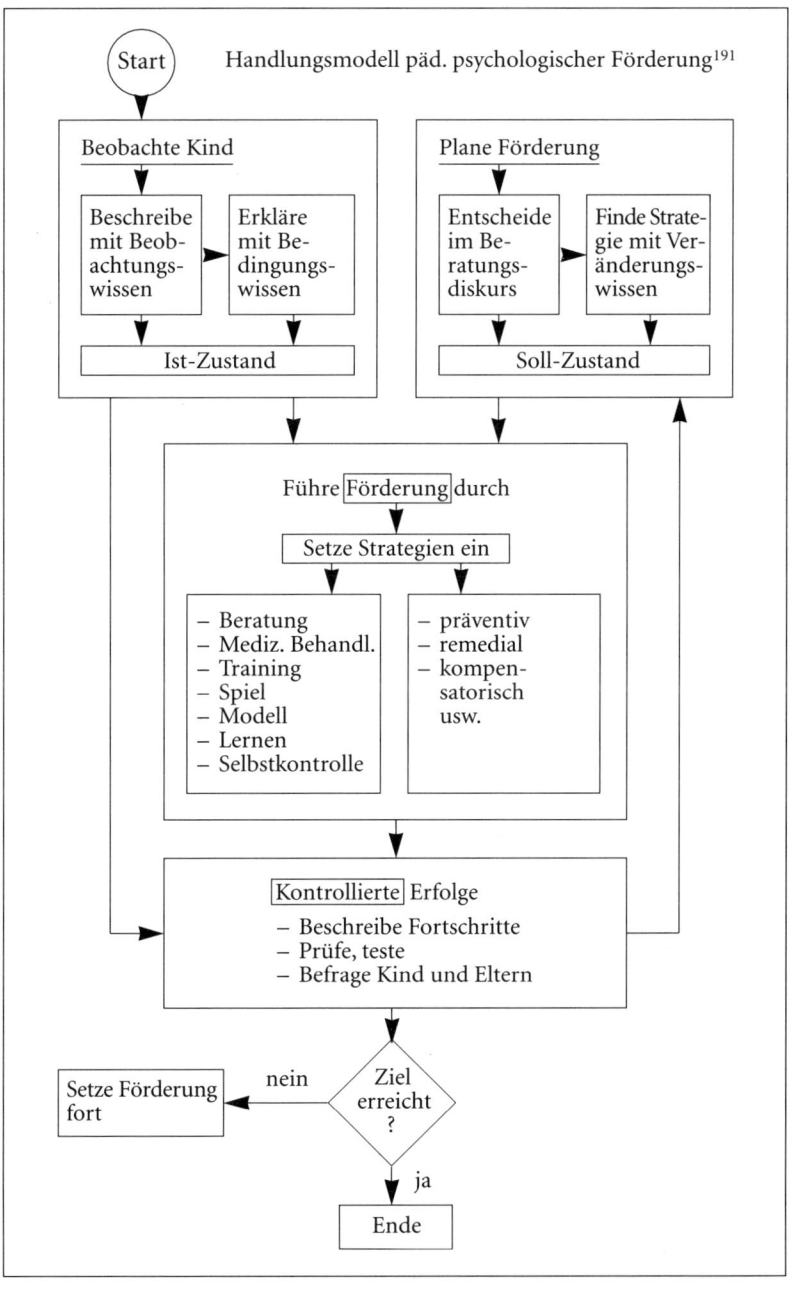

Handlungsmodell päd. psychologischer Förderung[191]

Aufgabensammlung für die Bildung und Erziehung hochgradig hörgeschädigter Kleinkinder im Alter von 0–3 Jahren[190]

Zeichenerklärung: B = rehabilitative Bewegungserziehung   Sp = rehabilitative Spracherziehung
                 S = rehabilitative Sinneserziehung   SV = rehabilitative Verhaltenserziehung
                 D = rehabilitative Denkerziehung

Quartal	Aufgabe	Wirkungsbereiche	Ziel	Material	Zielaspekt	Hinweise für die Lösung der Aufgabe	Sprachangebot – schädigungsspezifische Hinweise
I. 1. bis 3. Monat	1. Kind hebt in der Bauchlage den Kopf und stützt sich auf die Unterarme	B	Anbahnung der ersten willkürlichen Bewegungen	–	Aktivierung der Muskeltätigkeit	Zur allgemeinen Stärkung der Muskulatur: beim Strampeln den Beinen durch Anlegen der flachen Hand an die Fußsohlen einen Widerstand entgegensetzen (in Bauch- und Rückenlage)	z. B.: Kräftig! Ja, das ist fein!
	2. Kind berührt noch zufällig und ungesteuert Gegenstände seiner unmittelbaren Umgebung	B	Erstes Bekanntwerden mit Gegenständen seiner nächsten Umgebung	Windel, Klapper, Cremedose, Gummitier u. ä.	Aktivierung der Berühr- und Greifbewegungen	Kind durch Hinhalten eines Fingers oder Hinlegen und Hinhalten von Gegenständen zum Greifen anregen	z. B.: Nimm die Klapper! Nimm die Windel! usw. Halt fest!
	3. Kind fixiert und verfolgt mit den Augen Klappern, andere Gegenstände und Personen	S	Erste Anfänge der Erziehung zum bewußten Gebrauch des optischen und akustischen Sinnes (Auge und Ohr), erste Anbahnung der optischen und akustischen Aufmerksamkeit	Klapper, Gummitiere, verschiedene farbige Ringe aus Plastik u. ä.	Aktivierung der Sinnestätigkeit von Auge und Ohr	Spielgegenstände langsam vor den Augen hin- und herbewegen, klingendes Spielzeug ertönen lassen	Schau mal! Horch! (Lauschbewegung vormachen)

						z.B.:
4. Kind schläft nachts durch	SV	Gewöhnung an feste Schlaf- und Wachzeiten	–	Regelmäßigkeit im Tagesablauf	Bei unruhigem Schlaf oder nächtlichem Aufwachen 1. prüfen, ob das Kind evtl. krank ist 2. leise beruhigend auf das Kind einsprechen und in bequeme Lage bringen, auch etwas Zeit am Bett zubringen, bis Kind ruhig ist Nicht aus seinem Bett herausnehmen oder gar hin- und herfahren o.ä., kein helles Licht machen! Konsequenz ist notwendig!	Schlaf ruhig! (über den Kopf sacht streicheln) Schlaf schön weiter! Mama ist ja da! o.ä.
5. Kind ißt Gemüsebrei und geriebenen Apfel vom Löffel	SV	Erste Anfänge sozialhygienischer Gewohnheiten	Teller mit Brei und Löffel	Aktivierung zur Meisterung von Schwierigkeiten	Genügend Zeit für die Mahlzeiten einplanen und Ruhe bewahren! Macht das Kind anfangs den Mund mehr oder weniger zufällig auf, Löffel mit dem Essen hineinschieben und etwas den Löffel nach oben bewegen, damit der Brei in den Mund rutscht. Mit der nächsten Portion warten, bis das Kind geschluckt hat	Hm! Das schmeckt! Mach' den Mund auf! Hm, das schmeckt! Du bist lieb. (streicheln) (Die Mimik des Erwachsenen muß auf das Kind ermunternd wirken)
6. Kind lächelt und stößt Laute aus beim engen Kontakt mit den Erwachsenen	SV	Erziehung zur gefühlsmäßigen (emotionalen) Hinwendung und Entwicklung der Kontaktfreudigkeit	–	Aktivierung der Gefühle	Dem Kind immer ein freundliches Gesicht zeigen und Ruhe ausströmen, mit dem Kind auch scherzen	Wo ist denn...? Lach' doch! Ei, ei! u.ä. (Lautbildung des Kindes unterstützen, indem ihm vorgelallt wird. Verwenden Sie auch die Laute, die das Kind bereits erzeugt.)

5.5.5.2 Förderpläne und Fördereinheiten

Definition Förderpläne sind mittelfristige Organisationen des Handelns (Wochen, Monate); Fördereinheiten beziehen sich auf tägliche Fördermaßnahmen, die von Minuten bis Stunden reichen können. Nach jeder Fördereinheit erfolgt die Fortschrittskontrolle (Protokoll, Test, Befragung der Eltern usw.).

Erst nach der Formulierung von Förderplänen und -einheiten wird die Förderung durchgeführt. Vorgesehene Strategien entscheiden oder modifizieren sich oft erst am Tag/Ort des Handelns mit dem Kind unter seinen akuten Bedingungen. In der Hausfrüherziehung kann dies bedeuten:

- Die Mutter braucht eine Beratung, Anleitung usw.
- Das Kind ist für die geplante Maßnahme nicht bereit.

Hiernach entscheidet sich, ob und wie das geplante Ziel erreicht werden kann, ob und in welchem Grade es erreicht wurde, und danach erfolgt die nächste Förderplanung.

5.5.5.3 Pädagogische Prinzipien für den Umgang mit dem Kinde

Was immer auch das Kind selbst tun kann, soll es auch dürfen. Vormachen, zeigen, wie man etwas macht, ist immer nur Ermöglichung und Unterstützung der Selbsttätigkeit als die grundlegende Bedingung kindlicher Entwicklung, des Lernens am Erfolg, der sensorisch-motorischen Integration, des Selbstwertgefühls und der Motivationsbildung. Erziehung ist wesentlich nach dem Grundsatz der Montessori-Pädagogik eine Hilfe zur Unabhängigkeit vom Erwachsenen und nach dem Wort eines Kindes zu praktizieren: „Hilf mir, es selbst zu tun!"

Entwicklungsgemäßheit: Dieses Prinzip bedeutet, daß die geplante Maßnahme einerseits an der Normalentwicklung zwar orientiert ist, aber immer auf die aktuelle individuelle Entwicklung (Individuallage) hin abgestimmt werden muß, um Über- und Unterforderung so gering wie möglich zu halten.

Dieses Prinzip schließt die didaktische und methodische Kontinuität ein, d. h., die Lerninhalte müssen sachlogisch, systematisch-planmäßig aufeinander aufbauen, z. B. vom sensomotorischen zum ab-

Pädagogische Kontinuität

strakten Lernen, von Funktionsspiel zum Konstruktionsspiel, von der Grob- zur Feinmotorik, vom Mengenbegriff zur Zahl usw. Methodische Kontinuität bedeutet, daß die Lehr- und Erziehungsmethoden eine Stetigkeit aufweisen müssen, keine Brüche entstehen, nicht das, was heute richtig war, morgen falsch ist usw. Brüche in diesem Bereich irritieren das Kind und bauen Probleme auf. Ein Beispiel für die methodische Kontinuität sind die Drei-Stufen-Lektionen nach Montessori (vgl. Beispiel Rosa Turm, S. 142).

Ganze Person sehen

Ganzheitlichkeit: Fördermaßnahmen als reine Einzelfunktionsübungen führen nicht nur zur Vernachlässigung anderer Funktionen und Fertigkeiten, sie sind auch monoton, ermüdend und führen zu Widerständen beim Kind. Es muß also immer geprüft werden,
– welches genau umschriebene Ziel man erreichen will,
– welche Förderbereiche gezielt mitgefördert werden können,
– welche positiven oder negativen Nebenwirkungen auftreten können und
– welche neuen Entwicklungs- und Fördermöglichkeiten sich in der Fördersituation ergeben.

Probleme lösen lernen

Fordern und Fördern: Lernerfolge treten nur dann ein, wenn das Kind zu eigenen Problemlösungen und Erfolgserlebnissen geführt wird, wenn es also lernt, sich selbst zu fordern, oder eine Forderung des Erziehers annehmen lernt.

Dazu gehört die Planung von Aufgaben, die das Kind herausfordern, z. B. eine Schleife zu binden, ein exaktes Vormachen, die Selbsttätigkeit des Kindes (Nachmachen), die möglichst erfolgreich sein muß, und die Übung bzw. der erfolgreiche Transfer des Gelernten (z. B. Schleifenbinden an anderen Gegenständen, einer Puppe usw.).

Übungsablauf, -zeit und -rhythmus erfolgen immer im Wechsel von Anspannung und Entspannung, um das Kind nicht zu überfordern. Sobald das Kind Widerstände zeigt, muß abgebrochen oder eine andere lustvolle Beschäftigung angeboten werden.

5.5.5.4 Methodische Modelle

In der Praxis werden folgende Modelle angewandt:
– das Spiralmodell von R. Becker u. a.[192],
– das Stufenmodell von M. Egg[193].

Das *Spiralmodell* von R. Becker u. a. baut sich auf aus zwei Etappen mit sieben spiralisch aufbauenden Schritten, die immer wiederholt werden können.

Die erste Etappe heißt „Orientierungsteil" und enthält drei methodische Schritte des Erziehers und einen Schritt des Kindes:

1. Schritt: Motiv setzen und Wecken der Aufmerksamkeit.

2. Schritt: Stellen der Aufgabe.

3. Schritt: Demonstration der Aufgabenlösung und Sprachangebot.

4. Schritt: Gemeinsames Lösen der Aufgabe, Bewertung, Korrektur.

(Bei völligem Versagen des Kindes wieder bei 1. beginnen, aber Ursachen ergründen; prüfen, ob erster Schritt genügend bedacht wurde; überlegen, welche methodischen Varianten möglich sind.)

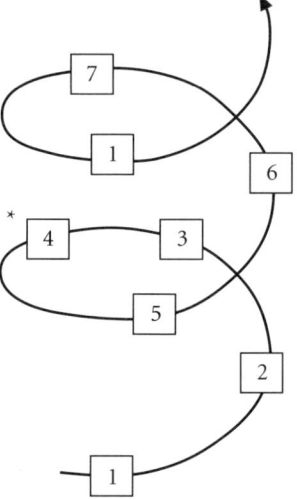

Die zweite Etappe heißt „Handlungsteil" und besteht aus drei Schritten vor allem des Kindes einschließlich Übungsformen.

5. Schritt: Selbständiges Lösen der Aufgaben, Bewertung, Korrektur.

6. Schritt: Wiederholung des Lösungsweges bei gleicher Aufgabenstellung.

7. Schritt: Wiederholung des Lösungsweges bei (geringfügig) veränderter Aufgabenstellung und Anwendung auf andere Aufgaben.

Nach diesem Schema können neue Aufgabenstellungen in der Schrittfolge 1.–7. durchgeführt werden.

Diese Schrittfolge wird von den Autoren als Spirale dargestellt:

Das Stufenmodell von Maria Egg: Die Schweizer Heilpädagogin Maria Egg hat ebenfalls methodische Vorschläge für die frühe Förderung vorgelegt. Sie nennt eine Fördereinheit „Lehrspiel". Solche Lehrspiele sind in den Tagesablauf zu integrieren und sollten 10 bis 15 Minuten nicht überschreiten.

Die Grobstruktur des Spielablaufs hat 3 Phasen. Sie werden hier mit Erläuterungen versehen, die über die von Maria Egg genannten Hinweise hinausgehen.

1. Phase: Beginn mit lustvollen und gekonnten Spielen, Bewegungen oder mit bekannten Dingen. In dieser Motivations- und Einstimmungsphase soll vor allen Dingen
– Aufmerksamkeit und positive Kontaktaufnahme ermöglicht werden;
– Blick- und Körperkontakt hergestellt und Abwehrhaltungen vermieden werden;
– stimulatives, lustbetontes und gekonntes Spiel soll das Kind aktivieren.

2. Phase: Konzentrierte, variantenreiche Übung im Wechsel von Anspannung und Entspannung bis an die obere Leistungsgrenze. In dieser Lern- und Arbeitsphase sollten folgende Aspekte beachtet werden:
– Anknüpfen an das Neugierverhalten und gekonnte Tätigkeiten mit bekannten Sachen;
– neues Medium bekannt machen;
– neue Tätigkeit bekannt machen durch Vormachen und Nachmachen bei möglichst wenig Worten;
– offenbleiben für Umwege, Improvisationen und Situationen bzw. für die Anregungen vom Kinde her;
– konzentrierte, variantenreiche Übung, Anspannung und Entspannung wechselnd;
– Rückmeldung bzw. Erfolge für das Kind sichern;
– Lob und Belohnung beachten;
– Festigung des Gelernten durch Übung und Anwendung auf andere Gegenstände bzw. Situationen.

3. Phase: Lustbetonter und entspannender Schluß. Die dritte Phase dient vor allem der Entspannung, der Verallgemeinerung bzw. der Transferübungen und sollte die Freude auf das Morgen wecken.
– Integration des Neuen in alte, bekannte Spiele;
– lustbetonte Spiele;
– Lieder singen, das Kind ggf. umhertragen, drücken, streicheln, scherzen, kleine Tanzspiele usw.

Auch Maria Egg fordert die Bereithaltung eines Tagebuches und die Eintragung der Lernfortschritte bzw. Auffälligkeiten unmittelbar nach der Übung.

5.6 Pädagogische Ansätze der Früherziehung

Auf die Früherziehung insgesamt und speziell auch für behinderte Kinder haben Fröbel (1782–1852) und Montessori (1870–1952) durch ihre spielpädagogischen Ansätze den größten Einfluß.

In der Frühförderungspraxis sind beide Ansätze die pädagogischen Basisansätze, die andere Ansätze wesentlich beeinflussen:

Spielpädagogik
- den Spielpädagogischen Ansatz z. B. von Oy/Sagi[194],
- den motopädagogischen bzw. psychomotorischen Ansatz von Kiphard[195] oder Brandt[196] sowie in vielen anderen mehr pädagogisch orientierten Ansätzen, wo das Spiel im methodischen Zentrum der Förderung steht.

Aber auch in mehr entwicklungsbiologischen, auf die Ausreifung und methodische Förderung von Wahrnehmungs- und Bewegungsprozessen orientierten Ansätzen ist das spielpädagogische Moment unentbehrlicher methodischer Grundbestand.

5.6.1 Fröbels Konzeption

Eine exemplarische, pädagogisch umfassende Konzeption einer spielpädagogisch orientierten Früherziehung stammt von Fröbel (1780–1852) in Gestalt seiner Kindergartenpädagogik und der „Mutter- und Koselieder". Im methodischen Zentrum steht bei Fröbel der angeborene Tätigkeits- und Spieldrang des Kindes, durch den es seine sämtlichen Kompetenzen mit Hilfe der Erziehung entwickelt.

Didaktische Konzeption

Die bisher umfassendste Konzeption der Früherziehung sind die Mutter- und Koselieder von Fröbel. In der Form von Spielliedern und pädagogischen Anleitungen sowie Kommentaren werden folgende Bildungsbereiche erfaßt: Bewegungserziehung, Bildung des Ich-, Raum-, Gegenstands- und Zeitbewußtseins, Sinnesbildung, Sprach-, Denk-, Gefühls- und Willensbildung, Sozialerziehung, Hygiene, Ernährung, Sexualerziehung.

Folgende didaktische Felder werden erschlossen[197]:
- Gegenstände aus der Natur (Tiere, Steine, Pflanzen usw.);
- Soziale Situationen (Familie, Nachbarschaft usw.);
- Berufe und ökonomische Felder bzw. der Mensch als Schöpfer der „zweiten Natur" bzw. Kultur;
- Kosmischer Bereich (Sonne, Mond, Sterne usw.);
- Religion.

Methoden Auch in methodischer Hinsicht nimmt die Früherziehungskonzeption Fröbels moderne Forderungen vorweg:
- entwicklungsgemäßes Vorgehen, also pädagogische, didaktische und methodische Kontinuität (Stetigkeit sagt Fröbel);
- ganzheitlich handelndes Lernen und Selbsttätigkeit;
- Wechsel der Lern- und Lehrformen, wie z. B. Vor- und Nachmachen, Wiederholung und Festigung, Führen und Wachsenlassen bzw. Fördern und fordern, vorschreibend – nachgehend;
- Wechsel der Sozialformen: Kind – Mutter, Kind – Vater, mit beiden Eltern, Kind – Geschwister, Kind allein usw.;
- vom Sensomotorischen zum Abstrakten;
- vom Nahen zum Fernen und umgekehrt;
- von der Analyse des Ganzen (Einheit) zu den Elementen (Mannigfaltigkeit), zur Synthese des Ganzen und wieder umgekehrt;
- vom Aufnehmen (Innerlich machen) zur Darstellung (Äußerlich machen) des Inneren, also der Vorstellungen, Gefühle usw.[198]

Didaktische Materialien Besonders hervorzuheben ist neben dem Spielgabensystem Fröbels Absicht, die Erziehungskompetenz der Eltern und ihr Erziehungsbewußtsein sowie ihre pädagogische Verantwortung zu stärken.

Auch seinen Kindergarten verstand Fröbel als eine Bildungsanstalt zur „allseitigen Lebenspflege" bzw. ganzheitlicher Bildung und „Lebenseinigung" hin zu einem differenzierten, einheitlichen und geordneten „Lebensbewußtsein"[199]. Wir würden heute dazu sagen: Die ganzheitliche Erziehung der lebensnotwendigen psychisch-geistigen und sensomotorischen Funktionen (humanen Kompetenzen, Kulturfertigkeiten, Schriftsprache usw.) sowie der grundlegenden sozialen und moralischen Lebenseinstellungen.

Doppelfunktion des Kindergartens Der Kindergarten hat bei Fröbel einerseits die pädagogische Funktion, familienergänzend und -unterstützend und andererseits auch schulvorbereitend zu wirken, vor allem aber durch Spiel und Beschäftigung (z. B. Haus- und Gartenarbeiten, u. v. a.) dem individuellen Kind zur optimalen Entfaltung seiner Persönlichkeit zu dienen.[200]

Die Fröbel-Konzeption von Früh- und Kindergartenerziehung hat weltweite Verbreitung gefunden und ist noch heute in vielen Abwandlungen und Ergänzungen – den meisten mehr oder weniger bewußt – das unentbehrliche Kernstück jeder Früherziehungspraxis.[201]

5.6.2 Montessoris Konzeption

Maria Montessori (1870–1952) war Ärztin, Pädagogin und Professorin für Anthropologie. Ihre Pädagogik ist wesentlich von Itard und Seguin beeinflußt und fußt auf dem von ihr beobachteten Phänomen der **Konzentration** „Polarisation der Aufmerksamkeit" bzw. der Konzentration, die sie als den Ausgangspunkt und die Voraussetzung jedes konstruktiven Lern- und Bildungsprozesses ansieht. Viele Polarisationen der Aufmerksamkeit führen zur „Normalisation", d. h. zur psychisch-geistigen Ordnung und Unabhängigkeit des Denkens, Fühlens und Handelns sowohl im sozialen als auch im Sachbereich. Dadurch werden die im Kinde wirkenden schöpferischen Energien freigesetzt, durch die sich sein Lebens- und Fähigkeitsaufbau in Selbsttätigkeit vollzieht. Erziehung ist der Dienst für das Kind, angeborenen bzw. bildbaren Entwicklungsenergien diejenigen entwicklungsgemäßen Hilfen (Anleitungen, Stimulationen, Materialien usw.) zu geben, die es zur Erlangung seiner Unabhängigkeit (Autonomie) benötigt.

Montessori hat die Erfahrungen der Fröbelpädagogik und der französischen Ärzte und Heilpädagogen Itard (1774–1838) und Seguin **Sinnesmaterial** (1812–1880) studiert und Teile ihrer sog. Sinnesmaterialien und pädagogischen Konzeption (Ansatz bei den sensomotorischen Lernprozessen, Sprache, Denken, Bewegung usw.) übernommen und fortentwickelt. Ihre damals sensationellen pädagogischen Erfolge bei geistig bzw. soziokulturell zurückgebliebenen Kindern (nicht Geistigbehinderten in der heutigen Definition!) und nach der Gründung des ersten Kinderhauses 1907 im römischen Elendsviertel San Lorenzo haben sie weltberühmt gemacht und auch für die Früherziehung Behinderter **Didaktische** bedeutsam werden lassen. Pädagogische Einrichtungen – Kinderhäuser **Bereiche** (-gärten) und Schulen – gibt es heute weltweit. Schon 4–6jährige Kinder lernten durch ihre Methode die Kulturtechniken Lesen, Schreiben, Rechnen, sich selbst versorgen wie An- und Ausziehen, Körper- und Kleiderpflege, Haus- und Gartenarbeiten usw. Ihre Didaktik bzw. die Inhalte ihrer Früherziehung decken sich weitgehend mit der Fröbels, der eine beachtliche Bekanntheit schon damals in Italien hatte und auch Montessori wesentlich beeinflußte.

In Deutschland wurde die Montessori-Pädagogik besonders nach dem 1. Weltkrieg heimisch, aber sie endete dann durch Verbote in der Nazi-Herrschaft.

Die Diskussion um die Vorschulerziehung in den 60iger und 70iger Jahren haben ein neues und bis heute ungebrochenes Interesse an der Montessori-Pädagogik geweckt und viele Kinderhäuser (-gärten) und Schulen neu entstehen lassen.

Für die Früherziehung Behinderter wurde seit ihren Anfängen Montessori wichtig, doch erst seit Hellbrügge als Mitglied des Ausschusses „Vorschulerziehung" des Deutschen Bildungsrates 1967 in Frankfurt ihre Pädagogik für den Aufbau seines Kinderhauses im Kinderzentrum München als „ärztliche Pädagogik" für seine sozialpädiatrischen Zwecke entdeckte, wurde die Montessori-Pädagogik fast ein Teil der Behindertenpädagogik oder wird mit ihr – nicht ganz korrekt – oft gleichgesetzt.

Heilpädagogische Bedeutung

Der Grund für die Einbeziehung der Montessori-Pädagogik in die Früherziehung Behinderter liegt in folgenden Punkten:
– der entwicklungspädagogische Ansatz Montessoris bei den sensiblen Phasen (s. o.);
– der Ansatz bei einem aktiven, auf Ganzheitlichkeit und Selbstgestaltung und auf Selbsttätigkeit hin ausgerichteten Entwicklungsbegriff. Das bedeutet die Wirkungseinheit von sensorischen, motorischen, sozialen und kognitiven, emotionalen und sprachlichen usw. Reife-Lern-Prozessen. Danach ist Entwicklung aktive und freie Selbstgestaltung in einer pädagogisch geplanten Lernsituation, die Montessori „Vorbereitete Umgebung" nennt.
  Eine vorbereitete Umgebung muß einerseits den Bedürfnissen und Fähigkeiten des Kindes angepaßt sein und andererseits der Vorbereitung auf das Leben und dem Kind zur Unabhängigkeit verhelfen. Weiter muß sie ein pädagogisch geordneter Raum der „Aktivitätsmotive" sein, d. h. nach pädagogisch-didaktischen Bereichen (Bewegung, Sprache, Sinneserziehung, Kunst, Musik usw.) frei verfügbarer Handlungsraum, in dem das Kind nach Maßgabe der sensiblen Phasen frei wählen kann. Das schließt eine pädagogisch aktive und systematische Einzelförderung ein. Schließlich muß die „Vorbereitete Umgebung" dem Kinde selbständiges, freies Handeln und selbstverständlich auch das Spiel, wie wir es von Fröbel her kennen, ermöglichen und fördern;
– den pädagogischen, didaktischen und methodischen Prinzipien, die den pädagogischen Umgang mit dem Kind bestimmen, nach denen

die „Vorbereitete Umgebung" als Lebens-, Lern- und Entwicklungs-raum für das Kind gestaltet wird und die den Aufbau und die An-wendung der sog. Entwicklungsmaterialien (sog. psychodidaktische Materialien) organisieren. Montessori hat für die Entwicklung der grundlegenden humanen Kompetenzen ein Prinzip entwickelt, das besagt: Alle Bildungs- und Lernprozesse müssen in konkrete und ganzheitliche Handlungsprozesse eingebettet sein. In der Praxis heißt dies: Ein Entwicklungsmaterial muß gleichzeitig mehrere Funkti-onsbereiche aktivieren und auf sensomotorischen Grundprozessen beruhen;

– das psychodidaktische Entwicklungsmaterial. Montessori entwik-kelte das sog. Sinnesmaterial für alle Sinnesbereiche, wodurch in ganzheitlichen Handlungsprozessen eingebunden sensomotorische Grundfunktionen und die Wahrnehmung über einzelne Sinne iso-liert geübt werden können.

Pädagogische Prinzipien

Die Wirksamkeit dieser Materialien hängt ab von der konsequenten Anwendung der Montessori-Prinzipien:

■ *Das Prinzip der Sachlichkeit:* Polarisation der Aufmerksamkeit bzw. Konzentration und folglich Normalisation stellt sich ein, wenn das Kind einen entwicklungsgemäßen Gegenstand zur Auseinanderset-zung hat, der zwei Bedingungen erfüllt:

– Er muß den individuellen Fähigkeiten und Interessen des individu-ellen Kindes entsprechen bzw. eine „individuelle Passung" aufweisen oder entwicklungsgemäß sein, damit sich die im Kinde möglichen Kompetenzen auch entfalten können;

– er muß dem Kinde einen Zugang zu Wirklichkeitsbereichen erschlie-ßen, also z. B. zur Schrift, Mathematik, zur sozialen und materiellen Realität usw.

■ *Das Prinzip der freien Wahl:* Die jeweils individuelle Kindesentwick-lung und die dementsprechenden individuell auftretenden sensi-blen Phasen setzen die freie Wahl des Lerngegenstandes und die Freiheit des Lernens überhaupt voraus. Es ist ein Lernen frei von Hindernissen (hier spricht Montessori von der Befreiung des Kin-des), und es ist eine Freiheit, etwas Bestimmtes individuell ent-wicklungsgemäß zu lernen. Diese Freiheit muß allerdings in einem pädagogisch verantworteten Rahmen stattfinden, um eine entwick-lungshemmende Beliebigkeit zu vermeiden. Freie Wahl und Individualisierung ermöglichen es, daß das Kind sich durch sein Handeln in seinen Sensibilitäten offenbaren und somit dem Erzieher zeigen kann, wofür es sich interessiert, wo seine Stärken und Schwächen liegen, damit er ein gezieltes Angebot machen kann. Freiheit hat Grenzen im pädagogisch abgesteckten Rahmen, in den Sachgesetzen und in den sozialen Regeln des Zusammenlebens. Wenn sich das Kind (die Kinder) mit einer Sache auseinandersetzt, dann hat es die Freiheit des Lernens hinsichtlich Lernpartner und -dauer, damit sich auch die Polarisation der Aufmerksamkeit einstellen kann.

- Das Prinzip der Selbsttätigkeit: Entwicklung als Erlangung zunehmender Grade der Unabhängigkeit bedeutet, daß das Kind selbsttätig sein muß. Denn nur dadurch kann es seine individuellen Fähigkeiten entwickeln. Weil diese Selbsttätigkeit immer mehrere Funktionsbereiche erfaßt – wie z. B. beim Spiel mit dem Rosa Turm (s. unten) – werden somit nicht nur isolierte Einzelfunktionen, sondern immer mehrere aktiviert und gefördert. Nicht die direkte Belehrung, sondern die selbsttätige Sacherfahrung bewirkt die Veränderung im Kind. Diese allerdings hängt im wesentlichen von der Auswahl und den Qualitäten der Lernmöglichkeiten und angebotenen Sacherfahrung ab.

Prinzipien im psychodidaktischen Material

Didaktische Prinzipien

Zu den hervorstechendsten Materialeigenschaften bei Montessori gehören folgende Merkmale:
- pädagogische Führung durch das Material: Das Montessori-Material ist so konstruiert, daß das Kind allein nach einer „Lektion" unabhängig vom Erwachsenen damit umgehen kann;
- Fehlerselbstkontrolle: Das Kind kann selbst prüfen, ob es richtig gehandelt hat, und wird somit wiederum unabhängig vom Erwachsenen lernen, wiederholen, so oft es und so lang es will;
- Isolierung der Schwierigkeiten: Das Material ist so konstruiert, damit das Kind einerseits ganzheitlich handeln kann, aber auch gezielt gefördert wird. So sind z. B. bei den Farbtäfelchen zum Üben der Farbunterscheidung und zum Kennenlernen der Farben alle Merkmale wie Größe, Form usw. gleich, nur der Farbton unterscheidet sich. Damit wird erreicht, daß es erstens das Problem selbst erkennen und lösen kann und nicht durch ablenkende überflüssige Reize überfordert wird und möglichst selbst zum Erfolg kommt (Motivationsförderung).

– didaktische Kontinuität und Transfer des Gelernten auf neue Bereiche: Didaktische Kontinuität besagt, daß die Materalien von ihrem Anspruch her von elementaren sensomotorischen Lernprozessen hin zur Abstraktion führen müssen. So lernt das Kind zuerst mit kleinen Mengen umgehen, und allmählich wird es durch die aufeinander aufbauenden Materialien zum Zahlbegriff und zum Operieren mit Zahlen geführt.

Transfer bedeutet, daß die Montessori-Materialien für sich allein nicht ausreichen, sondern es müssen vielfältige Übungs- und Anwendungsmöglichkeiten geboten werden, damit das Kind das an den Materialien Gelernte (z. B. die Fertigkeit zu unterscheiden, ordnen, klassifizieren usw.) und Wissen auf andere Gegenstände und Situationen in seiner Umwelt übertragen lernt.

Die Effizienz der Montessori-Pädagogik wurde in vielen Untersuchungen nachgewiesen.[202]

Förderbereiche

Montessori entwickelte Anleitungen und Materialien für folgende Förderbereiche:

Lebenspraktische Fertigkeiten

■ *Übungen des praktischen Lebens:* Hier handelt es sich um den Aufbau von lebenspraktischen Fertigkeiten und die systematische Förderung von Konzentration und Grob- und Feinmotorik sowie des Selbstvertrauens auf der Basis der kindlichen Funktionslust. Sie zeigt sich in der Freude beim nachahmenden Spiel, wenn Kinder z. B. in der Küche auch kochen, spülen, putzen wollen usw. und in seiner *Wiederholungsfreude.* In den spielerischen Übungen entwickelt das Kind Selbstsicherheit (z. B. eine Tasse füllen, ohne etwas zu vergießen) und Selbstwertgefühl (ich kann etwas) und Verantwortungsbereitschaft für sich (es kann sich an- und ausziehen, pflegen usw.) und seinen Lebensraum (z. B. etwas aufwischen, wenn es etwas verschmutzt hat). Zu diesen Übungen gehören auch Hilfen zur Sozialerziehung (grüßen, bitten, danken usw.).

■ *Das Sinnesmaterial:* Beispiel Rosa Turm.[203]

„Material:
Der Rosa Turm besteht aus 10 Kuben (massiv Holz, rosa), die sich drei-
dimensional verändern, d.h. der kleinste Kubus hat eine Kantenlänge
von 1 cm, der größte eine Kantenlänge von 10 cm.

Direktes Ziel:
Begriffsbildung groß – klein.

Indirekte Ziele:
Entwicklung der Motorik, Koordination der Bewegung, Bildung von
Ordnungsstrukturen.

Alter:
Etwa drei Jahre.

Darbietung und Übung:
Arbeitsplatz ist der Teppich, auf dem die Kuben ungeordnet liegen. Die
Leiterin faßt mit einer Hand den größten Kubus und setzt ihn vor das
Kind, nimmt den nächstkleineren und setzt ihn genau von oben auf.
Hierbei achtet sie auf gleichen Seitenabstand und die gezielte Bewe-
gung beim Aufsetzen. So wird ein Kubus nach dem anderen unter Be-
achtung der Größenunterschiede zum Turm aufgebaut.

Wir können mit den Händen an den Seiten des Turms entlangglei-
ten, von unten nach oben und von oben nach unten.

Der Turm wird Kubus für Kubus abgetragen.

Das Kind kann die Übung wiederholen.

Fehlerkontrolle:
Ist die vorgegebene Ordnung im Aufbau nicht berücksichtigt, so ist der
Fehler mittels Auge und Hand feststellbar.

Weitere Übungen:
— Variationen der Grundübung in vertikaler und horizontaler Richtung.
— Die Kuben werden so aufeinandergesetzt oder aneinandergelegt, daß
   eine Ecke und zwei Seiten von jedem Kubus übereinstimmen. Man
   fügt den kleinsten Kubus in den entstehenden freien Raum ein."

Kommentar:
Der Teppich muß sich
farblich vom Material
gut abheben.
Die jüngeren Kinder
nehmen beide Hände
zum Fassen der grö-
ßeren Kuben. Durch
das Umspannen mit
der Hand ,begreifen'
sie die unterschiedli-
chen Größen.

Dadurch wird für das
Kind das Gleichmaß
der Veränderung er-
fahrbar.

Damit ist der gesamte
Übungsablauf darge-
stellt. Er ist abge-
schlossen, wenn das
Material wieder an
seinen Platz zurück-
gebracht ist.

Der kleinste Kubus
kann als sichtbares
Maß der Veränderung
gelten.

– Man legt die Kuben so aufeinander, daß der nächst kleinere bis zur Mitte des vorhergehenden reicht, abwechselnd nach rechts und links.
– Man setzt die Kuben übereck aufeinander.
– Veränderungen der vorgegebenen Ordnung 10–1 unter Berücksichtigung in vertikaler und horizontaler Richtung:
10–5–9–4–8–3–7–2–6–1–
oder:
10–1–9–2–8–3–7–4–6–5–

– Man unterbricht die Reihe der Kuben von 10–1, indem man einen Kubus aus der Reihe nimmt und vom Kind die sich ergebende Disharmonie zeigen läßt.
– Den Turm mit geschlossenen Augen aufbauen.
– Kombinationsspiele mit Brauner Treppe, mit Roten Stangen, mit Brauner Treppe und Roten Stangen.

Wortlexikon:
groß – klein,
groß – größer – am größten,
klein – kleiner – am kleinsten,
der größte – der kleinste,
größer als – kleiner als.

1. Stufe:
Die Leiterin wählt von den 10 Kuben den größten und den kleinsten aus.

Sie nimmt den größten Kubus, umfaßt ihn und sagt: ‚Von diesen beiden ist dieser hier ‚*groß*‘.‘

Anschließend nimmt sie den kleinsten Kubus in die Hand, zeigt ihn dem Kind und sagt: ‚Von diesen beiden Kuben ist dieser ‚*klein*‘.‘

2. Stufe:

Nachdem die Leiterin dem Kind in der 1. Stufe den Vergleich der Größen benannt hat, möchte sie jetzt die Begriffe groß – klein vertiefen. – Sie bittet das Kind: ‚Gib mir von diesen beiden den Kubus, der *groß* ist! – Gib mir den Kubus, der *klein* ist!‘

Dabei versucht sie möglichst viele Variationen durch andere Vergleichspaare zu bringen.

3. Stufe:

Nun soll das Kind in der Lage sein, die Eigenschaft groß bzw. klein eines Kubus im Verhältnis zu einem anderen zu benennen.

Man stellt ein Vergleichspaar vor das Kind und fragt: ‚Wie ist dieser Kubus?‘ – Das Kind antwortet: ‚Groß!‘

‚Wie ist der andere Kubus?‘ – ‚Klein!‘

groß – größer – am größten
klein – kleiner – am kleinsten

Von den 10 Kuben wählt die Leiterin die drei größten aus. Den kleinsten von ihnen vergleicht sie mit einem deutlich kleineren vierten Würfel. Sie weist auf den großen Kubus und sagt: ‚Dieser ist *groß!*‘ Dann zeigt sie auf den nächstgrößeren und sagt: ‚Dieser ist *größer!*‘ Zuletzt nimmt sie den größten Kubus und sagt: ‚Von den dreien ist dieser *am größten!*‘ Ebenso werden die Begriffe klein – kleiner – am kleinsten erarbeitet.

Die Lehrerin bittet das Kind, weitere Zusammenstellungen zu bringen, die eine Steigerung von groß oder klein möglich machen.

größte – kleinste

Bei einer Reihenbildung von mehreren Kuben nehmen die beiden äußeren eine Stellung ein, die sprachlich zu bezeichnen ist. ‚Von den Kuben hier ist dieser der größte und dieser der kleinste.‘

Das Kind findet andere, sich gleichmäßig aufbauende Reihen und stellt den größten und den kleinsten heraus.

größer als – kleiner als
Im folgenden kommt es auf eine genaue Bezeichnung der Größe eines Kubus' innerhalb einer Reihe an, etwa der Reihe 1–10. Die Leiterin nimmt den Kubus 5 heraus und bringt ihn in Beziehung zu anderen Kuben der Reihe.

,Dieser ist kleiner als jene.'
Dabei zeigt sie auf die Kuben 6, 7, 8, 9, 10.
,Er ist größer als diese.'
Dabei weist sie auf die Kuben 4, 3, 2, 1.

Kommentar:
Vorbereitete
Umgebung!

Anwendung:
– Kuben gleicher Größe suchen lassen.
– Übertragung der Begriffe groß – klein auf Gegenstände
– Größenabstufungen bei anderen Gegenständen finden lassen."

Mit Hilfe dieses Materials werden u. a. geübt:
Grob- und Feinmotorik, Bewegungskoordination und Sprache (z. B. groß – klein, der kleinste – der größte, klein – kleiner – am kleinsten, groß – größer – am größten), optische und barische (Gewichts-) (und somit kognitive Funktionen): Unterscheidung, Vergleichen, Kombinieren (der größte und der kleinste Kubus), Identifikation (Erkennen, Wiedererkennen) des größten bzw. kleinsten Kubus usw., das Ordnen, Sozialverhalten im Gruppenspiel, Gedächtnis (Wegbringen und Wieder-holen eines Kubus), Grundlagen des Dezimalsystems (es sind 10 Kuben) und Grunderfahrung geometrischer Formen (Quadrat, Winkel, Fläche usw.).[204]

Kognitive Kompetenzen

■ *Mathematisches Material:* Montessori nennt den kindlichen Geist einen „mathematischen Geist", weil sich beim Kinde schon in den ersten Lebensjahren grundlegende kognitive Funktionen und ein Bedürfnis nach einer klaren Bewußtseinsstruktur bzw. die Ordnungsfähigkeit entwickeln (vgl. sensible Phasen). Schon mit den Sinnesmaterialien entwickelt das Kind diese kognitiven Grundfunktionen. Mit den mathematischen Materialien wird es weitergeführt in die geometrischen und stereometrischen (Raumkörper) Formen, und es werden ihm Hilfen zur Entwicklung des Mengen- und Zahlbegriffes und zum ersten Rechnen gegeben.

■ *Sprachliches Material:* Die aktive Zeit der sensiblen Phase für Spra-

**Sprach-
kompetenzen**

che liegt in den ersten sechs Lebensjahren. Dementsprechend legt Montessori großen Wert auf eine optimale Nutzung und Förderung in dieser Periode des Sprachaufbaus schon bei den Spielen mit den Sinnesmaterialien und dann durch spezielles Sprachmaterial, das dem Kind den Zugang zur Schrift eröffnet. Neben den von Fröbel her kommenden Methoden und Inhalten (Sing-, Kreis-, Tanz-, Puppen- und Bewegungsspielen, Sprachspielen, Geschichtenerzählen, Bildbetrachtungen usw.) hat Montessori dem Kind systematische Hilfen gegeben, damit seine Hand zur Schrift in seiner sensiblen Phase für Wahrnehmung und Feinmotorik vorbereitet wird. Auch für die Phase des Symbol- bzw. Zeichen- oder Buchstabenverständnisses um ca. vier Jahre ist es wichtig, daß ihm nun die Buchstaben und damit die Schrift angeboten werden. Damit soll sich einerseits sein Zeichenverständnis bzw. seine Fähigkeit zur Sinnaufnahme und -wiedergabe entwickeln, und es soll sich andererseits in diese Kulturtechnik hineinentwickeln und die Schrift als Kommunikationsmittel lernen.

**Rhythmisch-
musikalische
Bildung**

■ *Rhythmisch-musikalische Erziehung:* Montessori entwickelte mit ihrer Schülerin und Kollegin A. Maccheroni eine Musikpädagogik, die bisher allerdings nur in italienischer Sprache verfügbar ist.[205]

5.6.3 Der spielpädagogische Ansatz von Bondzio/Vater

In der Tradition der Fröbelschen Mutter- und Koselieder ist dieses Konzept aufgebaut (s. o.). Nach einer allgemeinen Entwicklungsbeschreibung werden für einzelne Entwicklungsabschnitte von ca. drei Monaten für die ersten drei Lebensjahre kleine Fördereinheiten vorgestellt, die von den Eltern oder Früherziehern durchgeführt werden können.

**Didaktische
Bereiche**

Folgende Bereiche sollen gefördert werden: Sprechen, Verstehen, Hören, Sehen, Handmotorik, Bewegung, Denken, Wollen und Fühlen. Außerdem werden noch Sozialität, Schmecken, Riechen, Tasten, die moralische und religiöse Entwicklung und die Phantasie bzw. Kreativität angesprochen und Hinweise zur Kindespflege bzw. Hygiene gegeben.

**Förderein-
heiten**

Jede Fördereinheit enthält neben praktischen Anleitungen entsprechende Veranschaulichungen, Lieder und Hinweise zu den Förderintentionen sowie Medien (s. Abbildung S. 146).[206]

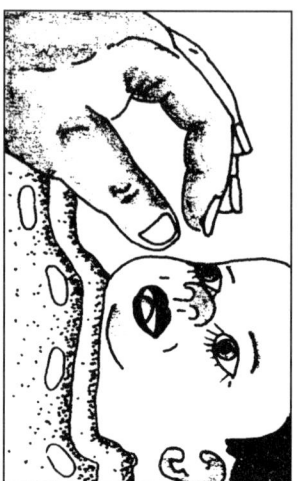

Handspiele sind eine gute Möglichkeit, mit dem Kind Kontakt aufzunehmen

Der Erwachsene bietet dem Kind seine Finger als Spielzeug an. Das Kind schaut den zappelnden und tanzenden Fingern zu und freut sich, daß sich jemand mit ihm beschäftigt. Es hört die Kinderreime gern. Sie klingen wohl in seinen Ohren.

Der Rhythmus der Worte der Ammenreime sollte zu den Fingerbewegungen passen und umgekehrt. Das Kind wird den Inhalt und den Sinn der Verse noch nicht verstehen, wohl aber die Stimmung und das Gefühl spüren, die mit den Reimen verbunden sind:

*„Zehn kleine Zappelmänner
tanzen auf und nieder.
Zehn kleine Zappelmänner
tun das immer wieder –
Zehn kleine Zappelmänner
tanzen hin und her."*

*„In unserm Häuschen
sind schrecklich viel Mäuschen.
Sie tippeln und tappeln,
sie zippeln und zappeln,
sie stehlen und naschen,
und will man sie fassen:
Husch! Sind sie weg!"*

*„Seht, so, so, so tanzen
unsere kleinen Puppen.
Seht, so, so, so, eines, zwei, drei,
ist alles vorbei!"*

Das Kind liegt im Arm der Mutter oder sitzt auf ihrem Schoß und schaut dem lustigen Treiben zu:

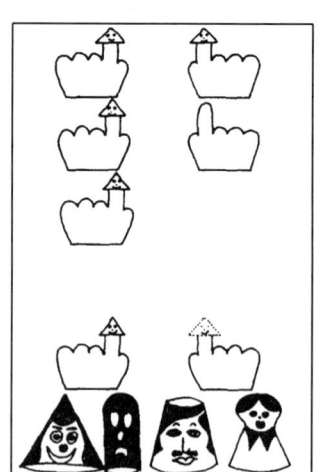

*Hänsel und Gretel gehn
über den Bach.*

*Hänsel ist g'fallen,
Gretel, die lacht.*

*Hänsel geh weg!
Gretel du auch!*

*Hänsel komm wieder!
Gretel du auch!*

Fingerpuppen sind herzustellen aus: Papierhütchen, Handschuhteilen, Filzresten, Fingerhüten, Ton und ähnlichem Material.

Bondzio/Vater: Frühförderungs- und Entwicklungshilfen für behinderte Kinder. Bonn 1980

5.6.4 Der spielpädagogische Ansatz von Oy/Sagi

Das von diesen Autoren verfaßte „Lehrbuch der heilpädagogischen Übungsbehandlung"[207] fußt auf der Entwicklung und systematischen Förderung des Spiels und didaktisch-methodisch auf der Grundlage der Fröbel- und Montessori-Pädagogik. Hinzu kommen Übungen zur Sprachentwicklung, der Einsatz von Bilderbüchern, die rhythmisch-musikalische Erziehung und Hilfen zur Elternarbeit bzw. -anleitung. Hinweise zur Diagnose, Aufstellung eines Förderplanes, zur Protokollierung und Auswertung der Fördermaßnahmen sowie umfänglich praktische Hinweise runden dieses nützliche Buch ab.

Beispiel: Übungen des Funktionsspiels:
„Spiele mit Fingern und Händen
Lernziele:
Das Kind soll befähigt werden, den Blickkontakt mit der Bezugsperson aufzunehmen und für kurze Zeit zu halten.

Es soll Schau- und Greifspielzeug optisch, akustisch und taktil wahrnehmen und differenzieren können.

Es soll sich seiner Hand-Motorik und seiner Gesamt-Motorik bewußt werden.

Vorbereitetes Material:
Fingerspiele
Kinderreime
Kinderlieder
Schau- und Greifspielzeug

Übungsvorschläge:
1. Nehmen Sie das Gesicht des Kindes zwischen Ihre Hände und versuchen Sie, Blickkontakt herzustellen.
   Gesicht und Hände des Kindes streicheln, dazu singen, summen oder/und sprechen (Reime, Verse, Lieder).

2. Nehmen Sie das Kind – je nach Alter und Behinderung – aus dem Bett und auf den Arm und tragen Sie es durch den Raum.
   Das Kind in den Armen wiegen, dazu singen, summen oder/und sprechen.

3. Setzen Sie das Kind auf Ihren Schoß (oder auf einen Stuhl; legen Sie es gegebenenfalls zurück ins Bett).

   Das Kind auf ein Schauspielzeug aufmerksam machen: den Gegenstand vor den Augen des Kindes in näherem und entfernterem Abstand abwechselnd hin- und herbewegen.

   Bewegungen mit Sprech-/Singstimme begleiten.

   Durch Bewegen des Schauspielzeugs Klänge erzeugen (akustische und optische Wahrnehmung).

4. Lenken Sie die Aufmerksamkeit des Kindes auf seine Hände. Mit der flachen Hand über die Hände des Kindes streichen; abwechselnd über beide Hände und über Innen- und Außenfläche. (‚Taler Maler geht auf den Markt…‘)

   Die Finger der rechten und linken Hand des Kindes einzeln berühren, streicheln, fassen. (‚Das ist der Vater lieb und gut…‘)

   Die ganze Hand des Kindes drehen, Drehbewegung im Handgelenk unterstützen. (‚Wie das Fähnchen auf dem Turm…‘)

   Die Hände des Kindes zum Klatschen führen. (‚Backe, backe Kuchen…‘)

   Mit den Fingern tippen, klopfen und mit den Händen patschen: auf die Hände des Erwachsenen oder auf eine Unterlage: Tisch, Stuhl, Bett. (‚Mit Fingerlein, mit Fingerlein, mit flacher, flacher Hand…‘)

5. Erweitern Sie das Spiel mit Fingern und Händen auf den ganzen Körper, bis zum Spiel mit den Füßen und Zehen.

   Die Hände des Kindes auf einen weichen Ball legen (Oberflächenbeschaffenheit), dann den Ball hin- und herbewegen. Ball streicheln, tätscheln, klopfen.

   Weichen Ball leicht auf den Körper des Kindes fallenlassen.

   Weichen Ball auf den Körper des Kindes tupfen und rollen – auch auf Arme und Beine – bis zu den Zehen.

Spiele mit dem ersten Spielzeug

Lernziele:

Das Kind soll den Wechsel von Greifen und Loslassen vollziehen können.

Es soll den Wechsel von Greifen und Loslassen mit dem Schauen koordinieren.

Es soll im Spiel folgende Funktionen ausüben: schütteln, schlagen, klopfen, reiben, stoßen, ziehen, werfen, aneinanderschlagen, aneinanderhalten, aus- und einräumen, nebeneinanderstellen, aufeinanderstellen.

Vorbereitetes Material:
Greif- und Wurfspielzeug
Hohlformen

Übungsvorschläge:
1. Wählen Sie für das Kind ein Greifspielzeug, das es besonders anspricht, vielleicht eine Rassel.
   Spielzeug in die Hand des Kindes legen und von ihm erfassen lassen. Greift es den Gegenstand nicht, so verhilft man ihm zum Greifen durch Umschließen der Hände.
   Hände des Kindes umfassen und im Takt einer Melodie den Gegenstand hin- und herbewegen.
   Rassel abwechselnd über die Handflächen und über die Handrücken des Kindes rollen.
   Mit der Rassel die Innenfläche der Hände berühren und dann die Rassel wegziehen. Die wiederholte Übung verlockt zum Greifen und Loslassen.

2. Wählen Sie für das Kind verschiedene Gegenstände aus dem Greif- und Wurfspielzeug.
   Mit dem unterschiedlichen Material nacheinander die erste Übung in der genannten Reihenfolge wiederholen.
   Erweiterung des Spiels durch die im Lernziel genannten Funktionen: das Kind schüttelt, schlägt, klopft usw.
   Die Funktionsübungen des Kindes mit Reimen, Versen, Liedern, Geräuschen und Klängen begleiten.

3. Führen Sie die Hohlformen ein zur Übung des Ein- und Ausräumens. Vom Kind die einzelnen Hohlformen erfassen lassen, greifen, tasten, halten, schütteln; klopfen auf Tisch, Stuhl, Bett, Boden.
   Zwei Hohlformen aneinanderschlagen, aneinanderhalten.
   Hohlformen nebeneinanderstellen.
   In jede Form einen kleineren Spielgegenstand werfen (Perlen, Muggelsteine, Erbsen, Bohnen), mit Sand oder Wasser füllen.

Beobachtungsbogen

als diagnostischer Beitrag zur Durchführung der heilpädagogischen
Übungsbehandlung bei geistig Behinderten

Lernziele beim Funktions-spiel	Er-reicht	1.*)	2.**)	3.***)

Beim Spielen mit Fingern und Händen

Das Kind soll befähigt wer-den, den Blickkontakt mit der Bezugsperson aufzuneh-men und für kurze Zeit zu halten.

Es soll Schauspielzeug wahr-nehmen können.

Es soll Greifspielzeug wahr-nehmen können:
optisch
akustisch
taktil

Es soll sich seiner Hand-motorik bewußt werden.

Beim Spielen mit dem ersten Spielzeug

Das Kind soll den Wechsel von Greifen und Loslassen vollziehen können.

---

*) = spontan
**) = auf Aufforderung
***) = sinnvoll/selbständig

Datum	Min
Datum	Min
Datum	Min

Lernziele beim Funktions-spiel	Er-reicht	1.*)	2.**)	3.***)
Es soll den Wechsel von Greifen und Loslassen mit dem Schauen koordinieren.	☐	☐	☐	☐
Es soll im Spiel folgende Funktionen ausüben:				
schütteln	☐	☐	☐	☐
schlagen	☐	☐	☐	☐
klopfen	☐	☐	☐	☐
reiben	☐	☐	☐	☐
stoßen	☐	☐	☐	☐
ziehen	☐	☐	☐	☐
werfen	☐	☐	☐	☐
aneinanderschlagen	☐	☐	☐	☐
aneinanderhalten	☐	☐	☐	☐
aus- und einräumen	☐	☐	☐	☐
nebeneinanderstellen	☐	☐	☐	☐
aufeinanderstellen	☐	☐	☐	☐

Bei Farben-, Formen- und Steckspielen

	Er-reicht	1.*)	2.**)	3.***)
Das Kind soll die in der vorherigen Übung erworbenen Funktionen in einfachen Zusammenhängen anwenden.	☐	☐	☐	☐
Es soll Größenunterschiede wahrnehmen.	☐	☐	☐	☐
Es soll Gegenstände nach Farben zuordnen.	☐	☐	☐	☐
Es soll Gegenstände nach Formen zuordnen.	☐	☐	☐	☐
Es soll einfache sensomotorische Ordnungsfunktionen durchführen.				
wahrnehmen	☐	☐	☐	☐
beobachten	☐	☐	☐	☐

Dem Kind die Möglichkeit des Ein- und Ausräumens geben. Hantieren lassen nach eigenem Rhythmus.

Räumt es nicht von alleine aus, einzelne Schritte mit Handführung ausführen – eventuell im Takt einer Melodie.

Spielanreiz: Hohlformen über einen kleinen Gegenstand stülpen, z. B. über ein Stückchen Keks, Gummibärchen u. ä.

4. Zeigen Sie dem Kind das materialspezifische Spiel mit Hohlformen. Die einzelnen Hohlformen aufeinanderstellen: Turm bauen.
Turm abbauen oder umwerfen.
Hohlformen ineinanderstellen oder -stecken.
Hohlformen aus verschiedenem Material (Plastik, Holz) verwenden, in unterschiedlichen Formen und in leuchtenden Grundfarben.

5. Üben Sie mit dem Kind das Nebeneinanderstellen der Hohlformen. Mit drei oder vier Hohlformen (einem Drittel oder der Hälfte eines Satzes) beginnen. Wenn das Kind die Größenordnung erfaßt hat, werden weitere Hohlformen – schließlich der ganze Satz – für die folgenden Übungen verwandt:
Hohlformen in vorgezeichnete, ausgemalte Schablonen setzen (mit/ohne Handführung), die Öffnungen nach unten.
Auf die einzelnen Formen Plastikpüppchen setzen oder/und mit einem Püppchen (evtl. Handführung) von einer Form zur anderen hüpfen. (‚Geht ein Männchen die Treppe hinauf…')
Püppchen und Hohlformen in einen Korb räumen.
Nach einem Bewegungsspiel als Entspannungsübung Hohlformen in vorgezeichnete Schablonen setzen und das Fingerspiel wiederholen." (Abbildung Seite 146)

5.6.5 Der motopädagogische bzw. psychomotorische Ansatz von Kiphard

Kiphards Ansatz wird hier exemplarisch für andere ähnliche Ansätze genannt (z. B. Frostig, Ayres, Ohlmeyer).

Sensomotorik als Entwicklungsschlüssel Wenn die Sensomotorik als grundlegendes Vermittlungssystem zwischen Kind und Welt gestört oder geschädigt ist oder durch entwicklungshemmende Umwelteinflüsse behindert wird, kommt es nach Kiphard zu senso- und psychomotorischen Fehlanpassungen.

Fehlanpassungen: Kind – Umwelt

Kiphard unterscheidet fünf Bereiche der Fehlanpassungen:

1. Körperbehinderungen als organisch begrenzte Funktionsfähigkeit des Bewegungsapparates und -ablaufs.
2. Bewegungsbehinderungen, wie z. B. Koordinations- und Gleichgewichtsstörungen, Störungen der Bewegungssteuerung, verzerrte Bewegungen usw.
3. Sinnesbehinderungen als verzerrte, unvollkommene und fehlende Sinneswahrnehmungen einschließlich Verhaltensstörungen als Folgebehinderungen.
4. Kognitive Behinderungen als Folge sensorischer und motorischer Behinderungen, wie sie besonders bei Geistigbehinderten auftreten.
5. Emotional-soziale Behinderungen als Folge begrenzter sozialemotionaler Lern- und Ausdrucksmöglichkeiten mit hemmenden bzw. behindernden Rückwirkungen auf die Sensomotorik.

Mit Hilfe des motopädagogischen bzw. psychomotorischen Ansatzes will Kiphard die beschriebenen Störungen beheben oder mindern.

Was ist Motopädagogik?

Lernen durch Bewegung

Unter Motopädagogik ist „ein Modell der Persönlichkeitsbildung über motorische Lernprozesse zu verstehen. Es geht darum, das Kind zu befähigen, sich sinnvoll mit sich selbst, seiner dinglichen und personalen Umwelt auseinanderzusetzen und entsprechend zu handeln. Diese Lernprozesse spielen sich im Motorischen ab, im Kognitiven, im Affektiven und im Sozialen. Durch entsprechende entwicklungsgemäße und kindgemäße Übungsangebote soll das Kind eine weitgehend selbständige Handlungsfähigkeit erlangen.

Förderziele

Kiphards Ziele sind:

– Ich-Kompetenz, d. h., sich selbst und seinen Körper (kognitiv) zu erfahren und (affektiv) zu erleben;
– Sachkompetenz, d. h., sich an die dingliche Umwelt mit ihren Materialien, Geräten und Hindernissen anzupassen sowie diese Umwelt handelnd an sich anzupassen;
– Sozial-Kompetenz, d. h., zu lernen, sich an andere Personen anzupassen, dabei aber auch in echter Kommunikation eigene Bedürfnisse durchzusetzen."[208]

Methoden Seine Methoden sind lernzielorientierte Spiele in den drei Lernberei-
chen: Wahrnehmung, Bewegung und emotional-sozialer Bereich[209],
die alle um die Selbsttätigkeit bzw. Motorik herum zentriert sind.[210]

Ganzheitlichkeit Mit Psychomotorik als Teil der Motopädagogik bezeichnet Kiphard die
Funktionseinheit und Ganzheitlichkeit von Wahrnehmung, Bewegung
und Gefühl im menschlichen Handeln. Besonders lustvolle Gefühle
sind für die Gesamtentwicklung – speziell für Spiel und Motivation –
von großer Bedeutung, denn

*„in der Tat drängen innere Gemütszustände nach außen. Gefühle wol-
len geäußert, in Motorik umgesetzt werden. Das Resultat dieses Out-
puts ist Psychomotorik."*[211] (Siehe Abb. auf Seite 155.)

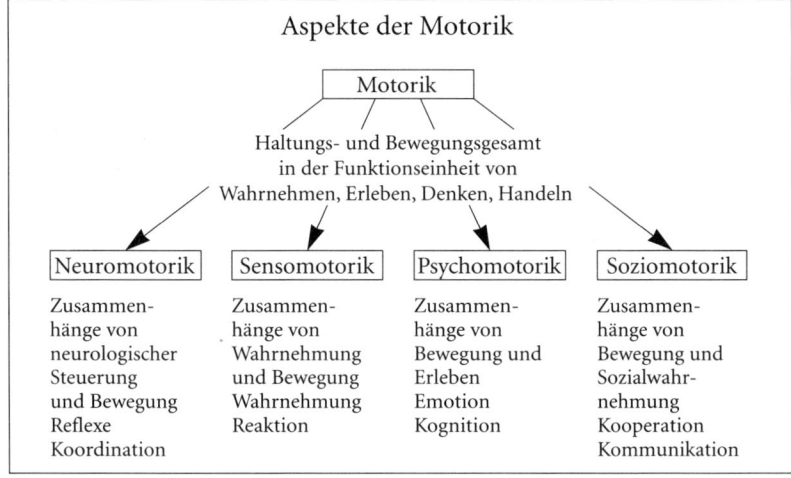

Effizienz der Motopädagogik

Die Effizienz dieser Verfahren darf zumindest für ihre Anwendung bei
MCD-Kindern (s. u.) als gesichert angesehen werden. *Hecklau-Seibert*
konnte nachweisen, daß schon bei einer halbjährigen Förderung 5–
7jähriger besonders im Bereich der visomotorischen Kompetenzen,
danach der motorischen Koordinationsfähigkeit und im Abbau von
Bewegungshemmungen und Ungeschicklichkeiten sowie im sozial-
emotionalen Verhalten statistisch nachweisbare und beobachtbare Verbesserungen eintraten.[212]

Wann wird Motopädagogik eingesetzt?

Mototherapeutische Indikation:[213]
Mototherapie bedarf einer Indikation. Indiziert sind: Somatische oder/und psychisch bedingte *Störungen der Motorik,* die im Zusammenhang stehen mit Auffälligkeiten im emotionalen, sozialen oder kognitiven Verhaltensbereich.

Die Indikation ist in der Regel als *mehrdimensionale Diagnostik* zu erstellen (z. B. medizinische, motologische, psychologische Diagnostik).

Der Nachweis über Retardierungen/Störungen im psychomotorischen Leistungs- und Verhaltensbereich ist im Diagnoseprozeß abzuklären.

Störungsbilder mit dieser Symptomatik sind z. B. zu beobachten bei:
Teilleistungsstörungen, Hirnfunktionsstörungen, neurotischen Fehlentwicklungen, psychosomatischen Störungen.

Sie können in jedem Lebensalter auftreten und Mototherapie indizieren.

Unter Herausstellung der engen Verknüpfung zwischen psychischen und motorischen Störungen und besonderer Betrachtung der Motorik, kommen *folgende Störungsbilder* in Betracht:
- *neurotische Störungen/*Fehlentwicklungen
  (mit motorisch-, sensorisch-, körperlich-psychischen Symptomen, Konzentrationsproblemen u. a.);
- *Persönlichkeitsstörungen*
  (z. B. Vermeidung von Anforderungen zu Handeln);
- *körperliche Symptome psychischen Ursprungs*
  (physiologisch-körperliche Störungen);
- *spezielle Symptome/*Syndrome
  (mit Tics, stereotypen Bewegungen u. a.);
- *Anpassungsreaktionen*
  (depressive Reaktionen, emotional-soziale Störungen);
- *Störungen nach Hirnschädigungen;*
- *Störungen des Sozialverhaltens*
  (mit zwanghaften, emotionalen Störungen)
  spez. emotionale Störungen
  (z. B. Niedergeschlagenheit, Empfindsamkeit, Abkapselung, Beziehungsschwierigkeiten);
- *Hyperkinetisches Syndrom*
  (Aktivitätsstörungen, Aufmerksamkeitsstörungen, Entwicklungsrückstände, Störungen des Sozialverhaltens);
- *Entwicklungsrückstände*
  (Sprech-/Sprachentwicklung, motorische, multiple Entwicklungsrückstände);
- *Folgeerscheinungen*
  z. B. nach Krankheiten, Unfällen.

5.6.6 Das Prager-Eltern-Kind-Programm (PEKiP)

Dieses Programm (Total Baby Development[214]) fußt auf den Arbeiten von Dr. J. Koch vom Institut für Mutter und Kind in Prag. Es wurde von dem Ehepaar Ruppelt aus Wuppertal für die Eltern-Kind-Gruppenarbeit fortentwickelt.

Angeborene Kompetenzen

Grundlage ist die Tatsache, daß das Kind kurz nach der Geburt schon eine beachtliche Reihe von Fertigkeiten im Bereich der Sinnestätigkeit und Denken, der Bewegung (insbesondere Reflexe) und Kommunikation zeigt, an die Eltern durch frühzeitige und vielfältige Anregungen nicht nur die Entwicklung des Kindes, sondern auch ein optimaleres Eltern-Kind-Verhältnis fördern können. Aber, so Ruppelt:

„Es ist für die Erwachsenen ein komplizierter Balanceakt, das passende Maß zwischen Abwarten und Anregen und zwischen Wahrnehmen der Bedürfnisse des kleinen Kindes und seinen Reaktionen wie Aktionen zu finden.“[215]

Verhalten des Kindes „lesen" können

Hier die richtigen Anregungen und Hinweise für den individuell entwicklungsfördernden Umgang mit dem Kind zu geben, ist das Ziel der Eltern-Gruppenarbeit.

Koch wie den Ruppelts geht es aber auch um die Befähigung der Eltern, das Kind richtig zu beobachten, seine Aktionen bzw. Reaktionen richtig zu deuten und zu verstärken.

Was die Reaktionen eines Kindes bedeuten können[216]:
■ Mimik
- positiv: angenehmer Ausdruck
 lächeln
 lachen
- negativ: unzufriedener Ausdruck
 stirnrunzeln
 schluchzen
 beginnt zu schreien

■ Stimmlicher Ausdruck
- positiv: quasseln
 murmeln
 lautes Lachen

Geschrei
Worte
– negativ: zornige Rufe
jammern
winseln

■ Motorischer Ausdruck
– positiv: lebendige aktive Bewegungen kombiniert
mit positivem Gesichtsausdruck;
gewillt zur Zusammenarbeit
– negativ: Passivität
Ruhelosigkeit
mangelnde Bereitschaft zur Zusammenarbeit;
verteidigende Bewegungen

■ Interesse und Aufmerksamkeit
– positiv: weit geöffnete Augen, die vorsichtig beobachten,
was um es geschieht;
bewegt sich, um beobachten zu können
– negativ: Mangel an Beobachtung;
schaut passiv drein;
schaut resignierend auf einen Fleck;
hält seinen Kopf beim Hochheben oder Drehen zurück

■ Ausdruck von Müdigkeit
– gähnen
– reibt sich die Augen
– rote Augen und Augenlider
– Daumenlutschen
– mechanisches Kopfnicken
– Zurückkehren zu Aktivitäten

Die Übungen mit dem Kind

Die Übung, das Spiel, die Aufgabe können zu schwierig für das Kind sein, so daß es überfordert ist. Wenn die Übungen zu oft wiederholt werden, langweilen sie das Kind. Die Übungen müssen gut vorbereitet sein, daß heißt, man muß sich mit der Ausführung vertraut machen, bevor man mit dem Kind übt.

Erziehungs-
regeln
Die folgenden wichtigen Regeln sollten alle, die mit Kindern zu tun haben, beherzigen:

- Erziehung beginnt mit dem ersten Lebenstag, denn hier wird der Grundstein für die Persönlichkeit des Kindes gelegt.
- Erziehung soll die Entwicklung des Kindes nicht beschleunigen, sondern alle Möglichkeiten des Kindes voll nutzen vom ersten Tag an.
- In diesem Alter lernt das Kind nur durch Handlungen. Erziehen bedeutet, das Kind zu Aktivitäten anzuregen, von denen es etwas Neues und Nützliches lernen kann.
- Das Kind sollte möglichst viele Gelegenheiten haben, die verschiedensten Erfahrungen zu machen.
- Das Kind soll zur Aktivität aufgefordert, aber nie gezwungen werden.
- Das Kind sollte einen möglichst großen Freiraum haben, denn selbstentwickelte Aktivitäten können nur kommen, wenn das Kind die Gelegenheit hat, solche hervorzubringen.
- Neu erworbene Fähigkeiten sollten stets belohnt werden.
- Wenn das Kind etwas lernen soll, muß ihm geholfen werden. Diese Hilfe muß jedoch auf ein Minimum beschränkt werden.
- Wenn das Kind Fähigkeiten in bestimmten Situationen erworben hat, sollte ihm die Möglichkeit gegeben werden, diese in anderen Situationen zu überprüfen.
- Das Kind sollte möglichst viel Kontakt zu anderen Personen haben.
- Ein Neugeborenes sollte in möglichst engem Kontakt zu einer kleinen Gruppe von Personen stehen, möglichst den Eltern.
- Wenn man sich nicht persönlich dem Kind widmen kann, sollte man eine anregende Umgebung schaffen, um es zu aktivieren.
- Die Eltern sollten versuchen, das Kind in eine gute Stimmung zu versetzen, um ihm eine glückliche Kindheit zu bescheren.
- Kinder sind nicht gleich, und Eltern sollten den individuellen Charakter ihres Kindes stets beachten.
- Kinder benötigen in sich stabile Eltern, aber auch Liebe, Verständnis und Toleranz.
- Die Eltern sollten die Signale, die ihr Kind sendet, verstehen.
- Die Aufgabe der Eltern ist es, dem Kind zu helfen bei seinem ersten Kontakt zur Außenwelt.

Wie ist das Kind anzuregen?

Stets ist zu beachten, daß Anregungen etwas bewirken, daß sie Interesse wecken und irgend etwas bedeuten. Um die Sinne des Kindes zu wecken, ist es den unterschiedlichsten Reizen auszusetzen.

Regeln der Anregung

Ein Kind ist nur dann zu stimulieren, wenn es wach ist. Das Kind soll die Anregungen akzeptieren und visuelle Reize für einen Moment beobachten.

Immer dann, wenn das Kind aufhört, den Gegenstand zu fixieren, es gähnt oder sich anderweitig beschäftigt, sind ihm neue Gegenstände vorzulegen oder es in Ruhe zu lassen. Es ist schwer zu erkennen, ob ein Kind aufmerksam ist oder nicht. Ein Wechsel in seinem Gehabe könnte ein Zeichen dafür sein, daß es zuhört, denn die kindlichen Bewegungen hören oft abrupt auf, wenn es etwas hört.

Beispiel nach Ruppelt[217]:

„Nachdem sich das Baby bei den beschriebenen Bewegungsanregungen schon wohl und sicher fühlt, kann der Erwachsene es auf eine Matte oder eine Decke legen, sich zu ihm auf den Boden setzen und mit Spielmaterial zu Bewegungen anregen. Dazu eignet sich zunächst ein *Wasserball* recht gut, den man an eine Schnur bindet und vor die Füße des Babys hält. Das Tun des Erwachsenen beschränkt sich auf das Halten der Schnur mit dem Wasserball, dabei legt er die freie Hand unter das Gesäß des Kindes (Abb. 5). Das Kind kann nun aktiv werden, indem es mit den Füßen gegen den Wasserball tritt. Zunächst werden die Hände des Kindes beim Treten immer mitbewegt, später greifen sie zum Wasserball hin und setzen diesen durch Stöße in Bewegung.

Wenn der Wasserball klein ist, kann man das Kind mit dem Bauch auf den Wasserball legen, wobei man es nur unter den Armen festhält, damit es sich in dieser neuen Lage sicher fühlt (Abb. 6).

Abb. 5 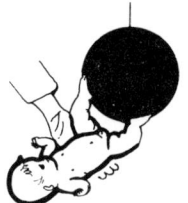   Abb. 6

Das Kind kann nun seine Arme und Beine frei bewegen und stößt sich mit den Füßen von der Unterlage ab.

Bei diesen Bewegungsspielen mit dem Wasserball verhält sich der Erwachsene abwartend, gibt nur die notwendige Sicherheit und Hilfestellung, überläßt aber alle Aktivität dem Kind. Er unternimmt auch dann nichts, wenn sich das Kind nicht mehr bewegen möchte, und beendet das Spiel auf jeden Fall, sowie das Kind Anzeichen von Müdigkeit zeigt.

Ein weiteres Hilfsmittel zur Anregung von Bewegungen beim Kind ist eine *aufgerollte Decke* (Badetuch oder ähnliches), auf die das Kind mit der Brust gelegt wird. Diese Stütze erleichtert es dem Kind, den Kopf hochzuheben, und es beginnt, sich mit den Händen auf den Boden zu stützen. Dabei hebt es den Kopf noch betonter, wenn der Erwachsene mit der flachen Hand sanft über den Rücken streicht. Auch die Beine des Kindes bleiben in dieser Lage nicht ruhig: Sie machen Kriechbewegungen.

Der Blick des Kindes geht in dieser Lage in eine aufrechte Perspektive über, die ihm zunehmend mehr Spaß macht. Bewegt der Erwachsene nun vor dem Kind ein Spielzeug hin und her, so folgt das Kind mit Kopf und Augen, wobei es den Radius der Kopfbewegung zunehmend vergrößert.

Der Erwachsene, der dem Kind sein Gesicht zuneigt, wählt instinktiv meist den Abstand, in dem das Kind ihn am besten sehen kann: Im ersten Monat etwa 25 cm, danach etwa 40 cm. Diese Entfernung ist ebenfalls die günstigste beim Hinhalten von Spielzeug. Gegenstände, die sich bewegen, werden leichter und früher wahrgenommen als unbewegte.

Mit leichten Hilfestellungen durch den Erwachsenen kann etwa das Herumdrehen von der Rückenlage in die Seitenlage und später in die Bauchlage angeregt werden. Der Erwachsene legt seinen Zeigefinger in die Hand des Kindes, das diesen dann umklammert, und den Daumen auf den Handrücken des Kindes. Dann bewegt er das Ärmchen leicht in die Richtung der Drehung (Abb. 7 und 7a). Das Kind wird zu Beginn nur eine leichte Mitbewegung ausführen, später mehr mitgehen. Die aktive Bewegung in Richtung auf ein Umdrehen hin erfolgt selbständig vom Kind mit seinen Beinen.

Mit der gleichen Art der Hilfestellung durch die Zeigefinger kann das Kind auch aus der Rückenlage zum Hochkommen ermuntert wer-

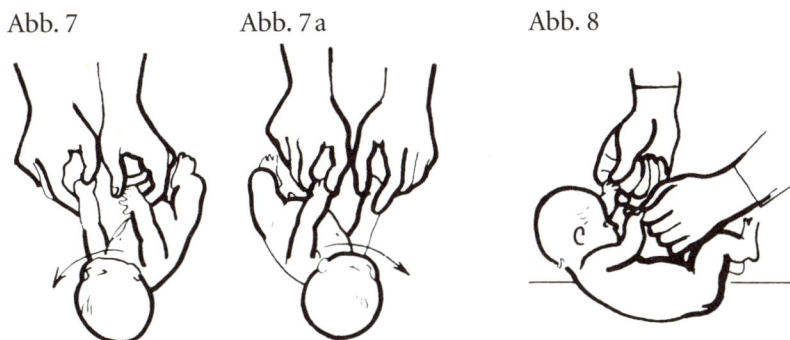

Abb. 7   Abb. 7 a   Abb. 8

den (Abb. 8). Wenn das Kind aktiv wird, nimmt es den Kopf zwischen den Schultern hoch."

5.7 Neurophysiologische u. a. Therapien

Diese Gruppe verschiedener Therapien geht von der Möglichkeit aus, in die postnatalen Prozesse des ausreifenden und noch „plastischen" Gehirns therapeutisch durch eine methodische sensorische und motorische Stimulation einzugreifen, um somit eine normale Bewegungsentwicklung zu ermöglichen. Die Phase der höchsten Beeinflußbarkeit sind die ersten drei Lebensjahre. Hier können die Bewegungsfunktionen geschädigter Nervenbereiche durch Frühtherapie von gesunden Nervenzellen übernommen, neu gelernt oder „gebahnt" werden, indem der Therapeut die fehlenden oder falsch entwickelten Reflexbewe-

Bewegungs-normal-entwicklung ermöglichen

gungsmuster aktiviert, einübt oder korrigiert. Verharrende Reflexbewegungsmuster, die die weitere Normalentwicklung behindern, können durch hemmende Verfahren sozusagen „gelöscht", falsche Bewegungsmuster korrigiert werden. Die bekanntesten Verfahren stammen von Vojta und von dem Ehepaar Bobath.[218] Ausgangspunkt dieser Verfahren sind die diagnostischen Reflexprüfverfahren (z. B. von Bobath, Vojta, Prechtl und Beintema; vgl. auch Flehmig) und die genaue Kenntnis der Normalentwicklung der Bewegung (s. Seite 163).

Ziel der neurophysiologischen oder krankengymnastischen Therapien ist die Ermöglichung und Optimierung der motorischen „Normalent-

Ganzheitliche Wirkungen
wicklung" und aller zumindest lebensnotwendigen Bewegungsfertigkeiten. Darüber hinaus können diese Verfahren breite positive Auswirkungen auf die Sprach-, Intelligenz- und Sozialentwicklung haben.

Wann werden diese Therapien eingesetzt – was leisten sie?
Aus der Sicht der Ärzte – und nur sie entscheiden über ihren Einsatz – sind diese Verfahren anwendbar bei folgenden Schädigungen:

Indikationen zur Krankengymnastik bei Kindern[219]:

1. *Zerebrale Bewegungsstörungen:* Zerebralparesen und drohende Zerebralparesen im Säuglingsalter; Zustände nach Schädel-Hirn-Traumen, Hypoxien usw.; diskrete Bewegungsstörungen im Rahmen von leichten Hirnfunktionsstörungen (minimale zerebrale Dysfunktion).
2. *Spinale Bewegungsstörungen:* Querschnittssyndrome durch Spina bifida, Traumen usw.; spinale Muskelatrophien.
3. *Neurale Bewegungsstörungen:* traumatische Plexus- und Nervenlähmungen; neurale Muskelatrophien, Polyneuritisfolgen usw.
4. *Muskelerkrankungen:* progressive Muskeldystrophien, Myopathien, Myotonien usw.;
5. *Statomotorische Retardierung:* hirnorganischer Ursachen, Syndrome usw.; Umwelt- bzw. pflegebedingte Retardierungen nach schweren Erkrankungen, Ernährungsstörungen usw., bei Herzfehlern, chronischen respiratorischen Störungen o. ä.
6. *Erkrankungen und Fehlbildungen des Skelettsystems.*
7. *Haltungsschwächen und Fußfehlstellungen.*
8. *Asthma, Mukoviszidose usw.*
9. *Adipositas.*
10. *Sonstige.*

Methodenwahl
Zu den Kriterien für die Methodenwahl aus ärztlicher Sicht schreibt U. Kalbe:

„Die Diskussion darüber, welches die beste Methode ist, ist m. E. nicht nur unsinnig und nutzlos, sondern auch belastend für die betroffenen Eltern. Sinnvoller erscheint mir die Frage: Welches ist für dieses Kind und seine Eltern die beste Form der Behandlung? Dabei sollte nicht vergessen werden, daß Erfahrung und Geschicklichkeit der Therapeutin sowie die Mitarbeit der Eltern oft wichtiger sind als die angewandte Methode." [220]

Reflexe und motorisches Verhalten[221]

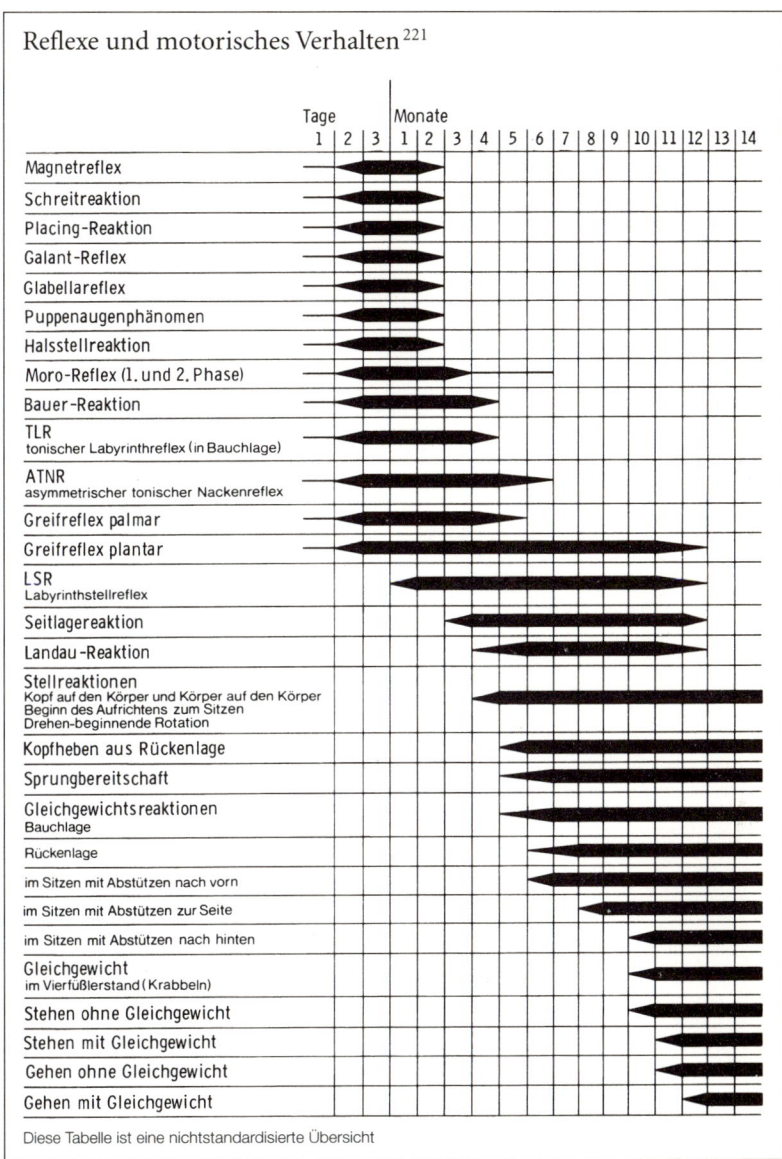

	Tage			Monate													
	1	2	3	1	2	3	4	5	6	7	8	9	10	11	12	13	14

Magnetreflex

Schreitreaktion

Placing-Reaktion

Galant-Reflex

Glabellareflex

Puppenaugenphänomen

Halsstellreaktion

Moro-Reflex (1. und 2. Phase)

Bauer-Reaktion

TLR
tonischer Labyrinthreflex (in Bauchlage)

ATNR
asymmetrischer tonischer Nackenreflex

Greifreflex palmar

Greifreflex plantar

LSR
Labyrinthstellreflex

Seitlagereaktion

Landau-Reaktion

Stellreaktionen
Kopf auf den Körper und Körper auf den Körper
Beginn des Aufrichtens zum Sitzen
Drehen-beginnende Rotation

Kopfheben aus Rückenlage

Sprungbereitschaft

Gleichgewichtsreaktionen
Bauchlage

Rückenlage

im Sitzen mit Abstützen nach vorn

im Sitzen mit Abstützen zur Seite

im Sitzen mit Abstützen nach hinten

Gleichgewicht
im Vierfüßlerstand (Krabbeln)

Stehen ohne Gleichgewicht

Stehen mit Gleichgewicht

Gehen ohne Gleichgewicht

Gehen mit Gleichgewicht

Diese Tabelle ist eine nichtstandardisierte Übersicht

**Methoden-
wirksamkeit**

Die Wirksamkeit krankengymnastischer Behandlung hängt nach Kalbe von folgenden Faktoren ab:
„1. vom *Schweregrad der Hirnschädigung,*
2. vom *Vorhandensein oder Fehlen sonstiger Belastungen wie Mißbildungen, Sinnesdefekten, Anfallsleiden etc.* und
3. von der *Behandlung*".

Außerdem hängt die optimale Behandlungswirksamkeit davon ab, wenn sie
„1. *möglichst frühzeitig beginnt,*
2. *möglichst gezielt ansetzt und*
3. *möglichst intensiv durchgeführt wird*", d. h.:

zu 1: Im ersten Lebenshalbjahr, um „Fehlentwicklungen frühzeitig zu korrigieren und die Entstehung von Erfahrungsdefiziten zu vermeiden";

zu 2: „daß die therapeutischen Maßnahmen im Einzelfall auf die bestehenden Funktionsschwächen abgestimmt werden. Der Therapieplan sollte die Gesamtentwicklung des Kindes berücksichtigen und auch das soziale Umfeld" einbeziehen, d. h. z. B. auch die Kooperation mit Früherziehern;

zu 3: „Intensive Behandlung ist nur dann zu realisieren, wenn die Eltern oder andere Bezugspersonen aktiv mitarbeiten (und) die Behandlung und Förderung im häuslichen Alltag des Kindes" fortgeführt wird.[222]

Fördereffekte

Eine prognostische Übersicht von Ergebnissen der Frühbehandlung gibt Kalbe:		
1966 Köng	69 Säuglinge	77 % nur noch minimale Symptome im Streß
1971 Hochleitner	565 Säuglinge	35 % nur noch minimale Symptome im Streß
1972 Feldkamp	90 Säuglinge	45 % neurologisch unauffällig
1974 Vojta	209 Säuglinge*	95 % normaler Befund
* Behandlungstermin z.T. schon mit 6 Wochen, d. h. wesentlich früher als bei den übrigen Autoren.		

5.7.1 Behandlungsansatz nach Bobath

Grundannahmen und Ziele

Angeborene
Reflexe
(s. Seite 163)

Aufgrund von Beobachtungsstudien kamen Berta und Karel Bobath zu der Annahme, daß tonische primitive Bewegungsschablonen (Reflexe), deren Ausgangspunkt im Hirnstammbereich anzusiedeln ist, bei Säuglingen von der Geburt an vorhanden sind. Da beobachtet wurde, daß besonders Spastiker diese primitiven Schemata häufig benutzen, setzt die Behandlung des cerebral-paretischen Kindes beim Auslösen bzw. Verhindern bestimmter tonischer Reflexe ein. Durch weitere Studien gelang man zu der Feststellung, daß auch die Kriechbewegungen des Neugeborenen durch Reize auslösbar sind, sobald diese den oberen Hirnstammbereich erreichen.

Motorische
Entwicklungs-
gesetze

Die normale Entwicklung des Kindes findet nach physiologischen Bewegungsabläufen statt. Jede Entwicklungsstufe muß erst erreicht sein, bevor der nächste „Schritt" folgen kann: z. B. erfolgt nach dem Aufrichten erst das Kriechen, dann das Laufen. Das Überspringen einer Phase ist nicht möglich.

Mit Hilfe der Bobath-Methode soll verhindert werden, daß das Kind in falsche oder gestörte Bewegungsabläufe gerät. Durch die Wiederholung bestimmter Bewegungen soll die „Bahn", auf der die Bewegung liegt, ausgebildet werden und eine Hemmung falscher Bewegungen erfolgen.

Voraussetzung für eine genaue Diagnose und damit auch für eine Therapie der CP (Cerebral-Parese) ist die detaillierte und genaue Kenntnis über die normale Entwicklung eines Kindes.

Berta und Karel Bobath beschreiben daher zunächst die „Meilensteine der Entwicklung des normalen Kindes"[223] und stellen fest, daß sich die Muster in den verschiedenen Stadien gegenseitig beeinflussen. Diese Überlegungen führten zu der Schlußfolgerung, daß bei cerebralparetischen Kindern abnorme Bewegungsmuster vorhanden sind, die die normale Funktion der Bewegungen und der Haltung verhindern. Berta Bobath schreibt dazu:

„Die Grundidee in der Behandlung war daher die, daß normalere Haltungs- und Bewegungsfunktionen nicht erzielt werden können, solange die enthemmten und überstarken abnormalen Bewegungsmuster (Patterns) am Werke sind. Dieser Gedankengang, zusammen mit sorgfäl-

tiger Beobachtung der Reaktionen von Patienten auf ihre Behandlung, führt allmählich zu Techniken der Hemmung der typischen abnormalen motorischen ,Patterns'. Überraschenderweise kam es dadurch nicht nur zu einer Verminderung des Hypertonus, sondern auch in vielen Fällen spontan zu einer besseren und normalen Muskeltätigkeit." [224]

Nach Meinung von B. und K. Bobath bilden vor allem die Haltungsreflexe und ihr Zusammenspiel die Grundlage für normale, willkürliche Bewegungen.[225] Die Diagnose einer Cerebral-Parese soll durch die genaue Kenntnis der vorliegenden oder fehlenden Haltungsreflexe eines Patienten erleichtert werden und gleichzeitig Aufschluß über die möglichen Fähigkeiten der Behinderten geben. Die Behandlung besteht zunächst aus der Hemmung von pathologischen Haltungsreflexen. Im weiteren Verlauf ist dann eine Bahnung der Gleichgewichtsreaktionen und Stellreflexe vorgesehen. Deshalb muß man erst die Folge der abnormen motorischen Entwicklung kennen, um ihr Auftreten schon bei sehr jungen Kindern vorherzusehen. Lassen sich bei einem Kind Abweichungen von der normalen Entwicklung feststellen, so kann man eine mögliche Entwicklung vorhersehen und Schlußfolgerungen für die weiteren Aktivitäten des Kindes ziehen.

Behandlungsansatz

„Durch diese Kenntnis kann man die Behandlung hinsichtlich der Verhütung von Abnormitäten planen, anstatt hinterher zu versuchen, sie wieder zu korrigieren." [226]

Cerebralparetischen Kindern sollen nach der Bobath-Methode durch krankengymnastische Übungen höhere Bewegungsmuster vermittelt werden. Dadurch soll die Entwicklung beschleunigt oder überhaupt weitergeführt werden.

Die CP zeigt sich vor allem in der Entwicklungsverzögerung und im Verharren in bestimmten Entwicklungsstadien (Arretierung). Die Arretierung wird besonders bei einer Drehung um die eigene Achse deutlich. Es finden keine Gleichgewichtsreaktionen statt. Nach Bobath ist eine unbeabsichtigte Mitbewegung der entgegengesetzten Extremitäten ebenfalls häufig zu beobachten. Das Erscheinungsbild der Cerebral-Parese wird durch Symptome abnormer oder pathologischer Haltungs- und Bewegungsmuster bestimmt.

Die Behandlung

Ziel: Motorische
Normal-
entwicklung

Die Zielsetzung der Behandlungsmethode nach Bobath ist ein entwicklungsentsprechender Aufbau von normalen Bewegungs- und Haltungsabläufen. Es wird eine Regulierung bzw. Verminderung oder Stabilisierung des anormalen Haltungstonus in den betroffenen Teilen des Körpers angestrebt. Die potentiellen normalen Haltungs- und Bewegungsformen sollen gebahnt werden bei gleichzeitiger Hemmung der anormalen Reflextätigkeit. Die Bobath-Methode versucht durch physiotherapeutische Maßnahmen neurologische Bewegungsmuster bei CP-Kindern frühzeitig einzuschleifen. Es sollen sensomotorische Grundlagen geschaffen werden, und die Kinder sollen in spielerischer Form zu willkürlichen Bewegungsmustern gelangen. Die gesamte Entwicklung des Kindes baut nach Bobath auf folgenden entwicklungsgemäßen Hauptstadien auf: Das Stützen und Hantieren mit gestreckten Armen, das Erlernen der Kopf- und Rumpfkontrolle und das Anwenden von Gleichgewichts- und Rotationsreaktionen. Das Beherrschen dieser Hauptstadien ist daher für eine positiv verlaufende Therapie unerläßlich.

Therapie-
Elemente

Die Bewegungstherapie nach Bobath umfaßt verschiedene Elemente. Ein wichtiges Element stellt die Elternarbeit dar. Bevor die Eltern eine Anleitung für entwicklungsstimulierende Mitarbeit erhalten, steht zunächst die Förderung einer normalen Mutter-Kind-Beziehung im Vordergrund. Weiterhin sollen die Eltern, je nach den individuellen Fähigkeiten des Kindes, krankengymnastische und entwicklungsstimulierende Spiel- und Übungssituationen schaffen. Die Übungen sollen zu Hause durchgeführt werden, um eine Integration in den Tagesablauf zu ermöglichen. Die Sprachtherapie, die die Schluck-, Kau- und Atemwerkzeuge des Kindes trainieren soll, gehört ebenfalls häufig zur Gesamtbehandlung. Weiterhin sollen dem Kind praktische Fertigkeiten, wie z.B. das An- und Ausziehen, vermittelt werden, um den Alltag in der Familie, aber auch den späteren Übergang von der Familie zum Kindergarten bzw. zur Schule zu erleichtern.

Hinweise für die Praxis

Wie bereits erwähnt, ist die aktive Elternarbeit für die Behandlung des CP-Kindes von großer Bedeutung. Zu Hause sollen sowohl von der Mutter als auch vom Vater krankengymnastische Übungen durchgeführt werden. Auch der praktische Umgang mit dem Kind soll unter krankenspezifischen Gesichtspunkten eingeführt werden. Neben der Physiotherapie und der praktischen Hilfe wird auch auf die soziale und emotionale Beziehung zwischen Eltern und Kind großer Wert gelegt. Nancie R. Finnie, eine langjährige Mitarbeiterin der Bobaths, gibt in ihrem Buch: „Hilfe für das cerebral gelähmte Kind. Eine Anleitung zur Förderung des Kindes zu Hause nach der Methode Bobath"[227] Hinweise darüber, wie Zusammenarbeit zwischen dem Therapeuten und den Eltern aussehen soll. Die Bedeutung der häuslichen Behandlung wird von Finnie folgendermaßen beschrieben:

> *„Es muß betont werden, daß eine gute Behandlung zu Hause wichtig und grundlegender Bestandteil der gesamten Behandlung ist. Sie kann jedoch nicht an die Stelle einer fachmännischen Behandlung treten und sollte nicht als deren Ersatz betrachtet werden."*[228]

Demzufolge ist die Behandlung zu Hause als Ergänzung der therapeutischen Behandlung anzusehen. Sie sollte mit dem Therapeuten abgesprochen werden.

Beispiele aus Finnie[229]
„Abbildung 21
(a) Einige cerebralparetische Kinder stoßen den Kopf zurück und ziehen gleichzeitig die Schultern nach oben und nach vorn. Versuchen Sie nicht, die Kopfhaltung zu korrigieren, indem Sie eine Hand unter den Hinterkopf legen. Das bewirkt lediglich, daß das Kind stärker rückwärts stößt.
(b) Legen Sie Ihre Hände an die Seiten des Kopfes, schieben Sie ihn nach oben und lassen Sie das Kind einen „langen Hals" machen. Während Sie dies tun, drücken Sie die Schultern mit Ihren Unterarmen nach unten.

(a)

(b)

Abbildung 22
(a) Sitzt das Kind auf ihrem Schoß und wirft Kopf, Schultern und
Arme zurück, versuchen Sie nicht, es – wie in der Zeichnung dargestellt
– nach vorn zu drücken.
(b) zeigt eine Methode, wie man das Kind daran hindert, sich nach hinten zu drücken. Der Unterarm wird um den Hals und den Kopf gelegt.
Hand und Unterarm kontrollieren die Schultern, indem sie sie nach
vorn und nach innen drücken.

(a)   (b)

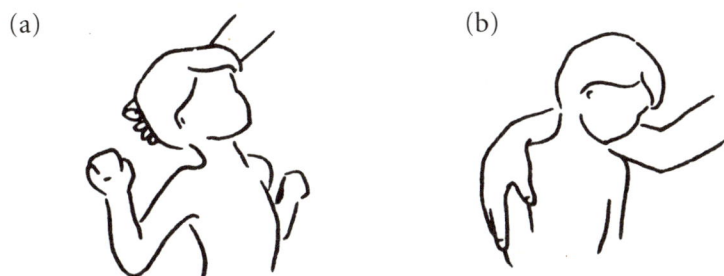

Abbildung 23
Einige Kinder können den Kopf nicht heben oder aufrecht in der Mitte halten, weil sie allgemein zu *schlaff* sind. Halten Sie sie an den Schultern fest, den Daumen auf ihre Brust gepreßt. Drückt man die Schultern so nach vorn, erhalten diese Kinder etwas Stabilität. Das hilft
ihnen, den Kopf zu heben und ihn hochzuhalten."

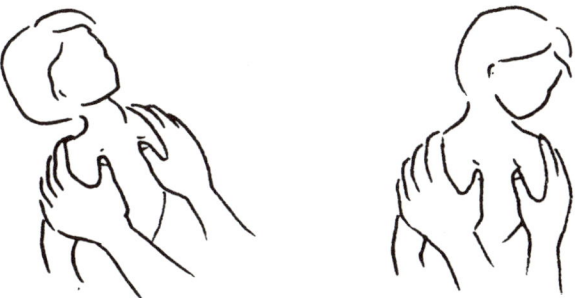

Um den positiven Verlauf einer Therapie zu begünstigen, sollten die
Eltern schon dem kleinsten Zeichen eines Fortschritts Beachtung

schenken. Sie sollten in ihrer Motivierung nicht nachlassen, auch wenn sich ihrer Meinung nach kein Fortschritt erkennen läßt.

Das behinderte Kind muß genau wie das gesunde lernen, sich in seiner Umwelt „normal" zu verhalten. Die Eltern eines behinderten Kindes sollten es nicht zu sehr verwöhnen, es „verhätscheln" und ihm ständig seinen Willen lassen, da Wutanfälle und Aggressivität die soziale Integration erschweren. Ein gewisses Maß an Disziplin ist auch für ein behindertes Kind unerläßlich. Die Entwicklung des Sozialverhaltens sollte im Vordergrund stehen. Das Kind sollte nicht nur lesen, schreiben und rechnen können, sondern die Fähigkeit entwickeln, mit anderen Menschen zusammenzuleben.

5.7.2 Die Petö-Bewegungstherapie

Diese Behandlungsmethode des ungarischen Arztes Dr. Petö in Budapest ist keine reine Physiotherapie, sondern sie dient ähnlich wie bei Bobath der Erziehung zur Selbständigkeit und wird sowohl als Gruppen- wie auch als Einzeltherapie angewendet. Hauptsächlich aber werden Kinder ab drei Jahren internatsmäßig darin behandelt. Eine „Konduktorin" leitet die Kinder in kollektiven Übungen an. Die Übungen sind über den ganzen Tag verteilt und umfassen Übungen zum Essen, An- und Ausziehen, Stehen und Gehen, Handgeschicklichkeit, Schreiben, Zeichnen, Toilettentraining, aber auch Spiel, Liedersingen und Schulunterricht. Im Einzeltraining werden Eltern Anleitungen zum richtigen „handling" (Handhabung) gegeben, wie das Kind zu bestimmten Bewegungen anzuleiten ist. Außerdem gibt es Anleitungen zum Flaschentrinken, Essen mit dem Löffel usw., aber auch andere Übungen, wie sie auch von Koch empfohlen werden.[230]

Förderbereiche

5.7.3 Das Klapp'sche Kriechverfahren und Musiktherapie

Obwohl weniger verbreitet, wird es doch erwähnt, weil hier eine Kombination mit der Musiktherapie vorliegt, die in der Frühförderung große Bedeutung hat.

Rudolf Klapp hat zusammen mit Annemarie Korth ein bewegungstherapeutisches Zusatz-Verfahren entwickelt, das bei zentralbewegungsgestörten Kindern angewendet werden kann, die zumindest kriechen können.[231]

Es umfaßt folgende Übungen: Vierfüßlerstand, Tiefkriechen mit Durchziehen; Tiefer Vierfüßlergang; Tiefer Vierfüßlergang mit Armkreis; Rutschen; Schlängeln; Drehübungen; Tiefkriechen mit Arm- und Beinstrecken; Großer Bogen; Waagerechtes Kriechen mit Armschlagen und Beinstrecken; Kniegang mit Seitbeugung; Kyphotischer (Wirbelsäulenkrümmung nach hinten) Kniegang mit schwungvollem Armkreis; Kyphotischer Kniegang mit kraftvoller Dehnung und kurzem Hebelarm; Kniegang mit Streckung; Hasensprung; Bewegungs- und Rhythmustherapie mit Musik.

Musiktherapie[232]

Ebenso als ein Zusatzverfahren ist diese Therapie anzusehen. Musik nimmt einen großen Einfluß auf das vegetative Funktionssystem und die psychische Reaktionsbereitschaft des Kindes, indem es sich dem Rhythmus hingibt und von ihm tragen bzw. stimulieren läßt. Bewährt hat sich dies für die Entwickung des Körperschemas und der Raumorientierung mit Hilfe der Orff'schen Musik. Ziele sind:
– Sensibilisierung und Förderung des Körpererlebens,
– soziale Kontaktaufnahme,
– soziale Anpassung,
– Wahrnehmung der Selbst- und Fremdbewegung,
– Steigerung der Vorstellungsfähigkeit,
– Verbalisierung der Wahrnehmung und seelischen Empfindung,
– Abbau von Bewegungs- und Versagensängsten,
– Zeit- und Raumbegriff,
– Sprech- und Singfreude.

Hinzuzufügen ist hier, daß solche Ziele und Methoden auch schon Fröbel mit seinen Sing-, Kreis-, Tanz- und Bewegungsspielen verfolgte und einsetzte.

5.7.4 Schwimmtherapie

Schon Babies können schwimmen. Diese Tatsache nutzt man auch therapeutisch. Ansätze der Schwimmtherapie kommen von J. McMillans Halliwick-Schwimm-Methode.[233] Hierbei werden die hydraulischen Eigenschaften des Wassers (weniger Kraftaufwand für das Kind) zur Bewegungsförderung genutzt. Schwerpunkte sind: grobmotorische

Gleichgewichts- und Rotationsübungen, Laufen, Hocken, Springen und Spielen im Wasser usw.

5.7.5 Verhaltenstherapie bzw. -modifikation

Bei fast allen Behinderten treten Schwierigkeiten in folgenden Bereichen auf:

Verhaltens-probleme

– bei der Entwicklung der sozialen Kontaktaufnahme (Lernen des Blickkontaktes);
– bei der Entwicklung sozial erwünschter Verhaltensformen;
– bei der Entwicklung lebenspraktischer Fertigkeiten in der Hygiene, Sauberkeits- und Selbständigkeitsentwicklung wie An- und Ausziehen, selbständiges Essen und Trinken;
– Autoaggressionen, Kotschmieren und -essen;
– Einkoten (Enkopresis) und Einnässen (Enuresis) u.v.a.

Solche Verhaltensprobleme behindern nicht nur die Erziehung, sondern auch die Gesamtentwicklung des behinderten Kindes und seine soziale Integration.

Lerntheoretischer Ansatz

Die Verhaltenstherapie bzw. -modifikation arbeitet nach lerntheoretischen Grundsätzen: Erfolgreiche, lernzielgerichtete Handlungen und Verhaltensweisen des Kindes werden verstärkt mit materiellen Verstärkern (z. B. Kekse, Bonbons), sozialen Verstärkern (z. B. Lob, Zärtlichkeiten) und Handlungsverstärkern (z. B. es darf etwas tun, was ihm Spaß macht, Schaukeln, Fernsehen usw.). Die Verhaltenstherapie oder -modifikation kann im Rahmen der Frühförderung und unter Berücksichtigung der pädagogischen und sozialen Gesamtsituation ein wirksames Mittel zur Lösung solcher Probleme sein.[234]

Beispiel für eine Verhaltenstherapie nach Schmitz[235]
Das Buch „Elternprogramm für behinderte Kinder" enthält Anleitungen für Eltern, nach verhaltenstherapeutischen Prinzipien lebenspraktische Fertigkeiten (Essen und Trinken, Anziehen, Körperpflege, Toilettentraining, Sprachanbahnung usw.) einzuüben. Eine Grundvoraussetzung für jedes Training ist die Fähigkeit des Kindes, die Eltern oder den Trainer anzuschauen (Blickkontakt-Einübung).

„Das Anschauen
Blickkontakt als Orientierungsreaktion
Ohne adäquate Wahrnehmungsauffassung von äußeren Reizen ist ein vom Trainer intendierter Lernvorgang beim behinderten Kind gar nicht möglich. Eine notwendige Voraussetzung der Wahrnehmungsauffassung ist die Orientierungsreaktion: Wenn ein Kind lernt, dann zunächst, daß der dargebotene Reiz sich von anderen abhebt und eine spezifische Bedeutung hat. Erst anschließend lernt es, welche Handlung auf diesen Reiz zu folgen hat. Um aber die Bedeutsamkeit eines Reizes auffassen zu können, z. B. die Bedeutsamkeit einer Aufforderung wie ,Georg, komm her', muß das Kind in einem Zustand von Wachsamkeit und Bereitschaft sein. Es muß hinschauen und hinhören können. Wir sprechen deshalb speziell von Hinwendungsreaktion.

Die Fähigkeit der Bereitschaft, hinschauen und hinhören zu können, ist die notwendige Voraussetzung für die Durchführung von Training und Übungen überhaupt. Eine Möglichkeit, diese Fähigkeit bei einem erheblich geistig behinderten Kind aufzubauen, bietet das nachstehende Programm.

Ziel: Als Endverhalten wird erwartet, daß das Kind fähig ist, bei Anrufung seines Namens auf den Trainer zu achten.

Prinzip: Ausformung des Endverhaltens.

Material: Eine Speise, die man bequem mit einem Löffel füttern kann.

Erforderliches Eingangskönnen: Das Kind muß sehen und hören können, weitere Voraussetzungen sind nicht erforderlich.

Schritt 1
Ziel: Das Kind soll lernen, mit Hilfe des Fütterns in die Augen des Trainers zu schauen.

Eingangs-stellung:
1. Füttern Sie das Kind täglich einmal oder besser zweimal mit einem Löffel.
2. Während des Fütterns sitzen Sie dem Kind direkt gegenüber, so daß sein Blick natürlicherweise auf Sie fallen muß, wenn es aufschaut (s. Abb. 1).

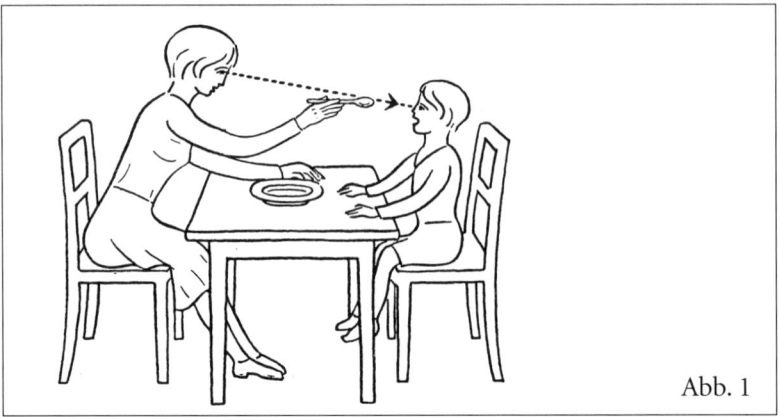

Abb. 1

3. Führen Sie die Übung nicht durch, wenn Sie nicht sicher sind, daß Ihr Kind Appetit hat.

Durchführung: Sie nehmen einen Kinderlöffel mit der Lieblingsspeise des Kindes. Diese halten Sie in Höhe der Achse zwischen Ihren Augen und den Augen Ihres Kindes. Gleichzeitig rufen Sie mit freundlicher Stimme den Namen des Kindes. Wenn Ihr Kind auf den Löffel schaut, dann bewegen Sie den Löffel spielerisch leicht im Kreis um die Blickachse. Dabei wird der Blick des Kindes zufällig in Ihr Auge fallen.

Sobald sich Ihre Blicke treffen, stecken Sie Ihrem Kind den Löffel in den Mund, geben ihm die Speise und loben es, indem Sie lächeln und mit freundlicher Stimme reden und es streicheln.

Notieren Sie die Versuche mit einem Strich und die Erfolge mit einem Kreuz.

Sobald das Anschauen mit der geschilderten Maßnahme sicher klappt, gehen Sie weiter nach Schritt 2.

Schritt 2

Ziel: Das Kind soll lernen, bei Anrufung seines Namens in die Augen des Trainers zu schauen.

Durchführung: Sie haben eine Belohnung bei sich, z. B. Gummibärchen oder andere Süßigkeiten. Gehen Sie zu Ihrem Kind und rufen Sie es beim Namen. Beugen Sie sich zu ihm herab. Sobald es Sie anschaut, loben Sie es, streicheln Sie es und geben Sie ihm von Zeit zu Zeit eine Belohnung.

Achtung! Denken Sie daran, daß alle weiteren Übungen durch die Anwendung von Belohnung unterstützt werden können und daß diese Übungen zwischen der Anrufung des Namens des Kindes bzw. der Aufforderung zur Mitarbeit und der Belohnung des Kindes liegen werden. Deshalb ist es wichtig, daß das Kind auch weiterhin von Ihnen von Zeit zu Zeit eine Belohnung erhält.

Zur Erklärung der Wirksamkeit des Versuchs
Die Lieblingsspeise hat für das Kind eine hohe Bedeutsamkeit, wie wahrscheinlich das Essen überhaupt. Beim Füttern erwartet es, die Speise in den Mund geschoben zu bekommen. Weil aber der Trainer den Löffel in der Blickachse hält, anstatt ihn in den Mund des Kindes zu schieben, entsteht eine Unsicherheit, und das Kind schaut auf. Damit es nun in die Augen des Trainers schaut, muß der Löffel in der Blickachse leicht tanzen. Nachdem so zunächst rein zufällig der Trainer angeschaut wird, erhält das Kind die erwartete Lieblingsspeise. Wenn sich dieser ganze Vorgang wiederholt, wird das Kind fortan stets zuerst den Trainer anschauen, bevor es die Belohnung erwartet."

5.7.6 Früh- und Eßtherapie nach Castillo-Morales

Rudolfo Castillo-Morales ist Professor für Psychomotorik in Cordoba (Argentinien). Er hat ein Therapiekonzept entwickelt, das aus folgenden Teilen besteht:
– der *Neuromotorischen Entwicklungstherapie* für die Behandlung von Kindern mit statomotorischen Retardierungen (Bewegungsaufbauverzögerung), Meningomyelozelen (Rückenmark- bzw. Wirbelsäulenerkrankung) und peripheren Paresen (motorische Schwächen, Lähmungen);
– der *Orofazialen Regulationstherapie* für Patienten mit sensomotorischen Störungen im Bereich des Gesichtes, des Mundes und Rachens, besonders für die Behandlung von Saug-, Kau-, Schluck- und Sprechstörungen, gegebenenfalls die Versorgung mit speziellen Gaumenplatten (in Verbindung mit der Orofazialen Regulationstherapie) als Hilfsmittel.[236] Das Verfahren ähnelt in den Grundlagen denen von Vojta, Bobath u. a.

Durch die Stimulation von Nervenpunkten an der Körperoberfläche werden bestimmte Reflexe angeregt bzw. gehemmt, um im Zentral-

nervensystem entwicklungsnormale Bewegungsmuster zu organisieren. Weil viele behinderte, insbesondere spastische Kinder durch ihre
mundmotorischen Störungen Sprach- und vor allem auch Eßproble-
me haben, hat diese Therapie in den letzten Jahren auch in Deutschland viele Anhänger gefunden. In diesem Therapiekonzept werden
Anleitungen gegeben, wie die Kopf-, Gesichts-, Zungen-, Mund- und
Schlundmuskulatur usw. angeregt und geübt werden kann.[237]

5.7.7 Basale Stimulation und Frühförderung Schwerstbehinderter nach Fröhlich

Merkmale Schwerstbehinderter

- Sie können nicht in Laut- oder Zeichensprache kommunizieren.
- Sie sind in ihrer Wahrnehmung der Um- und Mitwelt fast ausschließ-
  lich auf den eigenen Körper und die unmittelbare, körpernahe Um-
  gebung beschränkt.
- Sie können ihre Hände nicht zum Spielen und Erkunden einsetzen.
- Sie sind nicht in der Lage, sich aktiv aufzusetzen.
- Sie haben keine Möglichkeit, sich koordiniert fortzubewegen.
- Sie müssen gefüttert werden und haben meist keine Kontrolle über
  Blasen- und Darmentleerung.
- Sie sind in allen Lebensbereichen vollständig pflege- und versor-
  gungsabhängig.[238]

Förderung Schwerstbehinderter: Basale Stimulation

Diese komplexe Behinderung verringert die für den Aufbau der
Gehirn- und Humanfunktionen (Sprache, Denken usw.) notwendige
Reizzufuhr und -verarbeitung. Daher ist die „basale Stimulation" eine
auf „*keinerlei Vorkenntnis* und Erfahrung" beruhende systematische
„neurophysiologische" Anregung der „Handlungsfähigkeit im Rahmen
des Entwicklungsniveaus"[239]. Durch diese Stimulation wird das Kind
„halb passiv Reizen ausgesetzt… Anzahl, Art und Dauer der Reize
werden zunächst von außen, d.h. vom Therapeuten, vom Pädagogen
festgelegt.

Basale Stimulation ist überall da notwendig, wo das Kind noch nicht
gelernt hat, mit den aus der Umwelt empfangenen Reizen sinnvoll umzugehen."[240]

Förderbereiche

Entsprechend der Schwere und Komplexität der „Schwerstbehinderung" ist basale Stimulation in folgenden Bereichen erforderlich:

„1. somatisch
2. akusto-vibratorisch
3. haptisch   Perzeptionsbereich
4. olfaktorisch
5. optisch

6. feinmotorisch
7. koordinatorisch   Aktivitätsbereich
8. grobmotorisch
9. Essen
10. Kontakt   Erhaltungsbereich"[241]

Beispiel aus der Wahrnehmungsförderung:
„Stufen der visuellen Perception:
– nimmt Streifenmuster wahr,
– zeigt nach/verfolgende Augenbewegungen,
  wenn die Musterkarte bewegt wird,
– nimmt Punktmuster wahr,
– nimmt Flackerlicht,
– nimmt Taschenlampenschein wahr,
– nimmt Wollknäuel vor dem eigenen Gesicht wahr,
– nimmt Gesichter vor dem eigenen Gesicht wahr,
– nimmt Personen – Raumentfernung,
– nimmt Gegenstände – Reichweite wahr.

Man stellt zunächst durch genaue testähnliche Beobachtung den Entwicklungsstand fest. Dann wird auf einem Niveau darunter intensive ‚basale Stimulation' durchgeführt, z. B. entwickelten wir eine Diaserie mit variierenden hell-dunkel Streifenmustern, die den Kindern in abgedunkeltem Raum bei wenigem Abstand von der Projektionswand vorgeführt wurden, wobei Diafolge und Geschwindigkeit variiert wurden.
    Gemäß der These von der Reizabängigkeit des Gehirns zeigten sich nach ca. 14 Tagen jeweils deutlich bessere Wahrnehmungsleistungen: Fixierung, Fixierdauer, Hinwendung, ‚Interesse' und Spontanreaktivität auf höherem Perceptionsniveau.

Wir sind dabei, für die anderen Bereiche von ‚Somatisch' bis ‚Grobmotorisch' ähnliche Hierarchien aufzubauen und Programme zur basalen Stimulation zu erarbeiten."[242]

5.8 Anmerkungen zu Fördereffekten im Früh- und Schulbereich

Jede Frühförderungsmaßnahme ist ein Eingriff in das Leben des Kindes und seine Familie mit erheblichen und verschiedenartigen Belastungen z. B. zeitlicher und finanzieller Art. Außerdem bewirken solche Interventionen – auch wenn sie gewollt sind – unerwünschte und unbeabsichtigte Nebenwirkungen (Auffallen im familiären Umfeld, Etikettierungseffekte, Störungen des familiären Zusammenlebens, Einschränkungen der persönlichen Lebensgestaltung usw.). Schon deshalb sollten Interventionen der Frühförderung auf das Notwendige und wissenschaftlich Effektive begrenzt werden. Aber auch der Kostendruck auf seiten der finanziellen Träger der Frühförderung (z. B. Krankenkassen) ist Grund genug, nach der wissenschaftlich erwiesenen Effizienz von Fördermaßnahmen zu fragen.

Die nachstehende Tabelle zeigt auf der Basis der Auswertung von 1700 Forschungen zu verschiedenen Förderkonzepten bzw. Interventionsmaßnahmen (Interventionsklassen) die Effektstärke (ES) dieser Förderkonzepte. Dabei bedeutet eine Effektstärke von 1, daß es zu einer Verbesserung durch diese Maßnahme bei geförderten Kindern im Vergleich zu einer nicht geförderten Kontrollgruppe gekommen ist. Dementsprechend gibt es Effektstärken über und unter 1. Daraus folgt für **Fördereffekte** die Mitarbeiter und Mitarbeiterinnen in der Frühförderung die Pflicht, **prüfen** nach den zur Zeit effektivsten Förderansätzen vorzugehen und die eigenen experimentellen Versuche und Maßnahmen – soweit möglich – in bezug auf ihre objektive Effizienz zu prüfen.[243]

Die Tabelle zeigt leider auch, daß weitverbreitete Interventionsmaßnahmen, wie z. B. Spezialförderklassen (special class placement) wie bei uns in Deutschland üblich, nicht zu den effektivsten heilpädagogischen Maßnahmen zählen.

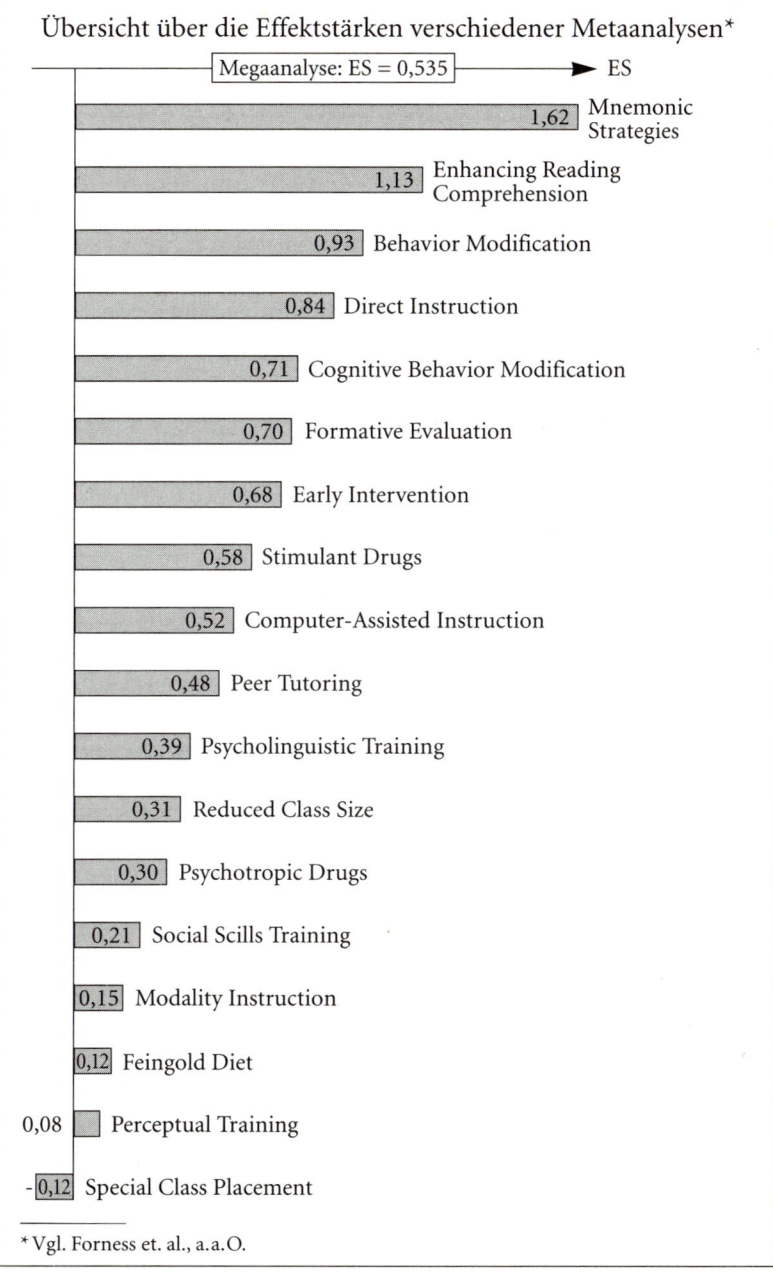

Übersicht über die Effektstärken verschiedener Metaanalysen*

Megaanalyse: ES = 0,535 → ES

Wert	Bezeichnung
1,62	Mnemonic Strategies
1,13	Enhancing Reading Comprehension
0,93	Behavior Modification
0,84	Direct Instruction
0,71	Cognitive Behavior Modification
0,70	Formative Evaluation
0,68	Early Intervention
0,58	Stimulant Drugs
0,52	Computer-Assisted Instruction
0,48	Peer Tutoring
0,39	Psycholinguistic Training
0,31	Reduced Class Size
0,30	Psychotropic Drugs
0,21	Social Scills Training
0,15	Modality Instruction
0,12	Feingold Diet
0,08	Perceptual Training
-0,12	Special Class Placement

* Vgl. Forness et. al., a.a.O.

6 Behinderungen und Störungsbilder

Nachstehend werden Behinderungen und Störungsbilder dargestellt, die vor allem in der Frühförderung behandelt werden.

Dabei wird auffallen, daß sich diese oft in ihren Begriffen und Symptomen, in ihren Diagnosen und Behandlungen überschneiden, weil es sich bei den Störungs- und Behinderungsbildern in der Frühförderung i. d. R. um Mehrfachbehinderungen handelt. Daher sind eindeutige Zuordnungen wie z. B. „das körperbehinderte" oder „geistigbehinderte" oder „verhaltensgestörte" Kind bzw. scharfe Abgrenzungen der Behinderungen nicht möglich.

Die spätere schulische Einordnung dieser Kinder hängt im wesentlichen davon ab, in welcher Schule dieses einzelne Kind am besten gefördert werden kann.

Diese schulorganisatorische Zuordnung hängt letztlich davon ab, welche Behinderung bei Beginn der Schulpflicht die schwerste ist. Darüber entscheidet in allen Bundesländern das *Sonderschulaufnahmeverfahren* (SAV).

Die Diskussion über die Integration behinderter Kinder in Regelschulen zeigt jedoch, daß sich hier die Grenzen zunehmend verwischen, weil viele Eltern und auch Fachleute dafür sind, daß behinderte Kinder mehr als bisher in Regelschulen integriert werden.

6.1 Zerebrale Schädigungen und Bewegungsstörungen (Körperbehinderte) oder: Zerebralparese, cerebrale Lähmung, CP-Kinder

Mit diesen Begriffen bezeichnet man Störungen und Behinderungen der Bewegungssteuerung, der Bewegungsabläufe sowie der sensomotorischen und psychisch-geistigen Entwicklung aufgrund von Schädigungen des reifenden Gehirns (Zerebrum) und seiner Funktionen.

Die Schädigung selbst ist irreparabel und führt beim Kind ohne medizinische und pädagogische Frühbehandlung zu einer Verschlimmerung (Progredienz).

Schädigungs-bereiche

Auswirkungen von CPs liegen in den Bereichen der
– Bewegung der Gliedmaßen, des Kopfes und Rumpfes,
– der Atem-, Kau- und Schlingmuskulatur und
– der Hör-, Sprach-, Seh-, Intelligenz- und Sozialverhaltensentwicklung.

In der nachstehenden Graphik läßt sich die Kompliziertheit des Zusammenhanges von Motorik, Sensorik, Denken, Gedächtnis usw. vorstellbar machen. Es ist für die Praxis wichtig zu wissen, wo die Schädigung und die Funktionsstörungen in diesem System liegen, um dem Kinde die optimale Förderung zu gestalten und es vor Über- und Unterforderung zu schützen.

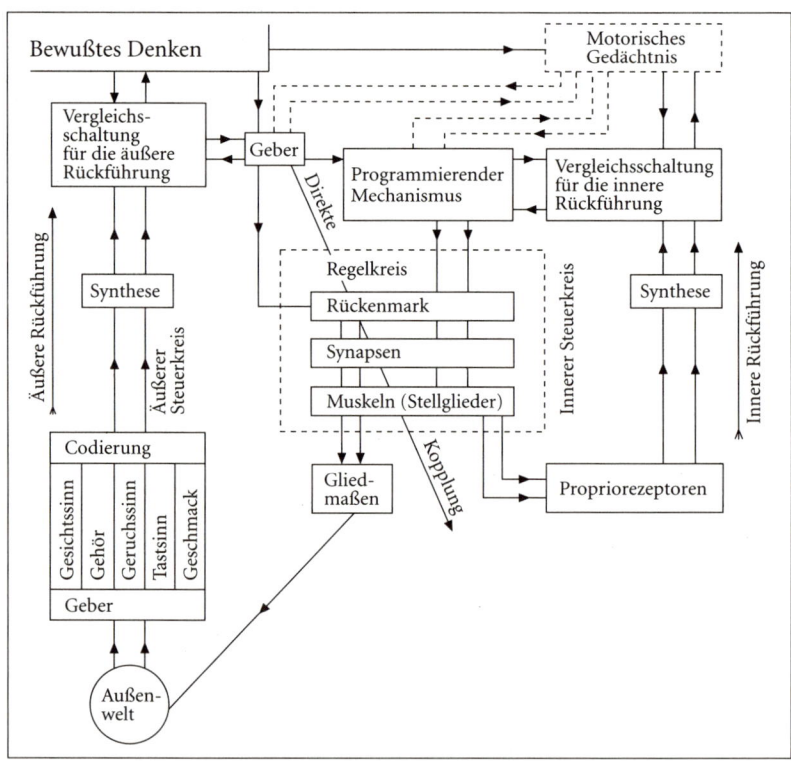

Schema der Steuerung willkürlicher Bewegungen nach Tschaidse[244]

6.1.1 Erscheinungsformen

Je nach dem Zeitpunkt der Schädigung in der Gehirnentwicklung und dem Schädigungsbereich im Gehirn ist das Erscheinungsbild verschieden. Zu den typischen Erscheinungsformen zählt

Wirkungs-modalitäten
- die Spastik (= erhöhte Muskelspannung, Hypertonie),
- Athetose (= ungesteuert-ruckartige Muskelanspannung und bizarre Körperhaltungen),
- Ataxie (= Schlaffheit, Gleichgewichtsstörungen und Steuerungs-schwäche),
- Hypotonie (= allgemeine Schlaffheit),
- Mischformen oben genannter Formen.

Körper-bereiche
Je nach Schädigung sind verschiedene Körperregionen betroffen: In der
- Tetraplegie (oder Tetraparese) fast alle Bereiche: Kopf, Rumpf, Arme, Beine;
- Diplegie (oder Diparese) zumeist stärker die Beine als die Arme;
- Hemiplegie (oder Hemiparese) ist nur die linke oder rechte Körper-hälfte betroffen.

Spastik

Die spastische Bewegungsstörung zeigt sich in verkrampften, steifen und langsamen Bewegungsabläufen. Besonders die antagonistisch (wechselseitig oder entgegengesetzt) wirkenden Muskeln zeigen eine steife Lähmung und erhöhte Anspannung, so daß keine volle Bewegung – gleich, ob Strecken oder Beugen – möglich wird.

Nur unter großen Anstrengungen kann sich das Kind bewegen. Häufig entstehen durch assoziierte Bewegungen (z. B. Mitbewegen des linken Armes, wenn willentlich der rechte bewegt wird) zusätzliche Behinderungen und falsche, überflüssige Bewegungsmuster.

Spastizität kann sich auf den gesamten Körper verteilen (Tetraplegie). Zumeist ist aber nur eine Körperhälfte betroffen (Hemiplegie).

Athetose

Beim Athetotiker werden die willkürlichen Bewegungen durch überraschende, ruckartige und ausfahrende (choreatische) Bewegungen behindert. So entstehen bizarre Bewegungsabläufe und Körperhaltungen. Stark betroffen sind zumeist die Hände. Schwer beeinträchtigt ist auch die

Steuerungsfähigkeit, d.h. die Bestimmung zielgerichteter Bewegungen, die Dosierung der Kraft und die Bewegungskoordination. Zumeist ist – unbewußt – der Mund geöffnet, so daß Speichel herausfließt.

Ataxie

Diese Störung der Willkürmotorik verhindert die Steuerung präziser, gezielter und in der Kraft fein regulierter Bewegungen.

Schlaffe Muskulatur, Zittern und Gleichgewichtsstörungen beeinträchtigen die motorische Entwicklung und den Aufbau variantenreicher Bewegungsmuster. Weil das Kind nur die wenigen, sicheren und erfolgreichen Bewegungsmuster bevorzugt, entstehen wenig neue Bewegungsmuster und folglich weitere Behinderungen. Aus Angst, umzufallen, wirkt sein Gehen ängstlich-steif, und Drehungen werden ängstlich vermieden.

Hypotonie

Diese insgesamt schwache Muskelspannung und Schlaffheit tritt zumeist – auch vorübergehend – im Säuglingsalter auf. Unfähig, den Kopf zu halten, sich selbständig aufzurichten und zu sitzen, verzögert Hypotonie die sensomotorische Gesamtentwicklung und begrenzt das Wahrnehmungsfeld für das frühe Lernen.

Mischformen

Die vorgenannten Erscheinungsformen kommen häufiger in Mischformen oder in kombinierter Weise, selten alle zusammen vor.

In den ersten 3 Lebensjahren und somit in der Phase schnellster Kindesentwicklung ändern sich auch schnell die Erscheinungsbilder. Im Säuglingsalter stellt die Hypotonie z.B. oft ein Durchgangsstadium dar, und Aspekte der Athetose, Ataxie und/oder Spastik treten hinzu.

Gemeinsamkeiten aller CP-Kinder

– Gestörte Sensomotorik, d.h. Erschwerungen der für das frühe Lernen grundlegenden Sinnes- und Bewegungsfunktionen, ihren Aufbau und ihres Zusammenwirkens;
– Schwierigkeiten im Aufbau und Vollzug präziser, koordinierter, kraftmäßig dosierter Bewegungsformen;
– Verharren auf primitiven, verzerrten Bewegungsmustern aus den Säuglingsjahren;

– ältere und primitivere Bewegungsmuster behindern die Entwicklung neuer, flexibler Bewegungsmuster.

6.1.2 Hinweise zur Früherkennung und –diagnostik

Welche Beobachtungen erwecken den ersten Verdacht?[245]

Frühe Symptome

In den ersten vier Lebenswochen:

– *Veränderungen der Hautfarbe*, wie auffällige Blässe oder Blaufärbung sowie eine abnorm frühe, starke oder langandauernde Gelbfärbung;
– *Atemstörungen*, anhaltendes Wimmern oder häufiges und evtl. schrilles Schreien, besonders nachts;
– *Schwierigkeiten beim Saugen und Schlucken*, Trinkschwierigkeiten;
– *Apathie oder Unruhe*, „Unzufriedenheit", Schlafstörungen;
– *Steifmachen* beim Baden, An- und Ausziehen sowie Schwierigkeiten beim Wickeln (Abspreizhemmung der Beine);
– *Asymmetrie* der Haltungen, der Spontanbewegungen und von provozierten Reaktionen (z. B. Moro-Reflex);
– *Pathologische Reflexaktivität*, Überstreckung des Kopfes bzw. Nakkens („Kissenbohren");
– *Krampfanfälle* oder Zuckungen.

Weitere Symptome

Im weiteren Verlauf des Säuglingsalters:

– *verzögerte motorische Entwicklung*, d. h., die normalen Bewegungen treten zwar in regelrechter Form und Folge auf, aber wesentlich später als der durchschnittlichen Norm entspricht;
– *abnorme Körper- und Gliedmaßenhaltungen* oder -bewegungen, Bewegungsarmut oder -überschuß, fehlende Behandlungsvielfalt, Vernachlässigung oder Bevorzugung bestimmter Gliedmaßen;
– *Störungen des Muskeltonus* und der *Koordination* der Bewegungen. Mangelhafte Entwicklung oder fehlende Stell- und Gleichgewichtsreaktionen;
– *Entwicklungsrückstand der psychischen Reaktionen*, Kontaktschwierigkeiten zur Umwelt, Auffälligkeiten im Spielverhalten.

Frühdiagnostik

Die frühdiagnostischen Verfahren sind die medizinischen Reflexprüfverfahren, insbesondere:

Bobath / Bobath: Die motorische Entwicklung bei Zerebralparesen, Stuttgart 1977;
Flehmig, I.: Normale Entwicklung des Säuglings und ihre Abweichungen, Stuttgart 1979

(einschließlich Denver-Skalen). Bundesverband für spastisch Gelähmte und andere Körperbehinderte e.V. (Hrsg.): Merkblätter zur Früherkennung von Kindern mit infantiler Cerebralparese, Stuttgart 1976.
Prechtl/Beintema: Die neurologische Untersuchung des reifen Neugeborenen, Stuttgart ²1976;
Vojta, V.: Die cerebralen Bewegungsstörungen im Säuglingsalter, Stuttgart 1976.

6.1.3 Frühförderung und Früherziehung

Die Komplexität der CP erfordert i.d.R. eine entsprechend ganzheitliche medizinisch-therapeutische Behandlung und Früherziehung. Die Förderungserfolge von CP-Kindern hängen im wesentlichen vom Zeitpunkt der Früherkennung und -erfassung und besonders vom Lernverhalten des Kindes ab, das durch eine Frühförderung zentral beeinflußt werden kann.

Besonderes Lernverhalten

Das Lernverhalten dieser Kinder ist durch folgende Merkmale bestimmt:
- Sie bleiben stärker an einmal Gelerntem haften.
- Unterscheidungs- bzw. Diskriminationslernen ist besonders schwierig und bedarf vieler Wiederholungen.
- Der Lernprozeß ist allgemein langsamer und erfolgt in kleineren Schritten und erfordert demnach auch das Prinzip der kleinsten Schritte.
- Bei jedem Kind verläuft die Lernentwicklung individuell, und dies erfordert einen dementsprechend individuellen Förderplan.
- Das Lernen erfolgt oft schubweise, d.h., Still- und Rückstände sind normal für diese Kinder.
- „Bei älteren cerebral bewegungsgestörten Kindern zeigt sich häufig eine Diskrepanz zwischen verbal-kognitiven und handlungsbezogenen Leistungen im begrifflichen Lernen; aus diesem Grunde ist es notwendig, den Spracherwerb und den sprachlichen Umgang immer wieder mit konkreten Handlungen zu verknüpfen", wie dies z.B. durch die Fröbel- und Montessori-Pädagogik geschieht.[246]

6.1.3.1 Frühförderung

In Langzeit-Untersuchungen hat sich gezeigt, daß die drei ersten Lebensjahre für die Effizienz der Frühförderung und damit für die Steigerung des allgemeinen Entwicklungsniveaus entscheidend sind, insbesondere für die Sensomotorik, die kognitive Entwicklung, für die Prävention bzw. den Abbau sozial-emotionaler Probleme und beim Aufbau der kommunikativen Kompetenzen. Werden diese ersten Jahre für die Frühförderung voll genutzt, bestehen im Einzelfall gute bis sehr gute Aussichten zum Besuch eines Regelkindergartens und auch einer Regelschule, soweit diese bereit sind, körperbehinderte Kinder zu integrieren.[247]

Förder-chancen Generell dürfte aber gelten, was die Spezialistin Köng hinsichtlich der Prognose und Förderchancen feststellt:

> *„Die Prognose einer cerebralen Bewegungsstörung ist umso schwieriger zu stellen, je jünger das Kind ist, am schwierigsten im Säuglingsalter... Die Erfahrungen der letzten Jahre haben uns gezeigt, daß die Prognose der cerebralen Bewegungsstörung durch eine frühzeitige, eingehende Behandlung und Betreuung dieser Kinder unter Mitarbeit der Eltern wesentlich verbessert werden kann. Im Einzelfall läßt sich die Prognose erst aus dem Verlauf, aus der Reaktion auf die Therapie stellen."*[248]

6.1.4 Verfahren zur Frühförderung von CP-Kindern

Die wichtigsten Verfahren im Bereich der Physiotherapie sind die o. g. Verfahren von Bobath, Vojta u. a. Aufgrund der Komplexität werden im Bereich der Früherziehung angeboten:
- Spiel- insbesondere Bewegungserziehung,
- Sprachförderung,
- Selbständigkeitserziehung (z. B. Essen und Trinken),
- Wahrnehmungsförderung (z. B. Farb- und Formunterscheidung),
- Förderung der Feinmotorik und Handgeschicklichkeit,
- Kognitive Förderung (z. B. kausales Denken, Mengenverständnis),
- sozial-emotionale Förderung und Kooperationsfähigkeit, Konfliktlösungshilfen,
- Elternberatung und -Anleitung.

6.1.5 Literatur

Dörr, U.: Die Bedeutung der Musiktherapie im Rahmen der Spastikerbetreuung unter besonderer Berücksichtigung des Orff-Instrumentariums. Verband deutscher Vereine zur Förderung und Betreuung spastisch Gelähmter. Düsseldorf o. J.

Finnie, N. R.: Hilfe für das cerebral gelähmte Kind. Ravensburg 1968. – *Deut. Vereinigung für Rehabilitation* (Hrsg.): Praktische Hilfen für Körperbehinderte. Heidelberg o. J. (bebilderte Loseblattsammlung). – Hilf Dir selbst, Ratschläge für Hemiplegiker. Huber-Vlg. Bern.

Rathke / Kupfer: Das spastisch gelähmte Kind. Ein Lehratlas zur Krankheitserkennung und Übungsbehandlung. Stuttgart 1966. – *Bundesverb. für spastisch gelähmte u. a. Körperbehinderte* (Hrsg.): Ausziehen – anziehen. Düsseldorf o. J.

6.2 Dysmelie-Syndrom (Gliedmaßenfehlbildungen)

6.2.1 Ursachen, Begriff, Statistik

In den Jahren 1961 und 1962 traten Häufungen angeborener Fehlbildungen der Gliedmaßen auf, die auf die Einnahme eines Medikamentes während der ersten Schwangerschaftsmonate zurückzuführen sind (Contergan bzw. Thalidomid). Man spricht daher auch von Thalidomid-Embryopathie.

Am 1.12.76 gab es davon 2600 registrierte Fälle[249]. Mit Stichtag 31.12.91 wurden 231 schwerbehinderte Kinder unter 6 Jahren mit Verlust oder Teilverlust von Gliedmaßen registriert. In einem anderen Teil der Bundesstatistik werden unter „Angeborene Behinderungen" und „Schwerste Behinderung" ohne Altersunterscheidung folgende Zahlen genannt:

Verlust oder Teilverlust	Fälle
eines Armes	1956
eines Beines	417
beider Arme	264
beider Beine	151
eines Armes oder eines Beines	113
von drei oder vier Gliedmaßen	3036

Funktionseinschränkungen von Armen und Beinen liegen bei 0–6jährigen bei 1750 Kindern.

6.2.2 Symptome

**Schädigungs-
bereiche** Fehlbildungen im Rahmen der Thalidomid-Embryopathie sind Schädigungen im Haltungs- und Bewegungsapparat, der inneren Organe
und der Sinnesorgane,
– insbesondere fehlende, verkümmerte oder verkürzte Gliedmaßen
  (Finger, Daumen, Klumphand) und der Wirbelsäule,
– Herzfehler, Verstopfungen des Magen-Darmkanals und Nierenfehlbildungen sowie
– Genitalfehlbildungen.[250]

Daneben wurden festgestellt: Hör-Sprachstörungen, Taubstummheit
und Debilität, Hypermotorik und Sehschäden.[251]

6.2.3 Frühförderung und Behandlung

Förderbereiche Die krankengymnastischen und beschäftigungstherapeutischen Behandlungen stehen neben medizinischen, insbesondere chirurgisch-
orthopädischen Behandlungen und Prothesenversorgung und -schulung zur Optimierung der Selbständigkeit im Vordergrund, insbesondere Gleichgewichts- und Geschicklichkeitsübungen, Treppensteigen,
Reiten, Ein- und Aussteigen in Verkehrsmitteln usw.

Frühprobleme Größere pädagogische Probleme gibt es bei der Sozialentwicklung dieser Kinder, die wesentlich mit der schweren Schocksituation nach der
Geburt, seelischen Annahme des Kindes und psychischen Verarbeitungsprozessen innerhalb der Familie begründet sind (s. o. Elternreaktionen).

Elternberatung In der Frühförderung geht es wesentlich um die psychotherapeutische Hilfe für die Eltern bei der seelischen Verarbeitung und um praktische Hilfen bzw. Elternanleitung: Wie man mit diesem Kinde spielen
kann, das richtige Maß zwischen Über- und Unterforderung zu finden
und dem Kinde mit seinen Möglichkeiten die optimale Selbständigkeit
zu stimulieren. Es geht hier vor allem darum zu vermeiden, daß „durch
inadäquate Zuwendung ... eine seelische Frühverwahrlosung“ eintritt.[252]
Aufgrund der Mehrfachschädigungen sind die Fördermaßnahmen
für Sprache, Intelligenz, Wahrnehmung und insbesondere die sozial-
emotionale Förderung wichtig, indem diesen Kindern in Eltern-Kind-
Gruppen für eine frühe soziale Integration mit anderen normalen Kindern ein Optimum an Anregungen gegeben wird.

6.2.4 Literatur

Bläsig / Schomburg: Das Dysmelie-Kind. Stuttgart 1966.

Bundesministerium für das Gesundheitswesen (Hrsg.): Monographien über die Rehabilitation der Dysmelie-Kinder. Frechen 1965, 1967, 1969.

Pawel, B. u. a.: Körperbehinderte in Regelschulen. Rheinstetten 1977.

Dies.: Körperbehindertenpädagogik. Stuttgart 1984.

Schönberger, F.: Die sogenannten Contergankinder. München 1971.

Strasser / Sievert / Munk: Das körperbehinderte Kind. Berlin 1968.

6.3 MCD, Hyperaktivität und POS

6.3.1 Begriffe und Symptome von MCD und POS

MCD (minimale zerebrale Dysfunktion oder auch: frühkindliches exogenes frühkindliches Syndrom) ist aller Wahrscheinlichkeit nach eine Gehirnschädigung, die aber durch Fehlerziehung und ungünstige soziokulturelle Entwicklungsbedingungen in ihren Auswirkungen verstärkt werden kann.

Sowohl als Begriff als auch in der Beschreibung ihres Problemkreises ist MCD medizinisch umstritten, obwohl sie als Tatsache anerkannt ist.[253]

Allgemeine Symptome Bei diesen Kindern wurden folgende Symptome festgestellt:
- normale oder überdurchschnittliche Intelligenz;
- Sprachstörungen (bes. Stammeln, Dysgrammatismus, Stottern) und Lernstörungen vor allem beim Übergang vom konkret handelnden zum abstrakten Lernen;
- visuelle oder akustische Erfassungs- und Speicherungsschwächen bzw. Wahrnehmungsschwächen (Perzeptionsstörungen);
- allgemeine Koordinationsschwächen, wie z.B. geringe Ausdauer, leichte Ermüdbarkeit;
- Affektlabilität, z.B. distanzloses, aggressives, gehemmtes Verhalten und Probleme beim Aufbau stabiler Sozialkontakte, keine oder geringe Belastbarkeit unter Streß bzw. Leistungsdruck;
- Konzentrationsschwächen;
- geringe neurologische Störungen;
- Grenznormales oder abnormes EEG (Gehirnstrombefunde).[254]

„Schulische" Probleme

In der Schulzeit fallen diese Kinder u. a. auf durch:
- Einnässen und -koten;
- das Syndrom der sog. Teilleistungsstörungen, z. B. Legasthenie;
- Probleme im Schriftbild und beim Schreibenlernen,
- Aggressivität, Clownerien;
- mangelnde Spontaneität und Ängstlichkeit besonders im Sport; sie brauchen immer Aufforderungen und drücken sich gerne vor dem Sportunterricht;
- sog. vorlautes Verhalten, d. h., verbal können sie immer alles, nimmt man sie aber beim Wort, dann suchen und finden sie schnell Ausreden;
- geringe Ausdauer, sie finden immer Gründe zum Nichtmitmachen.[255]

POS – das chronische organische Psychosyndrom

Akute / chronische POS

Nissen unterscheidet einen akuten von einem chronischen Zustand des POS. Als Ursachen *akuter POS* werden von ihm genannt: alle körperlichen und hirnorganischen Erkrankungen, wie z. B. schwere fieberhafte Allgemeinerkrankung, akute Hirnerkrankungen (Hirnhautentzündungen, Hirntumore und -blutungen), unfallbedingte Hirnverletzungen (Gehirnerschütterungen, -quetschungen). Eine akute POS kann sich *chronifizieren* und die genannten Ursachen eben auch als Ursache chronischer (dauerhafter) POS gelten; als besondere Ursachen *chronischer POS* werden genannt: Über- und Unterfunktionen hormoneller Drüsensysteme, wie z. B. der Schild- und Hirnanhangdrüse und der Nebenniere.[256] Die Erscheinungsbilder des POS sind in folgender Tabelle zusammengestellt[257]:

Symptome

Infantiles organisches Psychosyndrom (POS): Symptomatik
Leistungsstörungen (kognitiver Bereich):
- Leistungsssschwankungen, tageweise, evtl. tageszeitlich;
- Ermüdbarkeit erhöht, Ausdauer herabgesetzt;
- Konzentrationsfähigkeit schlecht und schwankend mit entsprechend großer Ablenkbarkeit;
- Form- und Gestalterfassung (und -wiedergabe) gestört;
- andere Wahrnehmungsstörungen;
- schlechte Merkfähigkeit (Störung des Frischgedächtnisses);
- Tendenz zur Lese-Rechtschreibschwäche;
- schlechtes Körperschema;
- asynchrone Entwicklung.

Stimmungsstörungen (Affektiver Bereich):
- labile Affektlage, leicht störbar und große Schwankungen;
- Affektausbrüche (evtl. mit Gefährdung von sich und anderen);
- matinale Dysphorien;
- häufig depressive Verstimmung, evtl. chronisch sub-depressiv (oft larviert mit aggressivem Verhalten);
- Versagensängste, Schuldgefühle, Resignation;
- sekundäre soziale Störungen wie aggressive Kontaktsuche und kompensatorische Clownerien.

Körpersymptome:
- Adaptationsstörungen in den ersten Lebensmonaten;
- Eß-(Schluck-)störungen und Erbrechen beim Säugling;
- Sprachentwicklungsverzögerung und andere Sprachstörungen;
- linkische, erschwerte Globalmotorik oder/und Hypermotorik;
- gestörte Feinmotorik („hölzern", „Gstabi", Schrift!);
- gestörte Bewegungskoordination (z. B. Diadochokinese);
- Hyperreflexie;
- Wetterfühligkeit, evtl. Kopfschmerzen;
- pathologisches Elektroenzephalogramm.

6.3.2 Frühförderung

Die Entwicklungschancen und Prognosen hängen ab von Schädigungszeitpunkt und -umfang. Bei jüngeren Kindern (zwischen 0–6) sind die Behandlungschancen erheblich größer aufgrund der Gehirnplastizität, d. h., „Funktionen geschädigter Hirnpartien können von anderen Hirnabschnitten störungsfreier übernommen werden"[258]. Eine besondere Rolle im Rahmen der medizinisch-medikamentösen Behandlung nimmt die Beratung und Anleitung der Eltern ein, um bei ihnen erzieherische Fehlhaltungen gegebenenfalls zu korrigieren und ein dem Kind angemessenes Erziehungsverhalten aufzubauen. So haben sich z. B. in der Schweiz Eltern zusammengeschlossen, die POS-Kinder haben und die mit den Lehrern zusammenarbeiten (ELPOS).[259]
Für die pädagogisch-psychologische Behandlung der einzelnen von Herzka aufgelisteten Symptome kommen die Verfahren in Frage, wie sie auch bei der MCD bzw. Hyperaktivität genannt werden.

6.3.3 Hyperaktivität bzw. hyperkinetisches Syndrom (HKS) oder hyperkinetische Psychose

Diese Begriffe umschreiben ein umfängliches Störungsbild mit zentralen Merkmalen, wie z. B.

Symptome
- Bewegungsunruhe und allgemeiner Ruhelosigkeit, d. h. fahrige, ungeschickte und überschießende, ungesteuerte (athethotische) Motorik[260], aber auch Antriebs- und Haltungsschwäche im Handlungs- und Leistungsbereich, wie z. B. „Spielschwäche";[261]
- Konzentrationsschwächen, Aggressivität und Ungehorsam;
- „Reizüberempfindlichkeit";
- Probleme mit Sozialkontakten u. v. a., wie sie schon vom Frankfurter Kinderarzt Dr. Hoffmann im Zappelphilipp beschrieben wurden[262];
- Schulprobleme: In der Schule sind solche Kinder nicht selten ein ständiger „Störungsherd" mit „mangelhaften Lernleistungen" und sog. „Teilleistungsschwächen" (z. B. im Lese-Schreiblernprozeß, vgl. Kap. 6.9.4 und 6.9.5).

**Ursachen-
probleme**
Es ist nach Nissen ein Behinderungs- und Störungsbild, das z. T. auf erhebliche erbgenetische, somatogene (Hirnfunktionsstörungen usw.), psychogene (Umwelt, Erziehung) und endogene (katatone, angeborene Schizophrenie) Ursachen zurückführt.[263] Steinhausen erwähnt außerdem Kinder alkoholkranker Eltern.[264]

Es ist unübersehbar, daß sich MCD und Hyperaktivität in ihren Symptomen sehr ähneln, so daß eine eindeutige Diagnose und Behandlung oder die Zuweisung zu einer bestimmten Sonderschule sich daraus nicht zwingend ableiten lassen. Wie noch auszuführen ist, zeigen sich bei potentiell und faktisch Lernbehinderten ganz ähnliche Störungssymptome (s. u.).

6.3.3.1 Früherkennung und Diagnose

Die Diagnose von MCD und Hyperaktivität erfolgt nach sechs Kategorien:

„1. die prä-, peri- und postnatale Anamnese,
2. die psychomotorische Entwicklung des Säuglings und Kleinkindes,
3. der kinderpsychopathologische Befund,
4. der kinderneurologische Befund,

> 5. *die EEG-Untersuchung, die akustischen und visuellen evozierten Potentiale und die computertomographische Untersuchung (CT), evtl. auch ein Kernspin-Befund (NMR) und*
> 6. *der psychologische, insbesondere der visomotorische Untersuchungsbefund.* "[265]

Diagnostische Probleme

Nach Nissen müssen „mindestens 3, besser 4 positive diagnostische Merkmale vorliegen, wenn eine Hirnfunktionsstörung mit einer gewissen Sicherheit bestätigt werden soll"[266]. Eine Frühdiagnostik dieser Kinder ist nicht einfach. Kleinkinder fallen auf durch viel Schreien, Eß- und Trinkstörungen, Jaktationen (rhythmisches Schaukeln von Kopf und Körper), sinnlose Automatismen und Bewegungsstereotypen.

Am ehesten sind die motorische Gesamtentwicklung, Intelligenz, Sprache und Sozialverhalten zu diagnostizieren und damit Funktionen, die im Kindergarten aufgrund der Vergleichsmöglichkeiten mit normalen Kindern leichter erkennbar sind.

Tests

Im sonderpädagogischen Bereich werden außer Intelligenztests für diese Störungsbilder folgende Verfahren empfohlen:
– Körperkoordinationstest für Kinder KTD (Kiphard/Schilling);
– Checkliste motorischer Verhaltensweisen (CMV) von Schilling;
– Frostig Entwicklungstest der Visuellen Wahrnehmung (FEW).

6.3.3.2 Pädagogische Maßnahmen[267]

Die fast unübersichtliche Fülle sich oft überschneidender Vorschläge reicht von elementaren pädagogischen Selbstverständlichkeiten (z. B. stabile Erziehungsprinzipien, eindeutige Führung) bis hin zu Kombinationen z. B. medikamentöser und verhaltensmodifikatorischer Methoden. Diese Vielfalt liegt auch darin begründet, daß jeder Autor von einer unterschiedlichen Sicht bzw. Defintion der Hyperaktivität ausgeht oder aber unterschiedliche praktische Zielsetzungen vorliegen, wie z. B. Konzentrations- und Wahrnehmungsförderung, Impulskontrolle, Sozialverhalten usw.

Allgemeine pädagogische Regeln

Pädagogische Grundsätze

Das in seiner rationalen und sozialadäquaten Entscheidungsfähigkeit, Selbststeuerung und -disziplin schwache und schwerer lenkbare hyperaktive Kind braucht vor allem eine eindeutige und konsequente Führung durch wenige, klare Regeln mit ebenso eindeutigen und sofortigen Konsequenzen. Der Grundsatz könnte lauten: von Chaos und Fremdsteuerung zu verantwortlicher sozial- und sachadäquater Selbststeuerung.

Die Lehrer- und Erzieherpersönlichkeit

Für den Umgang mit dem hyperaktiven Kindern als pädagogischem Grenzfall in der Schule ist die Lehrerpersönlichkeit, ihre differenzierte didaktische, methodische und pädagogische Kompetenz von größtem Gewicht. Das Kind sucht im Erwachsenen die persönlich-fachliche Autorität, es erwartet über den Klassenraum hinausgehende, tragfähige, verallgemeinerungsfähige Orientierungs-„Muster" für eine selbständige Lebensführung.

Pädagogen sollten folgende pädagogische Grundeinstellungen reflektieren können:

Pädagogische Grundeinstellungen

- Wie sehe ich mich selbst, was ist mein Erziehungskonzept, -stil und Rollenverständnis (sehe ich mich als „Techniker", „Kommandeur" oder Machtmensch, als Partner, fachwissenschaftlich- oder kindorientiert usw.)?
- Was sind meine Erziehungsschwerpunkte (sind es z. B. eher die kognitiven oder die sozialen Kompetenzen)? Wie suche ich die Lösung von Erziehungsproblemen (z. B. zuerst bei mir, dann beim Kind und in der Klasse und danach in den familiären oder gesellschaftlichen Bedingungen usw.)?
- Wie sehe ich das Kind (als aktiv sich selbst gestaltendes oder passiv aufnehmendes Wesen, auf Interaktion und Dialog usw. ausgerichtetes sich selbstorganisierendes Wesen usw.)?
- Ist meine Sicht des Kindes anthropologisch vollständig? Beziehe ich in meine Sicht (Anthropologie des Kindes) alle Wissenschaften vom Kinde ein, oder blende ich bestimmte Bereiche, wie z. B. die medizinisch-organische, sozialpsychologische Sicht, aus? Ist meine Anthropologie eng oder weit gefaßt, insbesondere hinsichtlich meiner Wert- und Normvorstellungen vom sogenannten „normalen" Verhalten?
- Wie ist meine Beziehung zum Kind, und wie erlebt oder sieht es mich? Eine pädagogische Schlüsselfrage ist immer die Qualität der pädagogischen Beziehung des Lehrers zum Kind: Das Kind muß spüren, daß es sich vom Lehrer akzeptiert und sehr wohlwollend ernstgenommen und nicht als lästiger und hoffnungsloser Störenfried fühlt.

Gerade das schwierige Kind, das im Kern wie alle anderen geliebt und anerkannt werden will (vgl. Kap. 6.10.3.), braucht Vertrauen und Liebe als Vorschuß auf sein zukünftig besseres allseits anerkanntes Verhalten und Können, das es jetzt aufgrund vieler Probleme nicht – noch nicht – erbringen kann, weshalb es diese Anerkennung auf sozial negative Weise zu gewinnen sucht.

Der Pädagoge muß also in fachlicher und persönlicher Hinsicht Vorbild und Autorität sein und selbst klare verbindliche Erziehungsvorstellungen haben. Unsichere Lehrer verunsichern und überfordern gerade diese Kinder und tragen dadurch selbst zur Verstärkung der Kinderprobleme bei. Dies geschieht z.B. dann, wenn solche Lehrer Regeln aufstellen und Grenzen ziehen, sie aber selbst nicht einhalten oder ihre Durchsetzung nicht gewährleisten.

Entscheidend ist, daß sich der Pädagoge für diese Kinder Zeit nimmt, mit ihnen spricht und eine persönlich individuelle Bindung mit ihnen eingeht, denn nichts ist wichtiger als das Gefühl des Kindes, angenommen und geborgen zu sein.

Kollegialer pädagogischer Konsens

Pädagogisch-normativer Konsens

Das bedeutet für das Kollegium auch die Notwendigkeit des pädagogischen Konsenses im Umgang mit diesen Kindern, in den Erziehungszielen und -methoden, damit bei ihnen nicht das Gefühl aufkommt, der eine redet so und der andere anders. Solche Widersprüche stärken ihre Unsicherheit und schwächt ihre allgemeine und speziell die soziale Orientierungsfähigkeit, aber eben auch die Pädagogenwirkung.

Methodische Aspekte

Maßnahmen im einzelnen sind:

– Absprachen mit dem Kind: Dem Kinde werden persönlich (ggf. allein) eindeutig definierte Regeln erklärt, sie werden mit ihm vertraglich abgesprochen, die dazu abgestuften Warnungen gezeigt (z.B. bestimmte Zeichen wie Blicke, Handzeichen usw.) und auch die Konsequenzen genannt, an die sich auch der Pädagoge konsequent zu halten hat.[268] Die erfolgreichen Versuche des Kindes, sich an diese Reglen zu halten, verlangen abgestufte und prompte Bestätigung, Lob und Anerkennung, die vom freundlichen Ansehen bis zum offenen Lob vor der Klasse reichen können;

– Absprachen mit der Klasse: Schreien, Wutanfälle, Drohgebährden, Kaspereien u.a. „verbale" Äußerungen können in Absprache mit der

Klasse ignoriert werden, so daß die die für das hyperaktive Kind unentbehrliche Publikumswirkung entzogen wird. Dagegen sollte jedes sozialpositive Verhalten verstärkt werden[269];

– gezieltes Einübungen von Verhaltensweisen: Besonderer Wert sollte auf das gezielte Einüben sozialpositiver Verhaltensweisen gelegt werden, und zwar entweder durch individuelle direkte Unterweisung (Vor- und Nachmachen) oder durch Rollenspiele. Hierdurch sollen Konfliktlösungsformen und sozialpositive Verhaltensformen eingeübt und ein Transfer auf zukünftige Situationen ermöglicht werden[270];

– Kanalisierung der Bewegung statt Unterdrückung: Gegen motorische Unruhe helfen weniger Unterdrückung oder Verbieten als das Geben von Bewegungsfreiheit und „Kanalisieren" des Bewegungsdranges, wie dies z. B. in der Montessori-Pädagogik geschieht (Prinzip der Bewegungsfreiheit).[271] Dazu dienen könnten im Normalschulbereich kleine Ämter in der Klasse wie Tafelputzen, Hefte einsammeln usw.; Entspannungs- und Lockerungsübungen im Unterricht, Stilleübungen nach Montessori, psychomotorische und sporttherapeutische Maßnahmen sind weitere Möglichkeiten.[272]

Individualisierung und Methodenwechsel: Gegen die enormen Anpassungsprobleme des hyperaktiven Kindes im Unterricht müssen individualisierende Arbeitsmethoden gesetzt werden, d. h.:

– die Anforderungen an das Kind müssen individuell angepaßt werden, z. B. durch spezielle Arbeitsblätter oder Aufgabenserien oder Computereinsatz;

– systematisches Lehren und Lernen in kleinsten Schritten vom Sensomotorischen zum Abstrakten mit geeigneten Arbeitsmitteln;

– individuelle und sukzessive aufbauende Arbeitsmittel müssen mit exakter Einführung bereitgestellt werden, dann Führung durch das Material und gegebenenfalls Hilfe durch den Lehrer (z. B. durch Montessori-Material);

– Zeit- und Konkurrenzdruck müssen vermindert werden, also relative Zeitfreiheit, Freiarbeit[273];

– Wechsel der Unterrichts- und Arbeitsformen vom Individualisieren zu Partner- und Projektunterricht und so generelles Vermeiden von Monotonie;

– es muß im Sinne Montessoris relative Wahlfreiheit ermöglicht werden nach dem Lerngegenstand, dem Lernpartner und der Lerndauer, damit das Kind nicht nur seine Interessen, Stärken usw. zeigen, sondern auch zu persönlichem Erfolg gelangen kann (nichts ist erfolgreicher als der Erfolg, sagt die Motivationspsychologie)[274].

6.3.3.3 Spezielle Förderkonzepte

Die nachstehenden Hinweise sind als Orientierungen zu verstehen, denn keines der folgenden Förderkonzepte hat bisher den umfassenden Nachweis erbracht, der Komplexität der Hyperaktivität pädagogisch oder therapeutisch effizient gerecht zu werden.

Cruickshank[275]

Cruickshanks Ansatz fußt auf der Diagnose minimaler Hirnschädigungen und zielt auf die „Förderung lern- und wahrnehmungsgestörter Kinder". Sein Schwerpunkt sind Kinder mit folgenden Störungsbildern, d. h., als signifikant für Lern- und Wahrnehmungsstörungen bei Kindern gelten für Cruickshank folgende Merkmale:

Symptome

- Hyperaktivität: Hierunter fällt sowohl die sensorische als auch die motorische Hyperaktivität. Unter sensorischer Hyperaktivität versteht man die mangelnde Diskriminationsfähigkeit für Außenreize. Mit motorischer Hyperaktivität ist die erhöhte motorische Aktivität gemeint, welche das Kind nicht steuern kann.
- Dissoziation: Dissoziation bezieht sich auf die Unfähigkeit des Kindes, Gegenstände, Situationen, soziale Strukturen im Zusammenhang zu sehen bzw. ein komplexes Ganzes in seiner Gesamtheit zu erfassen und zu strukturieren.
- Figur-Grund-Störung: Das Kind kann einen Teil des Wahrnehmungsfeldes nicht als abgehoben von allen weiteren Teilen, die den Hintergrund bilden, sehen.
- Perseveration: Perseveration ist die Unfähigkeit, von der einen zur anderen Tätigkeit mühelos überzugehen bzw. das Verharren in bestimmten Erlebnis- und Gedächtnisinhalten oder Handlungsmustern; sie ähnelt der Rigidität oder mangelnden allgemeinen Anpassungs- oder Umstellungsfähigkeit.
- Motorische Unreife oder Inkoordination: Infolge gestörter psychischer Entwicklung verfügt das Kind nur in geringem und altersunangemessenem Maße über motorische koordinierte Fähigkeiten. Neben einer verminderten Gedächtnisleistung sind außerdem Stö-

rungen in der Aufmerksamkeitszuwendung, in der Ich-Erfahrung und im Selbstbild charakteristisch.

Förderansatz Diese Merkmalsbestimmung läßt erkennen, daß die Gruppe der sogenannten lern- und wahrnehmungsgestörten Kinder weitgehend der Gruppe von Kindern mit HKS entspricht. Dieses Reiz-Reduktions-Konzept ist ein weitgehend medizinisch-psychiatrisch orientiertes Konzept und basiert auf den Erziehungskonzepten für geistig behinderte Kinder. Ursprünglich für Kinder mit annähernd durchschnittlicher Leistungsfähigkeit und vermuteter Hirnschädigung gedacht, wandelte es sich zu einem Konzept zur „Förderung lern- und wahrnehmungsgestörter Kinder". Ausgehend von der leichten Ablenkbarkeit der Kinder infolge einer Unterstimulation baut das Konzept auf

Reiz-Reduktion dem Grundprinzip der Reiz-Reduktion auf. Es verfolgt eine Lern-
und -kontrolle Umweltgestaltung unter dem Aspekt „Reizkontrolle". Sie findet einerseits durch Reizreduktion und andererseits durch Reizintensivierung statt. Es geht also nicht nur darum, die Möglichkeiten der Ablenkung zu minimieren, sondern auch um die Erhöhung des Reizwerts bestimmter Stimuli. Diese sollen sich für das Kind deutlich abheben und so die Aufmerksamkeit auf sich lenken. Cruickshanks Konzept enthält folgende Vorschläge zur Reizkontrolle:

Fördermaß- ▪ Reduzierung von Umweltreizen: Die Minimierung der Reize betrifft
nahmen die farbliche Gestaltung, die Möbel und die Ausschmückung des Klassenzimmers. So sollen Wände und Einrichtungsgegenstände in einer Farbe gestrichen sein. Fensterscheiben aus undurchsichtigem Mattglas verhindern den Blick nach draußen. Das Unterrichtsmaterial ist in Schränken untergebracht; offene Regale gibt es nicht. Lediglich die momentan benötigten Materialien liegen auf den Tischen. Die farblich zur Einrichtung passenden Teppiche und Decken sind schalldämpfend und tragen so zur Lärmminderung im Raum bei.

▪ Reduzierung des Raumes: Raumreduzierung bedeutet, daß der Unterricht auf kleinstmöglichem, abgeschirmtem Raum stattfinden soll. Jedes Kind hat seinen Arbeitsplatz in einer kleinen, nur nach hinten offenen Kabine. Dieser kleine Raum kann der Schüler wahrnehmungsmäßig vollständig überblicken und kontrollieren. Die Kabine sollte jedoch so groß sein, daß sie Platz für eine weitere Person, den Lehrer oder einen anderen Schüler, bietet. Es ist vorgesehen, daß

jeder Schüler solange in diesem Reizvakuum arbeitet, bis er Erfolgs-
erfahrungen machen konnte und selbstbewußter, selbstsicherer geworden ist. In der Anfangsphase finden zudem tägliche Verrichtungen wie Lernen, Essen und mittägliches Schlafen in den Kabinen statt.

■ Strukturierung des Lernprogramms: Auf die ausschließlich fremdge-
steuerte Strukturierung hat das Kind keinen Einfluß. Es bleiben ihm
keine Alternativen bezogen auf organisatorische und inhaltliche Elemente. Demnach liegt eine Situation vor, in der alles vorhersagbar,
einschätzbar ist und die ein hohes Maß an Sicherheit und Hand-
lungsorientierung bietet. Es gelten festgelegte Regeln wie das tägliche
Benutzen desselben Kleiderhakens und derselben Anlage, das sofor-
tige Aufsuchen der Kabine und das strikte Befolgen der Anweisungen.

Die Strukturierung der Lerninhalte orientiert sich am Lernniveau
und an der kurzen Aufmerksamkeitsspanne des Kindes. Die Lehr-
und Arbeitsmaterialien verfolgen eine allgemeine kognitive Förderung und eine spezielle Förderung in den Defizitbereichen. Neben
einer gezielten Förderung bestimmter Basisqualifikationen, wie z. B.
der Aufmerksamkeit, kommen besondere Förderprogramme zur
Anwendung, z. B. für den visuell-motorischen Bereich. Als durch-
gängig notwendige Maßnahmen gelten die Förderung der Motorik
und die der Sprach- und Kommunikationsfähigkeit. Außerdem ist
eine psychologische Betreuung erforderlich.

■ Feste Zeitstrukturen: Alle Aktivitäten, Regeln und Planungen sind
klar auf Zeiteinheiten bezogen. Es wird darauf geachtet, daß nicht
alle acht bis zehn Kinder einer Gruppe gleichzeitig am ersten Kin-
dergarten- oder Schultag beginnen. Ein Zeitraum von mehreren
Wochen, in dem die Klasse allmählich (wie bei Montessori) ange-
füllt wird, gibt Zeit zur Eingewöhnung und Vorbereitung auf neue
Kinder. Das Gesamtprogramm geht von stark fremdbestimmtem
Verhalten über Mitbestimmung bis hin zu vermehrt selbständigem
und selbstgesteuertem Lernen und Handeln.

■ Reizerhöhung des Unterrichtsmaterials: Mit Hilfe von Farben und
Farb- oder Form-Größen-Markierungen wird der Reizwert und damit der Aufforderungscharakter des Materials an kritischen Punkten
erhöht. Neben der Reizreduktion der Lernumgebung ist die Reizerhöhung des Lernmaterials in den ersten Phasen des Programms
sehr wichtig. Mit zunehmendem Erfolg wird die Stimulusanreiche-
rung langsam ausgeblendet.

■ Gestaltung didaktischer Materialien: Bei der Gestaltung der Lern-
materialien verfolgt man den Weg vom Konkreten zum Abstrakten.
Die Wahrnehmungs- bzw. Gliederungsschwäche der Kinder macht
eine Ausschaltung störender Nebenreize erforderlich. Das Material
muß einfach handhabbar sein, eine selbständige Handlungsführung
und Fehlerselbstkontrolle enthalten und nach möglichst knapper
Anleitung vom Kind selbst verwendbar sein. Hier ist auf das Montessori-Material und ähnlich konstruiertes Material hinzuweisen.

Kritik   Kritisiert wird dieses Reiz-Reduktions-Konzept als defizitorientierter
Ansatz, der ursprünglich von einem minimal hirngeschädigten Kind
mit eingeschränkten Lernmöglichkeiten ausgeht. In einer späteren
Buch-Auflage wird zwar von der Hirnschädigung abgerückt, doch nach
wie vor ist von lern- und wahrnehmungsgestörten Kindern die Rede,
ohne mögliche äußere Verursachungsfaktoren in Betracht zu ziehen.
Cruickshank nimmt an, daß soziales Lernen mit Raum- und Reizreduzierung simultan angebahnt wird. Andere Bedingungen sozialen Lernens läßt er dabei außer acht. Kritiker sehen vor allem die Gefahr der
sozialen Isolierung, die durch Raum- und Reizreduzierung, durch das
vorstrukturierte Lernprogramm und durch die Fremdsteuerung bedingt ist. Der Entwicklungtheorie fehlt es ihrer Meinung nach an einer
theoretischen Fundierung, so daß sich keine Handlungsanweisungen
für den Erzieher ableiten lassen. Hinsichtlich der Ausgangsdiagnostik
wird bemängelt, daß die Kategorien inhaltlich nicht überschneidungs-
frei sind. Die Kritik an diesem auch in Deutschland modifiziert angewandten Ansatz bemängelt die eingeschränkte Sozialerziehung bzw.
das eingeschränkte soziale Lernen und das Überwiegen der Fremdsteuerung.[276]

Dennoch kann nicht übersehen werden, daß als erste begrenzte
Maßnahme die strenge und übersichtliche äußere Ordnung und Isolierung zur Minderung der Ablenkung, Förderung der Orientierungsfähigkeit, sensomotorischer Grundfertigkeiten oder basaler Fertigkeiten in den Kulturtechniken dieser Ansatz durchaus nützlich sein kann,
weil ja dann zunehmend Wahlmöglichkeiten und dadurch Selbststeuerung eröffnet werden, da die hier erlebten Erfolge den Anschluß an die
Gruppensituation ermöglichen.

Kephart[277]

Sein Ansatz beruht auf neurophysiologischen und -psychologischen sowie entwicklungspsychologischen und sonderpädagogischen Erkenntnissen über die gestörte Informationsverarbeitung bei Kindern mit Lern- und Verhaltensstörungen und hyperkinetischen Symptomen. Ziel seines Programmms ist die Generalisierungsfähigkeit, d. h., Handlungsmuster aus Datenmengen verschiedener Sinnesquellen bilden zu können und diese Handlungsmuster immer wieder neu organisiert auf neue Situationen hin problemlösend transferierend anzuwenden.

Ziel: Generalisierungsfähigkeit

Symptome

„Das lernbehinderte Kind hat häufig gerade bei der Entwicklung von Generalisierungen die Schwierigkeiten. Fakten und spezifische Fertigkeiten erlernt es noch relativ leicht. Seine Schwierigkeit besteht in der Integration und Organisation dieser Daten. Sie bleiben voneinander weitgehend isoliert und unabhängig und werden nur angesprochen, wenn ein bestimmter Stimulus auftritt. Braucht das Kind größere Datenmengen, um ein Problem zu lösen, so muß es seine Kenntnisse einzeln durchgehen und jede Teilinformationen einzeln auswählen oder zurückweisen.

Das Ergebnis ist, daß es bei jeder Aufgabe leicht Fakten oder Informationen übersieht, die ihm beigebracht wurden und die es gut weiß. […] Es bringt Dinge zusammen, die nicht zusammengehören, und Ganzheiten, wie Formen oder Worte, zerfallen ihm. Seine Grob- und Feinmotorik sind beide ruckartig, heftig und unkoordiniert.[…] Derartige Störungen sind besonders durchschlagend während der ersten Lebensjahre, wenn sich die Muster der Generalisierungen bilden.[…] In den meisten Fällen hat das lernbehinderte Kind diese Störung seines Zentralnervensystems um den Zeitpunkt der Geburt herum erlitten. Sie stört daher bereits in dern ersten Entwicklungsstadien den Erwerb von Generalisierungen. Eine zweite Gruppe von Lernbehinderten hat ein intaktes Nervensystem. Jedoch sind die Lernerfahrungen, denen sie ausgesetzt waren, entweder so begrenzt oder so chaotisch gewesen, daß sie nicht die notwendigen Informationen geliefert haben. Man nennt diese Kinder häufig kulturell depriviert.[…] Das (normallernende) Gehirn ist darauf angelegt, Muster zu bilden. Es verfügt über einen Mechanismus, der Generalisierungen aufgrund von Lernerfahrungen automatisch erzeugt.“[278]

Förderansatz

Deshalb benötigen diese Kinder spezielle Formen der Darbietung und Techniken, die diesen abweichenden Informationsverabeitsprozessen entsprechen und dem Kinde das selbständige Lernen und eine normale Entwicklung – z. B. nach Piaget – ermöglichen.

Prothetische Hilfen

Nach Kephart brauchen die gestörten Kinder prothetische Hilfen in folgenden Bereichen:
– Lernprothesen z. B. beim Lesen und Rechnen, Betonung von Elementen durch Farbe und Form usw.;
– soziale Prothesen, wie z. B. kleine Lerngruppen, klare stabile Regeln, Hilfen zur Selbstkontrolle und Vermeidung von unkontrollierbaren und überraschenden Situationen, zur Entwicklung einer stabilen orientierenden Unterrichtsroutine;
– Verhaltensprothesen, wie z. B. Lernkabinen, medikamentöse Therapie.

Kepharts Interventionsprogramm fußt
– auf einer komplexen und fortlaufenden Diagnostik, deren Ergebnisse in das Interventionsprogramm einfließen;
– auf einer ganzheitlichen Behandlung grundlegender Funktionen wie der Motorik und der Wahrnehmung, besonders von Raum, Zeit und der kognitiven Grundoperationen wie Erkennen, Unterscheiden, Kombinieren bzw. Koordinieren usw., wie dies z. B. in der Montessori-Pädagogik durch die sog. Sinnesmaterialien ebenfalls geschieht.

Didaktisches Programm

Didaktisch ist sein Programm so aufgebaut, daß die nach Entwicklungsgesetzen aufbauenden sensomotorischen und intellektuellen Grundfertigkeiten speziell trainiert, integriert und umgehend in generalisierende und natürliche Aufgabensituationen überführt werden.

Auch wenn an diesem Konzept kritische Anmerkungen gemacht werden, so ist es doch in sich konsistent, systematisch aufgebaut und vermittelt eine Fülle von praxisdienlichen Anregungen.

Methoden kognitiver Verhaltensmodifikation

Selbststeuerung/ -instruktion

Zur kognitiven Verhaltensmodifikation rechnet man die selbstgesteuerte Verhaltensmodifikation wie auch das Selbstinstruktionstraining. Es besteht aus den Komponenten der Selbstüberwachung, -bewertung und -verstärkung.

Für die Selbstüberwachung in der Schule werden Arbeitskarten vorgeschlagen, in die der Schüler täglich einträgt, ob er bestimmte vereinbarte Verhaltensweisen realisiert hat. Am Ende der Unterichtsphase erfährt er anhand der Lehreraufzeichnungen, inwiefern er mit seiner Selbsteinschätzung richtig lag. Selbststeuerung bzw. kognitives Modellieren ist auch der Kern eines Ansatzes von Meichenbaum[279] auf der Basis von musterhaften Verhaltenssequenzen aus Filmen oder auf Bildkarten mit Handlungsanweisungen. Zuerst werden diese laut gesprochen und dann über leises Sprechen zum „inneren" Sprechen bzw. ins Denken überführt. Als Modell kann aber auch ein Trainer/Lehrer dienen, und die Eltern sollen bei den häuslichen Übungen einbezogen werden. Untersuchungen zu diesem Verfahren konnte positive Langzeitwirkungen nachweisen.[280]

Superlearning

In diesem Zusammenhang ist auch das Superlearning bzw. die Suggestopädie zu erwähnen, deren Effizienz sich erwiesen haben soll. Sie beruht auf neueren Erkenntnissen der Gehirnforschung über das Zusammenspiel der linken und rechten Gehirnhälften mit ihren unterschiedlichen Funktionen. Es kann zusammenfassend davon ausgegangen werden, daß dieser Ansatz durch eine Verbesserung der Motivation, der Konzentration und der Gedächtnisleistungen der Schüler das Lernen wesentlich erleichtert – auch bei schwierigen Schülern.[281]

Lernphasen Hier wird nach drei Phasen gelernt:

- In der kognitiven Phase (linke Gehirnhälfte, abstraktes, begriffliches Lernen) wird der Stoff dargeboten, vermittelt und erarbeitet.
- Die rezeptive Phase (rechte Gehirnhälfte) wird über Musik und Entspannung aktiviert, und der Lernstoff wird in dieser Engrammierungsphase ins Gedächtnis dringen.[282]
- Die aktive, ganzheitliche Phase wird durch Tun, Rollenspiele, gruppendynamische Interaktionsspiele angesprochen und dient der selbständigen haptischen, akustischen oder optischen Wiederholung, Festigung, Vertiefung.

Der Ansatz von Wood

Dieser in den USA weitverbreitete Ansatz einer umfassenden Entwicklungstherapie wird in manchen Erziehungsschwierigenschulen (z. B. in Essen, Ltg. Frau Dr. Bergsson) erfolgreich praktiziert. Erziehungsschwierige Schulanfänger sind nach dortiger Erfahrung in ihrem Entwicklungsalter oft noch auf dem Niveau 2–6jähriger Kinder, so daß hiervon auch die Kindergarten- bzw. Hortarbeit profitieren dürfte. Das Handlungskonzept ist wie folgt gekennzeichnet[283]:

Grundideen des Handlungskonzeptes

- „Es wird ein explizites Konzept formuliert mit nachvollziehbarer Offenlegung von Methoden, Instrumenten, Aktivitäten und Materialien, Interventionsstrategien.
- Verhaltensänderung und Messung des Fortschritts werden – unter Beibehaltung der Prinzinien humanistischer Psychologie – objektiviert.
- Integration statt Isolation und Stigmatisierung bei gleichzeitiger spezifischer und rascher Hilfe ist Grundprinzip.
- Der gesamte Kind-Umfeld-Hintergrund wird einbezogen statt einer ‚autonomen‘, losgelösten Therapie.
- Unterricht und schulische Erziehung werden als therapeutische Faktoren gestaltet.
- Therapeutische Hilfe erfolgt auf breiter Basis, nicht nur für wenige Kinder.
- Die Einseitigkeit Psychologischer und Pädagogischer Schulen wird überwunden durch ein Konzept, in dem Experten der verschiedensten Fächer und Richtungen zusammenarbeiten können.
- Die praktische Bewährung des Konzeptes und die Überprüfung der Effektivität wird in wissenschaftlichen Längsschnittuntersuchungen belegt.

Das Konzept

Realisierungsbedingungen

Im Wood'schen Ansatz arbeiten Sonderpadagog/Innen als Therapeut/Innen für verhaltensauffällige Schüler; die Therapie erfolgt schwerpunktmäßig durch Unterricht und Erziehung in Kleingruppen (ca. 6 Schüler). Die Schüler nehmen etwa 2 Stunden täglich an diesem Unterricht teil; die restliche Zeit sind sie, soweit irgend möglich, in reguläre Settings integriert. Die Förderung geschieht durch ein Team von zwei LehrerInnen, von denen eine(r) Klassenlehrerfunktion hat, der/die andere als AssistentIn arbeitet (LehramtsanwärterIn, StudentIn höherer Semester etc). Das Team wird verstärkt und unterstützt durch weitere Fachleute: KoordinationalehrerIn (Funktion: Supervision, Schülerbeobachtung, Konferenzkoordination etc.), SozialpädagogIn, PsychologIn, PsychiaterIn MedizinerIn.

Entwicklungstherapie

Die Entwicklungstherapie ist durch folgende wesentliche Elemente gekennzeichnet:

- Das Phänomen kindlicher Verhaltensauffälligkeiten und seine Beeinflussungsmöglichkeiten werden in einem theoretischen Konzept explizit dargestellt.
- Es existiert ein therapeutisches Curriculum mit dem Schwerpunkt auf Förderung von sozial-emotionaler Entwicklung, das von der Diagnose über die Unterrichtsplanung und -durchführung bis zur Evaluation des Schülerfortschritts reicht.
- Das Curriculum umfaßt die Bereiche Verhalten, Kommunikation, Sozialisation und (Vor)Schulleistung, die in einem Entwicklungstherapeutischen Lernziel-Diagnosebogen (ELDiB) in 171 präzise formulierten Items als sequentielle Fähigkeitsentfaltung beschrieben sind und entsprechend beobachtet werden können.
- Sonderpädagogische und psychologische Interventionstechniken werden ausführlich diskutiert.
- Die Unterrichtsstruktur (Zeitplanungs-, Raumplanungsaktivitäten, Materialien, Interventionen etc.) werden genauestens beschrieben.

Entwicklungssequenzen und Hierarchie

Wood geht von der Prämisse aus, daß die normalen Prozesse der physischen und psychischen Entwicklung in einer Hierarchie von Stufen und Sequenzen abläuft. Diese sequentielle Natur sei in der Forschung und Literatur hinreichend dokumentiert. Ziel der Therapie sei es nun, das Kind bei der Erreichung von Entwicklungslernzielen zu unterstützen. Daher müsse zunächst bestimmt werden, welche Fähigkeiten es bereits besitzt (mittels ELDiB). *Der Blick richtet sich also nicht in erster Linie auf die Defizite des Schülers, sondern auf seine Bedürfnisse in einem ,Entfaltungsmodell'.* Die Therapieplanung orientiert sich an den normalen Veränderungen in der kindlichen Entwicklung. In der therapeutischen unterrichtlichen Intervention werden altersgemäße Erfahrungen und Reaktionen zur Förderung neuer, konstruktiver Verhaltensweisen genutzt.

Therapieplanung

Das Curriculum

Das entwicklungstherapeutische Curriculum umfaßt fünf aufeinander aufbauende Stufen, deren jede durch ein Bündel von Merkmalen bestimmt wird und ein spezifisches Stufenziel hat. Darüber hinaus werden jeder Stufe die für die Schüler auf dieser Stufe angemessenen Erfahrungen, Bedürfnisse, Aktivitäten, Materialien und Interventionstechniken zugeordnet:

Stufe	Stufenziel	Alter bei normaler sozial-emotionaler Entwicklung
I.	Mit Freude auf die Umwelt reagieren	0–2 Jahre
II.	Erfolgreich auf die Umwelt reagieren	2–6 Jahre
III.	Erwerben von Fähigkeiten, um erfolgreich in Gruppen teilzunehmen	6–9 Jahre
IV.	Sich in Gruppenprozesse einbringen	9–12 Jahre
V.	Anwenden individueller und gruppenbezogener Fähigkeiten in neuen Situationen	12–16 Jahre

Auf jeder Stufe sind außerdem den vier Curriculumbereichen Verhalten, Kommunikation, Sozialisation und (Vor)Schulleistung Bereichsziele zugeordnet. Da davon auszugehen ist, daß verhaltensauffällige Schüler der Klassen 1 bis 6 (ca. 6.–12. Lebensjahr) Entwicklungsverzögerungen aufweisen, die eine Zuordnung zu den Entwicklungstherapie-Stufen II und III wahrscheinlich machen, werden im folgenden exemplarisch nur die Bereichsziele für die Stufe II angegeben:
– Verhalten: Erfolgreiche Teilnahme an Routineabläufen u. Aktivitäten;
– Kommunikation: Verwendung von Sprache, um andere in konstruktiver Weise zu beeinflussen;
– Sozialisation: Sich gemeinsam mit anderen an Aktivitaten beteiligen;
– Schulleistung: Teilnahme an Routineabläufen im Umterricht mittels Sprachkonzepten hinsichtlich Ähnlichkeiten und Unterschieden, Bezeichnungen, Verwendung, Farbe; durch numerische Prozesse (ordnen und klassifizieren); durch Körperkoordination.

Für die Ebene der Einzellernziele folgt eine Auswahl von Items, die ebenfalls der Stufe II entnommen sind:
- Verhalten:
  Lernziel 9: Kind wartet ohne physische Intervention durch Erwachsenen auf Materialien oder bis es an der Reihe ist.
  Lernziel 10: Kind nimmnt verbal und physisch an Aktivitäten im Sitzen teil (Arbeitsphasen, Imbißphase) ohne physische Intervention durch Erwachsenen.
- Kommunikation:
  Lernziel 12: Beschreibt einfache, erfühlbare Merkmale sowohl von sich als auch von anderen.
  Lernziel 13: Verwendet spontan Worte, um minimale Information mit einem anderen Kind auszutauschen.
- Sozialisation:
  Lernziel 13. Nimmt spontan an spezifischen parallelen Spielaktivitäten mit einem anderen Kind teil (Verwendung ähnlichen Materials, nicht interagierend).
  Lernziel 17: Beteiligt sich an interaktivem Spiel mit einem anderen Kind.
- (Vor)Schulleistung:
  Lernziel 30: Erkennt Mengen von Objekten bis 10.
  Lernziel 31: Gibt einfache Begründungen an, warum Dinge geschehen.

Der Stundenplan

Der Stunden- bzw. Unterrichtsplan dient als Leitlinie für Förderung und Therapie und setzt die Erkenntnisse der Entwicklungspsychologie und der Verhaltensauffälligenpädagogik konsequent um. Die Anzahl der Aktivitäten in einem zweistündigen Förderblock nimmt mit höheren Stufen ab (Stufe II neun; Stufe III fünf), wodurch Konzentration und Durchhaltefähigkeit angemessen berücksichtigt werden bzw. Motivationsbedingungen sich durch den systematischen Tätigkeitswechsel optimal einrichten lassen. Lernen durch eigenes Tun steht im Vordergrund. Musische Aktivitäten nehmen einen breiten Raum ein, da in diesen Bereichen oftmals brachliegende Fähigkeiten für die Gesamtförderung nutzbar gemacht werden können bzw. die Schüler in diesen Bereichen häufig nicht von negativen Vorerfahrungen belastet sind. Integrierter Bestandteil des Unterrichts ist weiterhin das Training von Wahrnehmung, von motorischen bzw. sensomotorischen Fähigkeiten sowie der Sprachfunktionen, um so Entwicklungsrückstände oder Teil-leistungsstörungen bearbeiten zu können Die schrittweise Förderung der schulischen Leistungen dient dem Aufbau eines positiven Selbstbil-des im Leistungsbereich und der Vorbereitung für die erfolgreiche Teil-nahme am Unterricht in regulären Settings. Die Planung für eine Unterrichtswoche gruppiert sich um ein Wochenthema herum, das altersgemäße Interessen und Aspekte des schulischen Curriculums miteinander verbindet. Ein Stundenplan der Stufe III würde beispiels-weise die folgenden Aktivitäten umfassen, deren jede mindestens einen Bereich des Curriculums berühren und in der Regel einen Teilbereich des regulären schulischen Curriculums einschließen:

— Gemeinsame Planung in der Gruppe (10 Min.)
— Aktuelle Ereignisse (10 Min.)
— Muttersprachliche Phase (20 Min.)
— Gruppenprojekt (Kunst, Musik etc.) (20 Min.)
— Pause im Waschraum (5 Min.)
— Sport und Bewegung (15 Min.)
— Imbiß (10 Min.)
— Mathematik (20 Min.)
— Gruppenabschluß (10 Min.).

Insgesamt: 120 Min.

Beratungsarbeit

Die Kooperation mit der regulären Schule und mit den Eltern basiert auf ständigem Informationsaustausch und intensiver Diskussion. Nur so können Enwicklungsfortschritte des Kindes in allen drei Umfeldern (Förderzentrum, Heimatschule, Familie) gleichzeitig gefördert wer-den. Es ist notwendig, daß mit jedem Elternpaar bzw. mit jedem betei-ligten Kollegen der regulären Schule einmal wöchentlich eine Konfe-renz stattfindet. Die Beratungsfunktion wird dabei entweder von sonderpädagogischen KlassenlehrerInnen, den Koordinationslehrer-Innen, SozialpädagogInnen oder von einem Team dieser Personen, evtl. unter Einbeziehung der schulpsychologischen Beratungsstelle, übernommen.

In den Organisationsformen der Elternarbeit (z. B. Konferenz, Haus-besuch, Unterrichtsbeobachtung, Elterntraining) kann vorrangig das Elterntraining zur Verbesserung der Interaktion zwischen Eltern und Kind einen wesentlichen Platz einnehmen.

In der Beratung mit den KollegInnen der regulären Schulen sind vor allem deren Einstellungen, Wahrnehmungen, eventuelle Vorbehalte gegen die Förderung und Zusammenarbeit sowie individuelle pädagogische Stile zu berücksichtigen, was die sachgerechte Gestaltung der Beratungssituation unabdingbar und begleitende Supervision der SonderpädagogInnen sowie ständiges Training in Beratungskompetenzen notwendig macht.

Als Organisationsformen der Zusammenarbeit mit der regulären Schule sind u.a. zu nennen:

- Teilnahme/Mitarbeit der SonderpädagogInnen im regulären Unterricht;
- gemeinsame Erstellung von Individuellen Erziehungsplänen (IEP) in Konferenzen;
- Beobachtung von SchülerInnen im entwicklungstherapeutischen Unterricht durch den Kollegen/die Kollegin der regulären Schule;
- Beratung und Krisenintervention an der regulären Schule (…).

Das Curriculum: Die planmässige Förderung entwicklungsverlangsamter emotionaler und sozialer Kompetenzen

(…) Das entwicklungsstherapeutische Curriculum stellt nun ein System von Richtzielen, Stufenzielen, Einzellernzielen, Strategien zur Verhaltenssteuerung, Unterrichtsmaterialien und -aktivitäten sowie spezifische Rollenbeschreibungen der/des Pädagogin/en bereit, die sozial-emotionale Entwicklung zugleich mit kognitiver Entwicklung fördern und systematisch die vier Bereiche Verhalten, Kommunikation, Sozialisation und (Vor)Schulleistung in den Blick nehmen. Ausgehend von einer Einschätzung der tatsächlich vorhandenen Kompetenzen eines Schülers, also seines aktuellen Entwicklungsstandes, werden mit Hilfe des Entwicklungsstherapeutischen Lernziel-Diagnosebogens (ELDiB) Gruppenzuordnungen vorgenommen, kurz- und mittelfristige Individuelle Erziehunsspläne (IEPs) aufgestellt, Unterricht nach Maßgabe dieser Pläne strukturiert und der Fortschritt evaluiert.

Die Ausrichtung am Entwicklungsstand des Schülers und die Förderung seiner sozialen, emotionalen, kommunikativen und kognitiven Fähigkeiten gleichzeitig ist insbesondere für vier Handlungsbereiche wichtig, wenn PädagogInnen mit verhaltensauffälligen Schülern arbeiten:

1. Bedürfnisse des Schülers genau erkennen und Unterrichts- und Verhaltensstrategien danach ausrichten;
2. Positiv auf normale, adäquate Verhaltensweisen des Schülers eingehen, statt Defizite in den Mittelpunkt stellen;
3. Unterricht und Lehrerverhalten konsequent überprüfen;
4. Entwicklungsfortschritte des Schülers evaluieren.

Das entwicklungstherapeutische Lebensjahr von Kindern bzw. Jugendlichen. Es ist in fünf Stufen unterteilt. Die folgende Abbildung zeigt die Beziehung zwischen Lebensalter, normalen Stufen der Entwicklung, Stufen der Entwicklungstherapie und Förderorten.

Curriculum umfaßt das 1. bis 16. Lebensjahr

Stufe	Lebensalter	Normale Entwicklungsstufe	Förderort
I.	0–2. Lebensjahr	Säugling und Krabbelkind	Frühförderung
II.	3. bis Schuleintritt (ca. 6. Jahr)	Frühe Kindheit	Frühförderung, Kindergarten
III.	6.–9. Lebensjahr	Mittlere Kindheit	Primarstufe Klassen 1–3
IV.	10.–12. Lebensjahr	Späte Kindheit und beginnende Adoleszenz	Primarstufe Kl. 4 und Orientierungsstufe
V.	13.–16. Lebensjahr	Adoleszenz	Sek. I

Bei einem Schüler mit Verhaltensauffälligkeiten werden die Beziehungen zwischen Alter und Stufe als Verzögerung in Erscheinung treten. Je gravierender die Auffälligkeit ist, desto kumulativer wirkt sich die Verzögerung außerdem auf die Entwicklung aus. Ein Zwölfjähriger, dessen Verhalten bereits im Kindergarten auffällig war und der keine entsprechende Förderung erfahren hat, wird daher möglicherweise erst an Entwicklungslernzielen im ersten Drittel der Stufe III arbeiten müssen.

Die einzelnen Stufen der Entwicklungstherapie lassen sich definieren:
– durch die generelle Stufenbeschreitung,
– die Art der Erfahrungen, Unterrichtsaktivitäten und -materialien,
– die Führungstechniken und
– die Rolle des Erwachsenen.

Die folgende Abbildung gibt nur einen Überblick über diese Definitionen für die Stufen II, III und IV, da diese für den Unterricht in den Klassen 1–6 relevant sind.

STUFE II: Erfolgreich auf die Umwelt reagieren
– Allgemeine Beschreibung: Erwerben individueller Fähigkeiten.
– Rolle des Erwachsenen: Motivator; steuert alte Verhaltensstrategien zu erfolgreichen Ergebnissen; spiegelt Erfolg; berechenbarer Bezugspunkt.
– Techniken: Strukturierung des Unterrichts, gleichbleibende Routine; verbale Interaktion zwischen GruppenlehrerIn und AssistenzlehrerIn; körperliches und verbales Umlenken („redirection'); Einhalten von Grenzen; Spiegeln von Handlungen, Gefühlen und Erfolg.
– Intervention: Häufig, sowohl körperlich als auch verbal unterstützend.
– Umgebung: Strukturiertes, erfolgreiches Erforschen; Aktivitäten führen zu Selbstvertrauen und Selbstorganisation; Kommunikationsaktivitäten, beginnende kooperative Aktivitäten, einfache Gruppenerfahrungen.

STUFE III: Erwerben von Fähigkeiten, um erfolgreich im Rahmen einer Gruppe teilzunehmen
– Allgemeine Beschreibung: Anwenden individueller Fähigkeiten im Rahmen von Gruppenverfahren Modell für das Einbringen in die Gruppe.
– Rolle des Erwachsenen: stimuliert und fördert geeignete Gruppeninteraktion; erhält Grenzen und Gruppenerwartungen aufrecht; spiegelt und interpretiert Verhalten, Gefühle und Fortschritt.
– Techniken: Umlenken („redirection'); Spiegelung; verbale Interaktion zwischen KlassenlehrerIn und AssistenzlehrerIn; individuelles Life-Space-Interview; vorhersagbare Struktur und Erwartungen; Spiegelung von Gefühlen; Vorhersagbarkeit; häufige verbale Intervention, Konsistenz.

- Intervention: Häufig, meist verbal, Schwerpunkt auf der Gruppe.
- Umgebung: Gruppenaktivitäten, die Kooperation stimulieren; Teilen können und beginnende Freundschaften; Schwerpunkt auf Gruppenverfahren und -erwartungen; Annäherung an reale Lebenssituationen und -bedingungen, soweit die Gruppe ertragen kann.

STUFE IV: Sich in Gruppenprozesse einbringen
- Allgemeine Beschreibung: Wertschätzen der eigenen Gruppe.
- Rolle des Erwachsenen: Gruppenleiter; Berater; reflektiert Realität.
- Techniken: Interpretation von Gefühlen und Verhalten; individuelle und Gruppen-Life-Space-Interviews; Spiegelung der Realität.
- Intervention: Intermittierend, dem realen Leben angenähert.
- Umgebung: Realitätsorientiert; Aktivitäten, Verfahren und Erwartungen werden durch die Gruppe bestimmt; Betonung gemeinsamer Gruppenerfahrung bei schulischem Lernen; Rollenspiel; Exkursionen; Erlernen normalen Wettbewerbs. (…)

Erläuterungen zu den einzelnen Lernzielen sowie Beispiele
Stufe II – Erfolgreich auf die Umwelt reagieren
- Stufenziel Verhalten: Erfolgreiche Teilnahme an Routineabläufen und Aktivitäten.

8. Verwendet Spielmaterial, das normale Spielerfahrung stimuliert, angemessen (Bewußtheit der Funktion im realen Leben und in vorgeblichen Bezügen).

Das Kind sieht Spielzeuge nicht als etwas, das es zu zerstören gilt, sondern als Mittel, seine Phantasie zu beflügeln oder Situationen des realen Lebens nachzustellen.
- Das Kind fährt sein Spielzeugauto zu einer Tankstelle und tut so, als ob es das Auto betankt.
- Das Kind füttert eine Puppe und zieht sie an.

9. Wartet ohne phys. Intervention durch Erwachsenen (evtl. mit verbaler Unterstutzung oder Berührung) auf Materialien oder bis es an der Reihe ist (identisch mit SOZ-14).
- In einer Sport-Übungssphase läuft das Kind zu·den Matten, um einen Purzelbaum zu schlagen, ist aber nicht an der Reihe. Die Lehrerin sagt: ‚Du freust dich, daß wir jetzt Turnen haben. Ich bin ge-

spannt auf deinen Purzelbaum, aber erst, wenn David dran gewesen ist.' Das Kind wartet, bis es an der Reihe ist.

■ Michael möchte ein Plätzchen, und er will es JETZT. Die Mutter sagt: ,Du bekommst das Plätzchen sofort, wenn Peter seins gekriegt hat.' Das Kind wartet.

10. Nimmt verbal und physisch an Aktivitäten im Sitzen teil, wie z. B. Arbeitsphasen und Imbißphasen, ohne phys. Intervention durch Erw. (evtl. mit verbaler Unterstützung oder Berührung).

Das Kind nimmt teil, indem es in dem Bereich des Raumes bleibt, der nur die jeweilige Aktivität angesagt ist. Es reagiert auf Materialien, befolgt Anweisungen und reagiert verbal. Wie gut das Kind sitzt, spielt nur eine untergeordnete Rolle. – Erzählkreis. Das Kind entfernt sich aus dem Kreis. Die Lehrerin zeigt auf das Buch und ruft: ,Puh, schau mal, welch große Zähne der Wolf hat!' Das Kind kehrt in den Kreis zurück und sagt: ,Er wird sie alle fressen.'

■ Das Kind verläßt in einer Arbeitsphase abwechselnd seinen Platz und setzt sich wieder. Die Lehrerin sagt: ,Die Aufgabe ist ganz leicht, wenn du auf deinem Platz sitzen bleibst.' Das Kind führt seine Arbeit fort, beendet sie und beantwortet Fragen der Lehrerin zur Aufgabe.

11. Nimmt verbal und physisch an Bewegungsaktivitäten teil, wie z. B. Spielphase, Übungen auf der Matte, musische Aktivitäten, ohne phys. Intervention durch Erwachsenen (verb. Unterst./Berührung).

Vergleiche Erläuterung zu 10.

■ Bei einem Spiel mit einem Freund gerät das Kind in Konflikt mit ihm und bedroht ihn. Ein Elternteil stellt sich zwischen die beiden und sagt: ,Ich weiß, du möchtest auch mit dem Lastwagen spielen. Aber ich höre da ein großes rotes Feuerwehrauto, das gern aus der Spielzeugkiste heraus möchte.' Das Kind hört auf zu streiten, holt das Auto und sagt: ,Das ist mein Auto!'

■ Während einer Musikphase folgt das Kind zunächst nur zögernd einem Klatsch-Rhythmus auf eine Melodie. Nach einer verbalen Ermunterung durch die Lehrerin wird es zunehmend lebhafter. Dann fragt sie: ,Was machen wir als nächstes?' Das Kind schlägt vor, mit den Füßen zu stampfen.

12. Nimmt spontan verbal und physisch an Aktivitäten teil, ohne phys. Intervention Erw. (evtl. mit verbaler Unterstützung/Berührung).

Das Kind läßt Eigeninitiative erkennen, an der Aktivität teilzunehmen. Dies gilt nicht für die Übergänge von einer Aktivität zur anderen.

- Während einer Arbeitsphase nimmt sich Andreas sein Arbeitsblatt ohne besondere Aufforderung und fragt die Lehrerin nach der Aufgabe.
- In einer freien Spielphase beschäftigt sich Hans mit einem Kaffeegeschirr. Die Lehrerin fragt, was er denn anbieten will. Hans antwortet: ‚Kellerkuchen und Coca-Cola.'"

Zusammenfassung:
Das komplexe Verhaltensbild „Hyperaktivität" erfordert offensichtlich ein mehrdimensionales diagnostisches, medizinisch-therapeutisches und pädagogisch-psychologisches Vorgehen und damit die Zusammenarbeit von Erziehern mit Eltern und Spezialisten. Aufgrund der schon im Vorschulalter beginnenden Problematik und damit drohenden Schulversagens besonders im Bereich der Sozialanpassung und im Erwerb der Kulturtechniken kommt dem Kindergarten eine fundamentale Bedeutung zu:

- Dies gilt im Bereich der Entwicklung eines für alle Mitarbeiter verbindlichen Erziehungskonzeptes für die klare soziale Verhaltensorientierung des Kindes.
- Im Bereich der basalen sensomotorischen und kognitiven Kompetenzen ist eine frühe und den Kindergarten/die Früherziehung überschreitende und in der Schule fortzuführende kontinuierliche Förderung zwingend geboten.
- Erforderlich ist eine kontinuierliche Zusammenarbeit mit Eltern, ihre Beratung und Anleitung, um eine möglichst hohe pädagogische Übereinstimmung und damit dem Kinde eine verbindliche Verhaltensorientierung zu gewährleisten.
- In Zusammenarbeit mit Eltern und Spezialisten (z.B. Psychologen, Ärzten, Jugend- und ggf. Sozialämtern usw.) ist die Entwicklung und Umsetzung von Förderkonzepten und die Einbeziehung sozialer Hilfen anzustreben (ökologischer Ansatz).

6.3.3.4 Frühförderung und Behandlung

Die Behandlung bzw. Therapie hyperaktiver Kinder ist teilweise medikamentös möglich, z. B. durch Ritalin (bzw. Captagon oder Cylert). Danach ist in 70–80 % der behandelten Fälle eine Besserung eingetreten und nur in 10–20 % der behandelten Fälle sprachen die Kinder nicht an bzw. ist eine Verschlimmerung festgestellt worden.[284] Götze / Neukäter verweisen auf bestimmte notwendige Diäten bzw. Nahrungsmittel, die nicht eingenommen werden sollten, weil sie Phosphate, Lecithin, Glycerophosphate, Alkohol enthalten.[285]

Aus pädagogisch-psychologischer Sicht werden als Behandlungen vorgeschlagen: die klientenzentrierte Spieltherapie[286], Entspannungsverfahren und Biofeedback, wie z. B. Autogenes Training und Muskelentspannungstraining, psychomotorische Übungen und Verhaltensmodifikation, die nach Götze / Neukäter zu eindeutigen und „dauerhaften" Verbesserungen besonders im schulischen Bereich führen kann.[287]

Die Behandlung von POS- und MCD-Kindern fußt im wesentlichen auf folgenden Verfahren:
– Krankengymnastik zur Förderung der Grob- und Feinmotorik, insbesondere der Koordinationsfähigkeiten;
– Beschäftigungstherapie zur Verbesserung der Feinmotorik und Wahrnehmung;
– Sprachtherapie in Verbindung mit Wahrnehmungs- und motorischer Förderung;
– Psychomotorische Förderung z. B. nach Kiphard zur Verbesserung der Grob- und Feinmotorik, Koordination und Konzentration, Körperbeherrschung und des Sozialverhaltens, des Selbstbewußtseins und der realistischeren Selbsteinschätzung;
– Graphomotorisches Training zur Verbesserung der Schreibfertigkeiten;
– Rhythmisch-musikalische Erziehung zur Verbesserung der Gesamtmotorik und des Körpergefühls;
– Yoga sowie Judo, um erfolgreiche Körperbeherrschung, bewußtere Selbststeuerung sowie Konzentration und die allgemeine Geschicklichkeit zu fördern.

Es wird im Einzelfall zu entscheiden sein, welche Therapie bzw. Therapiekombination zweckmäßig ist.

Beratung

Eine Hauptaufgabe der Frühförderung und Schulpädagogik ist die Eltern-, Erzieher- und Lehrerberatung, wobei es hauptsächlich um die Entwicklung einer realistischen Einschätzung und Behandlung des Kindes geht: daß dieses Kind nicht böswillig oder unerzogen ist, keinen schlechten Charakter hat usw. Hier geht es darum, einen Prozeß zu vermeiden, der in Ablehnung und Stigmatisierung, Einweisung in eine Sonderschule z. B. für Lernbehinderte oder sozialer Ausgrenzung münden kann, den Hellbrügge mit Soziose umschreibt (s. Kap. 4.3).

Wie die Beschreibungen und Symptome der MCD, POS, Hyperaktivität zeigten, liegen hier beachtliche Übereinstimmungen im Ursachenfeld, im Symptombereich und auch bei der Diagnose und Behandlung vor. Auch die Zahlen über solche Störungsbilder schwanken erheblich (zwischen 2–18 % in den Untersuchungen lern- und leistungsgestörter Kinder), und Nissen fordert daher zu Recht, „Übereinkünfte darüber zu treffen, wann eine zerebrale Schädigung diagnostiziert werden kann"[288], bzw. welches Störungs- und Behinderungsbild exakt vorliegt. Die gegenwärtige Begrifflichkeit von MCD.POS usw. ist jedenfalls unbefriedigend.

6.3.4 Literatur

Bergson, M.: Ein entwicklungstherapeutisches Modell für Schüler mit Verhaltensauffälligkeiten. Essen 1995.
Eichelseder, W.: Unkonzentriert. München 1984.
Lauth, G. W. / Schlottke, P. F.: Training mit aufmerksamkeitsgestörten Kindern. Weinheim ³1997.
Steinhausen, H.-Ch. (Hrsg.): Das konzentrationsgestörte und hyperaktive Kind. Stuttgart 1982.

6.4 Geistige Behinderung

6.4.1 Begriffsprobleme / Statistik

Mit diesem Begriff wird eines der schwierigen, differenziertesten und in der wissenschaftlichen Diskussion umstrittensten Behinderungsbilder umschrieben.

Hauptelemente des komplexen Begriffs „geistige Behinderung" sind die „extremen" intellektuellen, sozial-emotionalen und organischen sowie sensomotorischen Schwächen bzw. Schädigungen. An der Begriffsbildung sind verschiedene Wissenschaften beteiligt, insbesondere die Medizin, die Psychologie und Erziehungswissenschaften bzw. Heilpädagogik. Sie alle entwickelten „ihre" Theorie und Begriffssysteme von „geistiger Behinderung"[289].

Der heilpädagogische Begriff

Dieser Begriff von geistiger Behinderung ist im wesentlichen ein „administrativer Begriff".[290] Er bezieht sich vor allem auf den hohen pädagogischen Förderbedarf im Sinne von Frühförderung, Unterricht, Erziehung und Therapie.

Begriffs-felder Der Begriff umfaßt organisatorisch folgende Altersstufen und Institutionen:

- 0–6 Jahre: Frühförderung bzw. Kindergarten oder Elementarbereich,
- 6 bis mindestens 18/21 Jahre: Schule,
- 18–21/24 Jahre: Berufserziehung,
- 18 und weiter: Erwachsenenpädagogik Geistigbehinderter.

Ziele Schwerpunkt der Erziehung Geistigbehinderter ist die Verbesserung, Steigerung und Optimierung des Lernens durch die Gewährleistung des pädagogischen Mehrbedarfs (s. o.) unter Einschluß der notwendigen medizinischen, psychologischen und sozialen Maßnahmen und Hilfen. Aufgrund der nach bisheriger Erfahrung lebenslangen Behinderung ist eine umfassende Anregungs-, Förderungs- und Führungshilfe Geistigbehinderter notwendig.

Statistik

Eine exakte aktuelle Statistik der Geistigbehinderten gibt es nicht, sondern nur Schätzungen aufgrund einzelner Untersuchungen wie die o. g. von Liepmann. Danach liegt der Anteil Geistigbehinderter mit einem IQ < 60 bei 0,6 % der schulpflichtigen Kinder.

Der medizinische Begriff

Die Medizin geht hauptsächlich von den *organischen Ursachen* aus: den Chromosomenschäden, Stoffwechselstörungen, Erbschäden und den prä-, peri- und postnatalen Schädigungen wie z. B. Sauerstoffmangel,

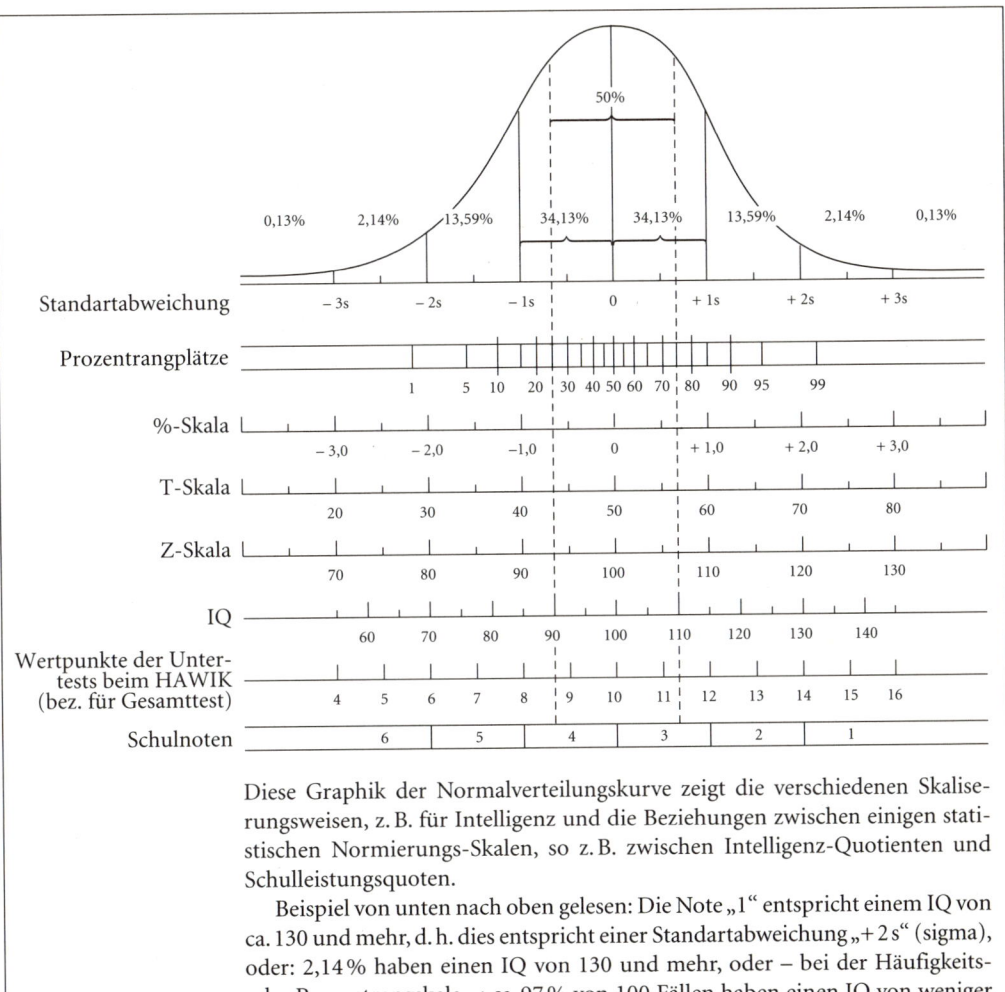

Diese Graphik der Normalverteilungskurve zeigt die verschiedenen Skalise-rungsweisen, z. B. für Intelligenz und die Beziehungen zwischen einigen stati-stischen Normierungs-Skalen, so z. B. zwischen Intelligenz-Quotienten und Schulleistungsquoten.

Beispiel von unten nach oben gelesen: Die Note „1" entspricht einem IQ von ca. 130 und mehr, d. h. dies entspricht einer Standartabweichung „+ 2 s" (sigma), oder: 2,14 % haben einen IQ von 130 und mehr, oder – bei der Häufigkeits- oder Prozentrangskala –: ca. 97 % von 100 Fällen haben einen IQ von weniger als 130.

geburtsbedingte Hirnschädigungen usw., aber auch zunehmend sog. exogene bzw. umweltbedingte Ursachen (siehe Kap.: Behinderung aus medizinischer Sicht, S. 29).

Oligophrenie   Geistige Behinderung im medizinischen Sinne heißt *Oligophrenie* (Schwachsinn). In Fällen des Abbaus von Intelligenzleistungen im Kin-desalter spricht die Medizin von infantiler *Demenz*.

Die Medizin spricht von folgenden Graden der Oligophrenie:
- von *hochgradiger Oligophrenie* oder Idiotie bei einem IQ von 0 bis 20,
- von *Imbezillität* bei einem IQ zwischen 20 und 50 IQ-Punkten und unterscheidet hierbei bis ca. 35 IQ-Punkten die
- *schwere, mittelgradige Oligophrenie* oder Imbezillität von der
- zwischen 35 bis 50 IQ-Punkten liegenden *mäßigen, mittelgradigen Oligophrenie* oder Imbezillität und der
- *Debilität* oder *leichten Oligophrenie* bzw. Debilität von 50 bis 70 IQ-Punkten.[291]

Abgrenzung von den Schwerstbehinderten

Der medizinisch-therapeutischen Fragestellung und Therapie am nächsten liegt die Gruppe der sog. *Schwerst- und Intensivbehinderten.* Geschädigt sind diese Kinder im Bewegungs- und Wahrnehmungsbereich, durch Ausfälle der Sinnesorgane, Anfallsleiden und chronische Krankheiten. Ihr Behinderungsbild ist dadurch gekennzeichnet, daß sie das vergleichbare Entwicklungsniveau eines halbjährigen Kindes nicht erreichen.

Schädigungs-bereiche

Der psychologische Begriff

Psychosoziale Aspekte

Bei der Bezugnahme auf die Intelligenz überschneidet sich die Medizin mit der Psychologie. Die Psychologie geht hauptsächlich von der Intelligenz, der Lernfähigkeiten bzw. Lerntheorie und den daraus möglichen praktischen, sozialen und kognitiven Entwicklungsmöglichkeiten aus. Aus psychologischer Sicht der Ursachen geistiger Behinderung sind insbesondere die pädagogisch-psychologischen Vernachlässigungen, vor allem die sog. Deprivationen zu nennen (vgl. oben: Interaktion, Soziose, Deprivation).

Geistige Behinderung ist eben nicht nur organisch verursacht, sondern kann auch zu einem erheblichen Teil das Ergebnis fehlgeschlagener „interaktionaler Prozesse" sein, die zwischen den organischen, emotionalen und kognitiven Entwicklungsprozessen einerseits und zwischen Individuum und Umwelt bzw. allgemeinen sozialen, familiären und materiellen Lernbedingungen des behinderten Kindes stattfinden[292] (vgl. Ursachen der Behinderung S. 29).

Intelligenzschwäche als Leitsymptom

Die Intelligenz hat eine große praktische Bedeutung z.B: als Maßstab für die Einteilung geistiger Behinderung, für die Aufstellung und Überprüfung von Förderplänen bzw. -maßnahmen, für die schulische Einordnung und die Prognose der Lernmöglichkeiten. Trotzdem ist die Intelligenz als einziges Kriterium umstritten und besonders bei 0–6-jährigen behinderten Kindern nur schwer genau zu ermitteln.[293]

Lernen als Zentralproblem

Geistige Behinderung liegt demnach vor, wenn die Intelligenz niedriger als 60+/-5 Punkte liegt.

Geistige Behinderung schließt immer auch „*umfängliche, schwere und langfristige Beeinträchtigungen* des seelisch-geistigen Werdens (der Lernprozesse) und der sozialen Eingliederung eines Menschen" ein.[294]

Abgrenzung von Störungen

Geistige Behinderung ist von einer Störung abzugrenzen, „die *als partielle, weniger schwere* und/oder *behebbare* beziehungsweise in absehbarer Zeit vorübergehende *Beeinträchtigung* gekennzeichnet ist", wie z. B. Sprach- und Lernentwicklungsstörungen.[295]

Abgrenzung zu den Lernbehinderten

Als Geistigbehindert gilt das Kind mit einem IQ < 60+/-5, und wenn es in einer Lernbehindertenschule (mit Kindern bei einem darüberliegenden IQ) nicht hinreichend gefördert werden kann. Hier liegt also ein schulisch-administratives Entscheidungskriterium vor. Es können in Grenzbereichen der Intelligenz Kinder im Einzelfall und je nach Umfang und Grad der Behinderung z. B. mit einem IQ um 60–70 sowohl in eine Sonderschule für Lern- als auch für Geistigbehinderte eingewiesen werden.

6.4.2 Besonderheiten Geistigbehinderter

Wesentliches Merkmal Geistigbehinderter ist das

Lernbesonder-heiten

„*dauernde Vorherrschen des anschaulich-vollziehenden Lernens trotz optimaler Erziehungsbemühungen unter Berücksichtigung eventuell vorhandener sensorieller oder motorischer Beeinträchtigungen des Lernens*"[296].

**Dimensionen
der Mehrfach-
behinderung**

Sie liegen in fast allen Bereichen der humanen Kompetenzen, wie Sprache, Sozialverhalten, motorische Fertigkeiten, Kulturtechniken, wie Lesen, Schreiben und Rechnen usw.

Geistige Behinderung ist nach dieser Definition in jedem Fall eine Mehrfachbehinderung, wobei die Intelligenzschwäche ein „Leitsymptom" darstellt für ein anfängliches Syndrom von *„Mehrfachbeinträchtigungen"*[297].

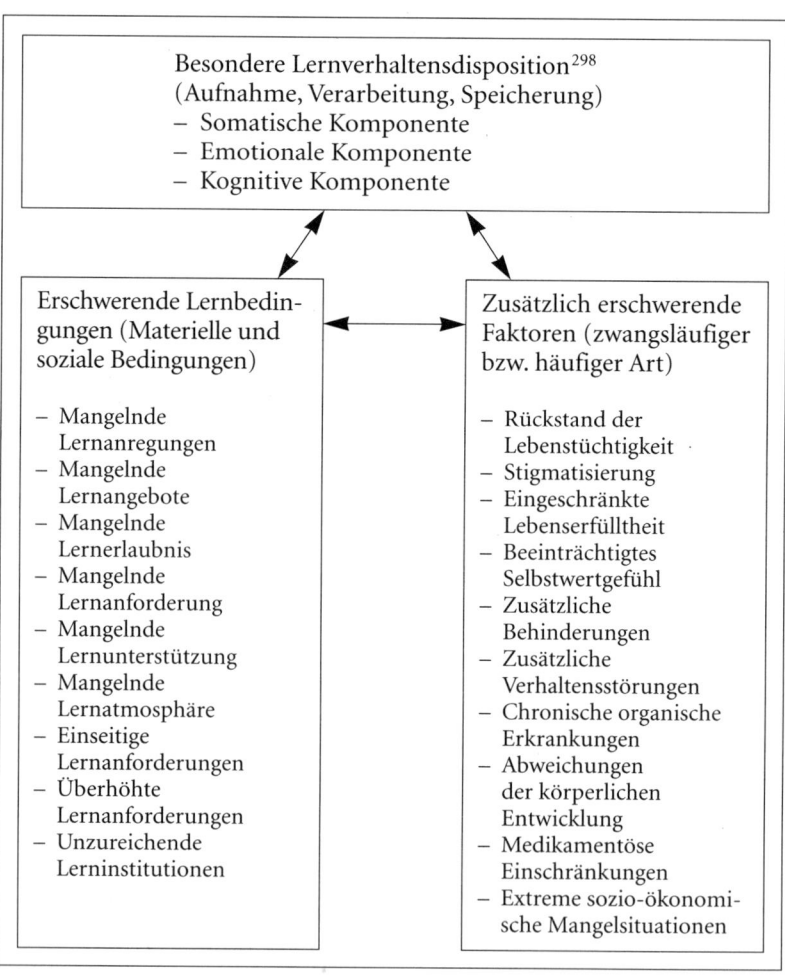

6.4.2.1 Beeinträchtigungen des Lernens Geistigbehinderter

Die Theorie der geistigen Entwicklung nach Piaget (s. o.) gilt zwar auch für die Geistigbehinderten, aber sie ist nach Bach beeinträchtigt durch eine Reihe von Besonderheiten, wie z. B.:

– die „Rigidität" oder Starrheit der operationalen Beweglichkeit im Denken und Handeln (nicht abrücken können von bestimmten Positionen, Reizen);

– ein allgemein schwaches Gedächtnis und speziell des Kurzzeitgedächtnisses, d. h., sich etwas über Minuten bis Stunden zu merken; außerdem bilden und behalten sie weniger klare Vorstellungen;

– eine „Aufgabengliederungsschwäche" bei der Lösung von Problemen;

– Aufmerksamkeits- bzw. Konzentrationsproblemen, z. B. den Blick auf einen bestimmten Reiz zu richten und festzuhalten;

– geringe Abstraktions- und Unterscheidungsfähigkeit (Reizdiskriminierung) z. B. zwischen bekannten und unbekannten, wichtigen und unwichtigen Reizen;

– ein geringes Lerntempo schon bei der Ausbildung elementarer Reiz-Reaktions-Verbindungen und Orientierungsreaktionen und

– schwaches Durchhaltevermögen.[299]

6.4.2.2 Allgemeine Entwicklungsverzögerung

Kumulation von Entwicklungsproblemen

Eine allgemeine Entwicklungsverzögerung ist schon im ersten Lebensjahr feststellbar, die unbehandelt zu einer ansteigenden Kumulation immer komplexerer Entwicklungsverzögerungen führt (siehe psychol. Aspekte S. 81). Die für das Bewegungslernen und die sensomotorische Entwicklung wichtigen Reflexe sind oft verlangsamt bzw. gestört, und das führt zu einer schwachen Lernbereitschaft durch geringe Bewegungslust, niedrigen neugierigen Betätigungsdrang (Explorationslust) und schwacher Nachahmung, die umso schwächer ist, je niedriger die Intelligenz ist. An einmal erworbenen Fertigkeiten wird relativ lange und starr festgehalten (Perseveration). Das zeigt sich auch im Spiel: einförmige, einfallslose, sich ständig über Wochen hinziehende variantenlose Wiederholungen und überwiegende Funktionsspiele wurden beobachtet.[300]

6.4.2.3 Wahrnehmungsprobleme

Mit der geistigen Behinderung geht eine Reihe von Wahrnehmungsstörungen oder gar -schäden einher:

Komplexe Wahrnehmungs- probleme

- In der visuellen Wahrnehmung zeigen sich Schwächen in der Farb-
wahrnehmung (22–30 %), im Formerkennen, in der Figur-Hinter-
grund-Unterscheidung, im Tiefensehen, in der Größenkonstanz, in
der Bewegungswahrnehmung und in der visuell-motorischen Koordination.

Sehschäden sind besonders häufig: 18 % einer Untersuchungs-
gruppe hatten Sehfehler, wovon die meisten Down-Kinder waren;
14 % waren Brillenträger und 15 % wurden als Schielende (Strabismus) ermittelt.[301]

- In der *auditiven* Wahrnehmung, die besonders wichtig ist für die
Sprachentwicklung, zeigen sich 2–18mal mehr Fälle von Schwerhörigkeit als bei Normintelligenten; Schwierigkeiten bestehen auch in der
auditiven Gestaltgliederung, z. B. bei Lautzerlegung von Wörtern.[302]

6.4.2.4 Motorische Probleme

Die Motorik ist gerade in der Frühentwicklung und -förderung wegen
ihrer engen Koordination mit der Sensorik von grundlegender Bedeutung, zumal der Geistigbehinderte durch das vorherrschende anschau-
lich-vollziehende Lernen seine elementaren Kompetenzen entwickelt.
Die motorischen Behinderungen sind außerordentlich hoch.

Mehrfach-ver- schiedenartige motorische Probleme

Nach einer Untersuchung von Sondersorge waren 50 % bewegungs-
gestört, davon die Hälfte körperbehindert mit irreparablen Lähmungen, Dysmelien u. a. Mißbildungen.[303]

Die Motorik der Geistigbehinderten kann je nach Schädigung und
Ursache sehr unterschiedliche Symptombilder haben. Es gibt Formen
geistiger Behinderung, wie z. B. Down-Kinder, die aufgrund der bei
ihnen häufigen Hypotonie (Schlaffheit der Muskeln) und spastischen
Lähmungen oft eine schlaffe Gesamtmuskulatur haben bis zur Bewe-
gungsstarrheit. Manche zeigen auch ein hypermotorisches bzw. hyper-
aktives Bild bis zum Bewegungschaos (vgl. o. CP-Kinder S. 165 ff.).
Nicht selten gibt es auch das Erscheinungsbild motorischer Hemmungen und Ungeschicklichkeit aufgrund einer überbehütenden Erziehung.[304] J. Wendeler verweist auf die autistischen Kinder, die oft auch

geistigbehindert sind. Sie „haben große Schwierigkeiten bei der Imitation motorischer Verhaltensweisen".[305]

6.4.2.5 Sprachverzögerungen und -probleme

Der enge Zusammenhang von Sensomotorik und Sprache lenkt den Blick auf die Sprachprobleme Geistigbehinderter. Spreen faßt ihre Sprachprobleme wie folgt zusammen:

Mehrfach-ver-schiedenartige Sprachprobleme

> „Grobe Schätzungen ziehen im allgemeinen die Intelligenzklassifizierung zum Vergleich heran und zeigen, daß bei Behinderten mit einem IQ von unter 20 in allen Fällen mit groben Sprachbehinderungen gerechnet werden muß. In der IQ-Gruppe 21–50 finden sich Sprachstörungen bei 90 % der Behinderten. Bei leicht Behinderten (IQ 51–70) liegen immer noch 45 % Sprachbehinderungen vor (im Vergleich dazu finden sich diese bei etwa 5–7 % der Allgemeinbevölkerung). Eine ähnliche Beziehung findet sich, wenn man die Verzögerung des Spracherwerbs im Kindesalter beobachtet."[306]

Hörbeeinträchtigungen, Mißbildungen des Nasen-Rachenraumes und der peripheren Sprechwerkzeuge (z. B. übergroße Zunge, gestörte Gesichtsmuskulatur), Spasmen und Schäden des cerebralen Sprachzentrums führen zu einer Vielzahl verschiedener Sprachbeeinträchtigungen, insbesondere aber eine erhebliche *Sprachaufbauverzögerung* im späteren oder fehlenden Lallen und Spracheintritt erst zwischen 4–5 Jahren, sowie in einem begrenzten sprachlich-expressiven Verhalten.[307] A. Atzesberger erwähnt darüber hinaus eine

> „Sprachaufbaubegrenzung ... die letztlich ein Stehenbleiben bei undifferenzierteren, rudimentären, vorgestaligen ... Sprachgebrauchsmustern beinhaltet – im Bereich der Lautgebung und Artikulation (mit Stammeln und Artikulationsschwäche), im Bereich des Begriffs- und Wortgebrauchs ... (und) auf der Ebene der Formung des Satzbaus (mit Agrammatismus bzw. Dysgrammatismus; Störung der Grammatik bzw. des Satzbaus, Verf.)."[308]

Die Ursachen dafür liegen bei Geistigbehinderten nicht allein in den organischen Schäden, der oft typischen Apathie und Sprechunlust, sondern auch an „mangelnder Stimulierung, Isolierung und Ablehnung ebenso wie eine übertriebene Beschützerhaltung der Eltern"[309].

Sie sind also auch das Ergebnis einer fehlentwickelten Interaktion, die zu vermeiden bzw. zu korrigieren die Chancen einer Frühsprachförderung erhöhen dürfte.

6.4.2.6 Geistigbehinderte = Mehrfachbehinderte

Die Forschungsergebnisse zeigen eindeutig, daß es sich bei Geistigbehinderten in der Regel um schwer Mehrfachbehinderte handelt.

So zeigten sich in vielen Untersuchungen – u. a. von Liepmann[310] –, daß bei Geistigbehinderten zusätzlich
- 1 Behinderung bei 26,11 %,
- 2 Behinderungen bei 39,3 %,
- 3 Behinderungen bei 19,8 %,
- 4 Behinderungen bei 2,6 % auftraten
und nur 11,9 % keine zusätzlichen Behinderungen aufwiesen.

Dieser Komplexität entsprechend schwierig und umfänglich ist die Diagnose und Therapie, die Früherziehung und schulische Förderung.

6.4.3 Probleme der Diagnose geistiger Behinderung

Die aufgezeigte Komplexität der geistigen Behinderung erfordert eine dementsprechend umfassende Diagnostik, d. h., eine rein medizinische oder nur pädagogisch-psychologische Diagnostik – etwa allein der Intelligenz – reichen ebensowenig aus wie eine einmalige, punktuelle Diagnostik. Aufgrund der Prozeßhaftigkeit geistiger Behinderung und der oft schubhaften unregelmäßigen Entwicklung einzelner Kompetenzbereiche wie Sprache, Motorik usw. gerade in den ersten Lebensjahren ist eine Diagnostik erforderlich, die kontinuierlich die Fördermaßnahmen begleitet und alle Kompetenzbereiche in ihren Wechselwirkungen umfaßt.

Entwicklungsbegleitende Förderdiagnostik

Eggert empfiehlt daher eine „*mehrdimensionale Profilbeschreibung*" in folgenden variablen Leistungsbereichen:
- „*Wortschatz, Artikulation und Diskrimination als Faktor verbaler Merkmale;*
- *Problemlösen und Symbolfunktion als kognitive Merkmale;*
- *Selbsthilfe und Kommunikation als Merkmale sozialer Anpassung;*
- *Senso- und Psychomotorik;*

    – *Sehen und Hören als Sinnesfunktionen;*
    – *Lernverhalten;*
    – *Sozialstatus, d. h. Sozialschichtenzugehörigkeit als grober Index der*
    Sozialisationsbedingungen."[311]

Auf diese Weise könnte eine mehr pädagogisch individuelle, lernziel-
und förderungsorientierte Diagnostik gegenüber der traditionellen,
defizitorientierten Diagnostik entstehen.

6.4.4 Testverfahren

Eggert nennt u. a. für Geistigbehinderte folgende Tests[312]:

1. Screening-Tests:

Bezeichnung	Erfaßte Merkmale bzw. Verhaltensweisen	Altersbereich bzw. Normgruppen
DENVER-Suchtest	Feinmotorik, Grobmotorik, Sprache, Sozialer Kontakt	bis zum 3. Lebensjahr

2. Standardisierte Tests:

Bezeichnung	Erfaßte Merkmale	Altersbereich bzw. Normgruppe
TBGB (Testbatterie für geistigbehinderte Kinder) Subtests: CMM (Columbia Mental Maturity Scale)	allg. sprachfreie Intelligenz	Geistigbehindert: 7–12 Jahre Lernbehinderte: 9–12 Jahre Nichtbehinderte: 3–10 Jahre
BM + CM (Bunte und Progressive Matrizen)	allg. sprachfreie Intelligenz	GB: 7–12 Jahre LB: 9–12 Jahre
PPVT (Peabody Picture Vocabulary Test)	passiver Wort-Schatz (Sprache)	GB: 7–12 Jahre LB: 9–12 Jahre
BA (Befolgen von Anweisungen)	Merkfähigkeit	GB: 7–12 Jahre LB: 9–12 Jahre
KP (Kreise Punktieren)	Feinmotorik	GB: 7–12 Jahre LB: 9–12 Jahre

Bezeichnung	Erfaßte Verhaltensweisen	Altersbereiche bzw. Gruppen
LOS (Lincoln Oseretzky Motor Development Scale)	Motorischer Entwicklungsstand	
– Hamburger Version (Langform)		GB: 7–12 Jahre LB: 9–12 Jahre
– Kurzform (LOS KF 18)		GB: 7–13 Jahre LB: 8–12 Jahre NO: 5–13 Jahre
P-E-T (Psychologischer Entwicklungstest)	Spez. Lernfähigkeiten	NO: 4–10 Jahre
HMKTK (Hamm-Marburger-Körperkoordinationstest für Kinder)	Motorische Koordination	NO: 3–14 Jahre
Frostig-Test	Visuelle Wahrnehmung	
HAWIVA (Hannover-Wechsler-Intelligenztest für das Vorschulalter)	Verbale Intelligenz Organisation der Wahrnehmung	NO: 4–6; 6 Jahre

3. Verhaltensbeobachtungs- und Beurteilungsskalen:

Bezeichnung	Erfaßte Verhaltensweisen	Altersbereiche bzw. Gruppen
Kurzform der VSMS für Geistigbehinderte (Vineland Social Maturity Scale)	Soziale Reife	GB: 7–12 Jahre NO: 2–7 Jahre
P-A-C und P-E-I (Päd. Analyse und Curriculum und Päd. Einschätzungs-Index) in folgenden Formen:	Selbsthilfe, Verständigungsvermögen, Sozialanpassung und Grobmotorik	
P-P-A-C und P-P-E-I		jüngere und/oder erheblich behinderte Kinder
P-A-C 1 und P-E-I 1		GB von 6 bis 16 Jahren
M/P-A-C 1 und M/P-E-I 1		Spezielle Version für mongoloide Kinder von 6–16 Jahren
P-A-C 2 und P-E-I 2		für heranwachsende und erwachsene Geistigbehinderte

Erläuterungen: GB = Geistigbehinderte; LB = Lernbehinderte; NO = Nichtbehinderte
Anmerkung: Es wurden nur Verfahren mit Normangaben in die Tabelle aufgenommen.

Zu erwähnen ist außerdem „Das Macquarie-Programm für Kinder mit Entwicklungsrückstand" von S. Cairns/M. Pieterse/Treloar zur Erfassung und Förderung von Grobmotorik, Sensomotorik und Wahrnehmung, Sprachverständnis, sprachlicher Ausdrucksfähigkeit und dem persönlich-sozialen Bereich von 0–5jährigen.

6.4.5 Frühförderung

Förderchancen und -ergebnisse

Die Zeit scheint glücklicherweise vorbei zu sein, daß Geistigbehinderte als bildungs- oder erziehungsunfähig betrachtet und behandelt wurden. Das heutige Wissen über die Erziehbarkeit dieser Kinder, insbesondere aus der Gehirnforschung und die bisherigen praktischen therapeutischen und pädagogischen Erfolge belegen größere Förderchancen als bisher angenommen.

Erwähnt wird in der Literatur immer wieder das Experiment von Skeels und Dye. Sie untersuchten 26 Kinder mit einem IQ < 70 in einem Waisenhaus und teilten sie im Alter von zwei Jahren in zwei Gruppen auf. Eine Gruppe gaben sie in eine persönliche Pflege von weiblichen Insassen einer Anstalt für Geistigbehinderte, die anderen blieben in der bisherigen Massenpflege. Die erste bzw. Beobachtungsgruppe zeigte nach 1½ Jahren einen Intelligenzzuwachs um durchschnittlich 28 und nach weiteren 2½ Jahren erreichten sie 101 Punkte. Die andere Gruppe in der Massenpflege fiel um 26 Punkte zurück. Die Kinder aus der ersten Gruppe erlangten durchaus normale Berufe von der Hausfrau bis zum Grundstücksmakler, Berufsberater usw., wogegen bei den Kindern aus der Massenpflege nur einer Schriftsetzer wurde, die anderen in Heimen blieben oder nur niedrigere Berufe (Geschirrspüler) erlangten oder früh starben.[313]

Unbestreitbar sind die nachgewiesenen Erfolge in der frühen Hör-Spracherziehung, in der physiotherapeutischen Frühbehandlung cerebral-geschädigter Kinder (s. o. Kalbe S. 162) und in der Früh- und Entwicklungstherapie für mehrfachbehinderte Kinder. Für diese Kinder kommt Schamberger[314] zu dem Ergebnis,

„daß Kinder mit Entwicklungstherapie bei hoher Signifikanz (0,01 % Niveau) in allen Funktionsbereichen ein höheres Entwicklungsalter aufwiesen als jene, die keine Entwicklungstherapie erhalten hatten, (und) daß die ... Entwicklungstherapie als wirksame Methode in der

Frühtherapie bei Down-Syndrom nachgewiesen ist, wobei begründet angenommen werden kann, daß sich diese Ergebnisse auf andere geistig und mehrfachbehinderte Kinder übertragen lassen".

Funktional integrierte Förderung

Spezielle und integrierte Förderung in den Bereichen Motorik, Greifen, Perzeption, Sprache und Sozialentwicklung in Verbindung mit intensiver Elternanleitung bzw. -Training (vgl. o. E. Schmitz S. 172) und die Einbeziehung der Montessori-Pädagogik haben sich als ein wirksames Verfahren ganzheitlicher Frühförderung erwiesen. Diese optimistisch stimmenden Aussagen treffen nicht ohne Einschränkungen zu bei den schwerstbehinderten Kindern, für die Fröhlich das Konzept der „Basalen Stimulation" entwickelte.

Früherzieherische Ansatzpunkte liegen in den pädagogischen Konzepten von Fröbel und Montessori, die durch therapeutische Maßnahmen ergänzt werden müssen. Umfangreiche Hilfen im Sinne von entwicklungsfördernden Aufgabensammlungen und Materialien liegen vor.

6.4.6 Literatur

Augustin, A.: Beschäftigungstherapeutische Behandlung bei Wahrnehmungsstörungen. Dortmund 1980.
Brandt, R. (Hrsg.): Handlungstheorie und Entwicklungsförderung. Emden [2]1980.
Conrads/Kluge: Die spieltherapeutische Grundausstattung. München 1985.
Cunningham/Sloper: Hilfe für Ihr behindertes Kind Frankfurt a. M. 1980.
Erziehungsdirektion des Kantons Zürich (Hrsg.): Erfassen und Fördern im Kindergarten Bd. 1: Schwerpunkt Wahrnehmung. Zürich [2]1987, und Bd. 2: Bewegung, Zürich 1990.
Herzka, H.: Spielsachen für das gesunde und behinderte Kind. Basel [3]1974. Mit Ergänzungen für CP-, sehbehinderte und blinde Kinder.
Montessori-Material. Handbuch für Lehrgangsteilnehmer. 3 Bde. Nienhuis Zelhem Niederlande (in Verbindung mit einem Montessori-Lehrgang zweckmäßig).
Morgenstern, F.: Erziehung und Unterricht bei behinderten Kindern. Heidelberg 1985.
Morgenstern, M. u. a.: Heilpädagogische Praxis, Methoden und Material. München [2]1973.
Ohlmeyer, G.: Frühförderprogramme für behinderte Kinder 0–6. Dortmund 1979.
Sinnhuber, H.: Spielmaterial zur Entwicklungsförderung. Dortmund 1978.
Straßmeier, W.: Frühförderung konkret. München 1981.
Thiesen, P.: Konzentrationsspiele für Kindergarten und Hort. Freiburg 1990.
Verband evangel. Einrichtungen für geistig und seelisch Behinderte (Hrsg.): Wahrnehmungsübungen im Bereich des Tastsinns und Bewegungssinns. Hamburg [4]1987.
Ders.: Trainingsprogramm für Geistig Behinderte. Stuttgart [4]1983.
von Oy, C. M./Sagi, A.: Werkhefte zur heilpädagogischen Übungsbehandlung. Ravensburg (mehrere Hefte).
von Schwerin, A.: Sprache haben – Sprechen können. Freiburg [10]1998.

6.5 Das Autismus-Syndrom

6.5.1 Begriff / Symptome

Erstmals erkannt und erforscht wurde dieses Syndrom von L. Kanner und H. Asperger (1939 und 1943), die unabhängig voneinander zu unterschiedlichen Erkenntnissen und Erklärungsansätzen über dieses Syndrom gelangten.

Autistische Syndrome

Frühkindlicher Autismus
Kannersches Syndrom
Autismus infantum

Autistische Psychopathie
Aspergsches Syndrom

Definition

Unter dem Begriff „Autismus" wird eine

„Beziehungsstörung verstanden, und zwar zur menschlichen und zur dinglichen Umwelt, sowie eine intrapsychische (innerhalb der Person, Verf.) Beziehungsstörung. Die personale Beziehungsstörung ist bei beiden Syndromen stärker ausgeprägt als die dingliche"[315].

Für die (alte) Bundesrepublik rechnet man mit ca. 4000 autistischen und überwiegend männlichen Kindern zwischen 5 und 15 Jahren, einer höheren Zahl als der blinden, sehbehinderten und gehörlosen Kinder.[316]

Kannersches Syndrom

Das *Kannersche Syndrom* des frühkindlichen Autismus wird als eine Störung bezeichnet, die sich bis zum sechsten, insbesondere zwischen dem zweiten und sechsten Lebensjahr voll entwickelt.[317]
Symptome sind nach Spiel/Spiel[318]:

Symptome

„Sie strecken die Arme nicht nach der Mutter aus, sie entwickeln kein Lächeln, die Zuwendung ist vom ersten Lebenstag an gestört; sie bleiben im Zuge ihrer Sprachentwicklung zurück, zwei Drittel der Fälle lernen später etwas sprechen, sie machen aber dann vom Ichbegriff keinen Gebrauch; sie sprechen über sich nur durch die Nennung ihres Vornamens oder in der dritten Person; manche Fälle erreichen überhaupt

kein Sprachniveau, die Sprache wird als Ausdrucks- und Kommunikationsmittel nicht verwendet; selbst in schwersten Fällen bleibt die Fähigkeit, Melodien und auch Gedichte zu merken und darauf zu reagieren, erhalten."

Besonderheiten

Auffällig ist die positive Ding-Beziehung dieser Kinder, z. B. zu Puppen und Fellen, mit denen sie offensichtlich mit einem „relativ großen Gefühlsgehalt" hantieren.[319] Jedes Eindringen in ihr isoliertes Leben und Spiel wird als störend empfunden.

Weitere Symptome liegen im Vermeiden des Blickkontaktes zur Mutter, in der verzögerten bzw. unvollkommenen Sprachentwicklung (50 % erwerben nach Weber keine Sprache), in Echolalie (Wiederholungen) und Ängsten insbesondere gegenüber jeglichen Veränderungen der Räume, des Essens, der Kleidung usw., in autoaggressivem Verhalten (sich schlagen, beißen, kratzen usw.) und in Bewegungsstereotypen.[320]

Auffallend sind die Selbststimulationen wie Augenbohren (Kind drückt mit einem oder mehreren Fingern das Augenlid auf das Auge), Fächerbewegungen vor den Augen oder das stundenlange Bewegen bestimmter Gegenstände vor den Augen usw., was insgesamt auf *„Störungen der Reaktion auf Sinnesreize"* hinweist.[321] Dazu paßt auch die Entwicklung der Intelligenz, wonach ca. 60 % geistigbehindert und ca. 20 % lernbehindert sind, 17 % im Grenzbereich zum Normalen und nur 3 % im Normalbereich liegen.[322]

6.5.2 Ursachen

**Beziehungs-
störungen**

Die Ursachen dieses Syndroms werden nach *Spiel/Spiel* teils in einer „gestörten Mutter-Kind-Beziehung" gesucht. Es sind auch Fälle bekannt, wo die Eltern „selbst autistisch waren, daß sie keine empathische (liebevoll empfindende, Verf.) Erziehungshaltung zustande brachten bzw. daß sie ‚intellektuell‘ erziehen"[323].

Deprivation

Teils werden die Ursachen auch in „verkappten Sinnesdeprivationen" gefunden, d. h., daß diese Kinder taub waren, oder vermutlich prä- und perinatale Schädigungen hatten.[324]

Hirnschäden

Weber berichtet aus ihren Fällen 41 % hirngeschädigte Kinder, und sie nennt bis zu 29 %, die epileptische Anfälle im Jugendalter haben.[325]

Asperger-Syndrom

Das *Asperger-Syndrom* zeigt sich durch die Mimik und Motorik dieser Kinder, die meist durch Ungeschicklichkeit, Tolpatschigkeit und durch Bizarrerien gekennzeichnet ist[326] und in ihrer Beziehung zu Menschen und Dingen schwer gestört sind.

Symptome

Andere Merkmale sind: Schwierigkeiten, sich auf Veränderungen in der Umwelt einzustellen (oft starres Festhalten am Gegebenen) und verarmtes Gefühlsleben; „Belehrungen hinsichtlich ihrer sozialen und kommunikativen Schwächen nehmen sie nicht an. Sie haben schwere Einordnungs- und Anpassungsschwierigkeiten", anderseits haben sie oft eine sehr gute Intelligenz, entwickeln z. B. künstlerische Sonderbegabungen und neigen zu „skurrilen, sonderlingshaften Interessen"[327].

Ursachen

Die Ursachen sah Asperger in einer Psychopathie (krankhafte psychische Störung), andere Autoren in „unerkannt gebliebener schizophrener Psychose" oder in einer Beziehungsstörung zur Mutter.[328] Die hier vorgenommene Aufzählung von Symptomen und Ursachen ist bei weitem nicht vollständig. Die Fachleute selbst sind sich nicht ganz einig, und eine „fast unübersehbare wissenschaftliche Literatur"[329] über den Autismus, seine Ursachen und Behandlungschancen machen es dem Pädagogen nicht leicht. Nissen spricht sogar von einer „Modediagnose" ‚Autismus' bei *pseudoautistischen*, tatsächlich aber schwachsinnigen Kindern"[330].

6.5.3 Frühdiagnostik

Nach den „Empfehlungen des Bundesverbandes Hilfe für das autistische Kind" (Hamburg) müßte die Früherkennung „in vielen Fällen im zweiten Halbjahr möglich sein", und die „endgültige Diagnose sollte zwischen dem zweiten und vierten Geburtstag gestellt werden"[331].

Neben ärztlichen Untersuchungen (allgemeinpädiatrisch, neurologisch usw. und kinderpsychiatrisch) gehört die psychologische bzw. heilpädagogische Untersuchung und der Einsatz von Symptomfragebögen[332]:

„Wie erfolgt die Früherkennung?

Das autistische Syndrom kann als Krankheitseinheit gelten. Die Erkennung erfolgt als Summationsdiagnose aus dem Zusammentreffen mehrerer typischer Symptome (abnormer Verhaltensweisen) und der Verlaufsbeobachtung.

Die ersten abnormen Verhaltensweisen werden zunächst von der Mutter beobachtet. Der Experte, z. B. der Arzt, sieht sie selten selbst – das kommt auch in der somatischen Medizin vor!

Die Früherkennung baut also auf folgenden Einzelpunkten auf:
1. Bericht der Mutter oder einer anderen Pflegeperson über abnorme Verhaltensweisen des Babies oder Kleinkindes.
2. Ähnliche Beobachtungen anderer Personen (Freunde, Verwandte etc.).
3. Beobachtung des Experten bei der Untersuchung, meist ambulant, selten stationär.
4. Ärztliche Untersuchungen:
   a) körperlich (allgemein-pädiatrisch), neurologisch, einschließlich aller Hilfsmethoden,
   b) kinderpsychiatrisch.
5. Psychologische und/oder heilpädagogische Untersuchung.
6. Als weiteres Hilfsmittel: Symptomfragebögen; z. B. Check-Liste für das erste Lebensjahr:

■ **Bereich Wahrnehmung**
- Reagiert auf bestimmte akustische Reize gar nicht, scheint taub zu sein.
- Hat eine Vorliebe für bestimmte andere Geräusche.
- Dreht sich am Ende des 7. Monats nach einer Schallquelle oder einer Berührung nicht um.
- Kratzt häufig und langandauernd auf bestimmten Oberflächen.
- Fixiert langandauernd und häufig bestimmte visuelle Muster.
- Reagiert auf bestimmte andere visuelle Reize gar nicht.

■ **Bereich Sprachverhalten**
- Bildet am Ende des 5. Monats noch keine Silben.
- Macht am Ende des 7. Monats noch nicht durch Sprechlaute auf sich aufmerksam (z. B. durch da-da).
- Spricht am Ende des 9. Monats noch keine Silben nach.
- Spricht am Ende des 12. Monats noch kein Wort in Kindersprache.

■ **Bereich Sozialverhalten**
- Lacht am Ende des 3. Monats oft nicht, wenn es von der Mutter angesprochen wird bzw. sie ihr Gesicht nahe vor ihm bewegt (scheint sie nicht zu erkennen).

- Streckt am Ende des 6. Monats nicht die Arme nach der Bezugsperson aus.
- Scheint am Ende des 6. Monats nicht hochgehoben oder beschäftigt werden zu wollen (scheint mit sich selbst zufrieden zu sein, „ruhiges Baby").
- Macht am Ende des 10. Monats noch nichts nach.
- Zeigt am Ende des 12. Monats nicht auf Gegenstände der Umwelt (zeigt ,wenig Interesse').
- Spielt nicht wie andere Kinder, sondern beschäftigt sich immer mit denselben, gleichartigen Tätigkeiten.

■ Bereich Motorik
- Kraftlose, schlaffe oder wenig anschmiegsame, starre Körperhaltung auf dem Arm (wirkt ,schwer').
- Langandauerndes Bewegen und Drehen der Hände im Gesichtsfeld, vor den Augen.
- Langandauerndes Bewegen und Drehen von bestimmten Lieblingsgegenständen im Gesichtsfeld, vor den Augen.
- Motorische Erkundung der Umwelt gering.

■ Weitere Auffälligkeiten
- Verschiedene Störungen bei Nahrungsaufnahme.
- Damit verbundene Störungen in den Ausscheidungsfunktionen.
- Langandauernde unerklärliche Wein- und Schreiphasen.
- Langandauernde Phasen hoher Erregung bzw. tiefer Apathie.
- Schlafstörungen.
- Insgesamt ein ungewöhnlich ruhiges Allgemeinverhalten.
- Gesundes, attraktives Äußeres.

Differentialdiagnose
Die Diagnose ,autistisches Syndrom' ist keine Alternative zu einer Oligophrenie (geistigen Retardierung).

Ähnliche Symptome wie beim autistischen Syndrom findet man beim sogenannten Hospitalismus. Sie sind hier weitgehend reversibel.

Ähnliche Symptome wie beim Autismus kommen auch bei verschiedenen Sinnesbehinderungen, aber auch bei Oligophrenen in unterschiedlicher Ausprägung vor. Hier ist meist die Diagnose: ,Geistige Behinderung mit autistischen Zügen' zweckmäßig.

Ein wichtiger Schritt bei der Früherkennung ist die Feststellung eines eventuell vorhandenen Grundleidens (Hypothyeose, DOWN-Syndrom, frühkindlicher Hirnschaden etc.). Die Feststellung eines solchen Grundleidens ändert nichts an der Diagnose ‚autistisches Syndrom‘."

6.5.4 Frühförderung

Förderchancen

Nach Nissen[333] ist inzwischen eine „therapeutische Resignation" bei den Behandlungsansätzen eingetreten, die an den Ursachen ansetzten, weil dadurch „kein durchgreifender rehabilitativer Erfolg erzielt werden konnte". Chancen und Erfolge sieht Nissen „durch konsequente *symptomorientierte* Behandlungsmaßnahmen", also der Frühförderung bestimmter funktioneller Schwächen.

In der Schrift „Kommunikation zwischen Partnern"[334] präzisiert Feuser die Schwerpunkte der Frühförderung autistischer Kinder. Schwerpunkte müssen demnach sein: Das Wahrnehmungs- und Assoziationslernen sowie das instrumentelle Lernen bzw. das operante Konditionieren. Als besonders wirksam bezeichnet Feuser die Verhaltenstherapie und die individuelle Förderung mit entsprechenden „speziellen und individuellen Lernprogrammen"[335].

Fördermaßnahmen und -bedingungen

Bei autistischen Kindern / Schülern werden nach Feuser zwei Stufen / Formen der Förderung notwendig sein. Dabei sind äußere räumliche Bedingungen wichtig für den Erfolg: „Die Arbeit mit einem autistischen Kind in einem möglichst ablenkungsfreien Raum und einer 1:1-(Schüler:Therapeut) Relation stellt ein Management des Lernumfeldes dar, mittels dessen eine hochgradige Anpassung an die Isolation des Kindes erreicht wird. So kann es lernen. „Aber es braucht auch die zweite Stufe / Form, das Lernen in der Gruppe, um die unter der ersten Bedingung erworbenen Fertigkeiten zu stabilisieren und das Kind durch soziale Integration integrationsfähig zu machen, denn die „segregierende (absondernde) Förderung erhält die Behinderung!" und baut sie also nicht ab.[336]

6.5.5 Literatur

Arens / Dzikowski: Autismus heute. Dortmund 1990.
Dzikowski / Arens (Hrsg.): Neue Aspekte der Förderung autistischer Kinder. Dortmund 1990.

Dzikowski/Vogel: Störungen der sensorischen Integration bei autistischen Kindern. Deutscher Studienverlag 1988.

Feuser, G.: Grundlagen zur Pädagogik autistischer Kinder, Weinheim 1979.

Hilfe für das autistische Kind, Bremen (Hrsg.): Früherkennung bei frühkindlichem Autismus. Untersuchungsplan und Merkmalslisten. Bremen 1984.

O'Gorman, G.: Autismus in früher Kindheit. München 1976.

Rohmann/Hartmann: Autoaggression. Dortmund 1988.

Schopler/Reichle: Entwicklungs- und Verhaltensprofil (Bd. 1), Strategien der Entwicklungsförderung (Bd. 2), Übungsanleitung zur Förderung autistischer und entwicklungsbehinderter Kinder (Bd. 3). Dortmund 1981/83/87. *Weber, D.:* Der frühkindliche Autismus unter dem Aspekt der Entwicklung. Bern 1970.

Wing, J. K.: Frühkindlicher Autismus. Weinheim 1973.

6.6 Blinde, Sehbehinderte, Taubblinde

6.6.1 Begriffe

6.6.1.1 Blinde – Sehbehinderte

Die Schädigungen im Bereich des Sehens werden als Blindheit und Sehbehinderung definiert. Die Übergänge sind zwar fließend, aber aus praktischen Gründen, z. B. durch das Sozialgesetzbuch und Schulrecht, werden hier bestimmte Unterscheidungen vorgenommen. Man unterscheidet:

Definitionen

■ *Blinde* (Amaurose): Nach D. Hudelmayers Darstellung gelten Personen als blind:
  – „wenn ihre Sehfähigkeit wirtschaftlich nicht mehr verwertbar ist;
  – wenn sie ihr Weltbild nicht mehr optisch aufzubauen vermögen;
  – wenn sie sich in unbekannter Umgebung nicht ohne fremde Hilfe zurechtfinden können;
  – wenn sie ihre Vorstellungen überwiegend mittels Gehör und Tastsinn erwerben müssen;
  – wenn sie auf blindentechnische Hilfen angewiesen sind, insbesondere beim Lesen und Schreiben auf Braille-Schrift;
  – wenn sensorisches Unvermögen, gegenständlich zu sehen, vorliegt;
  – wenn sie höchstens noch Lichtschein wahrnehmen;
  – wenn sie bestenfalls noch hell/dunkel unterscheiden können;

- wenn sie Fingerzählen auf 1 Meter Entfernung visuell nicht mehr leisten können;
- wenn ihre Sehschärfe (Visus, Verf.) nicht mehr als $\frac{1}{50}$ beträgt;
- wenn ihre Sehschärfe nicht mehr als $\frac{20}{200}$ ($\frac{1}{10}$) beträgt;
- wenn bei einer Sehschärfe von $\frac{1}{20}$ oder weniger das Gesichtsfeld auf 15 Grad oder weiter eingeschränkt ist."[337]

Diese auf „Handlungsräume und Lebensvollzugsformen" sich beziehenden Merkmale wiederholen sich in den Sozial- und Schulgesetzen.[338]

■ *Sehbehinderte:* Die über der Blindheit liegenden Sehbehinderungen werden nach Mersi[339] sehr uneinheitlich definiert, so daß Mersi zu dem Schluß kommt:

- „Daß Sehbehinderung heute allgemein vom Sehen her definiert wird;
- daß z.Zt. für keine Bereiche zuverlässige und gültige Abgrenzungskriterien vorliegen;
- daß infolgedessen in Zweifelsfällen nur aufgrund längerer Feldbeobachtung bzw. Arbeitsproben entschieden werden kann;
- daß im Bereich der beruflichen Rehabilitation die differenziertesten Klassifikationen benötigt werden;
- daß im pädagogischen Bereich die Tendenz besteht, zwischen zwei Gruppen von Sehbehinderten von jeweils eigener pädagogisch-didaktischer Bedürfnislage zu unterscheiden (z.Z. „sehbehindert" von $\frac{1}{3}$ bis $\frac{1}{20}$, „hochgradig sehbehindert" von $\frac{1}{25}$ bis $\frac{1}{50}$ und
- daß in der Sozialgesetzgebung beide Gruppen als (hinsichtlich der Eingliederungshilfe) „wesentlich sehbehindert" anerkannt werden."[340]

Darüber hinaus gibt es noch Unterscheidungen wie ein- und beidseitig sehbehinderte und Blinde und diverse schwerwiegende Augenerkrankungen im Kindesalter, insbesondere bei den o.g. Risiko-Kindern.[341] Die nachstehende Tabelle gibt einen Überblick häufiger Augenerkrankungen im Kindesalter.

Symptome

Augenerkrankungen im frühen Kindesalter[342]

Krankheitsbild	Folge von Allgemein-erkrankungen	vererblich	auffällig durch
Grauer Star	Stoffwechsel-erkrankungen, Röteln der Mutter während der Schwangerschaft (teilweise)	± (teilweise)	„graue Pupille" Schielen Augenzittern Vorgeschichte
Hornhaut-trübungen	Infektionskrankheiten z.B. Lues	± (teilweise)	graue Hornhaut, Schielen
Grüner Star	–	± (teilweise)	„große Augen" lichtscheu, Tränen
Erkrankungen der tieferen Augenabschnitte einschließlich Geschwülsten und Mißbildungen	Frühgeburten mit Sauerstoffmangel oder -überschuß, Infektions-krankheiten auch der Mutter während der Schwangerschaft (selten)	+ (häufig)	schlechtes Sehvermögen Kind fixiert nicht Schielen Augenzittern Vorgeschichte
Primäres Schielen und Augenzittern	--	+ (häufig)	Im allgemeinen grob auffällig

Aus dieser Zusammenstellung ergeben sich zwei wesentliche Tatsachen:
1. Die erkrankten Kinder gehören zum großen Teil zu den sog. Risiko-Kindern, weil sie aufgrund von Erbanlagen, von Erkrankungen der Mutter während der Schwangerschaft oder eigenen Leiden bereits von vornherein als erhöht gefährdet anzusehen sind. Beim Vorliegen dieser Faktoren sollten sie damit immer einer augenfachärztlichen Kontrolle zugeführt werden.
2. Diese Kinder zeigen im allgemeinen Symptome wie z.B. Schielstellungen oder Augenzittern, ungewöhnlich große Augen (grüner Star) oder graue Verfärbungen der Pupille (grauer Star), die auch dem medizinischen Laien oder Nichtaugenarzt auffällig sein müßten.

Schließlich sind die schweren Erkrankungsformen dadurch charakterisiert, daß diese Kinder Bewegungsstörungen zeigen und nicht altersentsprechend an Ereignissen ihrer Umgebung teilnehmen. Alle Kinder, die diese Erscheinungen bieten, sollten bald einer augenärztlichen Untersuchung unterzogen werden.

6.6.1.2 Taubblinde und andere Mehrfachbehinderungen

Hudelmayer führt noch eine Reihe von Mehrfachbehinderungen an: Lernbehinderte, geistigbehinderte, sprachbehinderte, körperbehinderte-hörgeschädigte blinde Kinder sowie die Kombination mit Verhaltensstörungen. Hudelmayer[343] bezieht sich hier auf ausländische, insbesondere amerikanische und kleinere deutsche Untersuchungen, die ebenfalls Mehrfachbehinderungen feststellten:

Symptome

Zusätzliche Behinderung	bei allen vollblinden mehrfachbeh. Kindern (N = 4.309) %	bei vollblinden Kindern mit nur einer weiteren Behinderung %
Lern- u. Geistigbehinderung (mental retardation + slow learner; <IQ 90)	93,6	17,9
Sprachbehinderungen	47,7	1,0
Hirnschädigung	44,8	0,9
Verhaltensgestörte (emotional problems: autistic, psychotic, neurotic)	19,3	2,5
Cerebralparetiker	15,5	1,0
Epilepsie	18,6	0,9
Chronische Krankheiten u. Mißbildungen (z. B. Asthma, Hydrocephalus)	7,8	(keine Angaben)
Hörschädigungen	10,8	1,2
Entstellungen (cosmetic defect)	6,3	0,8
Gebißanomalien	4,2	0,4
Gaumenspalte	0,8	0,0

Aus den Daten ist zu entnehmen, daß die Lernbehinderung und die geistige Behinderung ganz im Vordergrund der Mehrfachbehinderungen stehen, 68 % der Mehrfachbehinderten haben einen IQ unter 75, 45 % liegen unter IQ 49.

Ein besonderes Problem sind die „Verhaltensstörungen" bei Blinden und Sehbehinderungen, die schwer zu definieren sind und als ein Problem der frühen Interaktion zwischen Kind und Familie bzw. der „adäquaten Früherziehung" angesehen werden[344].

6.6.2 Beispiele früher Augenerkrankungen

Augenzittern (Nystagmus)

Hierbei gibt es verschiedene Formen und Schweregrade, und Augenzittern tritt oft in Verbindung mit Schielen u. a. Erkrankungen auf.

Die Augen dieser Kinder zeigen „langsame und oder rasche pendelnde Augenbewegungen", und die Sehschärfe ist fast immer schon herabgesetzt[345]. Eine frühe Behandlung ist möglich.

Schielen (Strabismus)

Ca. 6 % aller Kinder schielen, und das bedeutet – unbehandelt – immer einen Verlust an Sehfähigkeit. Behandelbar ist Schielen ab ca. fünf Monaten durch eine Brille und das Abdecken und Ruhigstellen eines Auges oder durch eine Operation.

Schielende Kinder zeigen eine Lichtempfindlichkeit, Augentränen, Zukneifen eines Auges, Verstimmungen oder Reizbarkeit, chronische Lidrandentzündungen, schiefe Kopfhaltung und ungeschickte Bewegungen.[346]

Kurzsichtigkeit (Myopie)

Schwere Kurzsichtigkeit von über 10 Dioptrien (augenärztliche Meßskala) wird häufig vererbt, und solche Kurzsichtige bilden einen großen Teil der Kinder in Sehbehinderten- und teilweise auch in Blindenschulen. Sie tritt oft in Verbindung auf mit Netzhautablösung (ablatio retinae), die ohne Behandlung zur Erblindung führen kann.

Grauer Star (Katarakt)

Diese Linsentrübung gehört auch zu den häufigsten Fällen in Blinden- und Sehbehindertenschulen. Sie ist oft angeboren und hat ihre Ursache u.a. in Erbkrankheiten oder Infektionen der Mutter in den ersten drei Schwangerschaftsmonaten. Grauer Star kann auch Folge einer Diabetes mellitus (Zuckerkrankheit) des Kindes oder von Verletzungen sein.

Angeborene Linsentrübungen (kongenitale Katarakte) sind „häufiger einseitig als beidseitig. Bei einseitigen Linsentrübungen entwickelt sich die Sehfähigkeit des gesunden Auges in der Regel normal, das Sehvermögen des erkrankten Auges bleibt in seiner Entwicklung stark zurück".[347] Neuere Behandlungsmöglichkeiten wie frühe Operationen (Linsenentfernung) zwischen der 6.–8. Lebenswoche und der Einsatz von Haftschalen u.a. Hilfsmitteln lassen größere Entwicklungschancen erkennen.

6.6.3 Ursachen von Blindheit und Sehbehinderung sowie Statistik

Ursachengruppen

Genannt wurden bereits die sog. Risiko-Kinder. Hudelmayer spricht bei den Ursachen von Blindheit von 15 % erblicher bzw. genetischer und 7,4 % angeborener Ursachen[348], und ein großer Teil der „erworbenen Kinderblindheit" geht auf Erkrankungen zurück.[349]

Sehbehinderungen haben ihre Ursachen überwiegend im pränatalen Bereich (49,1 %), in Infektionen (5,1 %), in „nichtinfektiven Allgemeinerkrankungen" mit 11,6 % und in Unfällen mit 1,2 %.[350]

Die Statistik über Blinde und Sehbehinderte in Deutschland wird generell kritisiert, weil die Begriffe und Abgrenzungen von Blindheit und Sehbehinderung unscharf sind. In der jüngsten Statistik (Stichtag 31.12.91) werden unter „Blindheit und Sehbehinderung" (mit Schwerbehindertenausweis) die Kinder unter sechs Jahren mit 547, zwischen 6 und 15 Jahren 1377 angegeben. Andere Quellen nennen andere Zahlen: Nach W. Rath erhalten zwischen 2000–3000 Kinder und Jugendliche Frühförderung oder gehen in Schulen bzw. sind in der Berufsausbildung.[351]

6.6.4 Frühdiagnostik

Problem: Späterkennung

Die Frühdiagnostik und -erfassung Blinder und speziell Sehbehinderter ist nach Einschätzung der Fachleute noch nicht optimal, d.h., gerade Sehbehinderte werden zu spät erkannt und heilpädagogisch erfaßt. Dadurch treten vermeidbare Probleme in vielen Entwicklungs- und Funktionsbereichen auf, insbesondere in der Intelligenz, Wahrnehmung, Motorik, Raumorientierung und im sozialemotionalen Verhalten.

Die ophtamologischen (augenärztlichen) Verfahren haben sich inzwischen wesentlich verbessert. So können schon im Säuglingsalter Schäden festgestellt werden.[352]

Wichtig ist noch immer die Beobachtung des Kindes durch die Eltern. Das oben erwähnte Heft der Aktion Sorgenkind[353] gibt praktische Hinweise zur Beobachtung und Prüfung der Sehleistungen.

6.6.5 Frühförderung

Elternberatung und -anleitung

Generell wird beklagt, daß insbesondere durch die zu späte Früherkennung und -erfassung die Frühförderung zu spät einsetzt. Die Folge davon sind vermeidbare Folgebehinderungen. Eine besonders wichtige Aufgabe ist die Beratung und Anleitung der Eltern im Umgang mit ihrem blinden oder sehbehinderten Kind. Zentrum dieses Problems ist der Aufbau der Mutter-Kind-Beziehung.

Kindbeobachtung und Aufbau von Interaktionsprozessen

Wie die Forschungen von Papousek belegen, bauen sich die interaktionalen Beziehungen von der Mutter und vom Kinde her auf. Man spricht von der „Reziprozität" der Mutter-Kind-Beziehung und ihren Verhaltensdialogen. Dadurch aber, daß das blinde oder sehbehinderte Kind nicht die „normalen" Signale geben oder empfangen kann, kommt es bei den Müttern zu Irritationen und Streß bis zur Kontaktvermeidung oder Ablehnung des Kindes.

Ein erster Schritt, diese elementare Kommunikation aufzubauen, ist die sorgfältige Beobachtung der kindlichen Signale, die nicht mit dem Sehen verbunden sind: Vor allem die motorischen oder akustischen Signale. Im Gegensatz zu normalsichtigen Kindern verfallen blinde und sehbehinderte durch sprachliche und taktikte Anregungen notgedrungen in Bewegungslosigkeit und Stille, gerade weil sie auf die Signale von außen hin orientiert sind: „Es (das Kind) ist seelisch aktiv, obschon es für den gewöhnlichen Beobachter unbeweglich, in sich gekehrt und nicht aufnahme- und antwortbereit zu sein scheint. Nur ein sensibler Beobachter kann feststellen, wann das Kind im Alter von etwa drei Wochen aus der ursprünglichen Unbeweglichkeit in die Position ‚aufmerksame Stille' überwechselt. Im Ausdrucksgeschehen, insbesondere im Gesichtsausdruck, gibt es feine Unterschiede zwischen dem bloß unbeweglichen und dem aufmerksamen Stillehalten. Beim Aufmerken … hob das blinde Kind die Wangen, öffnete leicht den Mund, was als ruhige Zufriedenheit anmutete, und hielt die Arme entspannt … Die Mutter lockte das Kind, indem sie es ansprach, sanft bewegte und sagte: ‚Marci, hier ist Mama, es ist deine Mama'."[354] Schmalohr berichtet über den weiteren Aufbau solcher elementarer Verhaltensdialoge und elementarer Entwicklungshilfen, wie Greifen nach Gehör, Locken des Kindes in den Fernraum usw., um über die Bewegung und akustische Orientierung dem Kinde den Weg in den personalen und dinglichen Lebensraum zu erschließen.

Dementsprechend sind die meisten Frühförderungsansätze aufgebaut: Schwerpunkte in der Frühförderung Sehgeschädigter sind, über die Körperschulung mehrerer Zielbereiche zu fördern:
- durch „Bewegungserfahrung" zur „Erfahrung des eigenen Körpers";
- zur Raumerfahrung, zur Materialerfahrung, Bewegungserfahrung, Wahrnehmungserfahrung;
- zur „Erfahrung des ‚Ich' und des ‚Anderen'";
- zur „Erweiterung der Handlungsfähigkeit" und zur „reflektierten … gewußten Erfahrung" zu gelangen.[355]

Signale des Kindes „lesen" lernen

6.6.6 Literatur

Arbeitsgemeinschaft blinder und hochgradig sehbehinderter Kinder im Rheinland (Hrsg.): Nicht sehen und doch spielen. Tips und Anregungen zur Förderung blinder und mehrfachbehinderter Kleinkinder. Düren 1984.

Beermann, U.: Die Erziehung von Sehbehinderten. Würzburg 1966.

Blankennagel, A. u. a.: Hilfe für sehgeschädigte Kinder. Stuttgart 1975.

Blindeninstitutsstiftung Würzburg (Hrsg.):
– Förderung schwerstbehinderter Kinder im Elternhaus.
– Förderprogramme für mehrfach sehgeschädigte Kinder.
– An- und Ausziehen.
– Selbständiges Essen und Trinken.
– Selbständige Körperpflege.
– Testinstrument zur Erfassung des Entwicklungsstandes mehrfachbehinderter sehgeschädigter Kinder.

Daoud-Harms, M.: Blindheit. Zur psychischen Entwicklung körpergeschädigter Menschen. Frankfurt a. M. 1986.

Deutsches Blindenhilfswerk Duisburg (Hrsg.): Frühförderung sehgeschädigter Kinder. Tagungsreferat. Würzburg 1982.

Düren/Strehle: Die besten Jahre. Frühförderung sehgeschädigter Kinder. Köln 1979.

Kaden, R.: Sehbehindert-Blinde. Stuttgart 1978.

Rath/Hudelmayer: Pädagogik der Blinden und Sehbehinderten. In: Handb. Sonderpädagogik. Berlin 1985.

Verband der Blinden- und Sehbehindertenlehrer (Hrsg.). Anregungen für die Förderung sehgeschädigter Kinder im Früh- und Elementarbereich (0–6 Jahre). Umfangreiche Mappe mit Förderhilfen und Literatur.

Verein zur Förderung der Blindenbildung (Hrsg.): Anregungen für die Förderung sehgeschädigter Kinder im Früh- und Elementarbereich. Hannover 1976.

von Campenhausen, Chr.: Die Sinne des Menschen. Stuttgart ²1993.

6.7 Gehörlose und Schwerhörige

6.7.1 Begriffe

Die Begriffe sind auch hier nicht ganz eindeutig definiert. Der Mediziner P. Plath definiert wie folgt: „Im medizinischen Sinne taub ist ein Kind, bei dem mit allen zur Verfügung stehenden Mitteln keine Hörreste nachweisbar sind, das also selbst höchste Schallintensität nicht über das Gehör wahrnehmen kann. Von ‚praktischer Taubheit' oder ‚subtotaler Taubheit' spricht man dann, wenn Hörreste nachweisbar sind, das Kind aber nicht in der Lage ist, sie zur Erlernung der Sprache zu nutzen"[356]. Bei Gehörlosigkeit sind i. d. R. Innenohr und Hörnerven betroffen. Bei der Schwerhörigkeit unterscheidet man zwischen „Mittelohr- (Schalleitungs-) Schwerhörigkeit und Innenohr- bzw. Nervenschwerhörigkeit (Rezeptionsschwerhörigkeit wegen der Konsequenzen für die Therapie"[357]).

Die Grenzen zur Schwerhörigkeit sind fließend: Man spricht von verwertbaren und nichtverwertbaren „Hörresten", je nachdem, ob sie mit Hilfe technischer Hörhilfen „zum Hören und Erkennen von Signalen genutzt werden können"[358]. In den Fällen, wo die Sprache noch verstanden werden kann, „wenn unmittelbar am Ohr gesprochen wird", liegt ein Grenzfall zur Schwerhörigkeit vor[359].

Die Unterscheidung von Gehörlosigkeit und Schwerhörigkeit wird in audiologischen (Gehör-)Messungen auch nach Dezibel – einer Maßeinheit für Schallintensität – vorgenommen. H. G. Furth unterscheidet danach die

– Gehörlosigkeit mit einem durchschnittlichen Hörverlust von 80 und mehr Dezibel,
– hochgradige Schwerhörigkeit mit einem durchschnittlichen Hörverlust mit 60 Dezibel.[360]

Die Schwerhörigkeit wird unterschieden nach folgender Einteilung:

Graduelle Einteilung der Schwerhörigkeit und einige Bezugswerte.[361]

Grad der Schwerhörigkeit	Umgangssprache wird verstanden aus	% Hörverlust
GERINGGRADIG	mehr als 4 Meter	10–40
MITTELGRADIG	1–4 Meter	40–60
HOCHGRADIG	0,25–1 Meter	60–80
AN TAUBHEIT GRENZEND	weniger als 0,5 Meter	80–95

6.7.2 Ursachen und Statistik

Ursachengruppen

Die Ursachen werden unterteilt in prä-, peri- und postnatale Ursachen:

Zu den pränatalen Ursachen gehören:
– die ererbte Gehörlosigkeit durch Mißbildungen des Innenohres, die oft kombiniert ist mit Schädigungen anderer Organe wie Nieren, Herz und Gehirn;

- Hemmungen in der embryonalen Entwicklung z. B. durch Viruserkrankungen, wie z. B. Röteln, oder Medikamente;
- toxische Wirkungen von Medikamenten, wie z. B. Antibiotika, aber auch Nikotin, Alkohol usw.

Zu den perinatalen Schäden gehören insbesondere Schädelverletzungen, Sauerstoffmangel und krankhaft schwere Gelbsucht.

Postnatale Ursachen

Zu den postnatalen Ursachen gehören:
- Mittelohrentzündungen;
- Infektionskrankheiten, wie z. B. Mumps, Keuchhusten, Masern, Röteln, Pocken;
- Medikamentenvergiftungen, z. B. durch Antibiotika, Kopfschmerzmittel;
- Neurovasculäre Regulationsstörungen (Durchblutungsstörungen), niedriger Blutdruck usw.;
- Knall- und Explosionstraumen;
- Kopfverletzungen und
- Nervenerkrankungen wie z. B. Morbus Recklinghausen.[362]

> Die Statistik des Statistischen Bundesamtes gibt folgendes Bild für die 0–6jährigen:
> Taubheit: 113 Fälle
> Taubheit kombiniert mit Störungen der Sprachentwicklung und entsprechenden Störungen der geistigen Entwicklung: 202 Fälle
> Schwerhörigkeit mit Gleichgewichtsstörungen: 249 Fälle
> Gleichgewichtsstörungen: 4 Fälle
> Der Deutsche Bildungsrat[363] schätzte den Anteil der Schwerhörigen auf 0,3 % (ca. 13 000) und der Gehörlosen auf 0,05 % (ca. 2000) der 0–6jährigen.

6.7.3 Frühdiagnostik

Obwohl sich die medizinische Frühdiagnostik in den letzten Jahren wesentlich verbesserte, werden noch immer zu viele Kinder zu spät diagnostiziert und für die Frühförderung erfaßt. Der Zeitverlust zwischen Verdacht und Diagnose bzw. Behandlung kann sich über Jahre hinziehen. Der Mediziner P. Biesalski stellt fest:

„Nach meinen Erfahrungen werden ca. 20 % der hochgradig hörgeschädigten Kleinkinder zu spät, d. h. bei angeborenen Hörstörungen

erst oft um das dritte Lebensjahr erfaßt. Bei mittelgradigen Hörstörungen sind es sicher 30%, die wesentlich verspätet, meist erst zwischen dem 3. und 6. Lebensjahr, bekannt werden. Leichtere Hörstörungen werden mindestens zu 40% zu spät erkannt. Dabei ist festzustellen, daß es in der Bundesrepublik mindestens 4000 gehörlose bzw. hochgradig hörgestörte Kinder im Alter zwischen 1 und 6 Jahren gibt."[364]

Es gibt in der Bundesrepublik eine Reihe sog. Pädoaudiologischer Beratungsstellen, die teilweise an HNO-Kliniken, Gesundheitsämtern oder an Hörgeschädigtenschulen angeschlossen sind oder mit ihnen kooperieren. Die Verfahrensweisen der Frühdiagnostik (Audiologie = Gehörmessungen) hat ausführlicher A. Löwe beschrieben.[365] Einen Ratgeber mit einfachen Diagnose-Spielen für Eltern hat die erwähnte **Praxishinweis** Aktion Sorgenkind herausgebracht. Ein einfaches Verfahren ist: Man stellt sich für das Kind unbemerkt hinter das Kind und knistert mit Papier, läutet ein Glöckchen usw. einmal links und rechts am Ohr. Reagiert das Kind nicht, ist eine ärztliche Kontrolle angezeigt.

Die audiologischen Untersuchungen des Säuglings und Kleinkindes sind schwierig. Wichtig ist die mütterliche Beobachtung, ob und wie das Kind auf Geräusche reagiert. Risikokinder sollten regelmäßig untersucht werden.

> *„Bei Neugeborenen kann eine grobe Prüfung erfolgen durch das Auslösen der Reflexe und laute akustische Reize. Dies sind vor allem der Lidreflex und ein Zusammenzucken des ganzen Körpers, verbunden mit einer Streckung des Rumpfes (Moro-Reflex) oder ähnliche Gesamtreaktionen.*
>
> *Nach spätestens sechs Monaten sollte ein normalhörendes Kind gelernt haben, die Richtung zu erkennen, aus der die Schallsignale kommen. Man beobachtet deshalb in diesem Alter die Hinwendereaktion der Kinder. Diese Prüfung kann schon erste Hinweise dafür geben, daß eventuell eine einseitige Hörstörung vorliegt."*[366]

In Kliniken oder Pädoaudiologischen Zentren können dann u. a. Nervenstrommessungen durchgeführt werden („Computer-Audiometrie", Elektrocochleographie-ECoG- oder Electric Reponse Audiometrie-ERA).

6.7.4 Frühförderung

Die medizinische Frühbehandlung Gehörloser hat in den letzten Jahren folgende Möglichkeiten eröffnet:

Cochlea-Implantat

■ Cochlea-Implantat (CI): Darunter versteht man eine technische Hörhilfe für taube bzw. schwerhörige Patienten, die chirurgisch in den Knochen hinter dem Ohr eingesetzt wird. Voraussetzung für die Implantat-Wirkung sind ein intakter Hörnerv und eine intakte Funktion der Hörbahn zum Gehirn. Das Implantat besteht aus einem Magneten, einem Empfänger mit Stimulator und einem Elektrodenbündel, das zur Cochlea (Gehörschnecke) eingeführt wird. Dazu gehört ein hinter dem Ohr getragenes Richtmikrophon mit Sendespule zur Übertragung von Signalen an das Implantat und ein Sprachprozessor. Der Erfolg dieser weltweit angewandten Hilfe ist „abhängig von
   – dem sehr frühen Erkennen der Taubheit;
   – einer intensiven Frühförderung;
   – der Operation möglichst schon im 3. oder gar 2. Lebensjahr;
   – einem kontinuierlichen auditorisch-verbalen Training (speziell mit dem Sprachprozessor, Anm. d. Verf.);
   – einer gewissen Sprachbegabung;
   – einer hörgerichteten Gesamtpersönlichkeit" – so der einschlägig spezialisierte Mediziner Lehnhardt. Darüber hinaus – so der Erkenntnisstand (1997) – verlangt diese technische Hilfe nach der Operation für das Hör-Sprach-Training eine gute psychische Belastbarkeit sowohl des Patienten als auch der in die Therapie einbezogenen Familienangehörigen. Unabdingbar ist auch eine hochqualitative Einsatzbereitschaft der nach der Operation nachsorgenden Fachleute wie Oto-Audiologen (Gehörspezialisten), Hörgeschädigtenpädagogen und Psychologen, damit der Patient die technische Hilfe auch optimal nutzen und seine Hör-Sprachkompetenz aufbauen kann.[367]

■ Durch elektrische Reizung der Nerven und Einpflanzung von Elektroden ins Innenohr läßt sich eine Verbesserung der Tonhöhenunterscheidung bewirken.

■ Durch medikamentöse und operative Behandlung läßt sich die Aktivität von Hörrestfunktionen steigern.[368]

**Behandlungs-
effekte**

Bei den Schwerhörigen ist durch medikamentöse und operative Behandlung in vielen Fällen (z. B. bei Versteifung des Steigbügels, Beseitigung sog. Polypen oder richtiger: zu großer Rachenmandeln), Einsetzen von Elektroden, Behandlung von Durchblutungsstörungen eine Verbesserung bzw. Vorbeugung einer Verschlimmerung möglich. Entscheidend ist eine „frühestmögliche" Hörgeräteversorgung.[369]

Unbehandelte Kinder haben in ihrer „Gesamtentwicklung ... schwerwiegende Folgen" zu ertragen, und deshalb ist aus ärztlicher Sicht die Frühförderung und sonderpädagogische Behandlung „möglichst schon am Ende des ersten Lebensjahres" notwendig.[370] Die Folgen liegen nach A. Löwe in den Bereichen der
— ausfallenden, verzögerten und unvollständigen Sprachentwicklung;
— in der begrenzten Teilnahme am Familienleben;
— in der sozialemotionalen Entwicklung;
— in der kognitiven Entwicklung;
— im Aufbau normaler Verhaltensmuster.[371]

Elternarbeit

Dementsprechend muß die Früherziehung Gehörloser und Schwerhöriger ganzheitlich konzipiert sein. Einen Schwerpunkt bildet auch hier die Elternberatung und -anleitung, nicht nur, um sozial-emotionalen Fehlentwicklungen wie zu enges Anklammern an die Mutter oder zu starkes Sichzurückziehen zu verhindern, sondern auch der Mutter und Familie zu helfen, dem Kinde die nötigen Hilfen zu geben für den Aufbau seiner Kommunikationsmöglichkeiten und Selbständigkeit.

Gehörlose und schwerhörige Kinder werden verstärkt das Sehen einsetzen, um den Gehörausfall bzw. die -minderung zu kompensieren. Hier setzt die Frühförderung ein durch Hausspracherziehung und ggf. Kindergartenerziehung für Gehörlose.

**Gebärden-
sprache**

Zu den besonderen Methoden der Gehörlosenerziehung zählen verschiedene *Gebärdenarten* und *Handzeichensystemen*. Dabei unterscheidet man konventionelle Gebärden als Gebärdensprache aufgrund von Übereinkünften in den Gehörlosengemeinschaften, dann das Fingeralphabet als schriftzeichenbezogene Handzeichen für bestimmte Buchstaben und Lautgebärden als lautsprachbezogene Handzeichen.[372]

Wichtig ist für die ersten Lebensjahre die Einführung des Kindes in die Gehörlosenkommunikation.

Gehörlosen-Kommunikation

„Da die Lautsprache (bei Gehörlosen, Verf.) als verbindendes Element nicht wahrgenommen wird, müssen ihre Funktionen im Kleinkindalter zunächst von der Mimik und Gebärde übernommen werden. Immer aber sollten die Eltern mit ihrem Kind gleichzeitig sprechen, damit es so früh wie möglich an diese Formen der Kommunikation herangeführt wird. Dies bewahrt auch die Eltern vor Fehlverhalten und leitet zu einem sinnvollen Miteinander von Lautsprache und Gebärde an. Die auch von den Hörenden je nach Temperament in unterschiedlichem Umfang gebrauchte Mimik und Gestik gilt es in verstärktem Maße bei der Unterhaltung mit gehörlosen Kindern einzusetzen.“[373]

Förderansätze

In der Früherziehung gehörloser und schwerhöriger Kinder gibt es neben der Kombination von Lautsprache und Gebärde noch folgende Ansätze:

■ Die ganzheitliche Lautsprachmethode von Schmid-Giovanni (für resthörige Kinder): Man könnte diesen Ansatz auch als situativen Ansatz bezeichnen, der von der natürlichen Interaktion zwischen Mutter und Kind und dem alltäglichen Sprachgebrauch ausgeht. Weil Sprache nicht nur hörbar, sondern auch seh- und fühlbar ist, kann sie auch visuell, taktil oder vibratorisch vermittelt werden.

Nicht die Wort- und Begriffsmenge, sondern der tatsächliche alltägliche Gebrauchswert ist ihr Ansatz. Deshalb soll die Mutter in jeder Situation für das Kind sichtbar mit ihm sprechen, damit es den Zusammenhang von Sprache, Dingen und Handlungen erfahren und erleben kann. Spezielle Übungen sollen spielerisch durchgeführt werden, damit das Kind immer Freude an der Kommunikation erlebt und zur Kommunikation angeregt wird.

■ Sprachentdeckendes Lernen van Udens: Auch er geht wie Schmid-Giovanni von der Normalsprachentwicklung aus, allerdings setzt van Uden auf das „Gespräch“ als didaktische bzw. interaktionistische Grundeinheit. Durch die sog. „Fangmethode“ spricht die Mutter das aus, was das Kind eigentlich sagen möchte, aber nicht oder noch nicht sagen kann. Tritt z. B. die Mutter an das Kinderbettchen und sieht das Kind strampeln oder lachen, dann sagt sie: „Hast du Hunger? Komm her, Liebling!“ usw.

Die Mutter nimmt eine „Doppelrolle“ ein: Sie spricht für das Kind und ihre Rolle:

*„Im ersten Satz ‚fängt' die Mutter, was das Kind sagen will, und sug-
geriert die richtigen Worte. Sie folgt der Fangmethode, hier spielt die
Mutter gewissermaßen die Rolle des Kindes. Im zweiten Satz spielt die
Mutter ihre eigene Rolle: ‚Komm her Liebling!' Auf diese Weise ‚spielt
sie eine Doppelrolle': die Rolle des Kindes und ihre eigene Rolle."* [374]

Diese Methode wird bis zum ca. vierten Lebensjahr praktiziert. Indem
sie die unvollkommenen Äußerungen des Kindes auffängt und korrekt
wiederholt, steigert sie die Sprachfähigkeit des Kindes.

Das Kind entdeckt dabei nicht nur den Sinn, sondern zunehmend
auch die Möglichkeiten, mit der Sprache etwas anfangen oder bewirken zu können, bzw. es lernt „immer wieder neue Sprachformen und
Strukturen, (und) es reflektiert über seine Sprache" [375].

6.7.5 Literatur

Bernard-Opitz/Blesch/Holz: Sprachlos muß keiner bleiben. Freiburg ²1992 (Übersicht
und Anleitung zu nonverbaler Kommunikation).

Bundesarbeitsgemeinschaft für Eltern und Freunde schwerhöriger Kinder (Hrsg.): Ratgeber für Eltern hörgeschädigter Kinder. Hamburg ⁵1985.

Ding/Horsch: Materialien zur Früherziehung hörgeschädigter Kinder. Heidelberg 1984.

Jussen/Neumann: Kölner Sprachlernspiele. Vlg. G. Holdau.

Löwe, A.: Lerne mich verstehen. Ein Ratgeber für Eltern hörgeschädigter Säuglinge und
Kleinkinder. ²1979.

Ders.: Hörenlernen im Spiel. Berlin ⁴1982.

Michels, J.: Frühe Spracherziehung für hörgeschädigte und sprachentwicklungsverzö-
gerte Kinder. Berlin ³1982.

Neue Aspekte in der Frühförderung gehörloser und schwerhöriger Kinder. In: Hörgeschä-
digtenpädagogik, Beih. 17. Heidelberg 1985 (umfassender Überblick und Praxishinweise).

Schmidt-Giovanni, S.: Sprich mit mir. Berlin ²1980.

Uden, A. van: Das gehörlose Kind – Fragen seiner Entwicklung und Förderung. Heidelberg 1982.

6.8 Sprachbehinderte, -gestörte und -entwicklungsverzögerte Kinder

6.8.1 Mensch und Sprache

Die Sprache ist das einzig dem Menschen verfügbare und hochkomplexe Organ der geistigen Selbst- und Welterfassung, Träger und Vermittler von Wissen und Gefühlen, Mittel des Denkens und der Kommunikation. Sie reicht von nonverbalen, mimisch-gestisch komplexen und wenig definierten Symbolisationen von Bedeutungen bzw. Sinngehalten bis zu den abstrakten Formen schriftlicher, verbal-begrifflicher und sozial definierter allgemeingültiger Zeichensysteme für bestimmte Bedeutungen bzw. Sinngehalte oder auch für Handlungen, wie etwa das Stop-Schild im Straßenverkehr.

Mündliche wie schriftliche Sprache steuert unser individuelles und soziales Verhalten und verbindet oder trennt Menschen in dem Maße, in dem sie an Sprache teilhaben, sie wahrnehmen und verstehen, sprechen, lesen und schreiben können oder nicht. Die Sprachkompetenz kann daher zum Lebensschicksal werden.

Frühe Sprach-forschungen

Die Erforschung der Sprachentwicklung und -behinderungen und ihre Behandlung hat die Wissenschaften früh beschäftigt. Der Arzt Hieronimus Mercurialis schrieb 1584 ein Buch über Stottern, und Heinicke gründete 1778 in Leipzig eine Anstalt zur Behandlung von Stummen und Sprachgebrechlichen.[376]

Anmerkung zur Sprachentwicklung

Bevor das Kind zur korrekten Sprache gelangt, verfügt es durch eine Mobilisierung des Organismus über eine Spracherlebnis-, Sprachverstehens- und Lernbereitschaft für Sprache durch spontane Lautproduktion und Reaktionsbereitschaft auf menschliche Sprache z.B. der Mutter. Das Kind hat eine angeborene Sensivität für Sprache (vgl. Kap. 4.4.5.). Sinz definiert „sensible Phasen der Entwicklung (als) genetisch determinierte Zeitnischen, in denen sensibilisierte Neuronenbahnen selektiv auf Außenreize abgestimmt und somit funktionell verifiziert werden", insbesondere bezogen auf die frühe Wahrnehmungs-, Sozial- und Sprachentwicklung.[377] Es sind reifungs- wie milieuabhängige spezifische Lernbereitschaften, die auf frühe Sprachkontakte, gute Sprach-

Sensible Phase für Sprache

Geschlechts-unterschiede

modelle und -erziehung angewiesen sind. Sprachentwicklung zeigt frühe Geschlechtsunterschiede insofern, als bei den Mädchen die Gehirnreifung (Myelinisierung; s. S. 90) anfangs etwas schneller als bei den Jungen verläuft, d. h. die Mädchen dementsprechend früher sprechen, ein Unterschied, der durch Sozial- und Bildungsschichteinflüsse verstärkt werden kann. Der Beginn und Verlauf der Sprachentwicklung ist beim Kind außerordentlich regelmäßig, so daß man zurecht von einer gewissen „Normalität" und folglich ebenso von Verzögerungen der Sprachentwicklung, Sprachstörungen und -behinderungen sprechen kann.

6.8.2 Begriffe

Im sonderpädagogischen Bereich hat sich der Begriff der Sprachbehinderung als Oberbegriff durchgesetzt. Der Deutsche Bildungsrat definiert wie folgt:

Definition

„Als sprachbehindert gilt, wer infolge einer Schädigung der zentralen und peripheren Anteile der Organe (s.u. Physische Determinanten, Verf.), die an der innersprachlichen Vorbereitung, dem Sprechen und dem Sprachverständnis beteiligt sind, oder durch Funktionsmängel in seiner Mitteilungs- und Ausdrucksfähigkeit sowie im Sprachverständnis auffällig beeinträchtigt ist. Sprachschädigungen wirken sich in den Bereichen des Sprachaufbaus, der Rede und des Sprechens sowie im Sprachverständnis aus. Sie beeinträchtigen je nach Art der individuellen Schädigung das Kommunikationsgeschehen und führen in unterschiedlicher Ausprägung zu Abweichungen im Lern- und Sozialverhalten."[378]

Sprachbehinderungen als vorübergehende, längerfristige oder bleibende Phänomene sind individuell komplexe Behinderungen als umfassende oder teilweise Unfähigkeit, die Umgangssprache mündlich oder schriftlich regel-, alters- und entwicklungsgemäß zu lernen und zu gebrauchen. Dadurch sind die Betroffenen in ihrer psychisch-geistigen und sozialen Kommunikation bzw. Interaktion sowie in ihrem Denken, Erleben und Handeln beeinträchtigt.

6.8.3 Ursachen und Symptome

Bedingtheiten des Sprachverhaltens –
Ursachen der Sprachbehinderungen und -störungen
Heinelt brachte diese Determinanten des Sprachverhaltens in drei
Gruppierungen:

Persönlichkeitsdeterminanten:	– Intelligenz
	– Affekte, Stimmungen
	– Selbstgefühl
	– Geschlechtszugehörigkeit
	– Sprechantrieb
Physische Determinanten:	– Hörvermögen
	– Hirnphysiologische u. neurologische Grundlagen
	– motorische, anatomische, muskuläre
	– Sprachverhalten
Milieudeterminanten:	– Familiäres Milieu
	– Sozio-kulturelle Faktoren

Allgemein gilt hinsichtlich der Persönlichkeitsdeterminanten,

> „daß es Kindern mit guter und sehr guter Intelligenzausstattung zu
> einem frühen Zeitpunkt der Entwicklung und verhältnismäßig rasch
> gelingt, sich ein Wortverständnis, einen reichen Wortschatz und die
> syntaktischen Gundformen anzueignen" [379].

Bei Geistigbehinderten und anderen Intelligenzschwachen ist die Sprachentwicklung generell verzögert und in den Fällen von Debilität oder gar
der Idiotie schwer und umfänglich eingeschränkt (s. S. 72 ff). Daß Stim-

Gefühle und
Denken
mungen, Affekte und Emotionen die Sprachentwicklung beeinflussen,
erkennt man nicht nur an dem Einfluß von Alkohol und Drogen, sondern
auch an den Gefühlen, die ein Gespräch zwischen den Kommunikations-
partnern auslöst: Sympathie erhöht zweifelsohne die Sprechfreude; gehemmtes oder gestörtes Selbstgefühl bzw. Selbstwertgefühl – wie z.B.
Unsicherheit und Minderwertigkeitsgefühle, Streß, Angst, Schocks –
beeinflussen ebenfalls Sprechbereitschaft und Sprachverhalten bis zur
Sprechangst oder zum Mutismus (Stummheit, Sprachverweigerung, s. u.).

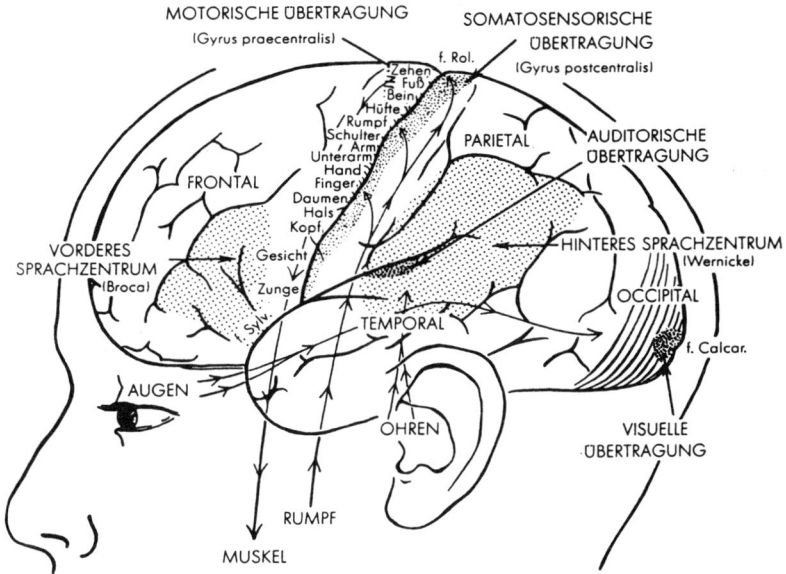

Seitenansicht der linken Hälfte des Kortex. Die Felder, in denen die Verarbeitung sprachlicher Form stattfindet, sind gepunktet markiert und zwar links, im Frontallappen, das Brocasche Sprachfeld und rechts, vor allem im oberen Temporallappen, das Wernickesche Sprachfeld. Der Schall wird in den Ohren in den Kern des Wernickeschen Sprachfeldes übertragen und dort analysiert. Vom Brocaschen Sprachfeld aus werden die rechts dahinter an der Rolandischen Furche liegenden, die Mundbewegungen auslösenden Neuronen aktiviert.

Physische Determinanten

Physische Determinanten sind im Falle von Behinderungen Schädigungen und Funktionsmängel in den Stimm- und Sprechorganen, wie z. B. Kehlkopf, Luftröhre und anderen Artikulationsorganen im Gesichts- und Mundbereich einschließlich Zähne, Gaumen, Kiefer und Nase und ihrer Nervensysteme und der für die Sprache zuständigen Gehirnstrukturen. Dazu kommen diverse sensorische Schädigungen und Funktionsschwächen des Gehörs, aber auch des Sehens (vgl. Kap. 6.6.) und des Gehirns bzw. seiner Informationsverarbeitung. Daher sind bei anderen Behinderungen Sprachstörungen fast immer wesentliche Bestandteile des Behinderungsbildes.[380]

Milieudeterminanten

Milieudeterminanten und ihre Wirkungen auf die Sprachentwicklung haben in den letzten drei Jahrzehnten mehr Aufmerksamkeit in der

Forschung gefunden, insbesondere bzgl. Grammatik, Syntax, Semantik bzw. Wortschatz und Begriffsbildung. Dabei wurden schwerwiegende Unterschiede zwischen Kindern verschiedener Sozial- und Bildungsschichten festgestellt, was sich besonders deutlich bei den lernbehinderten Kindern und Schülern zeigt (s. u.).

Zusammen-fassung

„Zusammenfassend läßt sich feststellen, daß dem sozialen Milieu aufgrund der verbalen und kommunikativen Zuwendung ein nachhaltiger, oft sogar entscheidender Einfluß auf die Förderung bzw. Vernachlässigung der sprachlichen Entwicklung zukommt. Dabei liegen die Unterschiede nicht allein im Entwicklungstempo, sondern im zeitlich verschiedenen Auftreten der sprachlichen Äußerung. Entwicklungsrückstände können zwar aufgeholt werden, jedoch ist der Zeitpunkt für den Erfolg ausschlaggebend." [381]

Exemplarische Ursachen und Symptome

Die an der Sprachforschung beteiligten Wissenschaften wie Medizin, Psychologie, Linguistik und Sprachheilpädagogik entwickelten je eigene Begriffs-Systematiken und uneinheitliche bzw. sich inhaltlich teilweise deckende Begriffe für die Symptome. Daher beschränken wir uns hier auf die Sprachheilpädagogik. [382]

Gehirnreifung

■ **Entwicklungsnormale Probleme:** Die Ausreifung des Gehirns (vgl. Kap. 4.4.4.) und der damit für die Sprache erforderlichen sensorisch-motorischen Organe und ihrer Funktionen bringt es mit sich, daß nach Knura bestimmte Sprachentwicklungsschwierigkeiten als „normal" gelten, wie z. B.: Wort- und Lautbildungs- bzw. Ausspracheschwierigkeiten, die Ein- und Zweitwortsätze als Schwierigkeiten beim korrekten Satzbau (Grammatik, Syntax) und der richtigen Verwendung der Wortbedeutungen (Semantik), sowie bei besonders sprechfreudigen Kindern die überstürzte Rede und das Lautwiederholen, solange das dritte bis vierte Lebensjahr nicht überschritten ist.

Entwicklungs-verzögerungen

■ **Sprachentwicklungsverzögerungen** (Synonyme: Alalie, prolongierte Alalie, Hörstummheit bzw. Audimutitas, allgemeine Unterentwicklung der Sprache) lassen sich nach Knura „kennzeichnen als ausbleibender, verspäteter, verlangsamter, nicht altersgerechter Spracherwerb", der als „zeitlich stark verzögert, strukturell jedoch regelhaft verlaufender Spracherwerb" zu verstehen ist. Betroffen sind in der Regel alle Sprachbereiche, wie z. B. die Aussprachfähigkeiten, Syntax und Grammatik, Semantik und Wortschatz.

Spezielle Probleme

Unterbegriffe sind hier nach Knura:

- *Auditive Agnosie* (sensorische Hörstummheit) als „Unfähigkeit, Schallereignisse auditiv zu erkennen". Die Unfähigkeit, Sprache auditiv zu erkennen, obwohl sie gehört wird, nennt man *verbale auditive Agnosie* bzw. angeborene Worttaubheit oder *rezeptive Aphasie;* allerdings können diese Kinder sich räumlich orientieren und mit Blicken, Gesten, Gebärden usw. visuell verständigen.
- *Verbale visuelle Agnosie* (Dyslexie) bezeichnet die „beeinträchtigte Fähigkeit, Buchstaben und geschriebene Wörter visuell zu erkennen und zu behalten".
- *Verbale Apraxie* bezeichnet die „Beeinträchtigung der Fähigkeit, die Bewegungsmuster der Sprechlaute zu erwerben, zu behalten und zu produzieren".

Stottern / Poltern / Sprechangst / Mutismus [383]

Diese Begriffe werden nach Grohnfeldt unter dem Oberbegriff „Redeflußstörungen" zusammengefaßt, wobei eine genaue Abgrenzung nicht immer möglich ist und Kombinationen untereinander oder mit anderen Störungen auftreten.

Stottern (Synonyme: Dysphemie, Spasmophemie, Balbuties, Laloneurose)

Typisch sind hier Wort und Silbenwiederholungen, stummes Pressen mit Muskelverkrampfungen; Fehlformen der Atmung, unwillkürliche Mitbewegungen (z. B. Nasenflügelsymptom), so daß der gesamte Redefluß und damit die Kommunikation gestört ist. Man unterscheidet:

- klonisches Stottern, d. h. rasche Phonem(Laut)-, Silben und Wortwiederholungen und
- tonisches Stottern als eine Verkrampfung bzw. Blockierung und Störung der Koordination der Artikulations-, Phonations(Lautbildungs)- und Atmungsmotorik.

Zumeist beginnt Stottern im Vorschulalter als vorübergehendes Phänomen in der Phase des Satzbaus (ca. zwischen 1 und 3 Jahren) und

Dyslalien (Aussprachestörungen) lassen sich so gruppieren:[384]

Schaubild: Zum möglichen Bedingungshintergrund von Aussprachestörungen

Aussprachestörungen

Biologische und neurophysiologische Störungskorrelate	Störungen im soziokulturellen und familiären Umfeld
1. Störungen der Aufnahme und Verarbeitung von Sinneseindrücken	1. Wenig anregende Lebens- und Umweltbedingungen

1.1 Audiogene Dyslalie: Sprachstörungen bei nachweisbaren Hörstörungen (besonders bei Hochtonverlust)	– Schichteinflüsse (umstritten)
	   – fehlerhaftes oder mangelndes familiäres Sprachvorbild
	   – Deprivationssyndrom durch Hospitalisierung oder ungenügende sensorische Anregung

1.2 Sensorische Dyslalie: Störungen der zentralen Verarbeitung von Höreindrücken bei intaktem Mittel- und Innenohr im Sinne einer herabgesetzten Fähigkeit der Unterscheidung klangverwandter Laute (phonematische Differenzierungsschwäche, akustische Lautagnosie)	

1.3 Zentrale Dyslalie: Störungen der impressiven, mnestischen und koordinierenden Wahrnehmungsfunktionen im serialen Ablauf	2. Störungen der Eltern-Kind-Interaktion
	
	Aussprachestörungen als Ausdruck
	   – einer ungünstigen familiären Rollenkonstellation (Kind als Sündenbock)
	   – von Projektionen unerfüllter Wünsche der Eltern an das Kind
	   – bestimmter Geschwisterpositionen und -rivalitäten durch Entthronungserlebnisse (Regression und Babysprache)
	   – überfordernder, überbehütender und ambivalenter elterlicher Erziehungsstile

2. Störungen der Sprechwerkzeuge und der neuromuskulären Koordination	
2.1 Dysglossien: Aussprachestörungen als Folge organischer Veränderungen der Sprechwerkzeuge (z. B. LKG-Spalten, Lippen- und Zungenparesen, Kieferanomalien …)	
2.2 Motorische Dyslalie: Artikulationsstörungen als Folge einer gestörten taktil-kinästhetischen Rückkoppelung (z. B. reduzierte Wahrnehmung des Lage- und Spannungsgefühls der Zunge, Lippen …)	
2.3 Dysarthrien: Zentral bedingte Störungen der Artikulation und Stimmbildung aufgrund von Verletzungen oder Erkrankungen der am Stimm- und Sprechvorgang beteiligten Zentren, Bahnen und Kerne	

Störungen beim Aufbau funktionaler Hirnsysteme

Ungünstige Erziehungsbedingungen

dauert in der Mehrzahl der Fälle weniger als ein Jahr (max. bis zum 5. Lebensjahr). Allerdings kann sich dieses Stottern durch ungünstige Erziehungsbedingungen fixieren. In der Regel zeigt der Großteil (bis zu 80 %) der späteren Stotterer im Alter von 3½ bis 5 Jahren erste Symptome. Nur bei ca. 1 % aller Kinder hält das Stottern länger an, so daß eine Therapie (stottertherapeutische Frühförderung) angezeigt und die Heilungswahrscheinlichkeit sehr groß ist. Bei Kindern, die länger als fünf Jahre stottern, sinkt diese auf ca. 20 %. Auffallend ist das Ge

Geschlechtsunterschiede

schlechterverhältnis: Auf drei bis zehn stotternde Jungen kommt ein Mädchen, was darauf schließen läßt, daß neben hirnorganischen Ursachen (die Zahlen schwanken zwischen 40 und 61 %) Erziehungs- und Milieueinflüsse, bestimmbare Situationen, die Stottern auslösen, und fehlende Frühförderung/Elternberatung wesentlichen Einfluß auf die Stotterentwicklung haben.

Poltern (Synonyme: Tachyphemie, Paraphrasia praeceps, Tumultus sermonis)

Poltern ist gekennzeichnet durch hastiges Sprechen, Wiederholungen von Silben und Wörtern, Verkürzungen und Umstellungen. Es ist schwierig vom Stottern abzugrenzen und tritt in komplexer Weise auf in Verbindung mit Dysgrammatismus, Aussprachestörungen und Legasthenie, verlangsamter Sprachentwicklung und sensomotorischen

Probleme beim Schulbeginn

Störungen. Dies zeigt sich spätestens beim schulischen Schriftspracherwerb (Abschreibfehler, Buchstabenauslassungen, schlechtes Schriftbild) und beim Mathematikunterricht (Unsicherheiten im Zahlenschema, Zahlenumstellungen, fehlerhafte Stellenwerte, Richtungswechsel bei Subtraktions- und Divisionsaufgaben). In 50–90 % der Fälle von

EEG-Abnormitäten

Polterern sind Abnormitäten im EEG festgestellt worden. Es zeigen sich neben neuropsychologischen bzw. sensomotorischen Störungen Schwierigkeiten, die Ordnung aufeinanderfolgender Reize und Seriationen zu erfassen, sie in der Ordnung wiederzugeben oder zu produzieren. Probleme bestehen oft in der Raum-Zeit-Orientierung, mit der Folge, daß das Kind Schwierigkeiten hat, Handlungspläne aufzubauen, zu steuern und daran festzuhalten.

Sprechangst (Logophobie)

Sie wird in der leichten Form auch „Lampenfieber" genannt. Man spricht auch vom „inneren" Stottern, das häufig bei psychisch und organisch labilen Personen beobachtbar ist und oft in Verbindung mit Stottern auftritt.

Mutismus

bezeichnet das Schweigen oder den Rückzug aus der sprachlichen Kommunikation. Man unterscheidet:

Selektiver Mutismus

– nach selektivem/elektivem Mutismus, wenn nach vollzogenem Spracherwerb die Lautsprache gegenüber bestimmten Personen bzw. in bestimmten Situationen trotz erhaltener Hör-Sprechfähigkeit verweigert wird. Die Ursachen liegen bei Milieubedingungen, Konflikten, traumatischen Erlebnissen (z. B. Trennungsschock), Ängsten und Depressionen und ggf. frühkindlichen Hirnschädigungen;

Totaler Mutismus

– nach totalem Mutismus, einer völligen Verweigerung der Lautsprache ebenfalls bei erhaltener Hör-Sprechfähigkeit. Die Ursachen sind jene des elektiven Mutismus. Zumeist treten die Phänomene gehäuft um das 3./4. Lebensjahr auf – man spricht hier vom „Frühmutismus" – bzw. zwischen dem 5. und 7. Lebensjahr – man spricht hier vom „Spät"- oder auch „Schulmutismus". Betroffen sind häufig Kinder aus der Landbevölkerung, stark Dialekt sprechende, linkshändige und entwicklungsverzögerte Kinder sehr isoliert lebender Familien, verbunden mit Fehlerziehung wie z. B. mütterlicher Überprotektion oder/und harter Erziehung seitens des Vaters.

Stimmstörungen (Dysphonien)

Sie zeigen sich nach Knura[385] „in einer Unfähigkeit, stimmlichen Anforderungen in üblicher Weise zu entsprechen. Charakteristisches Symptom ist neben der eingeschränkten Leistungsfähigkeit Heiserkeit in verschiedenen Ausprägungen".

Spezielle Formen

Man unterscheidet:

– entwicklungsbedingte Stimmstörungen, wie sie z. B. in der Pubertät und in anderen kritischen und hormonell bedingten Umstellungen späterer Lebensphasen auftreten;

– psychogen bedingte Stimmstörungen, z. B. Streß und abnorme Belastungssituationen;

– organisch bedingte Stimmstörungen, wie z. B. Krankheiten, Entzündungen, Lähmungen usw. und angeborene Deformationen der Stimmorgane, wie z. B. des Kehlkopfes.

Spezielle Formen bei Kindern

Bei Kindern kommt es oft (Zahlen liegen nicht vor) zu:

- *Phonoponosen* als „Ausdruck von automatisierten Fehlfunktionen der inneren und äußeren Kehlkopfmuskulatur";
- *hyperkinetischer Dysphonie* als Teilgruppe der Phonoponosen, d. h., „unökonomischer Stimmgebrauch bewirkt subjektive Beschwerden im Kehlkopfbereich (Mißempfinden, Schmerzen … Räusperzwang, Trockenheit)";
- *Stimmlippenknötchen;* sie treten außer bei stark belasteten Stimmen (Erzieher / innen, Lehrer / innen) auch bei Kindern im Vorschulalter auf, wobei vor allem Jungen betroffen sind, und können in der Regel behoben werden.

Aphasie

Damit bezeichnet man „zentrale Störungen der bereits erworbenen Sprache"; sie betrifft vor allem die „Symbolfunktion" (Zeichen- und Bedeutungsverständnis und -gebrauch). Die Ursachen liegen u. a. in Erkrankungen des ZNS und in mechanischen bzw. unfallbedingten Verletzungen des Gehirns. Es gibt sehr unterschiedliche Klassifizierungen, u. a. unterscheidet man:

Spezielle Formen

- *totale Aphasie,* bei der weder gesprochen noch Sprache verstanden wird;
- *amnestische Aphasie,* deren Leitsymptom Wortfindungsstörungen bei ansonsten intaktem Sprachfluß und Satzbau sind und bei der irgendwelche Wörter oder Ersatzausdrucksformen (Mimik, Gestik) für das Gemeinte eingesetzt werden;
- *motorische Aphasie* (nach Broca) mit einem gestörten, extrem langsamen Redefluß, gestörter Artikulation und Dysgrammatismus;
- *sensorische Aphasie* (nach Wernicke), bei der das Kind zwar sprechen, aber Gesprochenes nicht hinreichend verstehen kann und oft irgendwelche Wortneuschöpfungen (Neologismen) in seine Rede einbaut.

Auffällig werden diese Kinder besonders zwischen dem 4. und 10. Lebensjahr. Betroffen sind:

Kindergarten und Schulanfang: Beobachtungshinweise

- Sprachverständnis; Namen behalten und benennen, die Bedeutungserfassung von Bildern;
- die Fähigkeit, geometrische Figuren visuell und taktil zu unterscheiden und entsprechende Muster zu zeichnen und zu legen;

- die Fähigkeit, typische Merkmale bestimmten Begriffen (Haus, Fenster, Tür, Dach) zuzuordnen, und
- der Vollzug des Lesens und Schreibens sowie die Rechenfähigkeit (Dyskalkulie, Akalkulie).

Bei der Fülle an Varianten dieser Störung wird u. a. von Dysphasie, Dyslexie (das Lesen betreffend) und Dysgraphie (das Schreiben betreffend) gesprochen.

Dysgrammatismus

Im Gegensatz zu entwicklungsnormalen und vorübergehenden Problemen des Grammatikerwerbs kann man bei Dysgrammatismus von einem eigenständigen und komplexen Störungssyndrom sprechen, das den Wort- und Satzaufbau bzw. deren Strukturen betrifft und die Semantik, Lexik (Wortschatz) und Lautbildung einschließt. Beispiel dafür sind Wortauslassungen, Deklinations- und Konjugationsfehler, Schwierigkeiten bei Präpositionen und Pluralbildungen, Wortstellungsfehler usw. sowie Wort- und Satzstrukturen, die in der Normalentwicklung des

Ursachen — grammatischen Regelsystems nicht auftauchen. Die Ursachen liegen
- in sensomotorischen und intellektuellen Grundstörungen der Zeit- und Rhythmusverarbeitung;
- in der auditiven Wahrnehmungsorganisation, Gedächtnis- und Abrufkapazität;
- in der Problemlösungsfähigkeit;
- in familiär-soziokulturellen Einflüssen (Milieu) und
- in hirnorganischen Schädigungen.[386]

6.8.4 Sprachbehinderungen als individuelles und behinderungsübergreifendes Problem[387]

Bei fast allen Behinderungsformen können sich Sprachprobleme entwickeln und finden sich Sprachbehinderungen und -störungen in den unterschiedlichsten Schwere- und Komplexitätsgraden:

■ Körperbehinderungen schließen fast immer Sprachbehinderungen ein. Sie sind unterschiedlichster Art, Ausprägung und Genese. Dabei fällt auf, daß neben der hohen Anzahl Sprachbehinderter aufgrund zerebraler Bewegungsstörungen ein beträchtlicher Teil der Schüler nicht in der Lage ist, die Lautsprache rezeptiv oder expressiv zu verwenden, und schreibmotorische Probleme hat.

- *Blinde und sehbehinderte Kinder* haben Sprachprobleme relativ zur Sehbeeinträchtigung bzw. Blindheit, d.h., daß die Zahl zusätzlicher Sprachbehinderungen bei Vollblinden größer ist als bei Sehbehinderten, daß sie häufiger bei jüngeren als bei älteren Kindern auftreten und häufiger bei Personen, deren Sehschädigung in sehr frühem Alter eingetreten ist; sie betreffen neben den Schreib- und Leseproblemen insbesondere „sprechtechnische Mängel".

- Auf *Gehörlose* und ihre Besonderheiten wurde bereits hingewiesen (s. S. 244). Vertiefend soll hier angemerkt werden, daß bei Gehörlosen häufig Störungen des aktiven und passiven Wortschatzes und in der Grammatik auftreten und sie über weniger Oberbegriffe und Synonyme verfügen, in deren Anwendung unsicher sind, mehr unvollständige Sätze produzieren und Schwierigkeiten bei der Sinnerfassung von Texten haben.

- Bei *geistiger Behinderung* kann man pauschal sagen, daß nahezu 100 % der Behinderten als sprachlich auffällig zu gelten haben und daß 80 % dieser Gruppe keine Sprache zur Kommunikation verwenden. Darüber hinaus sind folgende Symptome zu nennen: Sprachentwicklungsverzögerungen bzw. Spracherwerbsstörungen, Dysgrammatismus, Stammeln bzw. Dyslalien, Dysphonien, Stottern und andere Redeflußstörungen, Mutismen und Kommunikations- und Entwicklungsstörungen u.a. in bezug auf Mimik, Gestik, Wachheit und Konzentration und das Mitteilungs- und Aufnahmebedürfnis.

- *Lernbehinderte bzw. potentiell lernbehinderte Kinder und Schüler* fallen schon im Vorschulalter durch ihre umfänglich verzögerte, eingeschränkte und undifferenzierte sprachliche Entwicklung auf, so daß man geradezu von einem gleichermaßen lern- und sprachbehinderten Kind sprechen muß.

Die Merkmale sind:

- Die Sprache ist unmittelbar auf situative persönliche Bedürfnisse und akute Erlebnisbereiche bezogen und verharrt in symbolisch-vorabstrakten Stadien;

- Unterschiede zwischen mündlichem und schriftlichem Sprachgebrauch, d.h., nur die Hälfte des vorhandenen Wortschatzes wird mündlich tatsächlich gebraucht;

- weniger Grammatikfehler im Mündlichen als im Schriftlichen. Insgesamt zeigen diese Kinder bessere Leistungen im Mündlichen als im Schriftlichen. Darüber hinaus stellte man fest: weniger Adjektive, Schwächen in der Begriffsklarheit, bei Sätzen, Nebensätzen und Satzverbindungen, bei direkter und indirekter Rede. Die verschiedenen Satzarten sowie der Gebrauch von Verben, Pronomen, Adverbien, Adjektiven usw. weist erhebliche negative Unterschiede auch im Vergleich zu jüngeren Regelschülern auf;
- neben Sprachentwicklungsverzögerungen wurden Stammeln, Stottern, Poltern, unverständliche Sprache und Mehrfachschädigungen festgestellt. Diese therapiebedürftigen Defizite sind oft zu komplex, als daß den schulischen Standards entsprochen werden könnte, und so können die Kinder den schulischen Instruktions- und Lernvorgängen nur mühsam folgen.

■ *Verhaltensauffälligkeiten und Sprachstörungen bzw. -behinderungen* sind vielfach untersucht worden, und man hat dabei viele Überschneidungen zwischen Sprachbehinderungen und Verhaltensstörungen sowohl im Vorschul- als auch im Schulalter nachgewiesen. Diese Überschneidungen umfassen ein vielfältiges und uneinheitliches Bild von Sprach- und Sprechstörungen in Verbindung mit Konzentrations- bzw. Aufmerksamkeitsstörungen, Schüchternheit/ Gehemmtheit, Hyperaktivität, Überempfindlichkeit, Aggressivität und sozialer Unangepaßtheit (vgl. Kap. 6.10.), die in unterschiedlichen Kombinationen auftreten. Dabei ist nicht hinreichend geklärt, ob die Verhaltensauffälligkeiten die Sprach-Sprech-Probleme begründen bzw. beeinflussen oder umgekehrt.

6.8.5 Lese-Rechtschreibschwäche LRS, Legasthenie

Definition
Lese-Rechtschreibschwäche kann als vorläufiger Endpunkt einer allgemein verzögerten und/oder gestörten Gesamt- oder speziell Sprachentwicklung bezeichnet werden. Es ist ein wissenschaftlich umstrittenes, komplexes Störungssyndrom von Wahrnehmungs- und Artikulationsstörungen, phonematischen (lautlichen) Differenzierungs- und Merkschwächen für Sprache und Wortschatz. Probleme des Schriftspracherwerbs (Legasthenie, Dyslexie, Dysgraphie/Agraphie) treten beim Schulanfang auf und können – unbehandelt – den gesamten Schulleistungsbereich beeinträchtigen und generelles Schulversagen sowie erhebliche langfristige

Symptome Verhaltensschwierigkeiten hervorrufen. Vordergründig auffallend sind Buchstabenverdrehungen und -auslassungen, Probleme der Graphem-(Buchstaben)erkenntnis und -merkfähigkeit, Schwierigkeiten bei optisch-akustischen Graphem-Phonem(Laut)-Synthesen, bei Phonem- und Graphem-Analysen, der Merkfähigkeit von Schriftbildern, in der Schreibmotorik (Dysgraphie bzw. Agraphie). Es kommt
– zu syntaktischen Dysgraphien, bei denen das Schreiben von Sätzen nicht gelingt, Worte fehlen oder falsch im Satz stehen;
– zu linguistischen Dysgraphien, bei denen einzelne Wörter falsch geschrieben werden;
– zu graphematischen Dysgraphien, bei denen einzelne Buchstaben mißlingen.

Ursachen Die Ursachenforschung reicht von der vorgeburtlichen Entwicklung bis zum Schuleintritt. Sie umfaßt sowohl sensomotorische, grob- wie feinmotorische als auch Gedächtnis- und Intelligenzprobleme, familiäre Erziehungsprobleme und Defizite der familiären Sprache bzw. des Sprachmilieus einschließlich der Dialekte, ohne daß es bisher zu einer statistisch gesicherten eindeutigen Erkenntnis gekommen ist. Dementsprechend gibt es viele Förderansätze und Therapien.[388] Weniger untersucht wurden „Lehrschwächen" der Lehrer und ihre fehlende oder mangelhafte Ausbildung in den Erstlese- oder Schreiblernverfahren sowie die Effizienz bzw. individuelle Brauchbarkeit der einzelnen Erstlese- und Schreiblernverfahren. International angewandte, erfolgreiche Verfahren, wie z.B. die individualisierende und ganzheitliche Montessori-Methode, haben in Deutschland bisher wenig Verbreitung gefunden (vgl. Kap. 5.6.2. und Kap. 7).

6.8.6 Statistik

Die Zahlen schwanken außerordentlich. In Frühförderstellen nimmt die Zahl der sprachentwicklungsverzögerten und -behinderten Kinder auffallend zu, und es entstehen auch bei den Logopäden beachtliche Warteschlangen. Von 1075 Schulanfängern wurden nach Zuckrigl 31,4% als sprachauffällig, 22% als sprachgestört und 8% als behandlungsbedürftig bezeichnet, und nach Bleidick finden sich in der Häufigkeitsreihe an erster Stelle 23,4% Lispeln, 5,6% Stammler, 2,5% Stotterer, 2,1% Stimmstörungen und 1,6% Näseln.[389]

6.8.7 Frühdiagnostik

Die fachärztliche Frühdiagnostik deckt sich im wesentlichen mit den Untersuchungen, wie sie auch bei Hörgeschädigten praktiziert werden. Hinzu kommen neurologische und psychiatrische Untersuchungen der Gehirnfunktion, kieferchirurgische Untersuchungen des Mundbereiches und Untersuchungen seitens des HNO-Arztes (Schallwahrnehmmung und Stimmbildung). Gute Erfolgsaussichten bestehen durch die

Verlaufsschema der Diagnostik[390]:

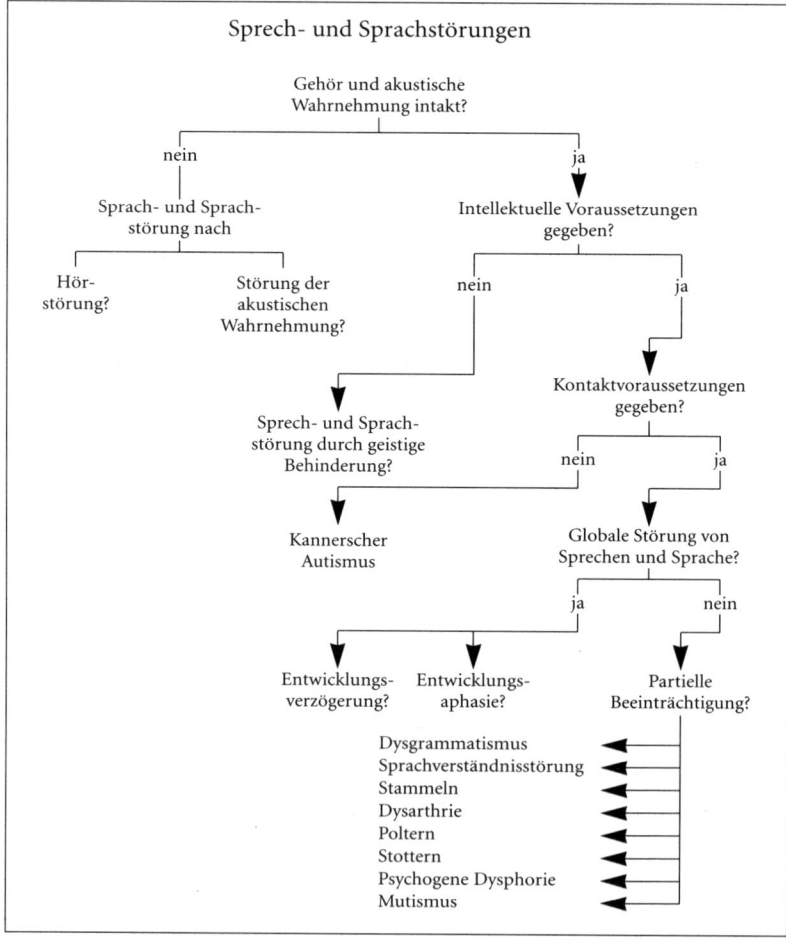

Frühdiagnose und -behandlung z. B. bei Kindern mit Lippen-Kiefer-Gaumenspalte, die schon im zweiten Lebensjahr operiert und logopädisch weiterbehandelt werden kann.

Problem:
Späte Diagnose

Die sonderpädagogische und logopädische Diagnostik verfügt über eine Reihe von Testverfahren, wie sie bereits oben (s. S. 100 ff) genannt wurden. Leider ist auch hier festzustellen, daß sprachverzögerte und -behinderte Kinder oft zu spät der Diagnose und Frühförderung zugeführt werden.

6.8.8 Frühförderung

Sprachentwicklung und -behinderungen sind von einer Vielzahl sich wechselseitig bedingender psychisch-geistiger, neurologischer, sensomotorischer Funktionen und vor allem von der sozial-emotionalen, sprachlichen Anregung und Zuwendung abhängig und eben dadurch auch störanfällig. Auch die Tatsache, daß in den meisten Behinderungsarten die Sprache mit beeinträchtigt ist, bedeutet, daß Sprachbehinderung sowohl ein individuell-spezifisches als auch ein behinderungsübergreifendes und soziales Phänomen darstellt. Heute wird die Auffassung vertreten, daß eine eindeutige und strikte Trennung der Ursachengruppen und eine entsprechende Zuordnung der Störungs- bzw. Behinderungssymptome nicht aufrechterhalten werden kann.

Behandlungs-
ansätze

Die Komplexität des Sachverhaltes „Sprache" und „Sprachbehinderung" erfordert daher entsprechende interdisziplinäre wissenschaftliche Erforschung, Erklärung und Behandlung:

■ Notwendig ist eine individual-genetische Erklärungsweise, die als „Personorientierung" die gesamte „Lebenssituation" in ihrer „biographischen" Gewordenheit und damit anthropogenen Einmaligkeit und den sprachbehinderten Menschen ganzheitlich versteht. Sprachbehinderung kann zwar theoretisch nach isolierten Einzelfaktoren analysiert werden, aber sie muß nach Maßgabe der personalen Ganzheit interpretiert und dementsprechend pädagogisch-therapeutisch erfaßt und behandelt werden;

■ Es ist eine Tatsache, daß sich sprachlich-individuelle Personwerdung nur in einem sozial-ökologischen Kontext vollziehen kann. Also muß die individuelle Sprachentwicklung als Teilsystem im System der Wechselwirkungen zwischen „Organismus und Milieu" betrachtet werden. So ist Sprachbehinderung immer auch ein individuelles wie soziales Phänomen im Austauschprozeß zwischen Kind und Familie, Gesellschaft und Kultur, das unter dem Blickwinkel der „Systemorientierung" betrachtet und behandelt werden muß. Das erfordert die Zusammenarbeit von Spezialisten und die Einbeziehung der Familie in die Behandlung.

Förderstellen Frühförderung sprachbehinderter und -entwicklungsverzögerter Kinder wird durchgeführt in Sprachheilkursen, Sonderschulkindergärten für Sprachbehinderte, in Frühförderstellen und bei niedergelassenen Logopäden. Die Erfolgsaussichten sind bei einer Frühbehandlung zwischen dem zweiten und dem sechsten Lebensjahr gut.

Förderaspekte Die Methoden sind dem Problem entsprechend ganzheitlich angelegt: Spielpädagogik, Basteln, Gestalten mit diversen Materialien, Malen, rhythmisch-musikalische Förderung, sensomotorische Förderung und die speziellen Maßnahmen und Übungen zur Sprechmotorik, Konzentrationsförderung, Lautbildung, Neubildung und Übung fehlerhaft gesprochener Laute. Häufig wird Sprachförderung auch mit der Verhaltenstherapie kombiniert, so daß es zu nachweisbaren Erfolgen gerade bei geistigbehinderten Kindern gekommen ist.

6.8.9 Prävention, Frühförderung und Rehabilitation – Frühe Sprach- und Schriftsprachförderung und Behandlung von LRS

6.8.9.1 Montessoris Ansatz

Montessoris Ansatz ist hilfreich, weil es ein Konzept ist, das von der Früherziehung bis in den Schulbereich hinein praktikabel ist. Bereits zwischen 2½ und 6 Jahren werden systematisch-individuell sensomotorische und kognitive Kompetenzen für den Schriftspracherwerb und die weitere Sprachentwicklung grundlegend eingeübt. So werden ent-
Früherkennung wicklungsbehindernde Auffälligkeiten früh erkannt und der Prävention bzw. Therapie zugeführt. Ebenso haben Frühleser und -schreiber eine Chance, ihrem individuellen Entwicklungstempo gemäß lesen und schreiben zu lernen. Gleichzeitig schafft das Konzept schulvorbe-
Schulvorbe- reitende Grundlagen und ist nachweislich schulisch-rehabilitiv flexibel
reitung

Ansatz bei der Sensiblen Phase für Sprache

und individuell anwendbar.[391] Ihr weltweit angewandtes Sprach – und Schriftsprachförderungskonzept setzt an bei den sensiblen Phasen für Wahrnehmung, Bewegung und besonders Sprache. Das ist eine genetisch festgelegte Zeitnische zwischen der Geburt und ca. dem 12. bzw. 13. Lebensjahr, in der das Kind Sprache bzw. Sprachen fast mühelos erlernt und die gelernte Sprach- bzw. Schriftsprachfertigkeit im Menschenkind neuronal fest verankert wird (siehe S. 95 ff.). Für den Spracherwerb bringt das Kind außerdem die Fähigkeit mit, 70 Phoneme zu unterscheiden.[392] Optimaler Spracherwerb, effiziente Sprachförderung und entsprechende Lernanregungen sind an das sich entwickelnde Gehirn und an die sensible Phase für Sprache gebunden, d. h.,

Sensible Phasen und Umweltbedingungen

– fehlen solche Lernanregungen in der sensiblen Phase für Sprache (z. B. bei sog. Wolfskindern);
– sind die zum Spracherlernen erforderlichen Sprach- bzw. Sprechmodelle (z. B. Elternsprache) qualitativ nicht optimal (z. B. schlechte Aussprache, falsche Syntax, sprachliche Vernachlässigung);
– hat das Kind sensorische Schäden (z. B. akustische Sprachverständnisschwierigkeiten);
– hat das Kind muskulär-motorische Schäden (z. B. Haltungs- und Bewegungsprobleme);
– erleidet das Kind eine harte Erziehung oder traumatisierende Erlebnisse (z. B. Elternverlust);

dann kann sich die sensible Phase für Sprache nicht optimal auswirken, und spätere Erziehungsbemühungen werden aufwendiger bei geringerem Erfolg.[393] Für die Frühsprachförderung 0–3jähriger und mehrfachbehinderter Kinder sind in jedem Fall spezialisierte Sprachheilpädagogen zuständig (siehe S. 267).

Sprachförderpraxis nach Montessori ab 2½ Jahren – indirekte und direkte Förderung

Übungen des täglichen Lebens

Wenn Kinder mit ca 2½ bis 3 Jahren in Montessori-Einrichtungen kommen, dann beschäftigen sie sich zumeist mit den sog. Übungen des täglichen Lebens: Tischdecken, putzen, spülen, An- und Ausziehenlernen usw. In solchen „natürlichen" Sprachlern-Lernsituationen (nativ learning):

Förderbereiche

– übt das Kind seine Sprachkompetenz mit sinnhaft erlebten Tätigkeiten;

- entwickelt es motivationsbildende Selbstsicherheit und Selbstvertrauen (Sprechfreude);
- erlernt es grundlegende grob- und feinmotorische Fertigkeiten für die Schreibfähigkeit;
- werden vor allem Wortschatz, Satzbau und Aussprache gefördert, indem es die Namen, Funktionen und Eigenschaften der Dinge und Tätigkeiten im Umgang erlernt (funktional, learning by doing).

Nachahmung, Lernen am Modell

Indirekt lernt das Kind durch die Nachahmung der Erzieherin bzw. dadurch, daß sie diese Dinge oder Tätigkeiten beim Namen nennt (z. B. „Hole den Besen!"; „Fege den Fußboden!"). Direkt wird das Kind belehrt, wenn es diese Namen bzw. Begriffe nicht kennt.[394] Direkte Sprach-Lektionen sind primär Einzelfördermaßnahmen.

Motopädagogik

Motopädagogische Hilfen („Gehen auf der Linie" und andere Bewegungsübungen)

Bekannt ist das große Interesse der Kinder, über Balken, niedrige Mauern usw. zu balancieren. Durch solche entwicklungsnormalen spontanen grobmotorischen Spiele entwickelt es die später schreibrelevanten Fähigkeiten wie bewußte Körperbeherrschung, -schema, -haltung, Richtungs- und Gleichgewichtssinn, Bewegungsordnung nach Raum und Zeit. Schreibrelevant sind z. B.: rechts – links; hinauf – hinunter; oben – unten; innen – außen; unter – über; Anfang – Ende; lang – kurz; an – aus; groß – klein; schräg, diagonal, schief, herum, kreuzweise, Mitte, Zentrum, Linie, Krümmung, Bogen, senkrecht, waagerecht, Kreis, Gerade.[395]

Beispiele

„Gehen auf der Linie"[396]:
„Material:
Benötigt wird eine 3–4 cm breite ellipsenförmige Linie, die auf dem Boden aufgemalt oder aufgeklebt ist und deren langer Durchmesser ca. 4 Meter beträgt. Weiter braucht man tragbare Gegenstände, wie z. B. mit gefärbtem Wasser gefüllte Flaschen, Gläser, Glocken, Kerzen, Zündhölzer, Plattenspieler, Schallplatte oder Musikinstrument.

Übungsbereiche und -ziele:
Gleichgewichte, Verfeinerung der Bewegungskoordination (Füße, Gehen, Gesamtmotorik), Körperbewußtsein(sschema), die Erfahrung innerer Ruhe durch Konzentration, Bewegungsschönheit (Grazie), Kon-

zentrationssteigerung, Selbstkontrolle und -disziplin, soziale Sensibilität und Gemeinschaftsgefühl.

Alter:
Etwa 3–6 Jahre

Darbietung und Übung:
Die Kinder sitzen um die Ellipse. Sie sind so weit von dieser entfernt, daß sie sie nicht mit den Füßen berühren, und tragen dabei möglichst leichte Schuhe oder Turnschuhe. Die zu tragenden Gegenstände sind für die Kinder sichtbar in der Nähe der Ellipse bereitgestellt. Die Leiterin geht einmal über die Linie und versucht dabei, die Aufmerksamkeit der Kinder auf das Aufsetzen des ganzen Fußes auf die Linie und auf ein natürliches Gehen zu richten. Fußspitze und Absatz befinden sich auf der Linie. Nun ruft die Leiterin ein Kind nach dem anderen beim Namen und bittet es, mit der Übung zu beginnen. Nach und nach nehmen alle Kinder der Gruppe an dieser Übung teil. Durch Beobachten erkennt die Leiterin die Schwierigkeiten der einzelnen Kinder und kann durch leise allgemeine Anregungen auf diese eingehen, z. B.: ,Wir versuchen, genau auf die Linie zu treten.'"

Beobachtung/ Diagnostik

Derartige Übungen haben nach Montessori auch eine diagnostische Bedeutung, und so sollten Kinder mit auffälligen Bewegungsschwierigkeiten (z. B. der Unfähigkeit, eine Körperhaltung einzunehmen und im Gehen durchzuhalten) ärztlich kontrolliert werden.

Sensomotorische Förderung

Das Sinnesmaterial (auch: psychodidaktisches Material)
Diese Materialien dienen mehreren Zielen:
– der Diagnose und Förderung sensorischer und motorischer, speziell koordinatorischer Kompetenzen der Einzelsinne und Bewegungen;
– als Einzelfunktionsförderung bzw. auditive und optische Wahrnehmungsförderung (Grundlage für den Schriftspracherwerb);
– der intersensoriellen Koordination, z. B. beim Sprechenlernen (Sehen und Hören);
– der sensomotorischen Koordination (z. B. Hören und Sprechen als sensomotorischer Akt; Auge-Hand-Koordination als kinästhetische Vorübung der Schreibhand und des Schreibens);
– der basalen sensomotorischen Förderung

- der Wahrnehmungskategorien (z. B. Raum-, Zeitbegriff für die Fähigkeit raumzeitlicher Ordnung und Seriationen z. B. beim Schreiben der Buchstaben bzw. Graphemfolge, bei der richtigen Lautwahrnehmung bzw. Phonemfolge und deren sprachlicher Wiedergabe sowie als Prävention von Buchstabenverdrehungen (z. B. p–d) im Raum);
- dem Denken, wie z. B. Erkennen, Unterscheiden, Vergleichen, Kombinieren, Schlußfolgern bzw. der Fähigkeit sprachlogischen Ausdrucks und dem Vermögen, Sprachregeln anzuwenden;
- der direkten Sprachförderung, da in jedem Material „Sprachlektionen" integriert sind.

Grundmethode: Dreistufenlektion

Bei der Einführungslektion bzw. „Dreistufenlektion" werden durch die Benennung der Teile die Rezeption, Reproduktion und Produktion aktiviert.

„1. Stufe: Der Erzieher stellt die Beziehungen zwischen Gegenstand und Namen (bzw. Eigenschaft und Bezeichnung) her, indem er auf den Gegenstand weist und dabei langsam und deutlich dessen Namen nennt. So werden Sache, Begriff und Benennung fest miteinander verbunden. ‚Das ist …' – Benennung durch den Erzieher.

2. Stufe: Es handelt sich um die Phase der Festigung. Diese Phase kann unterschiedliche Zeiträume bei den jeweiligen Kindern in Anspruch nehmen. Der Erzieher nennt den Begriff und gibt dem Kind Aufträge. Durch häufiges Wechseln der Aufträge übt sich das Kind immer mehr im Zuordnen und verliert dadurch nicht sein Interesse. Die Wiederholungen müssen vielfältig und für das Kind interessant gestaltet werden unter Berücksichtigung des Bewegungsdranges der Kinder. ‚Gib, hole, lege oder bringe mir …' – Erkennen durch das Kind.

3. Stufe: Der Erzieher zeigt einen Gegenstand und fragt nach dessen Namen. Der passive Wortschatz wird so zum aktiven. Das Kind besitzt nun Namen und Gegenstand. Die 3. Stufe ist gleichsam die Kontrolle der 2. Stufe. ‚Was ist das?' oder ‚Wie ist das?' – Benennung durch das Kind."[397]

Sprachförderung durch Sachlernen und Sprachlektionen

Sprachmuster vermitteln

In den einzelnen Materialien sind Lektionen zur Einführung von Begriffen, Adjektiven, Verben, einfachen Mustersätzen sowie Steigerungsformen der Adjektive (groß – größer – am größten; klein – kleiner -am kleinsten usw.) möglich:

Beispiele	– Rosa Turm: groß – klein
	– Braune Treppe: dick – dünn
	– Rote Stangen: lang – kurz
	– Einsatzzylinder: flach – tief, eng – weit, hoch – niedrig, dick – dünn, groß – klein, hoch – schmal, niedrig – breit
	– Farbtäfelchen: Farbbenennungen, hell – dunkel
	– Geometrische Kommode: verschiedene Dreiecke, Rechtecke, Vielecke, Trapez, Raute, Vierpaß, Parallelogramm, Ei, Ellipse, Kreise
	– Biologische Kommode: Bezeichnungen der Blattformen
	– Geometrische Körper: rollen , kippen, drehen, Ecken, Kanten, Ei, Ellipse, Kegel, Walze, Quader, Kubus, Pyramide, Kugel, Prisma
	– Tastbretter: rauh – glatt
	– Tasttäfelchen: grob – fein
	– Stoffkasten: glatt – rauh, hart – weich, dick – dünn, grob – fein, locker – fest
	– Gewichtstäfelchen: schwer – leicht
	– Geräuschdosen: laut – leise
	– Glocken: hoch – tief
	– Geruchsdosen: Namen der Geruchsstoffe
	– Geschmacksgläser: süß, sauer, salzig, bitter
	– Wärmekrüge: warm – heiß, kühl – kalt

Spezielle Schreibvorbereitung

Indirekte Förderung sensomotorischer Grundlagen des Schreibens: Geometrische Figuren, Metallene Einsätze

Indirekte Vorübungen zur Stärkung der Handmuskulatur stellen z. B. Knetübungen, speziell mit der festeren Bienenwachsknete, Web- und Stecharbeiten nach Fröbel dar.

Montessori gibt dem Kind eine Serie von geometrischen Figuren, die ihm – neben basaler Formwahrnehmung und Förderung des Formbewußtseins – Hilfen zur Formunterscheidung, -kombination und -darstellung geben , wie sie für die Buchstabenschrift nötig sind. Dazu dienen die „Metallenen Einsätze".[398]

„Material:

Beispiel — Zwei Ständer mit je 5 quadratischen rosa Metallrahmen. Die Kantenlänge beträgt 14 cm. Die folgenden Einsätze in blauer Farbe: auf dem ersten Ständer: Dreieck, Quadrat, Rechteck, Trapez, Fünfeck; auf dem zweiten Ständer: Kreis, Vierpaß, Kreisbogendreieck, Eiform, Ellipse. In der Mitte haben sie einen Knopf zum Anfassen (Drei-Finger-Schreib-griff). Eine feste Unterlage, quadratische Blätter (14 cm × 14 cm); Bunt-stifte in mehreren Farben.

Direkte und indirekte Ziele:
Übung der Feinmotorik als Vorübung zum Schreiben, Stifthaltung, Augen-Hand-Koordination, Kraftdosierung, Richtungssteuerung der Schreibhand, Begrenzungen einhalten, Form-Grenzen bzw. später die Lineatur einhalten, Figur-Hintergrund-Wahrnehmung bzw -unter-scheidung, Entwicklung des ästhetischen Sinnes; Vorbereitung der Geometrie, Gefühl für die schreibende und zeichnende Hand.

Alter:
ab drei Jahren.

Darbietung:
Die Leiterin bereitet gemeinsam mit dem Kind den Arbeitsplatz vor: Unterlage, Papier, drei Buntstifte in verschiedenen Farben, eine Ein-satzfigur mit Rahmen. Für das Kind gut sichtbar legt die Leiterin den Rahmen genau auf das Papier. Mit der einen Hand hält sie den Rahmen fest auf das Papier gedrückt, während sie mit der anderen Hand die Kontur der ausgeschnittenen Form mit dem Bleistift nachfährt. Sie beginnt oben und führt die Bewegung links herum aus. Dann nimmt sie den Rahmen beiseite und legt die Einsatzfigur genau auf die ge-zeichnete Figur. Sie hält mit der einen Hand die Einsatzfigur an dem kleinen Knopf fest, während sie mit einem andersfarbigen Buntstift die Form umfährt. Dabei setzt sie so an, daß die Figur in einer geschlosse-nen Bewegung umfahren werden kann. Die Einsatzfigur wird wegge-legt. Mit einer Farbe füllt sie die Figur, die jetzt in zwei parallelen farbi-gen Linien auf dem Papier zu sehen ist, mit senkrechten Strichen aus. Diese werden von Rand zu Rand von oben nach unten ganz leicht über das Papier gezogen. Die Leiterin fordert das Kind auf, die Übung selbst durchzuführen.

Fehlerkontrolle 1:
Das Kind wiederholt die Übung eventuell in Teilschritten.

Fehlerkontrolle 2:
Parallellaufender Doppelrand. Die Begrenzung ist durch Umrandung gegeben.

Weitere Übungen:
Die Figuren können ganz ausgemalt werden. Es können mehrere Figuren übereinander gezeichnet werden. Die Teilfiguren können verschiedenfarbig gefüllt werden."

Effekte

Die Kinder lernen in der intensivsten Phase für den Erwerb bewußter Wahrnehmung und der Feinmotorik und für die diffenzierteste Koordinationsbildung das Gefühl für die schreibende und zeichnende Hand: Druck- und Kraftdosierung, Richtungssteuerung, Stifthaltung und -führung, Formgrenzen bzw. später das Einhalten der Lineatur, Auge-Hand-Koordination. Zudem erfahren sie ihre geometrischen Gestaltungsmöglichkeiten. Zwischen sechs und acht Jahren – die Zeit des üblichen Schulbeginns – ist diese komplexe schreibmotorische Lernfähigkeit schon im Abklingen begriffen. Das erklärt die oft große Abneigung bei schreibmotorischen Vorübungen und die Anstrengung beim Schreiben (Blätter durchdrücken, Spitzen abbrechen, Federn verbiegen usw.).

Einführung von Buchstaben

Mit dem beginnenden Symbol- bzw. Zeichenverständnis wollen viele Kinder Buchstaben bzw. das Schreiben erlernen. In aller Welt lernen Montessori-Kinder dies zwischen vier und sechs Jahren. Das Verfahren dabei ist mehrkanalig insofern, als hier verschiedene Sinne (Hören, Sehen, Tasten, kinästhetischer Sinn usw.) und eben auch Perzeption, Reproduktion und Produktion aktiviert werden.

Beispiel

Sandpapierbuchstaben [399]:
„**Material:**
Die Buchstaben sind aus Sandpapier ausgeschnitten und auf Holzbrettchen aufgeklebt, die Vokale auf blauem, die Konsonanten auf rotem Grund.

Direktes Ziel:
Kennenlernen der Buchstaben durch die Verbindung von Form und Laut.

Indirektes Ziel:
Vorbereitung des Schreibens.

Alter:
ca. drei Jahre

Ablauf der Übung:
Die Leiterin sucht drei Buchstaben aus, die sich in Form und Klang deutlich unterscheiden. Mit Zeige- und Mittelfinger fährt sie langsam den Buchstaben in Schreiberichtung nach und spricht den Laut dabei phonetisch aus. Sie fordert das Kind auf, das gleiche zu tun. Dann sagt sie ein Wort, das mit diesem Laut beginnt. Sie bittet das Kind, sich ebenfalls ein Wort zu überlegen. Die Übung wird in der Form der Drei-Stufen-Lektion fortgesetzt. Dabei ist es wichtig, daß die Buchstaben immer nachgefahren werden und der Laut ausgesprochen wird.

Fehlerkontrolle:
Die unterschiedliche Oberfläche von Sandpapier und Holz veranlaßt das Kind, der Schreibrichtung zu folgen. Die Leiterin überprüft die richtige Nennung des Buchstabens.

Weitere Übungen:
- Buchstaben nachfahren: Wenn sie bekannt sind, den Namen aussprechen und sie auf einen Stapel legen.
- Buchstaben zu Kindern oder Gegenständen im Raum legen, in deren Namen der Laut vorkommt.
- Die Buchstaben des beweglichen Alphabetes auf die entsprechenden Sandpapierbuchstaben legen.

Die Sandpapierbuchstaben liegen mit der Schriftseite nach unten auf dem Tisch. Ein Kind dreht einen Buchstaben um, fährt ihn nach, spricht den Laut aus und sagt ein Wort, das mit diesem Buchstaben beginnt. Dann legt es ihn zu den anderen zurück und mischt sie. Das nächste Kind kommt an die Reihe. Das Spiel ist auch mit offen auf dem Tisch liegenden Sandpapierbuchstaben möglich, die das Kind mit geschlossenen Augen nachfährt.

▪ Ein Kind wählt einen Buchstaben aus und ruft alle Kinder, deren Name mit diesem Laut anfängt oder aufhört.

- Ein Kind zeigt einen Buchstaben. Die anderen Kinder suchen Wörter, die diesen Buchstaben enthalten.
- Namensraten: Die beiden vorherigen Übungen werden abgewandelt, und es dürfen nur Namen aus bestimmten Bereichen genannt werden, z. B. von Blumen, Tieren, Nahrungsmitteln oder Vornamen."

Methoden-unterschiede

In manchen Montessori-Einrichtungen wird sofort auf vorbereitetem Papier geschrieben. Auch unterscheiden sich die Buchstabentypen bei der Einführung (z. B. Druck- bzw. Schreibschrift), ohne daß dabei besondere Probleme bekannt wurden.

Nach der Buchstabeneinführung folgen spielerische Übungen mit Einzelbuchstaben (Bewegliches Alphabet), mit deren Hilfe zunächst bekannte lautgetreue Namen von alltäglichen Gegenständen (Dose, Faden, Hase, Blume usw.) ausgelegt werden können (sog. Phonemanalyse). Dies ist eine auch rehabilitiv wichtige Übung bei LRS-Schulkindern, weil hierbei außer der Lautbewußtwerdung auch die Graphem-(Buchstaben)-Phonem(Laut)-Korrespondenz trainiert und dem Kind bewußt wird.

Das Erkennen dieses Zusammenhanges ist eine Entschlüsselungshilfe und befähigt das Kind zur selbständigen Lautanalyse und damit zum selbständigen Schreiben.[400]

Lesen lernen

Erstes sinnentnehmendes Lesen
„Material:
Ein Körbchen mit einigen Gegenständen, deren (zunächst nur lautgetreue) Namen phonetisch geschrieben werden (z. B. Dose, Lupe, Hase, Hut, Rose), kleine Zettel, Bleistift.

Ziel:
Verständnis, daß ein geschriebenes Wort eine Gruppe von Lauten ist, die durch graphische Zeichen dargestellt werden, und daß geschriebene Wörter etwas bedeuten.

Alter:
ab 5 Jahren

Darbietung und Übung:
Die Leiterin fordert das Kind auf, die Gegenstände auf den Tisch zu

legen und von jedem den Namen zu sagen. Dann sagt sie. ‚Ich will mal sehen, ob du herausfindest, was ich davon haben möchte!' Sie nimmt Bleistift und Papier und schreibt in Gegenwart des Kindes den Namen eines der Gegenstände, z. B. Dose. Das Kind wird versuchen, das Wort zu lesen; wenn das Kind die Laute nicht verbindet, sagt die Leiterin: ‚Sag es schneller!' so daß die Verbindung der Laute dadurch entsteht. Sie bittet nun das Kind, ihr diesen Gegenstand zu geben und den Zettel dazuzulegen. In gleicher Weise verfährt man mit allen Gegenständen.

Fehlerkontrolle:
Geschieht durch die Leiterin.

Weitere Übungen:
Das Kind arbeitet allein und hat beschriebene Karten mit den Namen der Gegenstände. Die Kinder haben Karten, die man Gegenständen im Raum zuordnen kann. Karten mit Namen der Kinder der Gruppe. Karten mit kleinen Aufträgen, die das Kind ausführen kann. Rätselkarten. Reime. Bilderbücher mit kurzem Text. Kleine Geschichten.

Kommentar:
In diesem Stadium schreibt man immer im Beisein des Kindes die Namen auf."[401]

Die weiteren Schritte des Montessori-Ansatzes werden im Handbuch für Lehrgangsteilnehmer, Montessori-Material – Teil 1, 2 und 3, und in Lehrgängen vermittelt.

6.8.9.2 Kossows rehabilitativer Ansatz: „Leitfaden zur Bekämpfung der Lese-Rechtschreibschwäche"

Das 1991 in Berlin erschienene Werk für das 1.–4. Schuljahr besteht aus einem Lehrerband „Einführung und Kommentare" mit einer exakten und erprobten Anleitung und einem farbig mit Bildern gestalteten „Übungsbuch" für die Förderpraxis.

Förderansatz   Es geht darin um die Rehabilitation gescheiterter Erstlese-Schreiblernprozesse und gezielte Einzelförderung. Das Förderkonzept setzt eine medizinische, neurologische und psychologische Untersuchung und auch lernbiographische Abklärung voraus. Spezielle Untersu-

Methode chungsverfahren ermitteln den Schriftsprachbestand und das Ausgangsniveau der Förderung. Kossow formuliert Fördergrundsätze und -anleitungen sowie „Vorschläge zur Aufstellung eines Behandlungsprogramms bei Lese-Rechtschreibschwäche" für den Einzelfall. Jeder Förderbereich (z. B. Einführung der Laute, Lautbildung, Wortarten und -schatz, Rechtschreibung usw.) wird seitenbezogen auf das Übungsbuch hin für den Übungsleiter Schritt für Schritt mit exakten Handlungsanweisungen/Algorithmen des Lernens dargestellt.

Ziel Sein Verfahren zielt auf die Einübung und „Verinnerlichung – Interiorisation – der Algorithmen, wodurch hinsichtlich des Tempos, hinsichtlich der Entfaltetheit usw. der Algorithmen eine ganz neue Qualität erreicht wird, die bei LRS-Kindern zu Fertigkeiten in der Rechtschreibung führt". Man kann solche Algorithmen auch als Selbstinstruktionsschritte oder Selbststeuerungshilfen bezeichnen, die sich in experimentellen Untersuchungen als effizient erwiesen haben.[402]

Beispiele für Algorithmen und für die Bedeutung der Symbole:

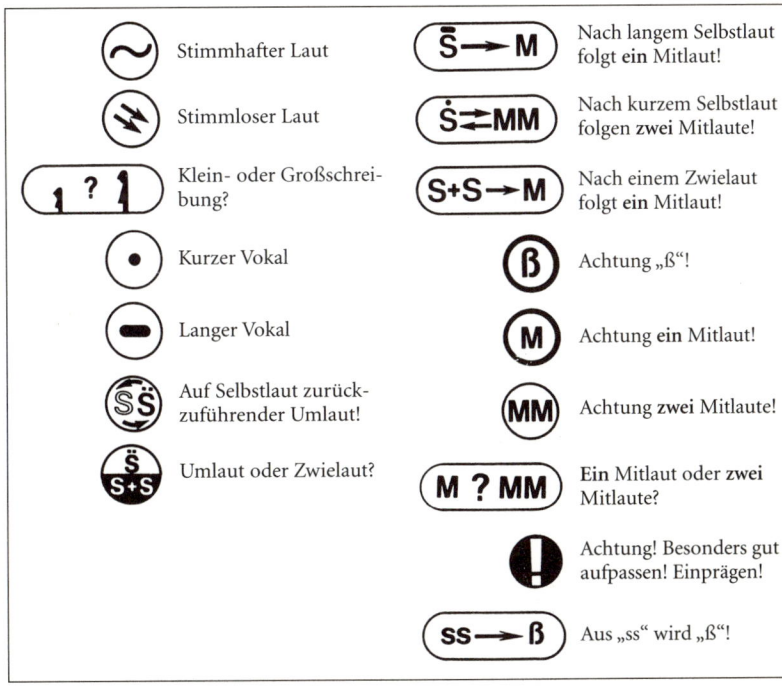

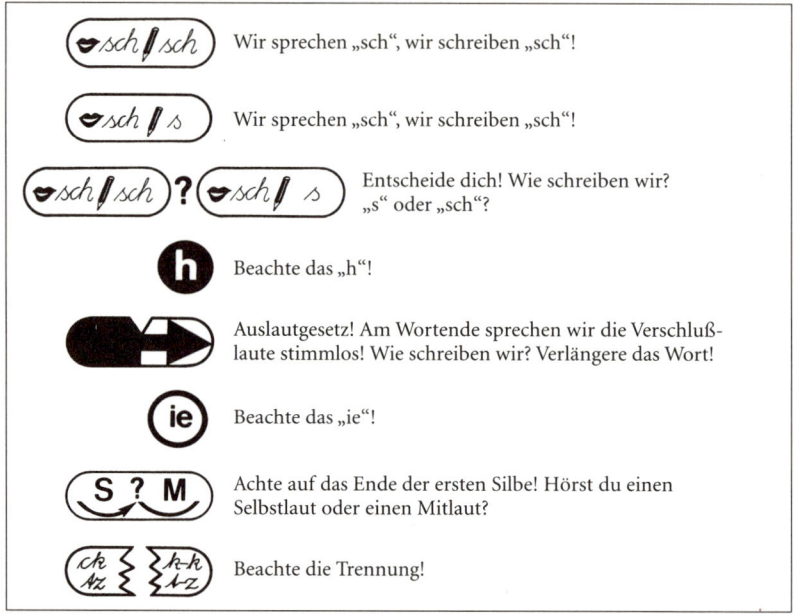

1. Algorithmus

Im 1. Algorithmus geht es um die Grobgliederung eines Wortes, d. h. um die Aufgliederung eines Wortes in seine Silben.

1. Schritt: Sprich das Wort gut artikuliert nach!
2. Schritt: Sprich die Silben und schreib gleichzeitig die Silben des Wortes als Silbenbogen!

Beispiel:

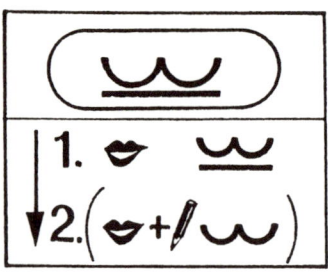

2. Algorithmus

Im 2. Algorithmus geht es um die Grobgliederung eines Wortes und um die gleichzeitige Bestimmung der Selbstlaute (Vokale), deren Differenzierung auf den ersten Übungsseiten geübt und in den entsprechenden Kommentaren genau erläutert wird. Die Buchstaben der Selbstlaute sollen in die Silbenbogen geschrieben werden.

1. Schritt: Sprich das Wort gut artikuliert nach!
2. Schritt: Sprich die Silben und schreib gleichzeitig die Silben des Wortes als Silbenbogen!
3. Schritt: Entscheide, ob du jeweils, a, e, i, o oder u schreiben mußt! Sprich das Wort mehrmals, achte auf die Lautbildung und höre genau!
4. Schritt: Schreibe die Buchstaben der Selbstlaute in die Silbenbogen!

Beispiel:

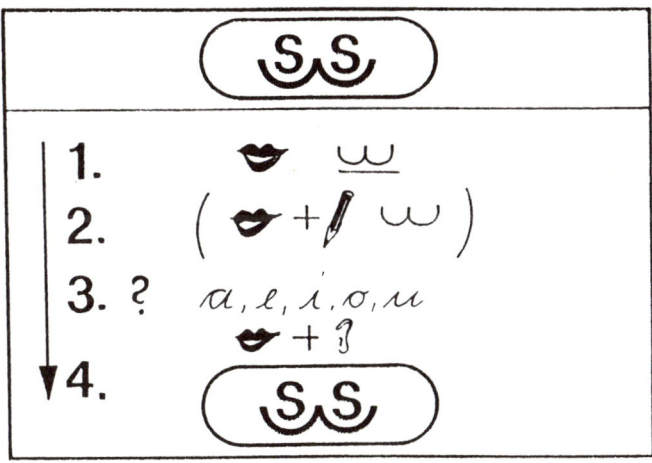

6.8.10 Literatur

Die Literatur deckt sich weitgehend mit der zu Hörgeschädigten.

Böhme, G.: Methoden zur Untersuchung der Sprache, des Sprechens und der Stimme. Stuttgart 1978.

Cordes / Wilker: Aufbau komplexer Sprachstrukturen bei autistischen Kindern. In: Sprachtherapie bei autistischen Kindern. Hrsg. vom Bundesverb. für das autistische Kind. Hamburg 1977.

Kalde, M.: Vom spielerischen zum sprachlichen Dialog mit behinderten Kindern. Dortmund 1992.

Knura / Neumann (Hrsg.): Pädagogik der Sprachbehinderten. Berlin 1980.

Othmann / Scholz: Stottern. Berlin 1975.

Schmidt u. a.: Zur Frühdiagnostik und Frühförderung von Lese- und Rechtschreibleistungen. Berlin 1990.

Seemann, M.: Sprachstörungen bei Kindern. Berlin [4]1974.

Werner, L.: Das sprachgeschädigte Kind in der Vorschulerziehung. Frankfurt/M. [2]1975.

Zuckrigl / Rechner: Moderne Hilfen für Sprachgeschädigte. München 1972.

6.9 Lernbehinderte

6.9.1 Begriffliches

Sie bilden mit ca. 80 % die größte Gruppe von Sonderschülern. Sonderschüler werden diese Kinder i. d. R. dann, wenn sie nicht den Anforderungen der Regelschule (Primarstufe) gerecht werden oder auch die Regelschule ihnen nicht gerecht werden kann.

Problemlage Die Einweisung in eine Sonderschule für Lernbehinderte ist für viele dieser Kinder mit einer umfänglichen pädagogisch-psychologischen und medizinischen Diagnose verbunden (Sonderschulaufnahmeverfahren, SAV). Die Einweisung ist immer auch ein Schlußpunkt und Urteil über ihre frühen Entwicklungs- und Lebensbedingungen, für die diese Kinder selbst keine Verantwortung haben können, aber die Konsequenzen dieser Entscheidung voll zu tragen haben: geringste Chancen bei der Berufswahl, größere Chancen, arbeitslos zu werden, und vielfach Rückkehr in die deprivierenden Lebensverhältnisse, aus denen sie gekommen sind. Das bedeutet für viele: Obdachlosen- und soziale Randgruppensituationen, soziale Ausgrenzung und Armut, und nicht

Definition selten kriminelle Karrieren schon als Jugendliche.[403] Der Verfasser geht von folgendem Vorverständnis aus: Als Lernbehinderte bezeichnet man Kinder, die wesentlich in ihren Lernfähigkeiten und damit in ihrem gesamten Verhaltens- und Persönlichkeitsaufbau schon im Vorschulalter beeinträchtigt sind und von ihrer Altersgruppe hinsichtlich der organischen Gesundheit, Intelligenz, Lernfähigkeit und im Sozialverhalten soweit abweichen, daß eine besondere individuelle Förderung des Kindes und seiner familiären Lebensbedingungen sowie ein differenzierter pädagogischer Mehraufwand bereits im Kindergartenalter und spätestens in der Schule notwendig sind.

Probleme der Begriffsbildung

Die Begriffsbildung von Lernbehinderung ist schwierig und oft sehr einseitig, je nachdem, von welchem wissenschaftlichen oder subjektiven Vorverständnis (-urteil, Paradigma) oder welchen Ursachen von Lernbehinderung ausgegangen wird (vgl. S. 19 ff.).

Medizinisch-organische Betrachtungsweisen gehen überwiegend von den organischen Ursachen aus, wie z. B. Hirnschädigungen.[404] Der Deutsche Bildungsrat definiert primär medizinisch-personenorientiert:

Definition *„Als lernbehindert im Schulalter gelten Kinder und Jugendliche, die infolge mangelhafter Entwicklung oder einer Schädigung des zentralen Nervensystems oder soziokultureller Deprivation bei erheblich verminderten Intelligenzleistungen vornehmlich in ihren schulischen Lernleistungen soweit beeinträchtigt sind, daß die Aufnahme, Speicherung und Verarbeitung von Lerninhalten nicht in altersentsprechender Weise gelingt. Soziale Determinanten und biologische Faktoren interagieren oft in der Weise, daß die Entstehungsursachen der Lernbehinderung nicht in altersentsprechender Weise gelingt. Soziale Determinanten und biologische Faktoren interagieren oft in der Weise, daß die Entstehungsursachen der Lernbehinderung nicht eindeutig nachweisbar sind."*[405]

Hier werden also organische Ursachen, Funktionsschwächen und Symptome wie Schulleistung, intellektuelle, entwicklungs- und lernpsychologische sowie soziale Ursachen in der Definition angeführt.

Soziologische Ansätze gehen von den sog. soziokulturellen und ökonomischen bzw. familiären Bedingungen bzw. Ursachen aus.[406]

Pädagogisch-psychologische Ansätze stellen das Lernen, den Lernaufbau und die zumeist feststellbaren auffallenden Schulleistungs- und Intelligenzschwächen in den Mittelpunkt ihrer Betrachtung.[407] Bleidick schreibt:

„Lernbehindert ist, wer eine Schule für Lernbehinderte besucht." [408]

In dieser systemtheoretischen Definition liegt der Ausgangspunkt in der Regelschule, die diese Kinder entweder nicht hinreichend fördern kann bzw. will (Versagen der Schule) oder weil die Kinder nicht die Voraussetzungen für den erfolgreichen Schulbesuch mitbringen (Versagen der Kinder). Gründe für das mögliche Versagen der Schule sind u. a.: die Klassengrößen, mangelnde Individualisierung, unzureichende inhaltliche und methodische Differenzierung des Unterrichts, Lehrermangel, häufiger Lehrerwechsel oder auch eine unzulängliche Lehrerausbildung und -qualifikation u.v.a. So kann Lernbehinderung auch als sozialnormative Schulausgrenzung und als Versagen der Schule vor den Lernbehinderten verstanden werden.

6.9.1.1 Lernbehinderung – Lernstörung – generalisierte Lernstörung

Die umfassendste und differenzierteste nicht schulbezogene Definition liefert Kanter, der das behinderte Lernen und den Lernaufbau in den Mittelpunkt der Definition stellt:

Definition *„Alle am Lernprozeß und den Lernaufbau (damit die psychische Entwicklung, die Bildungsgenese und letztlich Personengenese) negativ beeinflussenden Momente werden Beeinträchtigungen des Lernens genannt.*

Als lernbehindert wird ein Mensch bezeichnet, der in seinem Lernen schwerwiegend, langdauernd und umfänglich so beeinträchtigt ist, daß deutlich normabweichende Verhaltens- und Leistungsformen sichtbar werden",

also z. B. in der üblichen Jahrgangsklasse der Regelschule nicht hinreichend gefördert werden kann; weiter heißt es:

„Bei weniger gravierenden, temporären oder partiellen Beeinträchtigungen spricht man von Lernstörungen",

d. h., hierbei liegt keine Sonderschulbedürftigkeit, sondern lediglich ein zeitlich begrenzter zusätzlicher Förderbedarf z. B. in Sprache oder Mathematik usw. vor:

Fließende Übergänge

„Der Übergang zwischen den Formen und Gradausprägungen ist flie-ßend. Vor allem können sich Lernstörungen unter ungünstigen Bedin-gungen und über den Weg von Wechsel- und Kumulationswirkungen ausweiten und verfestigen und als ‚generalisierte Lernstörungen‘ das Erscheinungsbild der Lernbehinderung hervorrufen.“[409]

Beispiel

Minimale sensomotorische Störungen oder Schwächen (z. B. Konzen-trationsschwächen) u. a. psychosoziale Belastungen (Scheidungskrisen, Gewalt in der Familie usw.) führen zu Schwierigkeiten beim Schrift-spracherwerb, und diese weiten sich auf den Mathematik-lehrgang aus, wo ja ebenfalls Lesefertigkeiten verlangt werden. Parallel dazu ent-wickeln sich Versagens- und Schulangst, Schulschwänzen, „Bauch-schmerzen“, weitere Unterrichts- und Stofflücken, Konflikte mit Eltern, Lehrern, Mitschülern, Aggressionen usw.

6.9.2 Abgrenzung zu anderen Behinderungen

Nicht zwangsläufig lernbehindert sind nach Kanter die Sinnesgeschä-digten, wie z. B. die Seh- und Hörgeschädigten, die Körperbehinderten (z. B. Dysmelie- und Spastikerfälle) und Sprachbehinderten sowie die Geistigbehinderten mit einem IQ unter 55, Kinder mit Anfallsleiden (z. B. Epileptiker), angeborenen Verhaltensstörungen usw.[410]

Damit soll ausgesagt werden,

– daß es auch Lernbehinderte mit solchen Merkmalen, wie z. B: Sin-nesschäden oder -schwächen, Verhaltensstörungen usw. gibt, aber die Lernbehinderung im definierten Sinne ist die Hauptbehinderung, und
– daß es Sinnesgeschädigte und andere Behinderte gibt, die auch Lern-behinderungen haben können (z. B. Spastiker, Verhaltensgestörte bzw. Erziehungsschwierige und Mehrfachbehinderte).

Eine besondere Schwierigkeit ist die eindeutige Abgrenzung zu den Verhaltensgestörten und Erziehungsschwierigen. Das liegt daran, daß sich sowohl Ursachen und Symptome als auch die Entwicklungsver-läufe oft decken.[411]

6.9.3 Sonderschulbedürftige Lernbehinderte

IQ als Entscheidungshilfe

Für die in Deutschland übliche schulische Einordnung (SAV) der Lernbehinderten spielt der IQ eine wichtige, wenn auch nicht entscheidende Rolle. Er liegt in der Regel mindestens eineinhalb bis zwei Standardabweichungen unterhalb des Mittelwertes (100), also zwischen ca. IQ 55 bis 75. Die besondere schulische Förderbedürftigkeit wird wie folgt definiert:

> „Als sonderschulbedürftig lernbehindert sind Kinder anzusehen, die (I.) schwerwiegend, umfänglich und langdauernd in ihrem Lernen beeinträchtigt sind, (II.) dadurch deutlich normabweichende Leistungs- und Verhaltensformen zeigen und (III.) aus diesem Grund im Unterricht der allgemeinen Schule auch unter Ausschöpfung spezieller Förder- und Stützmaßnahmen nicht hinreichend gefördert werden können."[412]

IQ und Förderplanung

Der IQ ist nach Kanter[413] „lediglich soweit von Bedeutung, wie er sonderpädagogische Maßnahmen zum Zwecke einer differenzierten Abklärung und der Entwicklung von Förderstrategien auslöst" bzw. Förderpläne, -maßnahmen und ihre Kontrolle erleichtert.

Ob die besondere Förderung dieser Kinder letztlich in Sonderkindergärten, speziellen Schulkindergärten, in Sonderschulen, in Sonderklassen, an Regelschulen, in Regelschulklassen mit heilpädagogischer Zusatzförderung stattfindet, bleibt eine bildungspolitische Entscheidung.

6.9.4 Ursachen und Symptome der Lernbehinderung

Hier richtet sich unser Blick vor allem auf Ursachen und Symptome, die bereits im Vorschulalter und für die Frühförderung von Bedeutung sind. Die Ursachen können

- angeboren sein, z. B. angeborene allgemeine oder speziell diagnostizierte konstitutionelle Schwäche;
- sozialer Art (Deprivation, Mangel- und Fehlerziehung, Mangel- und Fehlernährung usw.) und/oder
- das Ergebnis von biosozialen Wechselwirkungen sein.

Sog. monokausale (auf eine Ursache zurückzuführende) Erklärungen haben sich als falsch erwiesen.[414]

6.9.4.1 Soziale Ursachen: Obdachlosigkeit und soziale Randgruppen

Armut Unbestritten ist, daß bis zu 80 % der Lernbehinderten aus der sozialen Unterschicht mit extrem deprivierenden Entwicklungsbedingungen kommen, d. h., die Väter bzw. Eltern haben einen niedrigen schulischen und beruflichen Ausbildungsstand bzw. keinen Beruf, sind oft Gelegenheitsarbeiter, haben ein niedriges Einkommen, kleine Billigwohnungen (ca. 40 qm) bzw. wohnen in Obdachlosensiedlungen bei gleichzeitig hoher Kinderzahl: 40 % haben zwischen 5 bis 14 Kinder.[415] Hinzu kommen soziale Isolierung, Ächtung und Diskriminierung.[416] Darüber hinaus ist ein schlechter Gesundheitszustand vor allem bei den Obdachlosen und ein gehäuftes Auftreten von Epidemien in diesen Siedlungen festzustellen. Die oft extrem jungen Mütter sind durch mehrere Geburten geschwächt und in der Kinderbetreuung generell überfordert: Mangel- und Fehlernährung, erhöhte Krankheitsanfälligkeit, Haut- und Erkältungskrankheiten und Entwicklungsstörungen sind die Folge.[417]

Gesundheits- Medizinisch unbetreute Hausgeburten erhöhen die Lebens- und
probleme Entwicklungsrisiken der Kinder, und so entfallen auch die notwendigen Routinevorsorgeuntersuchungen (U 1 bis U 9) und damit die Früherkennung von Schädigungen und Entwicklungsstörungen. So erklärt es sich, daß 54 % der Obdachlosenkinder nicht mit sechs Jahren schulreif sind.[418]

6.9.4.2 Deprivierende Erziehungsbedingungen

Psychosoziale Erschwerend für die Entwicklungschancen dieser Kinder sind nach
Probleme Klein[419] psycho-soziale Erziehungsfaktoren wie Gewaltanwendungen, unerwünschte Kinder, hohe Scheidungsraten, aber auch Drogen- und Alkoholabhängigkeit sind überdurchschnittlich häufig festzustellen.

Erziehungs- Das pädagogische Verhältnis zu den Kindern ist bestimmt durch
kompetenz regellose und widersprüchliche Erziehung, mangelnde Zuwendung zu den Säuglingen (z. B. tagelanges Schreienlassen), Apathie und Resignation des Kindes, physische Vernachlässigung (kein oder zu spätes Trockenlegen, unregelmäßige Ernährung u. v. a.), fehlendes Spielzeug

und unzureichende Sprach- und Lernanregungen, keine kindgemäßen Spiel-, Experimentier- und Betätigungsmöglichkeiten, fehlende Anregungen für die Leistungsmotivation und Erziehungs- bzw. Sozialisationsmuster, die dem Kinde das Lernen erschweren (z. B. die Praxis, Konflikte gewalttätig auszutragen oder die Kinder mit Gewalt erziehen).

6.9.4.3 Organische Ursachen

Hierbei darf nicht übersehen werden, daß eine eindeutige Zuordnung von Lernbehinderung zu einer bestimmten Ursachengruppe aufgrund der o.g. biosozialen Interaktionen (siehe medizin. und psychologische Aspekte, S. 46; 81 ff.) oft kaum möglich ist, d. h., daß Vernachlässigung, Mangel- und Fehlernährung usw. organische Konsequenzen haben können. Allerdings muß man festhalten, daß bei den leichteren Formen der Lernbehinderungen eher die exogenen, ungünstigen psychosozialen Bedingungen ursächlich überwiegen, bei den schweren Formen der Lernbehinderung aber überwiegend organische Ursachen. Denn es gibt zunehmend gesicherte Befunde darüber, daß Lernbehinderung in vielen Fällen eindeutig auch organische Ursachen hat.

Nissen faßt zusammen:

**Zusammen-
fassung**

„Insgesamt gelingt es aber nur in etwa 20–25 % aller Fälle, die Ursache des Schwachsinns sicher festzustellen, etwa 10 % beruhen auf exogenen Schäden und 10 bis 15 % auf genetischen Störungen… Einige Autoren … vermuten dagegen, daß in 90 % der Fälle genetische oder pränatale Ursachen vorliegen, während andere für den Generalfaktor einer ‚sozialen Vererbung' plädieren. Die Zwillingsforschung ergab bei EZ (eineiige Zwillinge, Verf.) eine Konkordanzrate von 50 bis 100 %, bei ZZ (zweieiige Zwillinge, Verf.) von 20–50 %. Die Konkordanz (Übereinstimmung, Verf.) bei den EZ ist damit etwa doppelt so hoch wie bei den ZZ, das weist auf Anlagefaktoren hin." [420]

Die Vielzahl der Ursachen in diesem organischen Bereich läßt sich hier nicht aufzählen. Nissen nennt Chromosomen- und Hirnschäden, Drüsenerkrankungen (z. B. Hirnanhangdrüse), allgemeine konstitutionelle Schwächen und extreme Entwicklungsverzögerungen (Retardierung) oder -beschleunigung (Akzeleration), erbbedingte Persönlichkeitsanomalien (Angst, Depression, Zwangsverhalten, Hysterie), schizophrene Erkrankungen usw. mit vielen Untergruppen und Symptomen.[421]

Symptome: Beispiele

Als Beispiele seien genannt:

- Partielle Lernbehinderungen sind z. B. „isolierte Begabungsschwächen im verbalen und nichtverbalen Bereich, etwa Rechen-, Schreib- und Leseschwächen, Schwächen im Körperschema, der Raumorientierung und der sozialen Anpassung"[422].
- Erbliche Legasthenie, die auf eine Genveränderung zurückzuführen ist und wobei überwiegend Jungen betroffen sind.[423]
- Zu den chromosomalen Lernbehinderungen zählt z. B. das Klinefelter-Syndrom, das mit folgenden Merkmalen gekennzeichnet wird: leichte geistige Behinderung, Antriebsarmut und Infantilität, feminines Gehabe, Tendenz zur Homosexualität, Kontakt- und Bindungsschwäche und teilweise „überdurchschnittlich langandauernde Mutterbindung"[424].
- Sexueller Infantilismus usw. ist eine Ausprägungsform der Drüsenstörungen, und sie zeigt sich in normaler intellektueller Entwicklung bei gleichzeitiger Schwäche der Lernmotivation, Stimmungsschwankungen, mangelnder Bindungsfähigkeit, sozialer Desintegration und Unselbständigkeit.
- Drüsenerkrankungen: Auch die Hypothyreose (Schilddrüsenunterfunktion) ist eine häufige Erkrankung und zeigt folgende Merkmale: geistige Behinderungen von leichten bis schweren Formen, Antriebsschwäche, verlangsamte Motorik und schwache Muskulatur, Sprachentwicklungsverzögerungen und Rechenschwäche.[425]
- Eine große Ursachengruppe bilden auch die „Konstitutionellen Lernbehinderungen", wie z. B. vegetative Anomalien des sog. vegetativen (autonomen) Nervensystems, das für die Atmung, Verdauung, Blutkreislauf usw. zuständig ist. Kinder mit solchen Störungen werden auffällig durch Schweißausbrüche, Schlafstörungen usw. sowie durch „vorzeitige Ermüdbarkeit und Konzentrationsschwäche … Jähzornausbrüche", und sie neigen „in der Lernsituation zum vorzeitigen Aufgeben" aufgrund ihrer generell herabgesetzten körperlichen und geistigen Leistungsfähigkeit.[426]
- „Affektive (manisch-depressive) und schizophrene Erkrankungen werden als endogene Psychosen bezeichnet, weil sie sich nicht psychoreaktiv oder psychogen und nicht als exogen-hirnorganisch

erklären lassen."[427] Sie treten zumeist erst im Schulalter zwischen dem 10. und 14. Lebensjahr auf durch einen sog. „Entwicklungsknick". Schüler lassen plötzlich in ihren intellektuellen Leistungen in Fächern nach, wo sie vorher gute Leistungen hatten, ziehen sich von anderen Kindern zurück und zeigen Wahnvorstellungen, hören Stimmen und reden mit ihnen und sind stark selbstmordgefährdet.

■ Vielfach findet man unter den Lernbehinderten auch Kinder mit Teilleistungsschwächen oder -störungen.[428] Als relativ geringfügige Behinderungen können sie in mehreren Funktions- und Fertigkeitsbereichen behindernd wirken.

Teilfunktions-
störung

Als „*neurophysiologische Teilfunktionsstörungen*" zeigen sie sich als verbale und nicht-verbale Funktionsschwächen. „Beiden liegt eine Störung der zentralen *Erfassung* oder *Entschlüsselung, Speicherung* oder *Abrufbarkeit* von akustischen oder visuellen, motorischen oder sozialen, zeitlichen oder körperlichen Eindrücken zugrunde, die zu

Teilleistungs-
schwäche

einer umschriebenen Leistungsstörung führen. *Verbale* Teilleistungsstörungen kommen bei etwa 7 %, *nicht-verbale* bei etwa 5,5 % der Schulkinder vor. Bei den verbalen Teilleistungsstörungen handelt es sich in erster Linie um die *Lese-Rechtschreib-Schwäche (Legasthenie)* und um die *Rechenschwäche (Dyskalkulie)*."[429]

Wie sich eine solche Schwäche beim Kind in Wechselwirkung mit der Familie und anderen Bezugspersonen auswirken kann, zeigt das nachstehende Schema[430] (Seite 291).

6.9.5 Frühdiagnostik

Das Schicksal der Lernbehinderten ist die späte Diagnostik, d. h., sie werden i. d. R. erst beim Schuleintritt erkannt, wenn sie mit den im Vorschulalter erworbenen und unzulänglichen Fähigkeiten gegenüber den Anforderungen der Schule nicht fertig werden.

Frühe
Symptome bei
3–6jährigen

Dennoch sind im Vorschulalter und besonders im Kindergarten einige wichtige Symptome erkennbar, die auf leichte Hirnschädigungen schließen lassen und eine ärztliche und pädagogisch-psychologische Untersuchung erfordern. H. G. Schlack[431] nennt:

– *„verzögerte motorische Entwicklung,*
– *verzögerte sprachliche Entwicklung,*
– *motorische Ungeschicklichkeit,*

Was sind Teilleistungsschwächen?

= Leistungsschwäche in Teilbereichen der kindlichen Entwicklung,
die vom übrigen Fähigkeitsniveau
des Kindes deutlich abweicht und
seine psychosoziale Integration
behindert.

- kommt bei verschiedenen Intelli-
  genzgraden vor
- Sinnesbeeinträchtigungen und
  psychogene Lernstörung als Aus-
  schlußkriterien
- oft verdeckt durch eine Verhaltensstörung
- oft kombiniert mit „Teilleistungs-
  stärken"

Betroffene Bereiche

Eigentliche Leistungsbereiche

Wahrnehmung in
verschiedenen Sinnbereichen
Verarbeitung und Integration
von Wahrnehmung
Planung und Ausführung
von Aktivitäten
Höhere kognitive Prozesse
(Seriation, Gedächtnis,
Analogien, Abstraktion)
Sprache
Kulturtechniken

Reizempfindlichkeit

Voraussetzungen
für Leistungen
Aktivitätsniveau
Aufmerksamkeit
Emotionale Stabilität
Soziale Kompetenz

Auswirkungen von TLS ⟶ auf Eltern/
Bezugspersonen

auf das Kind

Verunsicherung

Versagen in Teilbereichen
der Anpassung

Resignation, Erwartungsangst,
Leistungsabfall

Inadäquate Reaktionen
der Umwelt: „... will nicht"
„ist dumm"

Fehleinschätzung
als generelle
Minderbegabung
oder als
„Nichtwollen"
des Kindes

Weitere Mißerfolge

Negative Selbsteinschätzung

Über- oder
Unterforderungs-
tendenz

Vermeidungsverhalten
oder Selbstüberforderung

Schuldbewußt-
sein, resp.
Schuld-
zuweisung an
andere

Sekundäre Leistungs- und Verhaltensstörungen

- *Unruhe, geringe Ausdauer,*
- *Vermeidungsverhalten, z. B. beim Malen, Basteln, Puzzle u. ä.,*
- *geringes Selbstvertrauen,*
- *Außenseiterstellung unter Gleichaltrigen."*

Kindergarten: Neurologisch auffällige Kinder

Schlack stellt weiter fest,

„daß bereits im Kindergartenalter die bestehenden Schwächen von den Kindern offensichtlich als starke Verunsicherung und Beeinträchtigung des Selbstwertgefühls erlebt werden. Untersucht man die Außenseiter in einer Kindergartengruppe, so findet man in einem hohen Prozentsatz neurologisch auffällige Kinder".[432]

Frühere Diagnosen wären durch die längerfristige Beobachtung sog. Risikokinder und durch die kostenlosen Vorsorgeuntersuchungen des Kindes (U 1 bis U 9) möglich, wenn die Kinder auch zum Arzt gebracht würden.[433]

Darüber hinaus sind nach § 124 des Bundessozialhilfegesetzes (Sicherung der Beratung Behinderter) all diejenigen Fachkräfte (z. B. Erzieherinnen, Hortnerinnen, Heimerzieher usw. bzw. deren Eltern, Vormünder, Sorgeberechtigten) verpflichtet zur Beratung und Hilfe für die Kinder, sie einem Arzt zuzuführen oder dem Gesundheitsamt zu melden.[434]

(*Testverfahren:* siehe Kap. 4.5, S. 100 ff.)

6.9.6 Frühförderung potentiell Lernbehinderter

Unter Berücksichtigung der gesamten Ursachenkomplexion von Lernbehinderung und des vielfältigen sowie völlig uneinheitlichen Störungsbildes schließt sich eine Frühförderung aus, die allein auf das Kind oder allein auf die Effizienzsteigerung von Einzelfunktionen wie Intelligenz, Sprache usw. hin orientiert ist.

Fördereffekte

Alle einschlägigen Forschungen und Förderprogramme zeigten in der *Gruppenförderung von Kindern:*
- wesentliche Steigerungen der IQ-Werte, die aber nach ein bis zwei Jahren nach der Förderung auf unter 90 IQ zurückfielen;
- daß nach dem Eintritt in den Schulkindergarten oder in die Grundschule der stärkste Leistungsabfall eintrat;

– daß Kinder aus sozioökonomisch schwächsten Verhältnissen die geringsten Fortschritte erzielten und am schnellsten zurückfielen.

Dagegen zeigte eine Förderung von Eltern und Kind:
– wesentliche Steigerungen der IQ-Werte mit langanhaltenden Wirkungen bis zu fünf Jahren nach Förderungsabschluß;
– stetige Steigerungen der Leistungsfähigkeit über den Förderprogrammabschluß hinaus;
– eine größere Zunahme der IQ-Steigerung, je früher (mit 1–2 Jahren) die Förderung einsetzte, und
– die Wirkung der Förderprogramme war umso geringer, je schwächer die sozioökonomische Lage der Eltern war.[435]

U. Bronfenbrenner kommt nach der Auswertung amerikanischer Förderprogramme zu folgender Erkenntnis:

**Sozialöko-
logische
Intervention**

„Die entscheidenden Kräfte der Zerstörung liegen weder im Kind noch in seiner Familie, sondern in den hoffnungslosen Umständen, unter denen die Familie leben muß. Benötigt wird darum eine Form der Förderung auf der ökologischen Ebene, Maßnahmen also, die totale Veränderungen in der unmittelbaren Umgebung der Familie und des Kindes bewirken.“[436]

**Ansatzpunkte
der Prävention**

Eine solche ökologisch-ganzheitliche Intervention müßte also präventiv ansetzen:
– bei der Steigerung der Erziehungskompetenz zukünftiger Eltern, z. B. durch eine Erziehungskunde (Familienbildung) in der Schule und durch die Erwachsenenbildung (VHS, Fernsehen usw.);
– bei einer Verbesserung des Mutterschutzes und der Schwangerschaftsbetreuung, insbesonders lediger und sozioökonomisch schwacher Mütter, sowie der Ausweitung des Erziehungsurlaubs bis zum vollendeten 3. Lebensjahr des Kindes bzw. seinem Eintritt in den Kindergarten/Hort;
– Verbesserung der Geburtshilfe und nachgeburtlichen Betreuung von Mutter und Kind, insbesondere in den sozialen Brennpunkten;
– Bereitstellung ausreichender und qualitativ hochwertiger Kindergartenplätze.[437]

Rehabilitation und Früh- förderung als Aufgaben

Rehabilitative und frühförderische Maßnahmen sind:
- die regelmäßigen ärztlichen und pädagogisch-psychologischen Un-tersuchungen der Risiko-Kinder bis zum Schuleintritt;
- die aufspürende Früherfassung entwicklungsgefährdeter Kinder in Problemfamilien, z. B. alkoholabhängiger und süchtiger Eltern, Ob-dachlosensiedlungen, in Familien, in denen es bereits Lernbehin-derte gibt (siehe Institutionen der Frühförderung S. 103) und die
- Verbesserung der Frühförderung und pädagogischen Qualität der Kindergärten u. a. Vorschuleinrichtungen.

Qualitäts- standards

So gibt es in Deutschland bis heute keine Standards für die Mindest-Einrichtung von Frühförderstellen hinsichtlich der personellen, räum-lich-materiellen und finanziellen Grundausstattung und Qualifikatio-nen der Mitarbeiter.

Ein nicht weniger problematischer Zustand herrscht in den Kinder-gärten, wo die Früherkennung und -erfassung entwicklungsverzöger-ter und potentiell lernbehinderter Kinder sowie eine entsprechende Diagnose bzw. Frühförderung noch größte Chancen hätte.

6.9.6.1 Spezielle Maßnahmen und Förderansätze

Eine spezifische Frühförderung Lernbehinderter oder potentiell Lern-behinderter gibt es nicht. Vielmehr handelt es sich hier um die An-wendung allgemeiner pädagogischer Ansätze und spezifischer Schwer-punktsetzungen nach Maßgabe des individuellen Behinderungsfalles und Störungsbildes. Daraus folgt, daß für jedes einzelne Kind ein För-derplan erstellt und eine individuelle Verlaufs- bzw. Entwicklungskon-trolle durchgeführt werden muß (vgl. dazu Oy / Sagi S. 147 ff. und Teil Psychologie, Testverfahren S. 100 ff.).

6.9.6.2 Schwerpunkte in der Frühförderung

Notwendig ist für die potentiell Lernbehinderten und entwicklungs-verzögerten Kinder allerdings eine Schwerpunktsetzung, Verdichtung der pädagogischen Maßnahmen und ein pädagogischer Mehrbedarf in Bereichen, wo die Schwierigkeiten gehäuft auftreten:

Spezielle Ansatzpunkte
- Sensomotorik und insbesondere Feinmotorik als Grundbedingungen schulischen Lernens und speziell Schriftsprache und Mathematik;

- Wahrnehmungs- und basale Intelligenzförderung, z. B. nach Piaget;
- Sozial-emotional positiver Grundhaltungen (z. B. Selbststeuerungs- und Kooperationsfähigkeit) und Selbstwertgefühle sowie Lernmotivationen;
- Sprachkompetenzen, insbesondere Wortschatz und Satzbau;
- Begabung und Kreativität durch kindgemäße Sachbegegnung und musisch-künstlerische Elementarbildung;
- Sachkompetenzen, also der Aufbau eines basalen Wissens, um die Kluft zwischen familiärer Erziehung, Kindergarten- bzw. Früherziehung und Schulpädagogik so gering wie möglich zu halten und so eine pädagogische, didaktisch-methodische Kontinuität zur Schule hin zu ermöglichen.

6.9.6.3 Hinweise zur Praxis

Dementsprechend sind diese Förderbereiche didaktisch-methodisch zu akzentuieren:
- Spielförderung, wie sie z. B. von Fröbel, Montessori, Oy/Sagi, in der Psychomotorik bzw. Motopädagogik entwickelt wurde, und die Anleitung der Eltern zu Spiel- bzw. Beschäftigungsformen mit dem Kinde[438];
- die Wahrnehmungs- und damit Intelligenzförderung, z. B. nach Frostig, Montessori u. a.[439];
- die Förderung *sozial-emotionaler* und *musisch-kreativer Kompetenzen* durch rhythmisch-musikalische Erziehung, der Ausdrucksfähigkeit in Farbe, Bewegung, Tanz, plastischem Gestalten[440] (siehe auch MCD, POS, CP-Kinder S. 190 ff.);
- Förderung von *Identität* und *positivem Selbstkonzept*[441];
- Förderung der *Sprache* und *Hinführung zur Schrift,* z. B. nach Montessori[442];
- Förderung *kognitiver und mathematischer Grundfunktionen,* z.B. nach dem Montessori-Sinnes- und Mathematikmaterial.[443]
- die Förderung der *lebenspraktischen Selbständigkeit* und *Selbstversorgung* (Körperpflege, An- und Ausziehen usw.), z. B. nach Montessori (siehe auch CP-Kinder S. 165 ff.)[444];
- die Förderung der *Sachlichkeit* und *Sachkompetenz* durch Hinführung zur Natur und Technik z. B. nach Montessori.[445]

Förderung kognitiver Grundfunktionen

Mathematisch-rechnerische Kompetenzen hängen vom Zusammenwirken sensomotorischer, kognitiver Teilfunktionen und Prozesse ab,
wie z. B.:

- von der Wahrnehmung (z. B. Raum-, Zeit-Begriff, Substanz- bzw.
  Materialeigenschaften);
- von Erkennen (Identifikation), Wiederkennen, Gedächtnis und Vorstellungsfähigkeit z. B. bestimmter Dinge, Mengen, von Beziehungen
  unter den Dingen, Zahlen, Räume, Gesetzmäßigkeiten, Regelhaftig-
  keiten;
- von Vorgängen wie dem Kombinieren von Merkmalen (z. B. großes
  gelbes Dreieck, also der Merkmale Größe, Farbe, Form);
- vom Abstrahieren von Merkmalen, wie z. B. der Farbe von einem
  Gegenstand als eigenes Merkmal;
- von Lernprozessen (z. B. Reiz/Reaktion, Versuch/Irrtum, Modell-
  Lernen), Denken z. B. als Ordnen nach Merkmalen, z. B. Farbstärke,
  Länge, Dicke usw., Problemlösen ohne Versuch/Irrtum);
- von Urteilen (z. B. selbständige Fehlerkontrolle, wahr/unwahr, rich-
  tig/falsch, gut/böse) und der Fähigkeit, schlußfolgern und Güte-
  maßstäbe entwickeln zu können.

**Integrative
Förderung**

Das Ergebnis optimalen Zusammenwirkens dieser Teilkompetenzen ist
dann spezifisches, z. B. mathematisches, Wissen und Können. Getra-
gen, unterstützt und zum Ausdruck gebracht wird dies v. a. durch die
Sprache (allgemeine, exakt fachsprachliche Begriffe und wissenschaftliche Codes z. B. der Mathematik).

Kinder entwickeln den Großteil dieser Fähigkeiten im Vorschulalter
(vgl. Kap. 4.4).

Bereits hier können und müssen Defizite rehabilitativ behoben, Teil-
funktionsansätze fortentwickelt oder gar erst eingeübt werden. Zwischen 3–6 Jahren können nachweislich effektiv diese für jedes schulische und spätere Lernen basalen Teilfunktionen kompensatorisch
gefördert und fortentwickelt werden.

Mit der Frühsprachförderung muß die kognitiv-mathematische Frühförderung einsetzen, weil die Sprache der Träger und das Steuerungsor-
gan praktischer und kognitiver Prozesse ist. So ist es kein Zufall, daß
Sprachprobleme und Mathematik die häufigsten und stärksten „Lernbehinderungen" sind und zum Anlaß der Sonderschuleinweisung werden.

Die rehabilitativen und präventiven Möglichkeiten haben sich in den letzten Jahren verbessert, und die Forschungsergebnisse stimmen so optimistisch, daß eine Sonderschulüberweisung nicht mehr zwangsläufig angezeigt ist.[446]

Vorschulische Prävention und Rehabilitation
Wegen der zähen Umsetzung der Forschungsergebnisse in der Erziehungsrealität helfen zunächst Praxishinweise auf erprobte Ansätze wie z. B. von Montessori.

Hier lernen Kinder auf der Basis der bekannten didaktischen Materialien durch die sonsomotorische Förderung die o. g. Teil- und Grundfunktionen für die Mathematik. Gleichzeitig dient dieses Material-/Übungsangebot der Frühdiagnostik gestörter sensomotorischer und kognitiver Grundfunktionen. So gibt es

Förderbereiche

– Materialien und Übungen zur Wahrnehmungsförderung über alle Sinneskanäle (Wahrnehmen, Isolieren, Abstrahieren, Materialeigenschaften wie z. B. hart-weich, rauh-glatt, Größe, Wärme, Gewicht, Farben usw. und deren Begriffe);
– Materialien und Übungen zur Förderung der Erkenntnisfunktion wie Unterscheiden, Vergleichen, Kombinieren, Paare, Kontraste, Serien bilden; Abstraktionsübungen (gib mir alles, was rot, rund usw. ist) usw.;
– vormathematische Operationen wie z. B. Ergänzen, Abziehen (z. B. blau-rote Stangen)
– vormathematische Einführung in das Dezimalsystem (viele Materialien bestehen aus je 10 Teilen)
– Einführung des Zahl-Mengen-Begriffs, des Zahlsymbols und des Zählens (blau-rote Stangen) und damit eine mathematische Frühförderung. Die Einführung und das Fortschreiten hängen vom individuellen Lernentwicklungsstand des Kindes ab.

Beispiel **Blau-rote oder numerische Stangen**[447]
„**Material:**
Zehn Stangen, die in Umfang und Länge den ‚Roten Stangen' entsprechen. Sie unterscheiden sich nur darin, daß sie in rote und blaue Abschnitte, je 10 cm lang, eingeteilt sind.

Die kürzeste Stange ist rot.

Jede Stange repräsentiert eine Zahl.

Direktes Ziel:
Erwerb der Zahlenbegriffe von 1 bis 10. Zählen von 1 bis 10.

Indirektes Ziel:
Vorerfahrungen mit dem metrischen System.

Alter:
Etwa drei Jahre.

Erwerb der Zahlbegriffe von 1 bis 10

Kommentar:
Anknüpfung an
Vetrautes.

Erste Stufe der
Namenslektion.

Jedesmal beginnt
man von 1 an zu
zählen und berührt
jeden Abschnitt,
damit sich das Kind
in die Reihe der auf-
einander folgenden
Zahlen einübt.
Es werden die
Abschnitte gezählt,
nicht die Stangen.

Darbietung:
Alle Stangen liegen ungeordnet auf dem Teppich. Das Kind legt sie in der Ordnung hin, die es bei den ‚Roten Stangen‘ geübt hat. Die Leiterin nimmt die ersten drei Stangen und trennt sie von den übrigen. Sie legt die kürzeste Stange vor das Kind hin, berührt sie und sagt: ‚Eins‘.

Sie legt die zweite Stange vor das Kind und sagt: ‚Das ist zwei‘. Sie berührt beide Abschnitte und sagt dabei: ‚Eins – zwei‘. Genauso verfährt sie mit der dritten Stange.

Die Leiterin mischt die Stangen und sagt: ‚Gib mir die Stange 2!‘ oder ‚Zeig mir 3!‘ Sie bittet das Kind, jedesmal nachzuzählen.

Die Leiterin nimmt eine der drei Stangen und fordert das Kind auf, die Abschnitte zu zählen und anzugeben, welche Stange es hat.

Wenn das Kind interessiert ist, kann die Leiterin weitere Stangen einführen. Ist die Übung beendet, fordert die Leiterin das Kind auf, die Ordnung aller Stangen wiederherzustellen, ehe sie auf ihren Platz im Regal zurückgebracht werden. Bei weiteren Übungen werden nach und nach alle Stangen benannt.

Fehlerkontrolle:
Geschieht durch die Leiterin.

Weitere Übungen:
— Aus den gemischten Stangen eine herausgreifen und zählen.
— ‚Gib mir bitte die Stange die danach (davor) kommt!‘
— Nur die roten oder blauen Abschnitte zählen.
— Von der größten Einheit zur kleinsten Einheit zählen.
— Die Stangen zur 10 (9 – 8 – 7) ergänzen.
— ‚Gib mir die Stange, die 1 mehr ist!‘
— ‚Gib mir die Stange, die 2 weniger ist!‘
— Das Kind verteilt die Stangen im Raum. Die Leiterin nennt eine Zahl und das Kind sucht die zugehörige Stange.
— Alle Stäbe austeilen. Wer Stab 6 (3, 8, usw.) hat, soll ihn bringen. Abschnitte zählen. Stäbe in der richtigen Ordnung auf den Boden legen.
— Alle Stäbe austeilen. Die Kinder mit den Stäben bilden schnell die Reihe von 1–10. Stäbe austauschen und Reihen neu bilden.
— ‚Stab 6 kommt zu mir‘ – ‚Macht schnell die Reihe wieder richtig!‘ Alle Kinder richten sich nach der 6 aus.
— Stäbe austeilen. ‚Suche deinen Nachbarn!‘
— Wir zählen, während wir gehen – auch zurückzählen und dabei zurückgehen! Gezählt wird immer bis zu der Zahl, die der Stab darstellt, den das Kind in der Hand hält.
— Beim Gehen die geraden oder ungeraden Zahlen betonen durch lautes Sprechen oder stärkeres Auftreten mit dem Fuß.“

Hinweise zur Schulpraxis

Probleme Hauptprobleme lernschwacher Kinder mit der Schul-Mathematik sind:
- vorschulische sensomotorische, kognitive Entwicklungsrückstände und Defizite;
- unzureichende Sprachkompetenzen für das Aufgabenverständnis und die Planung der Problemlösung;
- zu frühes und schnelles abstraktes Operieren mit Zahlen ohne den sensomotorisch gesicherten Zahlbegriff, ohne Bezug auf konkretes Handeln / Erleben, ohne bildhaft exakte bzw. schematische Anschauung, die jeder abstrakten Operation vorausgehen.[448]

Montessoris Ansatz Montessoris Verfahren beruht darauf,
- daß die jeweiligen Abstraktionsstufen für sich erarbeitet und abgesichert werden müssen und
- mathematisch-abstrakte Operationen in konkrete Handlungsprozesse mit didaktischen Materialien umsetzbar und damit wiederholbar sein müssen (z. B. statt Fingerrechnen) und
- das Kind jeden abstrakten Einzelschritt real mit den Händen, d. h. mathematisch-didaktischen Materialien, nachvollziehen kann bzw. danach
- wieder auf die abstrakte Ebene der Anschauung und Begrifflichkeit zurückkehren und natürlich sprachlich-begrifflich seine Handlungen exakt formulieren kann.[449]

Beispiel So lernt das Kind z. B. mit dem sog. Goldenen Perlenmaterial sprachlich-abstrakt das Zählen, die Stellenwerte des Dezimalsystems konkret handelnd und anschaulich die dazugehörigen Mengen in ihren Relationen, und es kann mit diesen Materialien so lange rechnen, bis es auf abstrakter Ebene so sicher und schnell ist, daß ihm das Material überflüssig erscheint.

Goldenes Perlenmaterial[450]

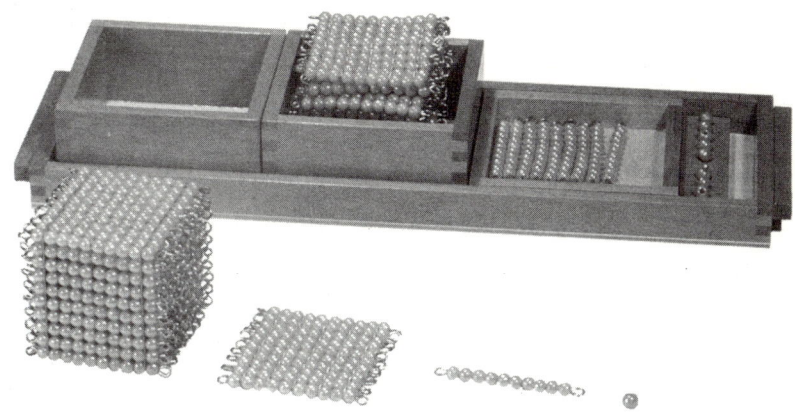

„**Material:**
Goldfarbene Perlen: lose Perlen (Einer), Stäbchen (Zehner), Quadrate (Hunderter), Kuben (Tausender); dazu mehrere Tabletts.

Direkte Ziele:
Mächtigkeit und Darstellungsform von Einern, Zehnern, Hundertern und Tausendern erfahren. Namen der Stellenwerte des Dezimalsystems kennenlernen. Struktur des Dezimalsystems erfahren.

Indirekte Ziele:
Schulung der Feinmotorik. Vorbereitung der Geometrie: Punkt, Linie, Fläche, Körper. Erfahren der Potenzen 10^0, 10^1, 10^2, 10^3.

Alter:
Etwa vier Jahre.

Benennen der Stellenwerte

Kommentar:
Die Einführung kann dann erfolgen, wenn das Kind die Mengen im Zahlenraum von 1–10 erkennen und zählen kann.

Darbietung:
Zur Einführung des Dezimalsystems wird ein Tablett mit 10 Einerperlen, 10 Zehnerstäbchen, 10 Zehnerquadraten und 1 Zehnerkubus gebraucht.

Kommentar:
Es ist wichtig, daß das Kind durch Begreifen die unterschiedliche Form und Mächtigkeit der Kategorien erfährt, und so eine feste Verbindung zwischen Menge und Bezeichnung hergestellt wird.

Die Leiterin holt mit dem Kind das Tablett auf den Tisch. Sie nimmt eine Einerperle, ein Zehnerstäbchen, ein Zehnerquadrat und einen Zehnerkubus herunter und legt sie vor das Kind hin. In Form der Dreistufenlektion führt sie die Namen der Kategorien ein. Sie gibt dem Kind die Einerperle und sagt:

‚Das ist ein Einer!‘

Dann gibt sie das Zehnerstäbchen und sagt: ‚Das ist ein Zehner!‘ Ebenso verfährt sie mit dem Hunderter und Tausender.

Nun mischt sie die vier Einheiten und fordert das Kind auf: ‚Gib mir den Einer!‘ usw. Dann zeigt die Leiterin auf die einzelnen Einheiten und läßt sie vom Kind benennen.

Übungen:

Es sollten bei dieser Übung nicht mehr als neun Einheiten einer Kategorie geholt werden.

Durch das häufige Hantieren und Benennen festigen sich die Begriffe.

– Bilden von Mengen. Das Kind wird aufgefordert, mehrere Einheiten einer Kategorie zu bringen: ‚Bring mir 4 Hunderter!‘, ‚Gib mir 7 Zehner!‘ usw.

Die gebrachten Mengen werden mit dem Kind noch einmal gezählt.

Nach und nach wird die Übung erschwert. Man bittet das Kind, von mehreren Kategorien Mengen zu bilden, z.B. 2 Tausender und 4 Hunderter, 5 Hunderter, 9 Zehner und 6 Einer oder 7 Hunderter und 5 Einer.

– Die Leiterin bildet eine Perlenmenge aus einer oder mehreren Kategorien. Sie läßt das Kind die Menge bestimmen und benennen.

Einführung in die dezimale Beziehung zwischen den Stellenwerten

Darbietung:

Die Leiterin legt eine Einerperle, dann ein Zehnerstäbchen auf den Tisch. Sie läßt das Kind mit der Einerperle die Perlen des Zehnerstäbchens zählen:

‚1 Zehner hat 10 Einer!‘

Sie nimmt das Zehnerquadrat hinzu und läßt mit dem Zehnerstäbchen die Anzahl der Zehner des Zehnerquadrates feststellen:

‚1 Hunderter hat 10 Zehner!‘

Dann läßt sie die Zehnerquadrate des Zehnerkubus bestimmen:

Das Kind erfährt, daß die Zahl 10 im Dezimalsystem eine besondere Rolle spielt.

‚1 Tausender hat 10 Hunderter!‘

Aufbau der Stellenwerte

Darbietung:
Die Leiterin nimmt eine Einerperle vom Tablett, legt sie auf den Tisch und sagt: ‚1 Einer!'

Sie fügt eine weitere Perle hinzu und sagt: ‚2 Einer!'

In der gleichen Weise fährt sie fort, bis 10 Einerperlen gelegt sind. Sie sagt: ‚Für 10 Einer legen wir 1 Zehner!'

Die Einerperlen werden gegen einen Zehner umgetauscht.

Entsprechend wird der Hunderter aus 10 Zehnern und der Tausender aus 10 Hundertern aufgebaut.

Kommentar:
Das Kind erfährt, daß 10 Einheiten einer Kategorie einer Einheit der nächst höheren Kategorie entsprechen und umgekehrt.

Auslegen der Stellenwerte

Darbietung:
Man braucht ein Tablett mit je 45 Einerperlen, Zehnerstäbchen und Zehnerquadraten, ferner einen Zehnerkubus. Die Übung wird auf dem Teppich durchgeführt.

Die Leiterin legt eine Einerperle rechts oben hin.

Sie sagt: ‚1 Einer!' Darunter legt sie im Abstand von etwa 10 cm 2 Einerperlen: ‚2 Einer!' Ebenso fährt sie bis zu 9 Einern fort.

Dann sagt sie: ‚Ein Einer mehr ergibt 10 Einer. Das ist 1 Zehner!'

Sie legt ein Zehnerstäbchen etwa 15 cm links neben die erste Einerperle.

Darunter ordnet sie mit dem Kind 2 Zehner, 3 Zehner usw. an und benennt jedesmal die dargestellte Menge. So werden alle Zehner, Hunderter und Tausender ausgelegt.

Fehlerkontrolle:
Die vorhandenen Perlen müssen genau ausreichen.

Weitere Übungen:
– Die Leiterin läßt das Kind aus der dargestellten Übersicht bestimmte Mengen heraussuchen.
– Die Leiterin weist auf eine Menge und läßt sie benennen."

Reform der Schuleingangsstufe

Unübersehbar sind heute die Probleme der Schuleingangsstufe: Immer mehr entwicklungsverzögerte, erziehungsschwierige, teilleistungsschwache Kinder und immer mehr Kinder verschiedener Kulturen, Religionen und Nationen mit spezifischen Anpassungsproblemen erfordern neue, individualisierende Konzepte. Es wird die Aufgabe der Schule sein, sich endlich zu einer pädagogischen Reform der Schuleingangsstufe (1. und 2. Schuljahr) durchzuringen und einen altersunabhängigen fließenden Übergang vom Kindergarten/Frühförderung zur Schule zu ermöglichen, d.h. z.B. mehr Elemente der Früherziehung in ihr schulpädagogisch-leistungsorientiertes Konzept aufzunehmen.[451]

6.10 Verhaltensauffällige Kinder und Schüler

6.10.1 Begriff

Problemlage
Heutzutage wird in einem inflationären Ausmaß geklagt über verhaltensgestörte und -schwierige, lern-, schul- und erziehungsschwierige, verhaltensbehinderte, psychosozial gestörte, psychisch kranke oder anpassungsschwierige Kinder und Schüler. Dies alles sind gängige und zumeist sehr subjektive Umschreibungen von Problemen, die Eltern, Erzieherinnen und Lehrer/innen mit den Kindern erleben. Es scheint so, als trügen die Kinder Verhaltensauffälligkeiten wie die Augenfarbe oder andere organischen Merkmale.

Die Normalität von „Verhaltensauffälligkeiten": Man kann diese Perspektive in Gestalt einer Frage auch umkehren: Zeigen Kinder solche Probleme bzw. Verhaltensweisen, weil sie Kinder sind, sich und ihr Verhalten in einem bestimmten soziokulturellen Umfeld entwickelt und weil sie erzogen werden müssen als unabdingbare Voraussetzung für ihr Menschwerden? Sind in diesem komplizierten Prozeß des Lern- und Verhaltensaufbaus des Kindes Schwierigkeiten nicht „normal"?

Die Normalität von Schwierigkeiten bei der Erziehung: Ebenso gibt es Erziehungsschwierigkeiten, die Eltern, Erzieherinnen oder Lehrer erleben, Schwierigkeiten als Ausdruck ihrer mehr oder weniger vollkommenen Erziehungskompetenz.

6.10.2 Definition

Eine einheitliche, verbindliche und eindeutige Begriffsbestimmung von „Verhaltensauffälligkeit" ist z. Zt. nicht gegeben. Jeder Fachautor hat seine Definition. Der Deutsche Bildungsrat definierte wie folgt:

Definition *„Als verhaltensgestört gilt, wer aufgrund organischer, vor allem hirnorganischer Schädigungen oder eines negativen Erziehungsmilieus in seinem psychosozialen Verhalten gestört ist und in sozialen Situationen unangemessen reagiert und selbst geringfügige Konflikte nicht bewältigt."* [452]

6.10.3 Ursachen und Symptome

Eine eindeutige Zuordnung bestimmter Symptome von Verhaltensauffälligkeiten zu bestimmten Ursachen ist generell nicht möglich. So kann z. B. das Symptom „Verstöße gegen soziale Regeln" in Beziehung stehen zur Angst, inneren Konflikten (z. B. Familienproblemen, seelischen Spannungen), Versagensängste, Mangel an Selbststeuerung, falsche Gewohnheiten, Mangel an Bekräftigung, erhöhte Reizbarkeit usw. (siehe Postnatale Risiken S. 46). [453]

Ursachen-komplexe Es gibt aber bestimmbare Ursachenkomplexe, die Verhaltensauffälligkeiten hervorrufen können.

1. Nichterfüllung basaler Bedürfnisse des Kindes: Das Kind hat offensichtlich angeborene basale organische Bedürfnisse, wie Hunger, Durst, Wärme, Sicherheit, Geborgenheit und Liebe sowie nach Anerkennung oder Geltung. Basale Bedürfnisse bauen in einer sinnvollen Hierarchie aufeinander auf. Daraus erwachsen die Motive für sein Handeln und Verhalten als seine individuell sinnvolle Antwort auf seine augenblickliche und zukünftige Situation. Ist der Hunger oder das Geborgenheitsgefühl als basales Bedürfnis nicht gestillt, wird das Kind keinen Grund haben, „höhere" Motive zu entwicklen oder sich „höheren" Motiven zuzuwenden, also z. B. etwas zu lernen, das nicht diesem basalen Bedürfnis entspricht. Es wird aber alles tun, dieses basale Bedürfnis zu

Unterdrückung und Ersatzhandlungen

stillen, weil das Motiv, seine basalen Bedürfnisse zu stillen, vorrangiger und stärker ist, als eine geforderte Verhaltensweise oder Fertigkeit zu lernen oder dem Erzieher gehorsam zu sein. Die Unterdrückung oder Nichterfüllung primärer Bedürfnisse und Motive führt beim Kinde zu Ersatzbefriedigungen oder -handlungen, wie z. B.:

- Naschsucht, Freßsucht u. a. Formen der „Abhängigkeit", Schnullern, Daumenlutschen usw. über das sechste Jahr hinaus;
- sich z. B. emotional an die Erzieherin hängen oder ihre Zuwendung in irgendeiner Form erzwingen: durch Ungehorsam, Provokationen, Zerstörung von Gegenständen oder Schlagen anderer Kinder;
- Autoaggressionen, wie z. B. Haaredrehen und -ausreißen, Nägelkauen u. a. Selbstverletzungen, Grimassieren, Tics;
- Bewegungsstereotypen bzw. Jaktationen (Schaukelbewegungen);
- Zielloses Herumlaufen, Streunen, Trebegängerei.
- Wutanfälle, Jähzorn, hysterische Ohnmachtsanfälle usw.;
- Bettnässen (Enuresis), Einkoten (Enkopresis) über das 6.–8. Lebensjahr hinaus, um die mütterlich-elterliche Zuwendung aggressiv zu erzeugen. Enuresis und Enkopresis können zwar in seltenen Fällen auch organisch oder durch eine Fehlerziehung (z. B. zu früh, zu streng) bedingt sein, aber sie sind für das Kind vielfach auch ein Mittel im Kampf mit dem Erwachsenen in der Form aggressiven Einnässens oder Einkotens.[454]

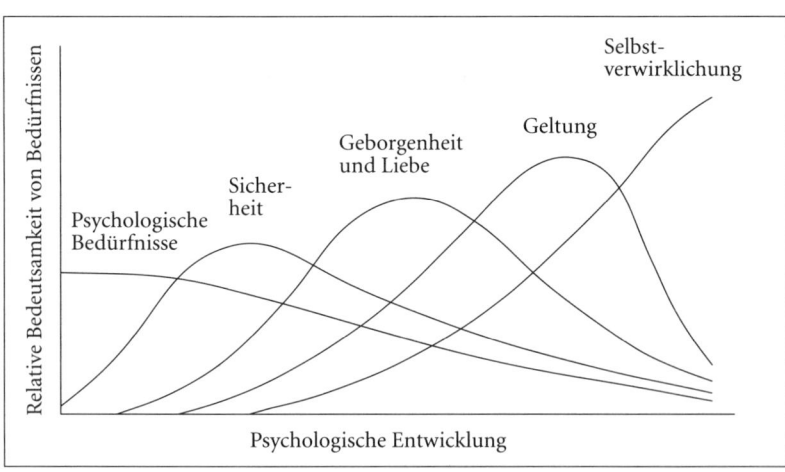

Modell der Bedürfnishierarchie nach Maslow[455]

2. Organische bzw. hirnorganische Ursachen: Diese umfänglichen und schier endlosen Ursachen und Ursachenkomplexe wurden schon weitgehend oben dargestellt.[456]

Pränatale Ursachen für Verhaltensprobleme haben in den letzten Jahren in der Forschung zunehmend Beachtung gefunden (vgl. Kap. 2.11).

Insbesondere Kinder mit angeborener Hyperaktivität, MCD, POS zeigen folgende Symptome:

Symptome
- Stimmungslabilität und schwache Affektkontrolle, geringe Frustrationstoleranz, Schwächen im Aushalten von Spannungszuständen, z. B. beim Warten, bis man „drankommt", oder bei aufkommenden Bedürfnissen, wie Hunger, Durst usw.; Neigung zu „Kurzschlußhandlungen";
- Konzentrationsschwäche und -schwankungen;
- Schwierigkeiten bei der Mutter-Kind-Bindung und Sozialbindungsfähigkeit überhaupt;
- Schwierigkeiten bei der Aktivitätskontrolle bzw. -steuerung: Ziel- und Planlosigkeit, Hast und überflüssige Aktionen um der Aktion willen, Fahrigkeit, unstete und regellose Aktivitäten.[457]

Bio- und psychosoziale Interaktion
Es ist aber bei den organischen Ursachen und den Interaktionen in den Erziehungsprozessen, im Wechselspiel zwischen Kind und Umwelt nicht immer eindeutig, in welchem Ausmaß die Erziehung und Lebensbedingungen des Kindes Verhaltensauffälligkeiten verstärken oder abschwächen.[458] Bejahende oder kühle, feindliche Erzieherhaltungen gegenüber dem Kind, überforderte Erzieher, unangemessene Erziehungsnormen und -praktiken spielen besonders beim organisch geschädigten Kind eine große Rolle, und sie können selbst beim organisch gesunden Kind eine Ursache bei der Entstehung von Verhaltensauffälligkeiten sein.

3. Erzieherhaltungen, Erziehungsnormen und -praktiken bestimmen den pädagogischen Bezug, das Verhältnis und die Wechselwirkungen zwischen Erzieher und Zögling.[459] Sie setzen sich u. a. zusammen:
- aus den *emotionalen Einstellungen zum Kind* (liebend-bejahend, feindlich-ablehnend, wie z. B. oft gegenüber ungewollten Kindern, aus Vergewaltigungen usw.);

- aus den *pädagogischen Grundeinstellungen* der Erzieher, wie z. B. die logothrope Einstellung: Man liebt primär das Fach Pädagogik, die Psychologie usw., oder die pädothrope Einstellung: Man liebt die Kinder, den pädagogischen Umgang mit ihnen, man möchte ihnen helfen und dienen, damit sie unabhängige, lebenstüchtige und liebenswerte Menschen und Persönlichkeiten werden. Hier geht es also auch um die persönlichen Erziehungsvorstellungen und -ziele;
- aus der *eigenen Erziehungsbiographie*, ob man z. B. selbst eine liebevolle und gute Erziehung erhalten hat oder geschlagen bzw. hart erzogen wurde. Nachgewiesenermaßen zeigen in ihrer Kindheit mißbrauchte oder mißhandelte Eltern oft selbst bei ihren eigenen Kindern ähnliche Verhaltensweisen;
- aus den Sichtweisen oder *Anthropologien des Kindes*. Sie umfassen unser pädagogisches, medizinisches, psychologisches usw. Wissen von Kindern und ihrer Entwicklung und unseren persönlichen Erfahrungen im Umgang mit Kindern. Dies erklärt z. B., daß erfahrene Pädagogen oft gelassener gegenüber „Verhaltensauffälligkeiten" sind als Berufsanfänger.

Konsequenzen pädagogischer Anthropologien

Dieses Wissen und die Erfahrung bestimmen darüber, ob der Erzieher das Kind eher als passives, plastisches Wesen sieht, das man nach den eigenen Vorstellungen „prägen" kann, oder mehr als aktives, und mit der Hilfe des Erziehers sich selbstgestaltendes individuelles Wesen?

Solche Anthropologien können wissenschaftlich mehr oder weniger korrekt, vollständig bzw. ganzheitlich sein, d. h., das Kind wird in seiner leibseelischen, sozialen und geistigen Ganzheit gesehen, oder ein Aspekt wird als besonders „wichtig" angesehen, während andere vernachlässigt werden:

Einseitige Anthropologien

– Das Kind wird primär als soziales Wesen gesehen, d. h., hierbei wird das soziale Lernen überbetont.
– Das Kind wird primär als intellektuelles Wesen gesehen, d. h., hier wird die Intelligenz überbetont usw. und andere Seiten, wie z. B. der entwicklungsnormale Bewegungsdrang, die Freude an sinnlich-emotionaler Erfahrung, Kreativität usw. werden nicht hinreichend beachtet oder gefördert.

Enge / weite Anthropologien

Hinsichtlich der Verhaltensstörungen können *Anthropologien weit oder eng* gefaßt sein, d. h., dann werden entweder viele Verhaltensweisen bzw. sog. „Auffälligkeiten" als „normal" angesehen oder – bei

**Behandlungs-
konzepte für
"Verhaltens-
auffällige"**

enger Sicht – wird vieles, was ein Kind macht oder nicht macht, als „auffällig" definiert und dementsprechend als „behandlungsbedürftig" gesehen. Hier setzen problematische Behandlungs-Konzepte ein:

– die *Medikalisierung* des Kindes, d. h. medizinisch-medikamentöse Behandlungen, z. B. bei Schulleistungsschwächen, Lernstörungen, Konzentrationsschwächen, wo es sich vielleicht um Erziehungsprobleme handelt, die in der Familie bestehen (Scheidung, häufige Auseinandersetzungen, elterlicher Ehrgeiz und Überforderung des Kindes);

– die *Psychiatrisierung und Psychologisierung* des Kindes, d. h. der Einsatz psychiatrischer Untersuchungen und psychologischer Maßnahmen, wie z. B. medikamentöse Hilfen (Psychopharmaka[460]) und Therapien (z. B. Verhaltenstherapien) bei Eß- oder Trinkstörungen, Bettnässen, Einkoten usw.[461];

– die *Kriminalisierung* des Kindes, insbesondere des Jugendlichen, wenn z. B. pubertierende, um die Gunst eines Mädchens rivalisierende Jugendliche in körperliche Auseinandersetzungen geraten, wenn sie gelegentlich stehlen, um dieselben Dinge zu haben wie Erwachsene, um zu protzen oder andere entwicklungsnormale „Mutproben" ablegen.[462] Um diesen Entwicklungsbedürfnissen zu entsprechen, wurde z. B. die Erlebnispädagogik entwickelt.[463]

**Pädagogische
Normprobleme**

■ *Erziehungsnormen bzw. Ziele.* Sie bestimmen die Bandbreite erwünschten und unerwünschten Verhaltens sowie den vorläufigen Endzustand (Erziehungsziel) der Erziehungs- und Bildungsarbeit in der Familie, im Kindergarten und in der Schule. Grissemann[464] weist zurecht auf die Problematik vieler unserer Normen hin:

– Die Orientierung an teststatistischen Durchschnitts-Normen kann zu leicht zur unberechtigten Ausgrenzung von Kindern und zur Etikettierung „abnorm" führen.

– Diesen Effekt bringen auch sog. „*Mehrheitsmeinungen der Bevölkerung*" oder einer „Gruppe", z. B. der Familie, der Erzieher oder Lehrer, über „normales" und „abnormes" Verhalten.

– Sogenannte persönliche Selbst- und „*Sollensforderungen*", die man den Kindern einimpfte, können zu einer Selbstüber- oder Unterforderung des Kindes führen und entsprechende Verhaltensauffälligkeiten hervorrufen (z. B. überzogener Ehrgeiz, Faulheit, Bequemlichkeit usw.).

- *„Funktionale"* oder *„dysfunktionale"* (abweichende) Normen bezüglich der Fähigkeiten wie Schreiben, Rechnen, Feinmotorik usw. können zu eng gefaßt sein und daher Verhaltensauffälligkeiten als kindliche Reaktion darauf hervorrufen.
- *„Idealnormen"* stehen immer in einem Spannungsverhältnis zu den anderen Normen. Werden diese aber starr und ohne Rücksicht auf die „Individuallage" des Kindes angewandt, werden viele Kinder und Jugendliche als „verhaltensauffällig" erscheinen.

Beispiel: Autorität

■ *Erziehungspraktiken und -methoden:* Exemplarisch für dieses umfangreiche Problem seien zwei Erziehungsstile genannt. Der sog. *autoritäre Stil* ist eine rigorose und extreme Form der Führung und Durchsetzung der Absichten des Erwachsenen gegenüber dem Kind ohne Rücksicht auf seine individuelle Entwicklung, Fähigkeiten, Begabungen oder Interessen. Eine solcherart praktizierte Reinlichkeitserziehung führt nicht nur oft zum Gegenteil, sondern auch zu einer Reihe von konkreten und schwer korrigierbaren Verhaltensauffälligkeiten wie aggressives Einnässen und Einkoten.[465]

Autoritäre Erziehung kann im Extremfall die Entwicklung einer autonomen Persönlichkeit verhindern und zu einer extremen Anpassungsschwäche bzw. Starrheit führen. Im Kindergarten wird das Kind versuchen, andere Kinder zu unterwerfen oder, weil sich die anderen das nicht bieten lassen, selbst aus dem Feld gehen bzw. ausgeschlossen oder zum Außenseiter werden.

Eine überzogene und mißverstandene *„antiautoritäre"* Erziehung kann bis zur Vernachlässigung und Kindesmißhandlung führen. Sie verursacht beim Kinde Orientierungs- und Haltlosigkeit, weil es die für das Zusammenleben notwendigen elementaren Sozialnormen, die für seine Leistungs- und Fähigkeitsentwicklung notwendigen Funktionsnormen und die für die eigene Lebensgestaltung notwendigen Sollens- und Ideal-Normen weder kennt noch anstreben lernt.

Pädagogische Prinzipien

Gute Erziehung verlangt eine individuell ausgewogene Balance zwischen Führen und Wachsenlassen (Litt), vorschreibend-nachgehender Erziehung (Fröbel) oder Freiheit und Bindung (Montessori). Fröbel nannte dies eine lernbare „Erziehungskunst".[466]

6.10.4 Frühdiagnostik

Neben den bereits oben (siehe S. 85 ff.) genannten Verfahren werden noch folgende Verfahren genannt:
– Verhaltensbeobachtungen in der natürlich-familiären Situation, im Labor (z. B. Videoaufzeichnungen von Mutter-Kind-Interaktionen) und durch die teilnehmende bzw. nichtteilnehmende Beobachtung; [467]
– Elternfragebogen; [468]
– Tests für die sozialemotionale Entwicklung (siehe Rennen-Allhoff/Allhoff S. 100 ff.):
  – Vineland Social Maturity Scale,
  – Fragebogen zur Erfassung praktischer und sozialer Selbständigkeit,
  – Beobachtungsbogen für Kinder im Vorschulalter,
  – Skala zur Erfassung des Sozialverhaltens von Vorschulkindern,
  – Burk's Behavior Rating Scales Preschool and Kindergarten,
  – P-A-C,
  – Infant Security Scale.

6.10.5 Frühförderung

Aus der Komplexität des Problemfeldes „Verhaltensauffälligkeit" konnte ersichtlich werden, daß es nicht „die" eine richtige Behandlungsmethode geben kann. Die medizinische, pädagogisch-psychologische Abklärung der Ursachenfelder ist insofern schon ein Gewinn, weil man dadurch das Problem eingrenzt und der Pädagoge auch seine Grenzen bzw. Mitverantwortung und Möglichkeiten erkennen kann. Es wurden in den letzten Jahren diverse Ansätze zur Verbesserung des Erziehungsverhaltens als Grundbedingungen für die Prävention und Behandlung von Verhaltensauffälligkeiten entwickelt.

Erziehertraining ■ *Verbesserung des Erzieher- und Elternverhaltens:* Zu den bekannten Verfahren zählt das Münchener Trainingsmodell von P. Innerhofer. Er beschreibt dieses Modell wie folgt:

„*(Es) ist eine Methode, Eltern und Erziehern im Spielen, Beobachten und Analysieren von Erziehungsproblemen erzieherische Verfahren und Fertigkeiten zu vermitteln.*" [469]

Spieltherapie ■ *Spieltherapeutische Ansätze:* Spieltherapeutische Ansätze fußen auf der natürlichen Neigung des Kindes zum Spiel als seiner entwicklungsnormalen Lernform. Kinder, die nicht spielen, sagt der Volksmund, sind krank. Ziel der spieltherapeutischen Ansätze ist die Entwicklung der Spielfähigkeit überhaupt und dadurch eine indirekte Förderung des normalen Verhaltensaufbaus, insbesondere der Entwicklung positiver sozial-emotionaler Beziehungen, der Motivation, Wahrnehmung, Motorik, Kreativität und Kommunikation.

Spiel ist daher zurecht eine pädagogische Grundform in vielen Ansätzen der Frühförderung. Nach einer „Spieldiagnostik" (z. B. Sceno-Test von G. v. Staabs oder „Welt-Test" von M. Lowenfeld[470]) folgt die Spieltherapie. Es werden verschiedene Ansätze verwendet:
– die nicht-direktive Spieltherapie z. B. nach Axline[471] und die
– psychoanalytisch orientierte Spieltherapie.[472]

Effekte der Spieltherapie

Die Leistungen der nicht-direktiven Spieltherapie sind beachtlich. Nach W. Jaede[473] kann sie
– Angst und Neurotizismus verringern;
– Selbständigkeit und Sozialanpassung verbessern;
– geistige Wendigkeit und Denkfähigkeit erhöhen;
– Kreativität und Einfallsreichtum erhöhen und
– Verhaltensstörungen vermindern.

Die Spielpädagogik und -therapie hat auch im Schulalter bei verhaltensauffälligen Kindern noch eine große Bedeutung.[474]

Lehrertraining

■ *Verbesserung des Lehrerverhaltens:* Die Lehrerausbildung hat sich in den beiden letzten Jahrzehnten mehr und mehr zu den fachwissenschaftlichen Schwerpunkten verlagert, d. h., pädagogisch-praktische Kompetenzen gerieten in eine Randsituation. Schwierigkeiten im pädagogischen Umgang mit den Kindern blieben nicht aus, d. h., daß die Vielzahl verhaltens- und erziehungsschwieriger Schüler dadurch noch weiter gefährdet wurden. Also müssen nun nachträglich durch Fort- und Weiterbildung diese pädagogischen Kompetenzen entwickelt werden. Auf den Schulbereich hin orientiert können folgende Ansätze genannt werden: Tausch/Tausch[475], Wagner, A. C. u. a.[476], Lorenz, R. u. a.[477] Diese Ansätze zielen auf eine Verbesserung der Lehrer-Schüler-Interaktion und werden besonders in der Schule für Erziehungsschwierige angewandt.

7 Das behinderte und lernschwache Kind in der Regel-Schule

7.1 Sonderschulbedürftigkeit

Bildungsrecht – Schulpflicht

Das behinderte Kind hat als Grundrechtsträger verfassungsrechtlich einen Bildungsanspruch (Art. 7 GG). Die Schulpflicht und die Einrichtung der Sonderschulen sowie das Recht auf individuelle Bildung und Erziehung stellen einen großen Fortschritt für behinderte Kinder dar. In den letzten 200 Jahren hat sich in Deutschland ein hochdifferenziertes Sonderschulwesen mit entsprechend spezialisierten Lehrern entwickelt. Sie sollen behinderten Schülern jene individuellen speziellen Hilfen geben, die ihnen gesetzlich zustehen: z. B. Schutz, Kenntnisse und Fertigkeiten, Hineinwachsen in die Gesellschaft (soziale Integration), Chancengleichheit, freie Entfaltung der Persönlichkeit (Art. 20 GG).

Sonderschularten

Das geschieht nach Maßgabe der behinderungsspezifischen Förderbedürfnisse und schulischen Fördermöglichkeiten in einer Schule für Lern-, Geistig-, Körperbehinderte, Gehörlose oder Schwerhörige, Blinde oder Sehbehinderte, für Sprachbehinderte und Erziehungshilfe (Erziehungs- oder Verhaltensschwierige) oder bei kranken Kindern durch Krankenhausschule bzw. Hausunterricht. Über die Sonderschulbedürftigkeit in Regelschulen entscheiden Schulgesetze bzw. das Sonderschulaufnahmeverfahren.

7.2 Sonderschulaufnahmeverfahren (SAV)

Wird ein behindertes Kind schulpflichtig oder ein schulpflichtiges Kind behindert (z. B. durch Unfall, Krankheit, Entwicklungsprobleme), dann entscheiden die Schulaufsichtsbehörden durch ein SAV über die geeignete Sonderschule. Das SAV ist ein verwaltungsgerichtlich überprüfbares Verfahren, zu dem medizinische (Gesundheitsamt und ggf. Fachärzte), psychologische, schul- bzw. sonderschulpädagogische

Gutachten und die Elternbeteiligung gehören (Einzelheiten regeln die Kultus- bzw. Schulminister der Bundesländer).

Wenn heute ein Schüler sonderpädagogischen Förderbedarf hat, kann er trotzdem in der Regel-, d.h. z.B. Grundschule verbleiben, wenn dort sonderpädagogische Förderung möglich ist. Aufgrund schulgesetzlicher Veränderungen gibt es zunehmend behinderte oder von Behinderung bedrohte Schüler auch in Regelschulen, und die Lehrer/innen stehen hier vor der schweren Aufgabe der gemeinsamen oder integrativen Erziehung und Unterrichtung mit nichtbehinderten Schülern.

7.3 Sonder- oder Regel-Schule?

Fragwürdig wurden die Sonderschulspezialisierung und Einweisung der Schüler in Sonderschulen durch Forschungsergebnisse über die Effizienz der Sonderschulen und Modellversuche zur Integration[478] sowie durch die „Empfehlungen des Deutschen Bildungsrates zur pädagogischen Förderung behinderter und von Behinderung bedrohter Kinder und Jugendlicher" (1973), die für mehr sozialintegratives bzw. „soziales Lernen" von behinderten und nichtbehinderten Schülern in Schulen plädierten.

Das führte zu einer bis heute offenen Diskussion über den Abbau von Sonderschulen und die Neuorganisation unseres Schulbildungswesens unter dem Stichwort „Integration" (s. S. 68). Dabei geht es um die zentrale Frage, ob und wie Schulen insgesamt faktisch so verändert werden können, daß sie möglichst allen Schülern und ihren individuellen Erziehungs- bzw. Bildungsbedürfnissen optimal entsprechen und möglichst wenige Schüler aussondern – ein Anspruch, der z.B. in den

Auftrag der Schule

Gesetzen zur NRW-Grundschule erhoben wird: Die Schule hat

„alle Schüler unter Berücksichtigung ihrer individuellen Voraussetzungen in ihrer Persönlichkeitsentwicklung, in den sozialen Verhältnissen sowie in ihren musischen und praktischen Fähigkeiten gleichermaßen umfassend zu fördern,
– grundlegende Fähigkeiten, Kenntnisse und Fertigkeiten in Inhalt

und Form so zu vermitteln, daß sie den individuellen Lernmöglich-
keiten und Erfahrungen der Kinder angepaßt sind;
— durch fördernde und ermutigende Hilfe zu den systematischen For-
men des Lernens allmählich hinzuführen und damit die Grundlagen
für die weitere Schullaufbahn zu schaffen;
— die Lernfreude der Schüler zu erhalten und weiter zu fördern" [479].

Trotz dieses Anspruchs, eine Schule für „alle" Schüler zu sein, wurden und werden behinderte Schüler nach wie vor in Sonderschulen überwiesen. Dagegen läuft der Trend zu mehr sozialer Integration, die aber nicht so problemlos zu sein scheint, denn es gibt schwerwiegende Integrationsdilemmata.

7.3.1 Integrationsdilemmata

Probleme der Schule Mehr als hundert unterschiedliche integrative Schulversuche haben bisher stattgefunden.[480] Die wissenschaftliche Bewertung der Versuche ist insgesamt nicht eindeutig positiv oder negativ. Sie deckt aber Probleme der Schulorganisation auf, wie z.B. mangelnde Differenzierung und Individualisierung, das überholte, biologisch und nicht entwicklungspsychologisch fundierte Jahrgangsklassensystem, fehlende technische, bauliche und mediale Ausstattung und Mängel in der Lehrerqualifikation.

Akute Integrationsprobleme Bleidick, ein führender Fachmann, spricht heute vom „Dilemma mit der Integration"[481], weil viele notwendige Bedingungen einer erfolgversprechenden gemeinsamen Erziehung und Bildung behinderter, von Behinderung bedrohter und nichtbehinderter Kinder nicht hinreichend gewährleistet sind. Das zeigt sich z.B.

— in den Widersprüchen von politisch gewollter Integration und den verfügbaren personellen und sächlichen Mitteln und in dehnbaren Gesetzesformulierungen, wie z.B.: „soweit es die organisatorischen, personellen und sächlichen Gegebenheiten erlauben" (Niedersächs. Schulgesetz von 1993);
— in der fehlenden Übereinstimmung von speziellem Förderbedarf der Schüler und der Bereitstellung der entsprechenden heilpädagogischen Hilfe, Therapie und Kompetenz;
— in der unzureichenden Entwicklung individueller Förder- und Bildungspläne und einer dementsprechenden individualisierenden

Schul- und Unterrichtsorganisation, die den individuellen Fähigkeiten, Interessen, Lernzeiten usw. gerecht werden.

Schulzeit   Gerade die Lernzeit- und damit Schulzeitfrage z. B. lernbehinderter Schüler spielt eine erhebliche Rolle, weil sie u.a. in ihren kognitiven Kompetenzen oft um 1–3 Jahre zurückliegen;

Leistungs-   – in dem ungelösten Problem der Leistungsbeurteilung, d. h., sollen
beurteilung   Schüler mit den Mitschülern (soziales Bezugssystem) verglichen oder z. B. in ihrem individuellen Lernfortschritt (ipsativ) oder in bezug auf ihren sachbezogenen Lernfortschritt gemessen werden?

Lehrer-   – in der Frage der Lehrerqualifikation; selbst wenn – wie dies in Mo-
qualifikation   dellversuchen der Fall ist – ein Regel- und ein Sonderschullehrer gemeinsam in einer Klasse von behinderten und nichtbehinderten Schülern unterrichten, müssen beide behinderungsspezifische Kompetenzen haben, um optimal zusammenarbeiten und fördern zu können.

Ein erfolgversprechender und hinreichend abgesicherter Weg von Modellversuchen bis zur generellen Integration ist bisher nicht in Sicht.

7.3.2 Was tun? Hinweise und Materialien

Problemlage   Trotz der Widersprüchlichkeiten wird es immer behinderte und von Behinderung bedrohte Schüler in Regelschulen geben,
– bei denen sonderpädagogischer Förderbedarf festgestellt wurde und die spezieller sonderpädagogischer individualisierender Hilfen bedürfen;
– die schulpflichtig, aber nicht oder nur partiell schulfähig sind und / oder während der Schulzeit spezieller Förderung bedürfen, wie z. B. potentiell lernbehinderte und entwicklungsverzögerte Kinder.

Außerdem:
■ 10–15 % der Schüler verfügen nicht über die schulnotwendigen Lernvoraussetzungen im sprachlichen, sensomotorischen, kognitiven und sozialen Bereich.
■ 33 % der später in die Lernbehindertenschule überwiesenen Schüler werden ein- bis zweimal zurückgestellt bzw. bleiben sitzen[482] (1995 ca. 250 000 in allen BRD-Schulen), wobei die Sonderschüler-Rückschulung sehr unbefriedigend verläuft.[483]

- Mind. 1,6 Millionen funktionale Analphabeten verlassen die Schule.
- Ca. 30 Millionen DM werden wöchentlich für Nachhilfe ausgegeben.
- 1,3 bis 2 Millionen Jugendliche werden bis zum Jahr 2000 die Schule ohne formal berufsqualifizierenden Abschluß verlassen – davon sind ca. 50 % lernbehindert. [484]

7.3.3 Schwerpunkt: Lehrerqualifikation und Schulorganisation

Lehrerqualifikation

Die Kultusministerkonferenz (vom 6. 5. 1994) hat ein neues Lehrerleitbild formuliert, das sowohl allgemeine als auch sonderpädagogische Kompetenzen umfaßt. Da heißt es:

Neue Lehrerqualifikationen

„Das Personal muß befähigt sein, die Aufgaben in Unterricht und Erziehung, in Sonderschulen und allgemeinen Schulen, in besonderen behinderungsspezifischen Fördermaßnahmen und im Bereich der Versorgung und Pflege unter Berücksichtigung der individuellen Bildungsmöglichkeiten behinderter Kinder und Jugendlicher in einem abgestimmten pädagogischen Gesamtkonzept kompetent wahrzunehmen … Die Ausbildung … vermittelt nicht nur die Grundkompetenz für die eigene Aufgabe, sondern auch einen Überblick über den Gesamtbereich der Erziehung und Unterrichtung von Kindern und Jugendlichen mit sonderpädagogischem Förderbedarf. Aufgabenbezogene und sonderpädagogische Zusatzausbildungen müssen absolviert werden können."

Spezielle Kompetenzen

Dabei geht es u. a. um Kompetenzen in pädagogisch-psychologischer Diagnostik und die Erstellung individueller Förderpläne z. B. für sensomotorische, kognitive, sprachliche und soziale Unterrichtsvoraussetzungen, unterrichtsmethodische Konzepte der Individualisierung und Differenzierung und sozialpädagogische Fähigkeiten beim Umgang mit erziehungsschwierigen Kindern. Diese Qualifikationen könnten heute in Zusatz- und Aufbaustudien an Universitäten (z. B. Fernuniversität Hagen) und durch die Lehrerfortbildung erworben werden.

Inhaltlich richtungsweisend könnte das nachstehende Schema sein:

Lehrerbildung			
Schwerpunkt Unter-/Mittelstufe		*Schwerpunkt Oberstufe*	
Grundschule	Sonderpädagogik	Hauptschule	Sonderpädagogik
Anteile Sonderpädagogik Anteile Sozialpädagogik Grundstrukturen Erstlesen Erstrechnen	Spielförderung Früherziehung Entwicklungs- förderung Sozial- pädagogische Aspekte Förderdiagnostik LRS-Förderung Dyskalkulie- therapie Erziehungs- schwierigen- pädagogik	Anteile Sonderpädagogik Arbeitslehre Sozial- pädagogische Aspekte	Berufs- vorbereitung Arbeitslehre Kontakt Berufsschule Kontakt Industrie- und Handelskammern Berufsberatung Sonderlehrgänge Tutoriale Begleitung

Schulorganisation

Optimalere Entwicklungs-, Förder- und Integrationschancen bestehen m. E. nur dann, wenn sich die Regelschule, die Frühförderung bzw. der Kindergarten ändern, d. h.,

– wenn Grundschule und Frühförderung bzw. Kindergarten enger zusammenarbeiten und eine pädagogisch-kontinuierliche Einheit bilden, wie dies z. B. in den Niederlanden der Fall ist, wo Kinder mit vier Jahren in die „Schule" gehen, oder wie dies in der Montessori-Konzeption der Fall ist (s. u.) und vom Europarat seit 1975 in den Empfehlungen von Versailles gefordert wird;

– wenn die Ausbildungen der Kindergarten- und Schulpädagogen angeglichen und gemeinsame Curricula zumindest bis zur Schuleingangsstufe (1.–2. Schuljahr) entwickelt werden, damit sich eine pädagogisch-didaktische Kontinuität und ein bruchloser Übergang zum Schulunterricht ergeben, Entwicklungsverzögerungen sowie Behinderungen in der Phase höchster Lern- und Entwicklungsfähigkeit früher erkannt und behandelt werden können;

– wenn die Grundschule vom Jahrgangsklassensystem und 45-Minuten-Unterrichtstakt abrückt und konsequent pädagogisch-didaktisch individualisiert und differenziert.

Ein solches zur Früherziehung und -förderung offenes Konzept könnte wie folgt aussehen:

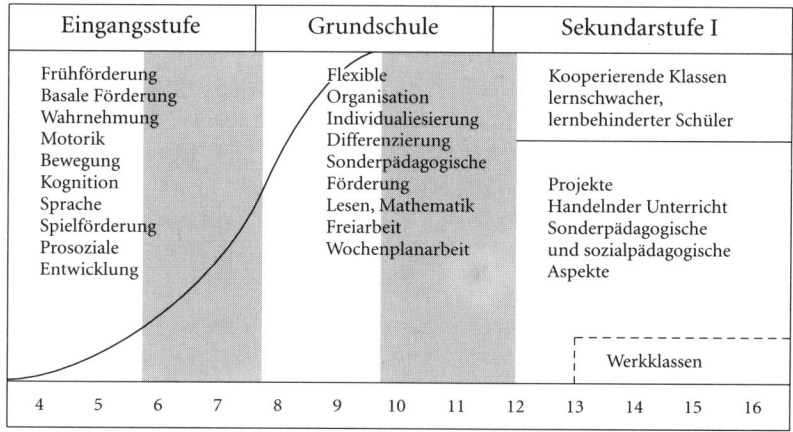

Eingangsstufe	Grundschule	Sekundarstufe I
Frühförderung Basale Förderung Wahrnehmung Motorik Bewegung Kognition Sprache Spielförderung Prosoziale Entwicklung	Flexible Organisation Individualiesierung Differenzierung Sonderpädagogische Förderung Lesen, Mathematik Freiarbeit Wochenplanarbeit	Kooperierende Klassen lernschwacher, lernbehinderter Schüler Projekte Handlender Unterricht Sonderpädagogische und sozialpädagogische Aspekte Werkklassen

| 4 | 5 | 6 | 7 | 8 | 9 | 10 | 11 | 12 | 13 | 14 | 15 | 16 |

7.3.4 Schwerpunkt: Freiarbeit – Individualisierung – Differenzierung

Als Orientierungsbeispiel für gemeinsamen Unterricht und die Erziehung behinderter und nichtbehinderter Schüler bietet sich das von Montessori entwickelte und von Hellbrügge (München, „Aktion Sonnenschein") heilpädagogisch modifizierte pädagogische Konzept der Einheit von Kindergarten- und Schulerziehung auf der Basis der Freiarbeit an.

Einheit von Pädagogik und Medizin — Kinder gehen mit ca. drei Jahren in den Kindergarten, an den sich in fließendem pädagogischen Übergang die Schule anschließt (s. S. 136), wobei Montessori-Pädagogik, -therapie und spezielle medizinische wie heilpädagogische Fördermaßnahmen miteinander verbunden sind.[485]

Eine erleichternde Voraussetzung dafür sind eine zusätzliche Qualifikation in Montessori- und Heilpädagogik und die Ausstattung der Schule / Klasse mit entsprechenden individualisierenden didaktischen Materialien.

Aspekte der Freiarbeit

Definition — Freiarbeit bedeutet hier kurz gesagt,
– daß Schüler / innen ihren Lerngegenstand / ihre Aufgabe frei wählen und nach einer Anleitung damit selbständig arbeiten;
– daß sie nach Maßgabe ihres individuellen Lerntempos lernen;
– daß sie auch ihren Lernpartner frei wählen, d. h. helfen und sich helfen lassen bzw. zusammen lernen.

Sach-, selbst- und sozial- gesteuerte Lernprozesse

Das sind „relative Freiheiten", denn die Lernaufgaben wie die Lernzeiten sind begrenzt
- durch die pädagogische Auswahl und Bereitstellung individuell angepaßter Aufgaben (zumeist aufeinander aufbauender Serien z.B. für Mathematik, Sprache), die in der Schule/Klasse als „vorbereitende Umgebung" bereitstehen;
- durch Fachunterricht, gemeinsame Arbeiten und Projekte und
- durch Einzelförderungen oder Therapien.

Ziel

Pädagogischer Kern der Freiarbeit ist die Herausforderung und Freiheit zu individueller wie sozialer Selbständigkeit und die Absicht, die Selbstorganisation und Selbsttätigkeit der Schüler in sach-, selbst- und sozialgesteuerten Lernprozessen hervorzurufen.

Die andere Lehrerrolle

Arbeits- schwerpunkte

Der Lehrer hat eine überwiegend didaktisch-vorbereitende, anleitende, beobachtende und beratende Funktion.

- *Didaktisch-vorbereitend* heißt, daß er didaktische Materialien, spezielle Fördermaterialien (vgl. Kap. 5.6.2, S. 136) und Hilfen für das einzelne Kind (individuelle Passung) vorbereiten, entwickeln und bereitstellen können muß (z.B. Computer). [486]
- *Anleitend* ist der Lehrer, wenn er Schüler in den sachgemäßen Gebrauch methodisch einführt, so daß die Schüler dann weitgehend selbstständig über Stunden oder gar Wochen (z.B. in Projekten) arbeiten. [487] Es versteht sich, daß bestimmte Kinder an Aufgaben herangeführt werden müssen und länger führungsbedürftig sind. Möglich ist dies, weil andere Schüler in höchstem Maße selbstständig arbeiten bzw. es durch ein Zwei-Lehrer-System erleichtert wird.
- Methodische und kontinuierliche *Beobachtung* bedeutet, daß der Lehrer sowohl seine eigenen überwiegenden Einzellektionen als auch die Lernprozesse und -ergebnisse der Schüler erfaßt (Förderdiagnostik). In einer niederländischen Schule werden so alle sechs Wochen Schülern wie Eltern Berichte über Lernfortschritte gegeben. Eine zunehmende Selbstkontrolle der Schüler durch Tagebuchführung hat sich bewährt.
- Die *Beratungsfunktion* des Lehrers bezieht sich auf Lernprobleme, die Schüler mit einer Sache haben, Informations- und Sachfragen, auf Lerntechniken und die Organisation der Schülerarbeit, ob er nun in Einzel- oder in Partner- bzw- Gruppenarbeit tätig ist. [488]

Vorteile pädagogischer Mischung

In der Münchener Montessori-Schule nach Hellbrügge gibt es altersgemischte Klassen (zumeist 2–3 Jahrgänge) zwischen 20–25 Kindern, von denen 5–7 Kinder mehrfach und verschiedenartig behindert (geistig-, körper-, lernbehinderte, blinde und erziehungsschwierige Kinder) sind. Hellbrügge baut wie Montessori auf diese Unterschiede, weil sie die Selbständigkeitsentwicklung, das soziale Lernen (helfen und sich helfen lassen) und dadurch auch die kognitive Leistungsfähigkeit hervorrufen und fördern (wer lehrt, lernt besser).

Effekte

Seine Erfolge mit dem Montessori-Konzept sind beträchtlich und werden von anderen Forschern bestätigt.[489]

> – *„Von 17 bei der Einschulung 1975/75 als geistigbehindert eingestuften Kindern erreichten 8 Jahre später 2 Kinder einen Hauptschulabschluß, 7 einen Lernbehindertenabschluß, und nur 8 blieben bei einem Abschluß für geistigbehinderte Kinder.*
> – *Von 16 bei der Einschulung zum gleichen Zeitpunkt als lernbehindert eingestuften Kindern erreichten 8 einen normalen Hauptschulabschluß, und 8 blieben bei einem Lernbehindertenabschluß.*
> – *Von 5 bei der Einschulung als erziehungsschwierig eingestuften Kindern erreichten 4 einen normalen Hauptschulabschluß, 1 Kind einen Lernbehindertenabschluß (durch Fremdprüfung bei der Beurteilung der Einschulung wie beim Abschluß, Verf.).“*[490]

Auch in anderen Bereichen zeigten die „integrativen" Montessori-Schüler gleiche und teilweise bessere Leistungen als andere Schüler:

- Dies gilt bei den „Schulleistungen" in der Sekundarstufe in Deutsch, Mathematik und Turnen, obwohl die Montessori-Schüler in der Grundschule keine Noten kannten.
- In „Prüfungsangst und manifeste Angst" zeigten sie „hochsignifikant geringere Werte" als Vergleichsgruppen-Kinder aus Regelschulen.
- In „Konzentrationsleistungen" zeigten sie gleiche Leistungen wie andere Grundschüler und höhere in der Sekundarstufe.
- In „Selbstkonzept" erwiesen sich behinderte wie nichtbehinderte Montessori-Schüler signifikant „als schneller, ruhiger und mutiger sowie als tendenziell besser".

▨ In der „Soziale-Distanz-Skala" zeigten sich positive Effekte, d. h., Montessori-Schüler zeigten eine „geringe soziale Distanz", und „72 % der ehemaligen Montessori-Schüler konnten sich gut vorstellen, ein körperbehindertes Kind als besten Freund zu haben"[491]. Darüber hinaus gehen 80 % der ehemaligen Schüler auf das Gymnasium und können sich mühelos auf den üblichen lehrerzentrierten Unterricht mit Noten umstellen, und auch eine Reihe von Hör- und köperbehinderten sowie spastisch gelähmten Kindern geht auf das Gymnasium.[492]

Schluß

Trotz der Erfolge einer fast dreißigjährigen Praxis darf nicht übersehen werden, daß es sich auch hier um einen Modell-Versuch mit besonderen Bedingungen handelt. Die Übertragbarkeit auf die allgemeine Schulpraxis ist an Voraussetzungen geknüpft, wie z. B. die Lehrerqualifikation, die Bereitstellung didaktischer Materialien und behindertengerechter baulicher Voraussetzungen, Klassen- bzw. Gruppenbildungsfreiheit, Zeitgestaltungsfreiheit usw., die insgesamt eine größere pädagogische Schulautonomie und Gestaltungsfreiheit erfordern als bisher gegeben. Aber als richtungsweisendes Beispiel hat sich dieser Ansatz bewährt.

7.3.5 Praxisbezogene Materialhinweise

Amorosa u.a. (Hrsg.): Arzt und Psychologe in der sonderpädagogischen Diagnose und Förderklasse. Würzburg 1992.

Reiß/Eberle (Hrsg.): Offener Unterricht – Freie Arbeit mit lernschwachen Schülern. Weinheim [2]1994. – Landesinstitut für Schule und Weiterbildung in Soest (Hrsg.): Freiarbeit in der Sekundarstufe. [2]1992.

Staatsinstitut für Schulpädagogik und Bildungsforschung München (Hrsg.): Handreichung zur Diagnostik für sonderpädagogische Diagnose- und Förderklassen. Würzburg 1991.

Ders.: Erstrechnen, Teil 1: Grundlegende mathematische Fähigkeiten. Würzburg 1992; Teil 2: Erarbeitung der Zahlbegriffe und Operationen. Würzburg 1991; Teil 3: Ausbau des Zahlenraumes bis 100 und Erarbeitung der multiplikativen Operationen. Würzburg 1991.

Ders.: Erstschreiben. Würzburg 1991.

Ders.: Erstlesen. Würzburg 1991.

Ders.: Musik- und Bewegungserziehung. Würzburg 1992.

Ders.: Zusammenarbeit zwischen Schule und Elternhaus. Würzburg 1992.

Anmerkungen und Quellenhinweise

Kap. 1: Was ist eine Behinderung

[1] *Bleidick, U.:* Einführung in die Behindertenpädagogik, Bd. 1. Stuttgart [2]1981, S. 9.
[2] Vgl. *Thust, W.:* Die Rechte Behinderter und ihrer Angehörigen. Düsseldorf [19]1991.
[3] Tabelle nach *Bleidick, U.:* Pädagogik der Behinderten. Berlin [5]1984, S. 76 f.
[4] *Bleidick, U.:* a. a. O., S. 23.
[5] *Hellbrügge, Th.* (Hrsg.): Klinische Sozialpädiatrie. Berlin 1981, S. 114.
[6] Ebd, S. 26.
[7] Vgl. *Bleidick, U.:* a. a. O., S. 34 ff.
[8] Ebda, S. 66.
[9] Ebda, S. 66.
[10] Ebda, S. 66 ff.
[11] Ebda, S: 66.
[12] Ebda, S. 68.
[13] Vgl. *Brown, Chr.:* Mein linker Fuß. Eine Autobiographie eines zerebralgeschädigten Kindes. Frankfurt/M. 1972. – *Beuys, B.:* Am Anfang war nur Verzweiflung. Wie Eltern behinderter Kinder neu leben lernen. Reinbeck b. Hamburg 1984.
[14] *Bleidick, U.:* a. a. O., S. 10.
[15] Vgl. *Krebs, H.:* Behandlung und Rehabilitation. In: *Neuhäuser, G./Steinhausen, H.-Chr.* (Hrsg.): Geistige Behinderung. Stuttgart 1990, S. 202.
[16] Vgl. *Jantzen, W.:* Behindertenpädagogik am Scheideweg. In: Demokratische Erziehung 1/1975, S. 63 ff.

Kap. 2: Behinderung aus medizinischer Sicht

[17] *Krebs, H.:* Aufgaben und Verantwortung von Ärzten und Beratern in Familien mit behinderten Kindern. Köln 1973, S. 3.
[18] Vgl. *Flehming, I.:* Normale Entwicklung des Säuglings und ihre Abweichungen. Früherkennung und Behandlung. Stuttgart 1979.
[19] In: *Hellbrügge, Th.* (Hrsg.): a. a. O., S. 17.
[20] *Paul, H. A.:* Rehabilitation von mehrfachbehinderten und Dysmelie-Kindern. Frechen 1971, S. 9.
[21] *Prechtl, H. F./Beintema, D.:* Die neurologische Untersuchung des reifen Neugeborenen. Stuttgart [2]1976, S. 3.
[22] *Ohrt, B.:* Kinderärztliche Vorsorge und kindliche Hirnfunktion. Therapieentwick-

lungsgestörte Kinder – Überdenken alter Konzepte. In: pädiatr. praxis 27 (1982/83), S. 569.

23 Schema nach *Pechstein, J.:* Sozialpädiatrische Zentren für behinderte und entwicklungsgefährdete Kinder. In: Deutscher Bildungsrat (Hrsg.): Sonderpädagogik 6. Gutachten und Studien der Bildungskommission, Bd. 53. Stuttgart 1975, S. 15.

24 *Göllnitz, G.:* Neuropsychiatrie des Kindes- und Jugendalters. Stuttgart ⁴1981, S. 77.

25 Ebda.

26 *Spiel, G./Spiel, W.:* Kompendium der Kinder- und Jugendpsychiatrie. München 1987, S. 79.

27 *Göllnitz, G.:* a. a. O.

28 *Flehmig, I.:* Früherkennung zerebraler Bewegungsstörungen. Wiss. Beiblatt zur Materia Medica Nordmark. 67/1974, S. 3.

29 Tabelle in *Pechstein, J.,* a.a.O., S. 35.

30 Siehe: Vorsorge, Früherkennung, Früherfassung. Bonn 1985, S. 8 f.

31 *Schmidt, M.:* Bedingungen und Besonderheiten der Biogenese lernbehinderter Kinder, T. 3. Fernuniversität Hagen 1979. – Vgl. *Der Spiegel,* 33/1992, S. 119. – *Der Spiegel,* 24 u. 25/38 Jg. – *Philippeit/Schwartau:* Zuviel Chemie im Kochtopf. Reinbek b. Hamburg 1982. – *Pröstler, E.:* Stillen trotz verseuchter Umwelt. Freiburg 1981. – *Spreen, O.:* Geistige Behinderung. Berlin 1978, S. 39.

32 Vgl. *Rett, A.:* Mongolismus. Bern ²1983. – *Spreen, O.:* a.a.O. – *Göllnitz, G.:* a.a.O. – *Nissen, G.:* Psychische Störungen im Kindes- und Jugendalter. Darmstadt ²1986.

33 Abb. aus *Neuhäuser, G./Steinhausen, H.-Chr.:* a.a.O., S. 168.

34 Vgl. *Beckmann, R.:* Muskeldystrophien. Düsseldorf 1977.

35 Vgl. *Göllnitz, G.:* a. a. O., S. 121.

36 *Stephan, U.:* Muscoviscidose. Düsseldorf 1977. – Weitere Beispiele solcher Störungen siehe: *Spreen, O.:* a. a. O. und *Göllnitz, G.,* a. a. O.

37 *Pechstein, J.* in: *Pechstein, J.,* a.a.O., S. 18.

38 Vgl. *Langemann, J.:* Medizinische Embryologie. Stuttgart ⁷1985.

39 Vgl. *Krieg, O.:* Röteln-Risiko für Neugeborene. Sonderschulmagazin 2/1981, S. 9 f.

40 Vgl. *Langmann, J.:* a.a.O., S. 109.

41 Vgl. *Weigt, G.:* Mangelernährung und Behinderung. In: Zeitschr. f. Heilpäd. 4/1988, S. 228ff.

42 Ebda, S. 234.

43 Vgl. *Steinhausen, H.-Chr.:* Risikokinder. Stuttgart 1984, S. 209 ff. – *Manzke, H.:* Entwicklungsprognose von Kindern mit perinatalen Risikofaktoren. Stuttgart 1984, S. 148 ff.

44 *Janov, A.:* Frühe Prägungen. Frankfurt/M. 1984, S. 50.

45 *Herzka, H. S.:* Kinderpsychopathologie. Basel ²1986, S. 47.

46 Vgl. *Hau, T. F./Schindler, S.* (Hrsg.): Pränatale und perinatale Psychosomatik. Stuttgart 1982. – *Schindler, S.:* Geburt. Eintritt in eine neue Welt. Göttingen 1982.

47 Schema nach *Hau, T. F./Schindler, S.* (Hrsg.): a.a.O., S. 146; vgl. *Bundesministerium für Gesundheit* (Hrsg.): Lebensqualität von Frühgeborenen und Reifgeborenen bis ins Erwachsenenalter. Baden-Baden 1997.

48 Ebda, S. 147.

49 *Manzke, H.:* a.a.O., S. 107.

[50] Tabelle nach *Janov, A.:* a.a.O., S. 71.

[51] Vgl. *Göllnitz, G.:* a.a.O., S. 62.

[52] *Pechstein, J.* in: s. Anmerkung 23, S. 19.

[53] *Göllnitz, G.:* a.a.O., S. 63f.

[54] *Manzke, H.:* a.a.O., S. 34.

[55] Ebda, S. 62.

[56] Ebda, S. 62.

[57] Tabelle nach *Hau, T. F./Schindler, S.* (Hrsg.): a.a.O., S. 150.

[58] Vgl. dazu Erfahrungsberichte und Forschungen in: *Schindler, S.:* a.a.O.

[59] Vgl. Ebda, S. 101f.

[60] *Hau, T. F./Schindler, S.* (Hrsg.): a.a.O., S. 149.

[61] Ebda, S. 149f.

[62] *Manzke, H.:* a.a.O., S. 83.

[63] *Göllnitz, G.:* a.a.O., S. 71. – Vgl. *Manzke, H.:* a.a.O., S. 65ff.

[64] Vgl. *Piaget, J./Inhelder, B.:* Die Psychologie des Kindes. Olten [3]1973.

[65] *Pechstein, J.,* in: Anmerkung 23, S. 19.

[66] Vgl. *Neuhäuser, G.:* Klinische Syndrome. In: *Neuhäuser, G./Steinhausen H.-Chr* (Hrsg.): a.a.O., S. 194.

[67] *von Hilsheimer, G.:* Verhaltensgestörte Kinder und Jugendliche. Ravensburg 1975, S. 20ff.

[68] Bericht und Empfehlungen der Nationalen Kommission zum Internationalen Jahr der Behinderten, Teil: Vorsorge, Früherkennung, Frühförderung. Hrsg. vom *Bundesministerium für Arbeit und Sozialordnung.* Bonn 1981, S. 1.

[69] Tabelle aus: Die Chance. *Aktion Sorgenkind.* Frankfurt/M. o.J.

[70] Eine detaillierte Beschreibung zu den Vorsorgeuntersuchungen gibt es von *Brüggemann, J. H.:* Vorsorgeuntersuchungen im Kindesalter, U1–U9. Stuttgart 1991.

[71] *Bundeszentrale für gesundheitliche Aufklärung* (Hrsg.): Behinderte Kinder. Früherkennung, Behandlung, Rehabilitation. Köln, S. 18f.

[72] Zu beziehen bei jedem Kinderarzt oder bei der Bundeszentrale f. gesundheitliche Aufklärung, Ostmerheimer Str. 200, Köln, Postfach.

[73] *Hellbrügge, Th./Wimpffen, J. H.* (Hrsg.): Die ersten 365 Tage im Leben eines Kindes. München 1978.

[74] *Kiphard, E.:* Wie weit ist ein Kind entwickelt? Dortmund 1976.

[75] Vgl. *Flehmig, I.:* a.a.O.

[76] *Frankenburg, W.* u.a.: Entwicklungsdiagnostik bei Kindern. Trainingsprogramm zur Früherkennung von Entwicklungsstörungen. Stuttgart 1986, S. 21f.

[77] *Flehmig, I.:* a.a.O., S. 3f.

[78] *Frankenburg, W.* u.a.: a.a.O., S. 13.

[79] Ebda, S. 14.

[80] Ebda, S. 14.

[81] Ebda, S. 14.

[82] Ebda, S. 15.

Kap. 3: Behinderung aus soziologischer Sicht

[83] Vgl. *Bracken, H.*: Soziologische und sozialpsychologische Aspekte. In: *Bach, H.* (Hrsg.): Pädagogik der Geistigbehinderten. Handbuch der Sonderpädagogik, Bd. 5. Berlin 1979, S. 421ff. – *Weichlein, E.*: Rechtliche Aspekte. In: Ebda, S. 489ff. – *Thust, W.*: a.a.O. – *Junge, H.*: Das Kinder- und Jugendhilfegesetz. Freiburg 1990. – *Speck/Martin* (Hrsg.): Sonderpädagogik und Sozialarbeit. Handbuch der Sonderpädagogik, Bd. 10. Berlin 1990.

[84] *Steinhausen, Chr.*: a.a.O., S. 16.

[85] Ebda, S. 19f.

[86] *Liepmann, M.*: Geistigbehinderte Kinder und Jugendliche. Bern 1979, S. 126.

[87] Ebda, S. 127.

[88] Vgl. *Klein, G.*: Lernbehinderte Kinder und Jugendliche. Stuttgart 1985. – *Thimm, W.*: Kommunikation zwischen Partnern, T. 1. Wissenschaftliche Aspekte der Behindertenarbeit. Düsseldorf 1976.

[89] Vgl. *Borel, R.*: Formen des Umgangs mit behinderten und geistig behinderten Menschen. Diss. Reutlingen 1990.

[90] Ebda, S. 42.

[91] Ebda, S. 72.

[92] Ebda, S. 80.

[93] Ebda, S. 100.

[94] *Thimm, W.*: a.a.O., S. 46f.

[95] *Thust, W.*: a.a.O., S. 66f.

[96] Ebda, S. 67.

[97] *Thust, W.*: a.a.O., S. 12. – § 40 BSHG, § 11 EHVO.

[98] *Thust, W.*: a.a.O., S. 16.

[99] *Goffmann, E.*: Stigma. Über Techniken der Bewältigung beschädigter Intensität. Frankfurt/M. [8]1974, S. 160.

[100] Vgl. *Thimm, W.*: a.a.O., S. 50. – *Speck, O.*: System der Heilpädagogik. München 1988, S. 138ff.

[101] *Thimm, W.*: a.a.O., S. 50.

[102] Ebda, S. 51f.

[103] *Bank-Mikkelsen, N.*: Das Normalisierungsprinzip. In: Zur Fortbildung, H.2/1972, S. 30.

[104] *Wolfensberger, W.*: Principle of Normalization in Human Service. Toronto [3]1974.

[105] Montessori-Pädagogik und die Integration behinderter Kinder. In: *Haberl, H.* (Hrsg.): Montessori und die Defizite der Regelschule. Wien 1993, S. 112ff.

[106] *Kugel/Wolfensberger, W.* (Hrsg.): Geistige Behinderung. Eingliederung oder Verwahrung? Stuttgart 1974, S. 33–46.

[107] *Speck/Martin* (Hrsg.): a.a.O., S. 311.

[108] Ebda, S. 311.

[109] Vgl. *Schmutzler, H.-J.*: Sondererziehung geistig behinderter Kinder als Normalisation. In: Schweiz. Heilpäd. Rundschau 1982. – Montessori-Pädagogik und die Integration behinderter Kinder. In: a.a.O. 1988. – *Hellbrügge, Th./Montessori, M.*: Die Montessori-Pädagogik und das behinderte Kind. München 1978. – *Hellbrügge, Th.*: Unser Montessori-Modell. München 1977.

Kap. 4: Behinderung aus psychologischer Sicht

[110] *Richter, H.-E.:* Eltern, Kind, Neurose. Reinbek b. Hamburg 1969, S. 168f.

[111] Ebda, S. 169.

[112] *Klaus, M./Kennell, J.:* Mutter-Kind-Beziehung. München 1983, S. 18.

[113] Vgl. *Prekop, I.:* Wir haben ein behindertes Kind. Stuttgart 1979. – *Schuchardt, E.:* Soziale Integration Behinderter, Bd. 1. Braunschweig 1980. – Dies.: Warum gerade ich...? Behinderung und Glaube. Gelnhausen 1991, S. 33.

[114] *Bach, H.* (Hrsg.): Familien mit geistig behinderten Kindern. Berlin 1979, S. 56f.

[115] Nach einer Diplom-Arbeit von *B. Barthen*: Zur Entwicklung der Mutter-Kind-Beziehung bei geistig behinderten Kindern. Univers. Köln 1987, S. 108.

[116] Ebda. – Vgl. auch dazu die Elternbriefe in: *Prekop, I.:* a.a.O. – *Hinze, D.:* Väter und Mütter behinderter Kinder, Heidelberg 1991. – *Mannoni, M.:* Das zurückgebliebene Kind und seine Mutter. Eine psychoanalytische Studie. Olten 1972. – *Weiß, H.:* Familie und Frühförderung. München 1988.

[117] Ebda, S. 117.

[118] Vgl. *Trube-Becker, E.:* Mißbrauchte Kinder. Heidelberg 1992. – *Enders, U.* (Hrsg.): Zart war ich, bitter war's. Köln 1990.

[119] *Frank, R.:* Definition und Epidemiologie. In: *Olbing, R.* u.a. (Hrsg.): Kindesmißhandlung. Köln 1991, S. 20.

[120] *Hellbrügge, Th.:* Pathologische Sozialentwicklung und Soziose. In: *Hellbrügge, Th.:* s. Anmerkung 5, a.a.O., S. 61.

[121] Ebda, S. 61.

[122] Ebda, S. 62.

[123] Ebda, S. 63.

[124] *E. Schmalohr:* Den Kindern das Leben zutrauen. Frankfurt/M. 1989.

[125] *Moog/Moog:* Die entwicklungspsychologische Bedeutung von Umweltbedingungen im Säuglings- und Kleinkindalter. Berlin ²1973. – Vgl. *Luckner, E. von:* Stellt die Frühkindheit die Weichen? Eine Kritik an der Lehre von der schicksalhaften Bedeutung erster Erlebnisse. Stuttgart 1985.

[126] *Spitz, R.:* Hospitalismus. In: *Bittner/Schmid-Cords* (Hrsg.): Erziehung in früher Kindheit, I/II. München 1968.

[127] *Hassenstein, B.:* Bedingungen für die Sozialisation in der Sicht der Verhaltensbiologie. In: *Neidhardt, F.:* Frühkindliche Sozialisation. Stuttgart 1975, S. 91f.

[128] Ebda, S. 91f.

[129] Ebda, S. 93.

[130] Vgl. *Schmalohr, E.:* a.a.O., S. 65ff.

[131] Vgl. *Schmalohr, E.:* Frühe Mutterentbehrung bei Mensch und Tier. München ²1975.

[132] Vgl. *Göllnitz, G.:* a.a.O., S. 301ff.

[133] *Gagné, R. M.:* Die Bedingungen menschlichen Lernens. Hannover 1969.

[134] *Piaget, J./Inhelder, B.:* Die Psychologie des Kindes. Olten ²1973, S. 62f.

[135] Vgl. *Aebli, H.:* Über die geistige Entwicklung des Kindes. Stuttgart ³1971. – *Stendler-Lavatelli, C.:* Früherziehung nach Piaget. München 1976.

[136] *Papousek, H.:* Soziale Interaktion als Grundlage der kognitiven Entwicklung. In:

Hellbrügge, Th. (Hrsg.): Fortschritte der Sozialpädiatrie, Bd. 2. München 1978, S. 136.

[137] Ebda, S. 137. – Vgl. *Papousek, H.:* Die Entwicklung früher Lernprozesse im Säuglingsalter. In: Kinderarzt 6, 10/1975, S. 1077ff. – Vgl. *Oerter/Montada:* Entwicklungspsychologie, München 1982, S. 137f. – Vgl. *Gross, W.:* Was erlebt ein Kind im Mutterleib? Freiburg 1982, S. 57.

[138] Vgl. *Hetzer, H.:* Das Spiel behinderter Kinder. In: Lebenshilfe 6/1967, S. 1ff. – Dies.: Spielen lernen – Spielen lehren. München [2]1970.

[139] *Kanter, G.:* Sonderpädagogische Grundlegungsprobleme, T.4: Lernbehinderungen und Lernbehinderte in sonderpädagogischer Sicht. Hagen 1979, S. 50.

[140] *Oerter/Montada:* a.a.O., S. 45f.

[141] *Heese, G.* (Hrsg.): Frühförderung behinderter und von Behinderung bedrohter Kinder. Berlin 1978, S. 12f.

[142] *Pechstein, J.:* a.a.O., S. 22. – Eine knappe, anschauliche Darstellung dieser Prozesse schrieb *F. Reich:* Notwendigkeit und Möglichkeit einer frühen Förderung des entwicklungsverzögerten und entwicklungsgestörten hirngeschädigten Kindes – aufgezeigt anhand von neurophysiologischen Erkenntnissen und Theorien. In: Zeitschr. f. Heilpäd. 4/1985, S. 217ff.

[143] Abb. aus *Dumermuth/Scollo-Lavizarri:* Pädiatrische Fortbildungskurse 12/1969, S. 26.

[144] *Kanter, G.:* a.a.O., S. 86.

[145] *Johannsen, L. P.:* Biologische Reifephase des Kindes. In: *Behler, W.* (Hrsg.): Das Kind. Freiburg 1971, S. 95.

[146] Vgl. *Schmidt/Esser:* Psychologie für Kinderärzte. Stuttgart 1985, S. 8f.

[147] Zitiert nach *Kantner, G.:* a.a.O., S. 88.

[148] Vgl. *Schamberger, R.:* Frühtherapie bei geistig behinderten Säuglingen und Kleinkindern. Weinheim 1978, S. 39ff.

[149] Vgl. *Schmutzler, H.-J.:* Fröbel und Montessori. Freiburg 1971. – Vgl. *Hellbrügge, Th.:* Klinische Sozialpädiatrie. Berlin 1981.

[150] Vgl. *Aebli, H.:* a.a.O. – *Piaget, J./Inhelder, B.:* a.a.O.

[151] *Kanter, G.:* a.a.O., S. 89.

[152] *Kanter, G.:* a.a.O.

[153] *Rennen-Allhoff, B./Allhoff, J. P.:* Entwicklungstests für das Säuglings-, Kleinkind- und Jugendalter. Berlin 1987, S. XII/XIII.

Kap. 5: Heilpädagogik – Frühförderung

[154] Vgl. *Bleidick, U.:* a.a.O., S. 34ff.

[155] *Rühfel, H.:* Kinderleben im klassischen Athen. Mainz 1984, S. 28f.

[156] Ebda.

[157] *Plato:* Gesetze. Übers. und erläutert von *O. Apelt.* Leipzig 1916, S. 268f.

[158] *Rühfel, H.:* a.a.O., S. 41.

[159] *Krecker, M.:* Quellen zur Geschichte der Vorschulerziehung. Berlin 1971, S. 21ff.

[160] Ebda, S. 507ff.

[161] Vgl. *Ballauff, Th.*: Pädagogik, Bd. I. München 1969, S. 514.

[162] *Krecher, M.*: a.a.O., S. 27.

[163] Vgl. Enzyklopädisches Handbuch der Sonderpädagogik. Berlin 1969.

[164] Ebda.

[165] *Reble, A.*: Geschichte der Pädagogik. Stuttgart [11]1971, S. 115.

[166] *Borel, R.*: a.a.O., S. 94.

[167] *Borel, R.*: a.a.O., S. 93f.

[168] Zitiert nach *Möckel, A.*: Sonderpädagogische Grundlegungsprobleme, I. Hagen Fernuniversität 1979, S. 7.

[169] Vgl. Enzyklopädisches Handbuch der Heilpädagogik, a.a.O.

[170] Vgl. *Barth, H.*: Pestalozzi. Grundlehren über Mensch, Staat, Erziehung. Stuttgart 1956.

[171] *Borel, R.*: a.a.O., S. 94f.

[172] *Pestalozzi, J. H.*: Sämtliche Werke. ... 1927, S. 179.

[173] Vgl. *Dollase, R.*: Definition und Struktur der Früh- und Vorschulpädagogik. In: *Ders.* (Hrsg.): Handbuch der Früh- und Vorschulpädagogik, Bd. 1. Düsseldorf 1978, S. 3ff.

[174] Zur pädagogischen Förderung behinderter und von Behinderung bedrohter Kinder und Jugendlicher. Deutscher Bildungsrat. Stuttgart [2]1976.

[175] Ebda, S. 25.

[176] Ebda, S. 24.

[177] Ebda. – Vgl. *Speck, O.*: Frühförderung entwicklungsgefährdeter Kinder. München 1977.

[178] Vgl. *Hellbrügge, Th.* (Hrsg.): a.a.O., S. 197.

[179] Vgl. *Heese, G.* (Hrsg.): a.a.O., S. 18ff.

[180] Ebda, S. 22.

[181] Zu bestellen beim Bundesministerium für Arbeit und Sozialordnung.

[182] Vgl. dazu die „Allg. Anforderungen an Kindergärten für Behinderte – Sonderkindergärten". Runderlaß des Minist. für Arbeit, Gesundheit und Soziales NRW vom 30.6.1982 – IV Al-5009.120.

[183] *Speck, O.*: System Heilpädagogik. München 1987, S. 362ff. – Vgl. *Innerhofer, P./Warnke, A.*: Eltern als Co-Therapeuten. Berlin 1978.

[184] *Oswald, P.*: Menschenbildung. In: *Schulz-Benesch, G.* (Hrsg.): Montessori für Eltern. Ravensburg 1974, S. 394.

[185] Vgl. *Bleidick, U.*: Sondererziehung. In: *Speck/Wehle* (Hrsg.): Handbuch Pädagogischer Grundbegriffe, Bd. II, München 1970. – S. 454.

[186] *Retter, H.*: Typen pädagogischer und didaktischer Ansätze im Elementarbereich. In: *Dollase, R.* (Hrsg.): Handbuch Vorschulerziehung, Bd. 2, a.a.O., S. 136.

[187] Ebda, S. 137.

[188] Ebda.

[189] Ebda.

[190] *Becker, R.* u.a.: Früherziehung geschädigter Kinder. Berlin 1978, S. 184ff..

[191] *Schmalohr, E.*: Vorlesungsmitschrift.

[192] *Becker, R.* u.a.: A.a.O., S. 284.

[193] Egg, M.: Die Entwicklung des geistig behinderten Kindes. Ravensburg 1972.

[194] *Von Oy, C. M./Sagi, A.*: Lehrbuch der heilpädagogischen Übungsbehandlung.

Ravensburg ³1979. Pädagogische Förderung behinderter und von Behinderung bedrohter Kinder, hg. v. Institut Sonderpädagogik Universität München 1982; Reutlinger Projektgruppe Frühförderung (Hrsg.): Frühförderung entwicklungsverzögerter und entwicklungsgefährdeter Kinder. Päd. Hochsch. Reutlingen 1982.

195 *Kiphard, E.:* Motopädagogik. Dortmund 1979.

196 *Brandt, R.* (Hrsg.): Handlungstheorie und Entwicklungsförderung. Emden ²1980.

197 *Schmutzler, H.-J.:* a.a.O., S. 65.

198 Ebda, S. 66.

199 Ebda, S. 17.

200 Vgl. Ebda.

201 Vgl. *Klein-Jäger, W.:* Fröbel-Material zur Förderung des entwicklungsgestörten und behinderten Kindes. Ravensburg 1978. – *Bondzio, M./Vater, W.:* Frühförderungs- und Entwicklungshilfen für behinderte Kinder. Bonn 1980.

202 Vgl. *Kohlberg, L.:* Montessori für kulturell Benachteiligte. In: *Hess/Bear* (Hrsg.): Frühkindliche Erziehung. Weinheim 1972, S. 111ff. – *Fend-Engelmann, E.:* Schulunreife Kinder – Prophylaxe durch Vorschulerziehung. Bonn 1972. – *Schmutzler/Heimann/Klein:* Die Relevanz der Montessori-Pädagogik für die Sprachförderung des soziokulturell benachteiligten Kindes. In: Montessori-Werkbrief 1986. – *Milz, I.:* Die Bedeutung der Montessori-Pädagogik für die Behandlung von Kindern mit Teilleistungsschwächen. In: Prax. der Kinderpsychol. und Kinderpsychiatrie 2/1981, S. 298ff.

203 Handbuch für Lehrgangsteilnehmer, Montessori-Material – Teil 1, ²1992, S. 39–41.

204 Materialübersicht zum Beispiel „Rosa Turm" vgl. ebda. – *Schmutzler, H.-J.:* Fröbel und Montessori. Frbg. 1991. – *von Oy, C. M.:* Montessori-Material zur Förderung des entwicklungsgestörten und des behinderten Kindes, Ravensburg 1978.

205 *Montessori, M./Maccheroni:* Musikalische Erziehung des Kindes. Rom 1952 (in Privatbesitz).

206 Abbildung aus: *Bondzio, M./Vater, W.:* a.a.O., S. 37.

207 a.a.O. (s. Anm. 194). Das folgende Beispiel siehe S. 79–81, der Beobachtungsbogen S. 208–209.

208 *Kiphard, E.:* Motopädagogik. Dortmund 1979, S. 23.

209 Ebda, S. 73.

210 Graphik ebda, S. 18.

211 *Hünnekens/Kiphard:* Bewegung heilt. Gütersloh ⁶1975, S. 364.

212 *Hecklau-Seibert:* Effizienzüberprüfung psychomotorischer Fördermaßnahmen bei Kindern mit „minimaler cerebraler Dysfunktion". Frankfurt/M. 1990. – Vgl. auch *Eckert, R.:* Auswirkungen psychomotorischer Förderung bei sprachentwicklungsgestörten Kindern. Frankfurt/M. 1985. Ähnliche Ansätze liegen vor von *Frostig, M.:* Bewegungserziehung. München 1973. – *Ayres, J.:* Bausteine der kindlichen Entwicklung. Berlin 1984; und in ihrem Gefolge: *Miske-Flemming, D.:* Theorie und Methode zur Behandlung von perzeptionsgestörten Kindern. Dortmund 1980. – *Brand/Breitenbach/Maisel:* Integrationsstörungen. Würzburg 1986. – *Ohlmeyer, G.:* Frühförderprogramme für behinderte Kinder<0–6>. Dortmund 1979.

213 Indikationen für eine Mototherapie siehe *Hecklau-Seibert:* a.a.O., S. 87.

214 *Koch, J.:* Total Baby Development. New York 1978.

[215] *Ruppelt, H.:* Bewegungs- und Spielanregungen für das erste Lebensjahr. Das Prager Eltern-Kind-Programm. In: Geistige Behinderung 4/1982, S. 1.

[216] Vgl. *Koch, J.:* a.a.O., S. 47ff.

[217] Ebda.

[218] Eine praktische Einführung in einen Teil der lebenspraktischen Bobath-Therapie stammt von *Finnie, R. N.:* Hilfe für das cerebral gelähmte Kind. Ravensburg [3]1978.

[219] Schema nach *Kalbe, U.:* pädiatr. praxis 27/1983, H.4, S. 565ff.

[220] Ebda, S. 591.

[221] Tabelle nach *Flehmig, J.:* Normale Entwicklung des Säuglings und ihre Abweichungen – Früherkennung und Frühbehandlung. Stuttgart 1979, S. 11.

[222] *Kalbe, U.:* Die Cerebralparese im Kindesalter. Stuttgart 1981, S. 79.

[223] *Bobath, B./Bobath, K.:* Die motorische Entwicklung bei Zerebralparesen. Stuttgart 1977, S. 4ff. – Vgl. auch *Vojta, V.:* Die cerebralen Bewegungsstörungen im Säuglingsalter. Frühdiagnose und Frühtherapie. Stuttgart 1974.

[224] *Bobath, B.:* Abnorme Haltungsreflexe bei Gehirnschäden. Stuttgart 1968, S. 111.

[225] *Bobath, B./Bobath, K.:* a.a.O., S. 72.

[226] Ebda, S. 83.

[227] *Finnie, N. R.:* a.a.O.

[228] Ebda, S. 17.

[229] Ebda, S. 82f.

[230] Vgl. *Klein, O.:* Zur bewegungspädagogischen Behandlung zerebral gelähmter Kinder im Institut für Bewegungspädagogik Budapest. In: Beiträge 3. Orthop. und Traumatol. 9/1962, S. 315ff.

[231] *Klapp, R.:* Das Klapp'sche Kriechverfahren. Stuttgart 1974.

[232] Vgl. *Preu, O.:* Die musikalische Leistungsfähigkeit von CP-Kindern. Referat auf dem Symposion „Theorie und Methodik der Anwendung von Musik in der Psychotherapie. Leipzig 1969. – *Schwabe:* Musiktherapie bei Neurosen und funktionellen Störungen. Jena 1974; Vgl. *Wolfgart, H.:* Orff-Schulwerk und Therapie, Berlin 1975. – *Jacques-Dalcroze, E.:* Rhythmus, Musik und Erziehung. Wolfenbüttel [3]1977. – *Gebhard/Kugler:* Didaktik der elementaren Musik- und Bewegungserziehung. München 1979. – *Bünner/Röthig* (Hrsg.): Grundlagen und Methoden rhythmischer Erziehung. Stuttgart [4]1983. – *Neikes, J. L.:* Scheiblauer-Rhythmuk. Wuppertal 1969. – *Tauscher, H.* (Hrsg.): Die rhythmisch-musikalische Erziehung in der Heilpädagogik. Berlin [3]1971. – *Hertzog/Barnea-Braunstein:* „Beroschim", eine Schule für seelisch gestörte Kinder. München 1980. – *Haselbach, B.:* Improvisation, Tanz, Bewegung, Stuttgart 1976. – *Küntzel-Hansen, M.:* Musikspiele. Wolfenbüttel 1982. Weitere Verfahren und Übersichten: *Knott/Voss:* Komplexbewegungen Stuttgart [2]1970. – *Feldkamp/Danielcik:* Krankengymnastische Behandlung der cerebralen Bewegungsstörung. München [2]1976.

[233] Vgl. *Gillert, O.:* Hydrotherapie und Balneologie in Theorie und Praxis, Bd. 5, München 1973. – *Rommel, D.:* Übungsprogramm zur Schwimmtherapie nach McMillan. In: Zeitschr. für Krankengymnastik 29/1977, H.11, S. 603ff. – *Schüler, H.:* Schwimm- und Wassertherapie bei mehrfachbehinderten Kindern. In: Krankengymnastik 11/1973.

[234] Übersicht zur Verhaltenstherapie siehe *Kuhlen, V.:* Verhaltenstherapie im Kindesal-

ter. München ³1973. – vgl. *Kane/Kane:* Psychologische Maßnahmen. In: *Neuhäuser, G./Steinhausen H.-Chr.:* a.a.O., S. 220ff.

[235] *Schmitz, E.:* Elternprogramm für behinderte Kinder. München 1976, S. 35f. – Vgl. auch *Innerkofer, P.:* Das Münchener Trainingsmodell. Berlin 1977.

[236] *Castillo-Morales, R.:* Die Orofaciale Regulationstherapie. München 1990, S. 18.

[237] Vgl. *Garlinder, D.:* Myofunktionelle Diagnose und Therapie der gestörten Gesichtsmuskulatur. München 1980. – Vgl. *Hellbrügge, Th.* (Hrsg.): a.a.O., S. 218f.

[238] *Fröhlich, A.:* Die Mütter schwerstbehinderter Kinder. Heidelberg 1986, S. 11f. – *Fröhlich* u.a. (Hrsg.): Schwerstbehinderte. Reinbek ²1978, S. 91.

[239] *Fröhlich* u.a. (Hrsg.), a.a.O., S. 94.

[240] Ebda, S. 95.

[241] Ebda, S. 94f.

[242] Ebda, S. 95. Weitere Beispiele in: *Fröhlich, A.:* Basale Stimulation, hrsg. vom Bundesverbd. für spastisch Gelähmte u.a. Körperbehinderte. Düsseldorf 1991.

[243] Vgl. *Forness, S. R. / Kavale, K. A. / Blum, L. M. / Lloyd, J. W.:* What works in special education and related services. Using meta-analysis to guide practice. Submitted to teaching exceptional children, 1998.

Kap. 6: Behinderungen und Störungsbilder

[244] Abb. aus: *Kressin, W./Rautenbach, M.:* Zerebrale Bewegungsstörungen im Kindesalter. Berlin 1976, S. 12.

[245] Zusammenstellung aus: Bundesverband für spastisch Gelähmte und andere Körperbehinderte, a.a.O.

[246] *Horstmann, T.:* Frühförderung bei Kindern mit cerebralen Bewegungsstörungen und sonderpädagogischem Aspekt. Längsschnittuntersuchung an 58 Kindern vom 1. bis 7. Lebensjahr. Heidelberg 1982, S. 96. Da auch einschlägige Literatur zur Frühförderung körperbehinderter Kinder.

[247] Vgl. *Schmutzler, H.-J.:* Montessori-Pädagogik und die Integration behinderter Kinder. In: Schweiz. Heilpäd. Rundschau 1988.

[248] *Köng, E.:* Diagnose und Therapie cerebraler Bewegungsstörungen im Kindesalter. Hrsg. vom Bundesverband für spastisch Gelähmte und andere Körperbehinderte. Frechen 1969, S. 46ff.

[249] Vgl. *Ruffing/Kuhn:* Gliedmaßenfehlbildungen. In: Gliedmaßenfehlbildungen und Gliedmaßenverlust. Düsseldorf 1978, S. 5ff.

[250] Vgl. ebda.

[251] *Simon, P.:* Beobachtungen bei 96 Dysmeliekindern im Raume Südwürttemberg-Hohenzollern. In: Rehabiliation von mehrfachbehinderten und Dysmeliekindern. Frechen 1971, S. 105ff.

[252] *Marquardt/Popplow:* Das Dysmeliekind im Rahmen der Gesamtrehabilitation. In: Rehabilitation von mehrfachbehinderten und Dysmeliekindern, a.a.O., S. 63.

[253] Vgl. *Nissen, N.:* Psychische Störungen im Kindes- und Jugendalter. Darmstadt ²1986, S. 231f.

[254] Ebda, S. 236.

[255] Vgl. MCD. Hrsg. vom Bundesverband für spastisch Gelähmte u.a. Körperbehinderte. Düsseldorf 1984, S. 10ff. – Vgl. *Radigk, W.:* Kognitive Entwicklung und zerebrale Dysfunktion. Dortmund ³1991.

[256] Vgl. *Nissen, N.:* a.a.O., S. 244ff.

[257] Tabelle der Symptome von POS: nach *Herzka, H.-S.:* Kinderpsychopathologie. Basel 1986, S. 146.

[258] *Nissen, N.:* a.a.O., S. 246.

[259] Vgl. *Grissemann, H.:* Hyperaktive Kinder. Bern 1986, S. 152.

[260] *Nissen, N.:* a.a.O., S. 236.

[261] Ebda, S. 236.

[262] Vgl. *Grissemann, H.:* a.a.O.

[263] *Nissen, N.:* a.a.O., S. 243.

[264] *Steinhausen, H-Ch.:* a.a.O., S. 210.

[265] *Nissen, N.:* a.a.O., S. 234.

[266] Ebda, S. 234.

[267] Vgl. *Myschker, N.:* Verhaltensstörungen bei Kindern und Jugendlichen, Stuttgart 1993, S. 152 ff.

[268] *Eichlseder, Walter:* Unkonzentriert? Hilfen für hyperaktive Kinder und ihre Eltern, München 1987, S. 202.

[269] Vgl. *Schor, B.:* Hyperkinese – ein Trauma für Kind und Mitwelt, in: Z. f. Heilpäd. 43, 1992, S. 674.

[270] Vgl. *Voss/Wirtz:* Keine Pillen für den Zappelphillipp, Reinbek/Hbg. 1990, S. 100.

[271] Vgl. *Schmutzler, H.-J.:* Fröbel und Montessori, Freiburg 1997.

[272] Vgl. *Bauer, A.:* Minimale cerebrale Dysfunktion und/oder Hyperaktivität, Berlin 1986, S. 131.

[273] Vgl. *Ortner/Ortner:* Verhaltens- und Lernschwierigkeiten, Weinheim 1991, S. 207 f.

[274] Vgl. *Schmutzler, H.-J.:* Fröbel und Montessori, Freiburg 1997.

[275] Vgl. *Cruickshank, W.:* Schwierige Kinder in Elternhaus und Schule, Berlin 1973.

[276] Vgl. *Neukäter/Goetze:* Sonderpädagogik. Beurteilung und Beratung bei speziellen Auffälligkeiten: Hyperaktivität, Hagen 1984, S. 114.

[277] *Kephart, N.:* Das lernbehinderte Kind im Unterricht, München 1977.

[278] Ebd., S. 59 ff.

[279] Vgl. *Meichenbaum, D.:* Kognitive Verhaltensmodifikation, München 1979, S. 29 ff.; *Masendorf, F.:* Der Einfluß des systematischen Verbalisierungstrainings auf die Konzentrationsleistungen lernbehinderter Sonderschüler, in: Z. f. Heilpäd. 34, 1983, S. 421 ff.; *ders.* (Hrsg.): Experimentelle Sonderpädagogik, Weinheim 1997.

[280] Vgl. *Neukäter/Goetze,* 1984, S. 101; Lauth, G. W.: Verhaltensstörungen im Kindesalter, Stuttgart 1983.

[281] Vgl. *Myschker,* a.a.O., S. 161 f.

[282] Vgl. *Radigk, W.:* Der Blick ins lebende Gehirn, in: *Gerber u. a.* (Hrsg.): Der Beitrag der Wissenschaften zur interdisziplinären Sonder- und Heilpädagogik, Wien 1985, S. 243 ff.; *Birkenbihl, Vera:* Die Birkenbihl-Methode, Fremdsprachen zu lernen, München 1992; *dies.:* Stroh im Kopf, Speyer 1992; *dies. u. a.:* Einstieg in die neurolinguistische Programmierung, Speyer 1990; *Blickhan, D. und C.:* Denken, Fühlen, Leben, München 1989; *Bröhm-Offermann, B.:* Suggestopädie, sanftes Lernen in der

Schule, Lichtenau 1989; *Dennison, G.:* Das Handbuch der EDU-Kinestetik für Eltern, Lehrer und Kinder jeden Alters, Freiburg 1990; *Grinder, M.:* NLP für Lehrer, Freiburg 1991; *Lehrl/Fischer:* Gehirn-Jogging. Ein Kurzüberblick, Ebersberg 1994; *dies.:* Gehirn-Jogging: Selber denken macht fit. Ebersberg ⁴1994; *dies. u. a.:* Biologische Intelligenz, Ebersberg ³1993; *Kamenz/Klapproth:* Wirksamkeit eines Intelligenztrainings mit leistungsschwachen Vorschulkindern, in: Psychol. Erz. Unterr. 31, 1984, S. 100 ff.; *Robinson, B.:* 3 Wochen Gehirn-Jogging in der 3. Klasse, in: Geistig fit, 1, 1994, S. 10 f.

[283] Abdruck mit freundlicher Genehmigung von Frau Dr. Bergsson.

[284] Vgl. *Götzel/Neukäter:* Hyperaktivität. Fernuniversität Hagen 1981, S. 54.

[285] Ebda, S. 56.

[286] *Göbel, S.:* Spezielle Aspekte klientenzentrierter Spieltherapie bei verhaltensgestörten Kindern mit minimaler zerebraler Dysfunktion. In: Praxis Kinderpsych. und Kinderpsychiatr. 25/1976, S. 42ff.

[287] *Götzel/Neukäter:* a.a.O., S. 69.

[288] *Nissen, N.:* a.a.O., S. 233.

[289] *Speck, O.:* Geistige Behinderung und Erziehung. München ⁵1984, S. 31ff.

[290] Ebda, S. 47.

[291] Vgl. *Hellbrügge, Th.:* a.a.O., S. 32.

[292] *Bach, H.:* Grundlegungsprobleme der Geistigbehindertenpädagogik I. Hagen 1981, S. 98.

[293] Vgl. *Nissen, N.:* a.a.O., S. 214 ff.

[294] *Bach, H.:* Deutscher Bildungsrat, Gutachten und Studien der Bildungskommission 34. Sonderpädagogik 3: Geistigbehinderte, Lernbehinderungen, Verfahren der Aufnahme. Stuttgart ²1976, S. 19.

[295] Ebda, S. 19.

[296] Ebda, S. 19.

[297] Ebda, S. 32.

[298] Tabelle nach *Bach, H.:* Grundlegungsprobleme der Geistigbehindertenpäd., S. 77.

[299] Vgl. ebda, S. 53f.

[300] Vgl. *Hetzer, H.:* Das Spiel geistigbehinderter Kinder. In: Lebenshilfe, 6/1967, S. 1ff.

[301] Vgl. *Sondersorge, R.:* Geistig behindert – mehrfach behindert. In: Lebenshilfe 1967, S. 140ff.

[302] Vgl. *Spreen, O.:* Geistige Behinderung. Heidelberg 1978, S. 87f.

[303] Vgl. *Sondersorge, R.:* a.a.O.

[304] Vgl. *Wendeler, J.:* Aspekte der Psychogene bei Geistigbehinderten. Fernuniversität Hagen 1984, S. 25.

[305] Ebda, S. 24.

[306] *Spreen, O.:* a.a.O., S. 92.

[307] Vgl. *Atzesberger, A.:* Bereich Sprache. In: Handbuch der Sonderpädagogik. Pädagogik der Geistigbehinderten. Berlin 1979, S. 225ff.

[308] Ebda, S. 230.

[309] *Spreen, O.:* a.a.O., S. 92.

[310] *Liepmann, M.:* Geistigbehinderte Kinder und Jugendliche. Bern 1979, S. 100.

[311] *Eggert, D.:* Psychodiagnostik. In: Handbuch der Sonderpädagogik. Pädagogik der Geistigbehinderten. Berlin 1979, S. 404.

[312] Tabelle nach *Eggert, D.* Ebda, S. 407f.

[313] Vgl. *Bronfenbrenner, U.:* Wie wirksam ist die kompensatorische Erziehung? Stuttgart 1974, S. 125f.

[314] *Schamberger, R.:* Frühtherapie bei geistig behinderten Säuglingen und Kleinkindern. Weinheim 1978, S. 177.

[315] *Weber, D.:* Psychotische Störungen, insbesondere Autismus. Fernuniversität Hagen 1983, S. 37.

[316] Ebda, S. 38.

[317] Ebda, S. 38.

[318] *Spiel, W./Spiel, G.:* s. Anmerkung 26, S. 278.

[319] Ebda, S. 228.

[320] *Weber, D.:* a.a.O., S. 40f.

[321] Ebda, S. 42.

[322] Ebda, S. 42.

[323] *Spiel, W./Spiel, G.:* a.a.O., S. 228.

[324] Ebda, S. 228f.

[325] *Weber, D.:* a.a.O., S. 45.

[326] *Spiel, W./Spiel, G.:* a.a.O., S. 228f.

[327] Ebda, S. 229f.

[328] Ebda.

[329] *Nissen, N.:* a.a.O., S. 261.

[330] Ebda, S. 266.

[331] Empfehlungen des Bundesverbandes Hilfe für das autistische Kind. Hamburg 1986, S. 2.

[332] Ebda.

[333] *Nissen, N.:* a.a.O.

[334] *Feuser, G.:* Autismus. In: Kommunikation zwischen Partnern, H. 30. Hrsg. von der BAG Hilfe für Behinderte. Düsseldorf ³1982, S. 40ff.

[335] Ebda, S. 51.

[336] Ebda, S. 53.

[337] *Hudelmayer, D.:* Die Erziehung Blinder. In: Deutscher Bildungsrat, Sonderpädagogik 5: Blinde, Sehbehinderte, Mehrfachbehinderte. Stuttgart 1975, S. 17f.

[338] Ebda., S. 17f.

[339] *Mersi, F.:* Die Erziehung Sehbehinderter. In: Deutscher Bildungsrat, Sonderpädagogik 5, a.a.O., S. 139ff.

[340] Ebda, S. 155.

[341] Vgl. dazu die gute Übersicht bei: Kommunikation zwischen Partnern, H.18: Blinde – Sehbehinderte – Taubblinde. Düsseldorf ³1983.

[342] Tabelle und Hinweise nach *Küppers, C.:* Diagnostik und Behandlung von Funktionsstörungen der Augen im Kindesalter. In: Behinderte Kinder, Früherkennung, Behandlung, Rehabilitation. Hrsg. von der Bundeszentrale für gesundh. Aufklärung. Köln o.J., S. 49.

[343] *Hudelmayer, D.:* a.a.O., S. 52.

344 Ebda, S. 58.

345 *Küppers, C.:* a.a.O.

346 Vgl. Schielen. Deutsche Ophtamologische Gesellschaft. Heidelberg 1985. – Vgl. auch: Das Hör- und Sehtestheft. Informationen zur Früherkennung kindlicher Hör- und Sehstörungen. Hrsg. von der Aktion Sorgenkind. Frankfurt/M.

347 Vgl. Kommunikation zwischen Partnern, H.18: a.a.O., S. 22.

348 *Hudelmayer, D.:* a.a.O., S. 29.

349 Ebda, S. 33.

350 *Mersi, F.:* a.a.O., S. 166.

351 In: *Bleidick, U.:* Einführung in die Behindertenpädagogik Bd. 2. Stuttgart 1981, S. 18.

352 Vgl. *Bartelmeß, B.:* Sehtestungen. Stuttgart 1982. – *Waubke, T. N.:* Die Augenerkrankungen im Kindesalter. Stuttgart 1985.

353 Siehe Anm. 333.

354 *Schmalohr, E.:* a.a.O., S. 310.

355 *Walther, R.:* Die Bedeutung der Bewegungserziehung in der Früherziehung sehgeschädigter Kinder. In: Frühförderung sehgeschädigter Kinder. Würzburg 1982, S. 50.

356 *Plath, P.:* Gehörlosigkeit – Medizinische Aspekte und pädagogische Rehabilitation. In: Kommunikation zwischen Partnern: Gehörlose – Schwerhörige – Sprachbehinderte. Düsseldorf [4]1982, S. 8.

357 Ebda, S. 30.

358 Ebda, S. 30.

359 Ebda, S. 30.

360 *Furth, H. G.:* Lernen ohne Sprache. Weinheim 1977, S. 25.

361 *Plath, P.:* a.a.O., S. 30.

362 Ebda, S. 9ff.

363 *Deutscher Bildungsrat:* a.a.O., S. 137.

364 *Bielsalski, P.:* Kritische Überlegungen zur Früherfassung hörgestörter Kinder. In: *Stange, G.* (Hrsg.): Früherfassung hör- und sprachentwicklungsverzögerter Kinder. Marburg 1980, S. 12f.

365 *Löwe, A.:* Kinder-Audiometrie. Berlin 1974.

366 *Plath, P.:* a.a.O., S. 14.

367 *Lehnhardt, E.:* Das Cochlear Implantat von den Anfängen bis zur verläßlichen Hilfe für gehörlose Kinder, in: Das Cochlear Implantat bei Kindern und Jugendlichen, hrsg. von *A. Lehnhardt,* München 1997, 19 ff., hier auch weitere Forschungsergebnisse, Erfahrungen, Literatur, Adressen von Fachleuten in Kliniken; vgl. Das Cochlear Implantat, eine (neue) Möglichkeit der Begabungsentfaltung bei Hörgeschädigten? Hrsg. von der Stiftung zur Förderung körperbehinderter Hochbegabter, Buchenweg 1, Vaduz/ Liechtenstein. Bericht über die Internationale Arbeitstagung 1995 in Vaduz; Cochlear Implant bei Kindern, hrsg. v. *Th. Lenarz* u. a., Stuttgart 1994.

368 *Ploth, P.:* a.a.O., S. 16.

369 Ebda, S. 35 ff.

370 Ebda, S. 35 ff.

371 *Löwe, A.:* a.a.O., S. 21ff.

372 Vgl. *Schulte, K.:* Phonembestimmtes Manualsystem PMS. Villingen-Schwenningen 1974.

[373] Kommunikation mit Gehörlosen in Lautsprache und Gebärde. Hrsg. von der BAG der Elternvertreter und Förderer deutscher Gehörlosenschulen. München 1982, S. 14.

[374] *Uden, A. van:* Das gehörlose Kind. Heidelberg ²1982, S. 4f.

[375] Ebda, S. 94.

[376] Zur Sprachentwicklung: *Stern, C.U.W.:* Die Kindersprache. Leipzig 1907. – *Piaget, J.:* Le langage et la pensée chez l'enfant. Neuchatel 1923. – *Hörmann, H.:* Psychologie der Sprache. Berlin 1967. – *Oerter/Montada:* Entwicklungspsychologie. München 1982.

[377] *Sinz, R.:* Folgen und Prävention frühkindlicher Prägungsstörungen – das Konzept der primären und sekundären Prägung. In: Kindertherapie, hrsg. von *Speck* u.a. München 1987, S. 63.

[378] *Deutscher Bildungsrat,* a.a.O., S. 40. – Zum Forschungsstand: Dt. Gesellschaft für Sprachheilpädagogik e.V.: Interdisziplinäre Zusammenarbeit. Kongreßbericht über die XXII. Arbeits- und Fortbildungstagung in Münster 1996.

[379] *Heinelt, G.:* Kind und Sprache. In: *Behler, W.* (Hrsg): Das Kind. Freiburg 1971, S. 116ff.

[380] Handbuch der Sonderpädagogik, Bd. 7: Pädagogik der Sprachbehinderten, hrsg. v. *Knura/Neumann.* Berlin 1980. – Handbuch der Sprachtherapie, Bd. 8: Sprachstörungen im sonderpädagogischen Bezugssystem, hrsg. v. *Grohnfeldt, M.* Berlin 1995. – *Gschwend, G.:* Die neurophysiologischen Grundlagen der Rehabilitation. Lübeck 1994. – Abb. nach *Schnelle, H.:* Sprache, Gehirn und neuronale Netze. In: Rubin. Wissenschaftsmagazin der Ruhruniversität Bochum 2/92, S. 4.

[381] *Heinelt,* a.a.O., S. 133.

[382] Vgl. *Knura/Neumann,* a.a.O., S. 12ff.

[383] ders.: Bd. 5: Störungen der Redefähigkeit. Berlin 1992, S. 3ff.

[384] *Grohnfeldt, M.:* Handbuch der Sprachtherapie Bd. 2: Störungen der Aussprache. Berlin 1990, S. 8.

[385] Vgl. *Knura/Neumann,* a.a.O., S. 39 ff. – Vgl. *Grohnfeldt, M.:* Störungen der Sprachentwicklung. Berlin ⁶1993.

[386] Vgl. *Knura/Neumann,* a.a.O., S. 26ff.

[387] Vgl. Überblick in: *Grohnfeldt, M.,* Bd. 8, Anm. 367.

[388] Vgl. *Ayres, J.:* Lernstörungen. Heidelberg 1979. – *Valtin, R.:* Legasthenie. Weinheim 1970. – *Hasler, H.:* Lehren und Lernen der geschriebenen Sprache. Darmstadt 1991. – *Kossow, H.-J.:* Leitfaden zur Bekämpfung der Lese-Rechtschreibschwäche. Berlin 1991. – *Kephart, N.C.:* Das lernbehinderte Kind im Unterricht. München 1977.

[389] *Zuckrigl, A.:* Sprachstörungen. In: Kommunikation zwischen Partnern, Gehörlose – Schwerhörige – Sprachbehinderte. Düsseldorf ⁴1982, S. 47. – Vgl. *Bleidick, U.* u.a.: Einführung in die Behindertenpädagogik Bd. 3: Schwerhörigen-, Sehbehinderten-, Sprachbehinderten- und Verhaltensgestörtenpädagogik. Stuttgart ²1981, S. 74f.

[390] *Schmidt/Esser:* Psychologie für Kinderärzte. Stuttgart 1985, S. 213. Die Unterschrift unter der Tabelle lautet: Differentialdiagnostisches Vorgehen bei Sprech- und Sprachstörungen (aus: *H.Harbauer* [bearbeitet von *M.H. Schmidt*]: Kinder- und Jugendpsychiatrie. Deutscher Ärzte-Verlag, Köln ³1984).

[391] Vgl. *Hellbrügge, T./Montessori, M.* (Hrsg.): Die Montessori-Pädagogik und das behinderte Kind. München 1978. Vgl. auch Kap. 7.3.4.

[392] Vgl. *Spitzer, M.:* Geist im Netz. Darmstadt 1996, S. 233.

[393] Vgl. ebd., S. 197ff.; *Montessori, M.:* Kinder sind anders. Suttgart 1971, S. 64.

[394] Vgl. Handbuch für Lehrgangsteilnehmer, Montessori-Material – Teil 1, ²1992.

[395] Vgl. *Ebersole u.a.:* Lernen Schritt für Schritt. München 1976. Dort sind weitere nützliche Hinweise zu finden. Siehe auch S. 134 ff.

[396] Das Beispiel wurde entnommen aus: Handbuch für Lehrgangsteilnehmer, Montessori-Material – Teil 1, 2. Auflage 1992, S. 32.

[397] Ebd., S. 38.

[398] Ebd., S. 128 f.

[399] Ebd., S. 130 f.

[400] Vgl. *Klicpera / Gasteiger-Klicpera:* Psychologie der Lese- und Schreibschwierigkeiten. Weinheim 1995 (grundlegend).

[401] Handbuch für Lehrgangsteilnehmer, Montessori-Material – Teil 1, ²1992, S. 134.

[402] Vgl. *Masendorf* (Hrsg.): Experimentelle Sonderpädagogik. Weinheim 1997.

[403] Vgl. *Schmutzler, H.-J.:* Ehemalige Sonder- und Hauptschüler im Jugendstrafvollzug. In: Sonderpädagogik 1989.

[404] Vgl. *Nissen, G.:* Medizinische Aspekte der Lernbehinderung. In: Handbuch der Sonderpädagogik, Bd. 4: Pädagogik der Lernbehinderung. Hrsg. von *Kanter/Langenohl/ Speck.* Berlin 1977.

[405] *Deutscher Bildungsrat:* a.a.O., S. 38.

[406] *Jantzen, W.:* Sozialisation und Behinderung. Gießen 1974.

[407] *Kanter, G.:* Lernbehinderungen, Lernbehinderte – deren Erziehung und Rehabilitation. In: *Deutscher Bildungsrat* (Hrsg.): Sonderpädagogik 3. Stuttgart 1974.

[408] *Bleidick, U.:* Einführung in die Behindertenpädagogik, Bd. 2. Stuttgart 1981, S. 93.

[409] *Kanter, G.:* Handbuch der Sonderpädagogik, Bd. 4. Berlin 1976, S. 47.

[410] Ebda, S. 48.

[411] Vgl. *Harbauer/Lempp/Nissen/Strunk:* Lehrbuch der speziellen Kinder- und Jugendpsychiatrie. Berlin ⁴1980. – *Hilsheimer, G. von:* Verhaltensgestörte Kinder und Jugendliche. Ravensburg 1975 (praxisorientiert; siehe unten: Ursachen, Symptome).

[412] *Kanter, G.:* a.a.O., S. 57.

[413] Ebda, S. 55.

[414] Vgl. *Nissen, N.:* a.a.O., S. 617.

[415] Vgl. *Klein, G.:* Spezielle Fragen soziokultureller Determinanten bei Lernbehinderung. In: *Kanter, G.:* a.a.O., S. 68. – Vgl. dazu: 5. Jugendbericht der Bundesregierung 1980, S. 109.

[416] Vgl. ebda, S. 108.

[417] Vgl. *Breipohl, R.:* Sozialisation in der Obdachlosenfamilie. Rheinstetten 1977, S. 65.

[418] Vgl. *Iben, G.:* Randgruppen der Gesellschaft. München 1974, S. 85.

[419] *Klein, G.:* a.a.O., S. 70.

[420] *Nissen, N.:* a.a.O., S. 218.

[421] Vgl. *Nissen, G.:* Medizinische Aspekte der Lernbehinderung. In: Handbuch der Sonderpädagogik, Bd. 4: Pädagogik der Lernbehinderten, a.a.O., S. 615.

[422] Ebda, S. 621.

[423] Ebda, S. 621.

[424] Ebda, S. 625.

[425] Edda, S. 626.

[426] Ebda, S. 630.

[427] Ebda, S. 637.

[428] *Nissen, N.:* a.a.O., S. 210 ff.

[429] Vgl. ebda, S. 211. – Vgl. *Lempp, R.* (Hrsg.): Teilleistungsstörungen im Kindesalter. Bern 1979.

[430] *Ensslen, S.* in: Entwicklungsbegleitende Frühförderung – eine interdisziplinäre Herausforderung. Bericht vom 4. Symposion Frühförderung, München. Hrsg. von der Vereinigung für interdisziplinäre Frühförderung e.V. 1988, S. 90.

[431] *Schlack, H.-G.:* Lern- und Verhaltensstörungen aus ärztlicher Sicht. In: Kongreßbericht Sonderpäd. Maßnahmen – Prävention und Rehabilitation. Kaarst 1983, S. 8.

[432] Ebda.

[433] *Brüggemann, J. H.:* a.a.O.

[434] Vgl. § 11 Kinder- und Jugendhilfegesetz; Sozialgesetzbuch.

[435] Vgl. *Bronfenbrenner, U.:* Wie wirksam ist die kompensatorische Erziehung? Stuttgart 1974, S. 140 ff.

[436] Ebda, S. 140 ff.

[437] Vgl. *Deutscher Bildungsrat.* Stuttgart [2]1976, S. 50.

[438] Z. B. *Pousset, R.:* Fingerspiele und andere Kinkerlitzchen. Reinbek 1984.

[439] *Reinartz/Reinartz:* Individualprogramm zum Wahrnehmungstraining. Dortmund 1974. – Dies.: Visuelle Wahrnehmungsförderung. Dortmund [2]1977. – *Fritze* u.a.: Hören. Auditive Wahrnehmungsförderung. Dortmund 1976. – *Montessori, M.:* Montessori-Material. Handbuch für Lehrgangsteilnehmer. Zelhem NL 1978. – *Kephard, N. C.:* Das lernbehinderte Kind im Unterricht. München 1977. – *Kükelhaus/zur Lippe:* Entfaltung der Sinne. Frankfurt/M. 1982. – *Mönkemeyer, K.:* Spiele für alle fünf Sinne. Reinbek 1988.

[440] *Tischler/Moroder:* Musikalische Spielideen für die pädagogische, sonderpädagogische und therapeutische Praxis. Frankfurt/M. 1990. – *Michael, B.:* Traurig und fröhlich sein. Ravensburg 1979. – *Iben, G.* (Hrsg.): Zärtlich sein. Soziales Lernen. Ravensburg 1979. – *Schmid, G.:* Mal- und Zeichenspiele in der Gemeinschaft. München 1986. – *Bleckmann, R.:* Soziales Verhalten im Kindergarten. Freiburg 1984.

[441] *Neubauer, W. F.:* Selbstkonzept und Identität im Kindes- und Jugendalter. München 1976. – *Keysell, P.:* Pantomime für Kinder. Ravensburg 1975. – *Ellwanger/Grömminger:* Das Puppenspiel. Freiburg 1989.

[442] *Duhm/Huss* (Hrsg.): Förderung sprachlicher Kommunikation 4- bis 6jähriger Kinder. Braunschweig 1977. – *Götte, R.:* Sprache und Spiel im Kindergarten. Weinheim 1977. – *Schwerin, A. von:* Sprache haben – sprechen können. Freiburg 1987. – *Schaufelberger, H.:* Märchenkunde für Erzieher. Freiburg 1987. – *Krimm/von Fischer:* Rhythmik und Sprachanbahnung zur Förderung des entwicklungsgestörten und behinderten Kindes. Ravensburg 1976. – *Wulff, J.:* Sprachfibel (Hör-, Atem-, Sprech-, Lautübungen usw.). München [6]1977. – *Wurst, F.:* Sprachentwicklungsstörungen und ihre Behandlungen. Wien 1973.

[443] *Nikitin, B./Nikitin, L.:* Aufbauende Spiele. Köln 1980. – *Michael/Mottat:* Wind und

Wasser erfahren. Ravensburg 1979. – *Thiesen, P.:* Konzentrationsspiele für Kindergarten und Hort. Freiburg 1990. – *Grissemann/Weber:* Grundlagen und Praxis der Dyskalkulietherapie. Bern ²1993.

[444] *Grimm/Bodenburg:* So werden Kinder sauber. Reinbek 1985.

[445] *Staatsinstitut für Frühpädagogik* (Hrsg.): Eltern-Kind-Programm, 3 Bde. Donauwörth 1977. – *Thiesen, P.:* Die gezielte Beschäftigung im Kindergarten. Freiburg ⁴1990.

[446] Vgl. *Hellbrügge/Montessori* 1978, s. a. Kap. 7; *Hager, W.* (Hrsg.): Programme zur Förderung des Denkens bei Kindern. Göttingen 1995; *Greisbach/Kullik/Souvignier* (Hrsg.): Von der Lernbehindertenpädagogik zur Praxis schulischer Förderung. Lengerich 1998; *Borchert, J.:* Pädagogisch-therapeutische Intervention bei sonderpädagogischem Förderbedarf. Göttingen 1996.

[447] Handbuch für Lehrgangsteilnehmer, Montessori-Material – Teil 1, ²1992, S. 95 f.

[448] Vgl. Grissemann, H.: Grundlagen und Praxis der Dyskalkulietherapie. Bern 1993; ders.: Dyskalkulie heute. Bern 1996 mit sehr praktischen Hinweisen.

[449] Anleitungen/Beispiele in: Schieder, M.: Montessori-Mathematik. Reutlingen 1996.

[450] Handbuch für Lehrgangsteilnehmer, Montessori-Material – Teil 1, ²1992, S. 104–106.

[451] Vgl. Schlüsselbegriffe in der Vorschulerziehung. Hrsg. vom *Arbeitskreis Vorschulerziehung* der PH Schwäbisch-Gmünd. Freiburg 1973. – *Retter, H.:* Reform der Schuleingangsstufe. Bad Heilbrunn 1975. – *Dumke, D.:* Modelle zur Förderung lernschwacher Schüler. Holstein 1980.

[452] *Deutscher Bildungsrat:* a.a.O., S. 40.

[453] Vgl. *Schmidt, M.:* Häufige Verhaltensauffälligkeiten bei Beeinträchtigungen des Lernens. Fernuniversität Hagen 1990, S. 35.

[454] Vgl. *Schmidt, P.:* Verhaltensstörungen aus anthropologischer Sicht. Bern 1985, S. 72f. – *Wille, A.:* Die Enkopresis im Kindes- und Jugendalter. Berlin 1984. – *Kahan, V. L.:* Psychische Krankheit im Kindesalter. Köln 1973.

[455] Modell der Bedürfnishierarchie nach Maslow, in: *Oerter/Montada:* Entwicklungspsychologie. München 1982, S. 578.

[456] Vgl. *Harbauer/Lempp/Nissen/Strunk:* Lehrbuch der speziellen Kinder- und Jugendpsychiatrie. Berlin ⁴1980.

[457] Vgl. Klinische Psychosomatik von Kindern und Jugendlichen. Hrsg. von *Zauner/Biermann.* München 1986, bes. S. 266ff.

[458] Vgl. *Grissemann:* a.a.O., S. 113.

[459] Vgl. *Klafki* u.a.: Funk-Kolleg Erziehungswissenschaft, 3 Bde. Frankfurt/M. 1970, S. 53ff.

[460] Vgl. *Grissemann:* a.a.O., S. 241.

[461] Vgl. *Barker, Ph.:* Grundlagen der Kinderpsychiatrie. Ravensburg 1973. – *Scholz, W.* (Hrsg.): Verhaltensprobleme in der Schulklasse. München 1977.

[462] Vgl. *Kluge/Randow, von:* Kinder- und Jugenddelinquenz. Darmstadt 1979.

[463] Vgl. *Fürst, W.:* Die Erlebnisgruppe. Freiburg 1992. – *Bauer, H. G.:* Die Erlebnis- und Abenteuerpädagogik. München ²1985. – *Smit* u.a.: Freiheit einüben. Stuttgart 1988 (anthroposophische Erziehung).

[464] *Grissemann:* a.a.O., S. 113 f.

[465] Vgl. *Wille, A.:* Die Enkopresis.

[466] Vgl. Erziehen? – Heute? Prinzipien verantwortlicher Erziehung. Kastellaun 1980.

[467] Vgl. *Faßnacht, G.:* Systematische Verhaltensbeobachtung. München 1979.

[468] *Schmidt/Esser:* Psychologie für Kinderärzte. Stuttgart 1985, S. 200.

[469] *Innerhofer, P.:* Das Münchener Trainingsmodell. Berlin 1977, S. 1.

[470] Vgl. *Goetze/Jaede:* Die nicht-direktive Spieltherapie. München 1975, S. 28.

[471] *Axline, V. M.:* Kinderspieltherapie im nicht-direktiven Verfahren. München 1972; – vgl. *Goetze/Jaede,* a.a.O.

[472] Vgl. *Klein, M.:* Die psychoanalytische Spieltechnik, ihre Geschichte und Bedeutung. In: *Biermann, G.* (Hrsg.): Handbuch der Kinderpsychotherapie, Bd. 1. München [4]1976, S. 15ff.

[473] *Jaede, W.:* Gesehen und für gut befunden. In: Welt des Kindes 53/1975, H.6, S. 335ff. – Vgl. *Schmidtchen, S.:* Klientenzentrische Spieltherapie. Weinheim [2]1976. – *Bennecken, J.* (Hrsg.): Kinderspieltherapie. Fallstudien. Stuttgart 1982.

[474] Vgl. *Jochimsen, P.:* Spiel und Verhaltensgestörtenpädagogik. Berlin 1984.

[475] *Tausch/Tausch:* Erziehungspsychologie. Göttingen [8]1977.

[476] *Wagner, A. C. u.a.:* Schülerzentrierter Unterricht. München 1978.

[477] *Lorenz, R. u.a.:* Verhaltensänderung in der Schule. Reinbek 1976.

Kap. 7: Das behinderte und lernschwache Kind in der Regel-Schule

[478] Vgl. *Speck, O.:* System Heilpädagogik. München 1988, S. 323ff.

[479] AO=Verordnung über den Bildungsgang in der Grundschule, Ausbildungsordnung gem. § 26b SchVG.

[480] Vgl. *Speck,* a.a.O., S. 288ff.

[481] Vgl. *Bleidick, U.:* Das Dilemma mit der Integration. In: Die Sonderschule 40, 1995, H. 5, S. 329ff.

[482] Vgl. *Willand, H.:* Lehrerausbildung zwischen Wissenschaftsorientierung und Berufsfelderfordernissen. In: Schule heute 5/94, S. 18.

[483] Vgl. *Frühauf, T.:* Schulische Rehabilitation durch Rückschulung. Marburg 1986.

[484] Vgl. *Willand, H.:* Berufsbildung lernbeeinträchtigter Jugendlicher zwischen Erfolg und Mißerfolg. In: Pädagogische Varia, hrsg. v. *Bunk/Lassahn.* Gießen 1995.

[485] Vgl. *Hellbrügge:* Unser Montessori-Modell. München 1977.

[486] Pädagogisch bewertete Programme dazu nennt: *Landesinstitut für Schule und Weiterbildung* in Soest/NRW.

[487] Vgl. *Biewer, G.:* Montessori-Pädagogik mit geistig behinderten Schülern. Bad Heilbrunn 1992.

[488] Vgl. *Schmutzler, H.-J.:* Freiarbeit in der Montessori-Pädagogik. Hamm [4]1994.

[489] Vgl. *Hellbrügge/Montessori* (Hrsg): Die Montessori-Pädagogik und das behinderte Kind. München 1978.

[490] ders.: Grundelemente der sozialpädiatrischen Entwicklungs-Rehabilitation. Sonderschrift der Aktion Sonnenschein. München o. J.

[491] ders.: Erlebte und bewegte Kinderheilkunde. München 1994. S. 87f.

[492] Vgl. ebda.

Glossar

Abbé	In Frankreich Titel eines Geistlichen, der nicht dem Klosterstand angehört
Abort	Fehlgeburt
Acidose	krankhafte Vermehrung des Säuregehalts im Blut
Adipositas	auch: Fettsucht; übermäßige Vermehrung oder Bildung von Fettgewebe
affektiv	gefühlsbetont, durch heftige Gefühlsäußerungen gekennzeichnet
Affektabilität	Beeinflußbarkeit eines Affektes (= heftige Erregung)
Agnosie	krankhafte Störung der Fähigkeit, Sinneswahrnehmungen als solche zu erkennen (trotz erhaltener Funktionstüchtigkeit der Sinnesorgane)
Agraphie	Verlust oder schwere Störung der Schreibfähigkeit, die nicht durch motorische Ausfälle zu erklären ist
Akalkulie	Rechenschwäche, meist infolge einer Erkrankung des unteren Scheitellappens
Ambivalenz	Bezeichnung für das Nebeneinander gegensätzlicher Vorstellungen, Wünsche oder Absichten, unter Umständen mit der Folge der Handlungsunfähigkeit
Anaesthesie	völlige Unempfindlichkeit gegen Schmerz-, Temperatur- und Berührungsreize
Anamnese	Krankengeschichte
anatomisch	den Bau des menschlichen Körpers betreffend
Anomalie	Unregelmäßigkeit; geringgradige Entwicklungsstörung
Anoxie	Sauerstoffmangel in den Geweben
Anthelix	die der *Helix* der Ohrmuschel gegenüberliegende Windung
Anthropologie	Wissenschaft vom Menschen in seiner Entwicklung in natur- und geisteswissenschaftlicher Hinsicht
Anus-praeter	künstlicher Darmausgang, sog. Kunstafter
Apathie	Teilnahmslosigkeit; Leidenschaftslosigkeit
Apgar-Schema	Punkteschema für die Zustandsdiagnostik des Neugeborenen unmittelbar nach der Geburt (**A**tmung, **P**uls, **G**rundtonus, **A**ussehen, **R**eflexe)
Aphasie	zentrale Sprachstörung nach weitgehend abgeschlossener Sprachentwicklung
Asphyxie	Atemstillstand und Herz-Kreislauf-Versagen bei Atemlähmung
Ataxie	Störung der Koordination von Bewegungsabläufen

Athetose	Krankheitsbild bei verschiedenen Erkrankungen mit unaufhörlichen, ungewollten, langsamen, bizarren Bewegungen der Gliedmaßenenden
Athetotiker	jemand, der an Athetose leidet
Ätiologie	Gesamtheit der Faktoren, die zu einer bestehenden Krankheit geführt haben
Audiologie	Teilegebiet der Hals-Nasen-Ohren-Heilkunde, das sich mit der Funktion und den Störungen des Gehörorgans befaßt
audiologisch	die *Audiologie* betreffend
Autismus	Kontaktstörung mit Rückzug in die eigene Vorstellungs- und Gedankenwelt und Isolation von der Umwelt
barisch	den Luftdruck betreffend, Druck, -gefühl
basal	1. an der Basis liegend, 2. den Ausgangswert bezeichnend
Biofeedback	auf dem Prinzip der operanten Konditionierung aufbauende Methode der Psychotherapie, bei der Meßgrößen vegetativer oder motorischer Funktionen durch Instrumente aufgezeichnet und nach Umwandlung in akustische oder optische Signale wahrnehmbar gemacht werden, um sie über eine Steigerung des Körperbewußtseins einer gezielten Einflußnahme durch den Patienten zugänglich zu machen
Brachydaktylie	Oberbegriff für erbliche Verkürzung einzelner oder mehrerer Finger oder Zehen, meist seitensymmetrisch
Brachyzephalie	Kurz- oder Rundkopf mit abgeflachtem Hinterkopf
Braille-Schrift	Blindenschrift
Brocasches Sprachfeld	motorische Sprachregion im Gehirn
Brushfield-Flecken	kleine weiße Flecken der Iris beim Down-Syndrom
Captagon	Medikament zur Behandlung hyperaktiver Kinder
Cervixinsuffizienz	Schwäche des Halses bzw. des Nackens
choreatisch	außerhalb der Pyramidenbahn (Gesamtheit aller absteigenden Leitungsbahnen des zentralen Nervensystems) gelegenes Syndrom mit Hyperkinesen (motorische Reizzustände des Körpers mit Muskelzuckungen und unwillkürlichen Bewegungen) und allgemeine *Hypertonie* der Muskulatur
Curriculum	Lehrplan, Lehrprogramm
Cylert	Medikament zur Behandlung hyperaktiver Kinder
Daktylogie	Wissenschaft von den Fingern, Zehen
debil/Debilität	veraltete Bezeichnung für leichte geistige Behinderung
Deformität	Mißbildung (von Organen oder Körperteilen)
Demenz	Bezeichnung für in der Regel über Monate bis Jahre chronische Veränderung des Gehirns mit Verlust von früher erworbenen kognitiven Fähigkeiten

Dendrit	kurzer Fortsatz einer Nervenzelle; eine Nervenzelle hat 1–12 Dendriten
depressiv	mit Verstimmung verbunden, traurig, niedergeschlagen gestimmt
Depression (anaklitisch)	depressives Syndrom, das bei Säuglingen infolge Trennung von der Bezugsperson auftritt
Deprivation	Bezeichnung für unzureichende oder fehlende körperliche bzw. affektive Zuwendung, die in den ersten Lebensjahren z. B. zu anaklitischer Depression oder insbesondere zu Abweichung der Sprachentwicklung führen kann
deviant	von der Norm sozialen Verhaltens, vom Üblichen abweichend
Diadochokinese	schnelle Abfolge antagonistischer (gegensätzlich) Bewegungen
Dialyse	physikalisches Verfahren zur Abtrennung gelöster Teilchen in Abhängigkeit von ihrer Molekülgröße und elektrischen Ladung mit Hilfe einer semipermeablen Membran
Differential-	Krankheitsbestimmung durch unterscheidende, abgrenzende Gegen-
diagnostik	überstellung mehrerer Krankheitsbilder mit ähnlichen Symptomen
Dioxin	hochgiftige Verbindung von Chlor und Kohlenwasserstoff, die schwere Gesundheitsschäden verursacht
Diplegie	beidseitige Lähmung
direktiv	Verhaltensregeln gebend
diskreditieren	dem Ruf, Ansehen einer Person oder Sache schaden
Diskurs	die von einem Sprachteilhaber auf der Basis seiner sprachlichen Kompetenz tatsächlich realisierten sprachlichen Äußerungen
Dysarthrie	Sprechstörung infolge Störung der an der Sprechmotorik beteiligten neuromuskulären Strukturen, die sich durch Störungen der Artikulation, vermehrte Sprachanstrengung sowie Veränderungen der Sprechgeschwindigkeit äußert
Dysgramma- tismus	Sprachstörung, Unfähigkeit eines Sprechers, grammatisch richtige Sätze zubilden
Dysgraphie	Schreibstörung
Dyskalkulie	Rechenstörung
Dyslalie (Stammeln)	Störung der Lautbildung, bei der einzelne Lautverbindungen völlig fehlen, durch andere ersetzt oder abartig gebildet werden
Dyslexie	organisch oder seelisch bedingte Lesestörung: Minderung der Fähigkeit, Geschriebenes zu erfassen, geistig aufzunehmen und zusammenhängend vorzulesen
Dysmelie	Störung der Extremitätenentwicklung
Dysphasie	Bezeichnung für 1. eine Sprachstörung bei hirnlokalem Syndrom; 2. verzögerte Sprachentwicklung
Dysphorie	Störung der *Affektivität* mit bedrückter, gereizter Stimmung
dysplastisch	fehlentwickelt, von den normalen Körperwachstumsformen stark abweichend

EEG	Elektroenzephalogramm; diagnostische Methode zur Registrierung von Potentialschwankungen des Gehirns
Effizienz	Wirksamkeit, Wirkkraft
Epikanthus	angeborene sichelförmige Hautfalte am inneren Rand des oberen Augenlids
evozieren	vorladen, durch Vorladung eines Beklagten vor Gericht etwas bewirken; hervorrufen
Exploration	Untersuchung und Befragung
expressiv	ausdrucksstark, mit Ausdruck, ausdrucksbetont
fazial	zum Gesicht gehörend
Fetalperiode	Zeitraum der pränatalen Entwicklung vom Ende der Embryonalperiode (von Anfang der 9. *SSW*)
Feudalismus	auf dem Lehnsrecht aufgebaute Wirtschafts- und Gesellschaftsform, in der alle Herrschaftsfunktionen von der über den Grundbesitz verfügenden aristokratischen Oberschicht ausgeübt werden
Fötus	Leibesfrucht vom dritten Schwangerschaftsmonat
Gestatio	Schwangerschaft
Gestose	früher übliche Bezeichnung für alle durch eine Schwangerschaft bedingten Krankheitszustände
Glabella-Reflex	auch: Orbicularis-oculi-Reflex; Erkrankung des extrapyramidalen Systems; Auslösung des Effekts: Schlag auf die Glabella (unbehaarte Stelle zwischen den Augenbrauen)
Gliazellen	vom *Ektoderm* abgeleitetes Hüll- und Stützgewebe des Nervensystems. Im Gegensatz zu den Nervenzellen sind die Gliazellen auch nach der Pränatalperiode noch vermehrungsfähig
Habituationslernen	Lernen durch Gewöhnen
Hämophilie	erbliche Blutkrankheit
haptisch	den Tastsinn betreffend
Hemiplegie	vollständige Lähmung einer Körperhälfte
Hospitalismus	zusammenfassende Bezeichnung für alle durch bzw. während eines Krankenhaus- oder Heimaufenthaltes auftretende Schädigungen
Hydrocephalus	sogenannter Wasserkopf
hyperkinetisch	mit Muskelzuckungen und unwillkürlichen Bewegungen einhergehend
Hyperkinetisches Syndrom	Bewegungsunruhe mit unwillkürlichen, automatenhaft ablaufenden Bewegungen des Körpers oder einzelner Körperteile, besonders der Extremitäten
Hyerthyreose	Überfunktion der Schilddrüse mit gesteigerter Produktion und Sekretion der Schilddrüsenhormone
Hypertonie	sogenannter Bluthochdruck, Hochdruckkrankheit
Hypertonus	s. *Hypertonie*
Hyperventilation	im Verhältnis zum erforderlichen Gasaustausch des Körpers gestei-

gerte alveoläre (mit kleinen Hohlräumen versehen) Ventilation mit normalem bis erhöhtem Sauerstoffpartialdruck bei Erniedrigung des CO_2-Partialdrucks

Hypoglykämie	Verminderung der Konzentration von Glukose im Blut unter einen dem jeweiligen Lebensalter entsprechenden Wert
Hypothyreose	Unterfunktion der Schilddrüse und unzureichende Versorgung der Körperzellen mit Schilddrüsenhormon
Hypotonie	1. herabgesetzte Muskelspannung; 2. zu niedriger Blutdruck; 3. Verminderung des Drucks im Auge
Hypotrophie	Unterernährung; unterdurchschnittliche Größenentwicklung eines Gewebes oder Organs
Hypoventilation	alveoläre Minderbelüftung in Relation zum Stoffwechselbedarf des Organismus mit Absinken von partialem Sauerstoff und Anstieg vom partialem CO_2 infolge verringerten Atemminutenvolumens (Atemvolumen, das in einer Minute geatmet wird)
Hypoxie	Verminderung des Sauerstoffpartialdrucks im arteriellen Blut bzw. verminderte Sauerstoffversorgung im Gesamtorganismus oder bestimmten Körperregionen
Ileostomie	operative Herstellung eines künstlichen Darmausgangs unter Verwendung einer unteren Krummdarmschlinge
Implantation	Einpflanzung von körperfremden Materialien in den Organismus
Indikation	Grund zur Anwendung eines bestimmten diagnostischen oder therapeutischen Verfahrens in einem Krankheitsfall, der seine Anwendung hinreichend rechtfertigt, wobei grundsätzlich Aufklärungspflicht gegenüber dem Patienten besteht
infantil	auf kindlicher Entwicklungsstufe stehengeblieben, geistig oder körperlich unterentwickelt; einem Kind angemessen
Insuffizienz	Schwäche, ungenügende Leistung eines Organs oder Organsystems
intendieren	auf etwas hinzielen; beabsichtigen, anstreben, planen
Interaktion	Wechselbeziehung zwischen Handlungspartnern
interdisziplinär	die Zusammenarbeit mehrerer Disziplinen betreffend
Intoxikation	Vergiftung
intrauterin	innerhalb der Gebärmutter liegend bzw. erfolgend
ipsativ	bzgl. des individuellen Lernfortschritts
Kastration	operative Entfernung der Keimdrüsen (Hoden bzw. Eierstöcke) oder Ausschaltung der Keimdrüsen durch Röntgenbestrahlung
kataton	schizophren, Wahnerleben
kinästhetisch	bewegungsempfindlich
Klinodaktylie	meist *kongenitale* (angeborene) radiale Schiefstellung der Finger
kognitiv	die Erkenntnis betreffend; erkenntnismäßig
Kolostomie	operatives Anlagen einer äußeren Dickdarmfistel
komatös	in tiefster Bewußtlosigkeit befindlich
Konduktor	Individuum, das eine Krankheitsanlage von der vorausgehenden

	Generation auf die nächstfolgende überträgt, ohne selbst krank zu sein; Führer
kongenital	ererbt und bei der Geburt manifestiert
Kontraktur	1. Fehlstellung eines Gelenks mit Bewegungseinschränkung, Versteifung; 2. dauernde Verkürzung und Schrumpfung von Weichteilen
Korrelat	Begriff, der zu einem anderen in Wechselbeziehung steht
korrelieren	miteinander in Wechselbeziehung stehen
Kortex	1. äußere Zellschicht eines Organs; 2. Hirnrinde
KTD	Körperkoordinationstest für Kinder
kumulieren	(an)häufen
Kyphose	Buckel, Wirbelsäulenverkrümmung nach hinten
kyphotisch	die Kyphose betreffend
Labeling	etikettieren
labil	schwankend, unsicher, unbeständig
Landau-Reaktion	frühkindliche Lagereaktion, die etwa im 3. Lebensmonat auftritt und zwischen dem 12. und 24. Lebensmonat verschwindet
larvieren	verstecken, verbergen
Legasthenie	Schwierigkeit beim Erlernen vom Lesen
Leukämie	bösartige Erkrankung der weißen Blutkörperchen durch klonale Proliferation (Wucherung des Gewebes durch Zellvermehrung) unreifer hämatopoetischer (blutbildender) Zellen
Listeriose	von Tieren auf Menschen selten übertragene Infektionskrankheit
LKG-Spalte	Lippenkiefergaumenspalte: Spaltbildung des Gaumens, die entweder den weichen Gaumen oder zusätzlich auch den harten Gaumen betreffen kann, in Kombination mit Lippen- und Kieferspalte
Logopäde	Angehöriger eines medizinischen Heilberufs, der Diagnostik, Therapie und Beratung bei Stimm-, Sprech-, Sprach- und Hörstörungen durchführt
LRS	Lese-, Rechtschreib-Schwäche
manifest	offenbar, offenkundig
manisch-depressiv	abwechselnd krankhaft heiter, schwermütig
matinal	früh
MCD	minimale cerebrale Dysfunktion
Meningitis	Hirnhautentzündung
Meningo-encephalitiden	Form der Meningitis, bei der die Gehirnsubstanz in Mitleidenschaft gezogen ist
mental	seelisch-geistige Verstandesaspekte
Meningomyelozelen	angeborene Fehlbildung des Rückenmarks und der Wirbelsäule
Mneme	Gedächtnis
mnestisch	die *Mneme* betreffend
Mongolenfalte	Hautfalte besonders der mongoliden Rasse, die den inneren Augenwinkel vom Oberlid überlagert
mongoloid	mit mongolischen Rassenmerkmalen

Morbus Förster	Durchtrennung der hinteren Wurzel der Rückenmarksnerven als Palleativoperation zur Schmerztherapie
Morbus Reckling-hausen	meist unregelmäßig dominant vererbte Erkrankung des Nerven-systems, bei der sich zahlreiche Knoten an den Nervensträngen in allen Organen bilden können
Moro-Reflex	Umklammerungsreflex
morphologisch	die äußere Gestalt betreffend, der Form nach
Motologie	die Lehre von der menschlichen Motorik und deren Anwendung in Erziehung und Therapie
motologisch	die *Motologie* betreffend
Motopädagogik	Erziehung, Förderung durch Bewegung
Mototherapie	therapeutisches Verfahren zur Korrektur und Kompensation psy-chomotorischen Fehlverhaltens und zur Förderung nicht ausgebil-deten motorischen Verhaltens
Mucoviszidose	autosomal-rezessiv erbliche Stoffwechselstörung mit einem geneti-schen Defekt am Chromosom 7 und generalisierter Dysfunktion exokriner (nach außen absondernd) Drüsen
Multiple Sklerose	primär entzündliche Erkrankung des Zentralnervensystems mit herdförmiger Entmarkung
Muskelatrophie	Rückbildung des Muskels
Muskeldystrophie	mit schweren Funktionsstörungen einhergehende pathologische Veränderung der Muskeln
Mutismus	Stummheit bei intakter Wahrnehmung, erhaltenem Sprachver-mögen und intakten Sprechorganen
Myelenisation	Prozeß der Bildung von Lipiden und Proteinen zusammengesetzte Isolationssubstanz in der Markscheide der Nervenfasern
Myopathie	entzündliche degenerative Muskelerkrankung
Myotonie	tonischer Krampf der Muskulatur
Näseln	Störung von Stimmklang und Sprachfärbung durch unphysiolo-gische Luftstromführung
Nephropathie	Nierenleiden
Neurologie	Wissenschaft von Aufbau und Funktion des Nervensystems
Neurophysiologie	*Physiologie* des Nervensystems
Neuropsychiater	Wissenschaftler auf dem Gebiet der Neuropsychologie
Neurose	hauptsächlich durch Fehlentwicklung des Trieblebens und durch unverarbeitete seelische Konflikte mit der Umwelt entstandene krankhafte, aber heilbare Verhaltensanomalie mit seelischen Aus-nahmezuständen und verschiedenen körperlichen Funktions-störungen ohne organische Ursachen
Neurotiker	jemand, der an einer *Neurose* leidet
Neurotizismus	neurotische Tendenz, *Neurose*bereitschaft
neurovasculär	zu den Nerven und Blutgefäßen gehörend
neurovegetativ	das vegetative Nervensystem (Gesamtheit der dem Einfluß des Wil-

	lens und dem Bewußtsein primär nicht untergeordneter Nerven und Ganglienzellen) betreffend
Nikotinabusus	Nikotinmißbrauch
NMR	Abkürzung für (engl.) nuclear magnetic resonance; physikalischer Vorgang, der mit der mit der Ausrichtung und Messung von Elektronen oder geeigneten Atomkernen (Kernspinresonanz) verbunden ist
Noxe	krankheitserregende Ursache
Ödem	Ansammlung wäßriger Flüssigkeit in den Gewebespalten
olfaktorisch	den Riechnerv betreffend
ophtalmologisch	die Augenheilkunde betreffend
orofazial	den Gesichtsnerv betreffend
Pädiater	Facharzt für Krankheiten des Säuglings- und Kindesalters
Pädoaudiologie	Wissenschaft vom Hören und von Hörstörungen im Kindesalter
palliativ	die Beschwerden einer Krankheit lindern, aber nicht die Ursache bekämpfend
palmar	zur Handfläche gehörig, fächerförmig
Parese	vollständige Lähmung
parietal	seitlich, wandständig
Parität	Gleichstellung, Gleichsetzung
Pathologie	Wissenschaft von den Krankheiten, besonders von ihrer Entstehung und den durch sie hervorgerufenen organisch-anatomischen Veränderungen
peripher	außen, am Rande, weg oder fern vom Zentrum
Perseveration	sogenanntes Haftenbleiben an Vorstellungen bzw. beharrliches Wiederholen von Bewegungen oder Wörtern auch in unpassendem Zusammenhang
Perzeptionsstörung	Wahrnehmungsstörung
Phonoponose	Fehlfunktion der Kehlkopfmuskulatur
Physiologie	Wissenschaft von den Grundlagen des allgemeinen Lebensgeschehens
Placenta	Mutterkuchen, Nachgeburt (wird nach der Geburt der Frucht ausgestoßen)
plantar	zur Fußsohle gehörend, sie betreffend
Plastizität	Bildhaftigkeit, Anschaulichkeit, Körperlichkeit
Plexus	Gefäß- oder Nervengeflecht
Polarisation	das deutliche Hervortreten von Gegensätzen; Herausbilden einer Gegensätzlichkeit
Poliomyelitis	spinale (zur Wirbelsäule gehörende) Kinderlähmung
Poltern	Sprechstörung, die als Störung oder Dyskoordination der Sprachgestaltung aufgefaßt wird
Polyneuritis	in mehreren Nervengebieten gleichzeitig auftretende Entzündung
Prädisposition	Anlage, Empfänglichkeit für bestimmte Krankheiten

Prävention	vorbeugende Maßnahme, besonders in der Gesunheitspflege
Progredienz	das Fortschreiten, die zunehmende Verschlimmerung einer Krankheit
Propriorezeptoren	Wahrnehmung der Stellung und Bewegung des Körpers im Raum
Protektion	Förderung, Begünstigung, Bevorzugung
psychogen	seelisch bedingt
Psychogenese	Entstehung und Entwicklung der Seele oder des Seelenlebens
Psychomotorik	Gesamtheit des durch psychische Vorgänge beeinflußten körperlich-seelischen Ausdrucksverhaltens
Psychopathie	aus einer erblichen Disponiertheit heraus sich entwickelnde Abartigkeit des geistig-seelischen Verhaltens
Psychopathologie	Lehre von den psychischen Erlebnis- und Handlungsmöglichkeiten des Menschen, sofern diese als abweichend oder pathologisch angesehen werden
Psychopharmaka	Arzneimittel für psychische Störungen
Psychose	allgemeine Bezeichnung für psychische Störung mit strukturellem Wandel des Erlebens
Psychosomatik	Wissenschaft von der Bedeutung seelischer Vorgänge für Entstehung und Verlauf körperlicher Krankheiten
Psychotiker	jemand, der an einer *Psychose* leidet
Pulmonalinsuffizienz	Schlußunfähigkeit der Pulmonalklappe am Herzen
Reanimation	Wiederbelebung
remedial	heilend
Reversibilität	Umkehrbarkeit
rezeptiv	aufnehmend, empfangend
rezidivierend	in Abständen wiederkehrend
Reziprozität	Gegen-, Wechselseitigkeit
Rhesus-Faktor	von den Blutgruppen unabhängiger, dominant erblicher Faktor der roten Blutkörperchen, dessen Vorhandensein oder Fehlen ein entscheidendes Bestimmungsmerkmal beim Menschen ist, um Komplikationen bei Schwangerschaften und Transfusionen vorzubeugen
Rigidität	Unnachgiebigkeit; Unfähigkeit, sich wechselnden Bedingungen schnell anzupassen
Ritalin	Medikament zur Behandlung hyperaktiver Kinder
rubrizieren	in eine bestimmte Rubrik einordnen
rudimentär	a) nicht voll ausgebildet; b) zurückgeblieben, verkümmert
Schizophrenie	Form der körperlich nicht begründbaren Psychose, die durch ein Nebeneinander von gesunden und veränderten Erlebens- und Verhaltensweisen gekennzeichnet ist
Screening	zeit- und kostengünstiger Suchtest, z. B. zur ersten Identifizierung von gefährlichen Stoffen
Segregation	1. Ausscheidung, Trennung; 2. Aufspaltung der Erbfaktoren während der Reifeteilung der Geschlechtszellen

Sensomotorik	durch Reize bewirkte Gesamtaktivität in sensorischen und motorischen Teilen des Nervensystems und des Organismus
sensorisch	die Sinnesorgane, die Aufnahme von Sinnesempfindungen betreffend
serial	eine Reihe bestimmter gleichartiger Dinge oder Geschehnisse betreffend
Seriation	Reihenbildung, z. B. von optischen oder akustischen Reizen, Signalen
Signifikanz	Bedeutsamkeit, Wesentlichkeit
Skoliose	seitliche Verbiegung der Wirbelsäule mit Drehung der einzelnen Wirbelkörper und Versteifung in diesem Abschnitt
skurril	sonderbar, auf lächerliche oder befremdende Weise eigenwillig
somatisch	den Körper betreffend
somatogen	körperlich bedingt
Sozialpädiatrie	interdisziplinäres Arbeitsgebiet der Kinderheilkunde unter Einbeziehung von Psychologie, Sozialpädagogik, Kinderkrankenpflege, Logopädie, Spieltherapie, Krankengymnastik u. a.
sozialpädiatrisch	die *Sozialpädiatrie* betreffend
Spasmus	Krampf; unwillkürliche Muskelkontraktion
spastisch	krampfhaft, krampfartig, verkrampft
Spina bifida	sogenannter Spaltwirbel, Wirbelspalt; angeborene Spaltbildung im hinteren oder vorderen Teil der Wirbelsäule
spinal	zur Wirbelsäule, zum Rückenmark gehörend
Spontanremission	(vorübergehendes) Zurückgehen von Krankheitserscheinungen von selbst
SSW	Schwangerschaftswoche
statomotorisch	Bewegungs-, Körperhaltung betreffend
Strabismus	Schielen; Fehlstellung eines Auges
Substitut	Ersatz(mittel); Stellvertreter
subsumieren	ein-, unterordnen
subtil	mit viel Feingefühl, mit großer Behutsamkeit, Sorgfalt, Genauigkeit vorgehend oder ausgeführt
subtotal	unterhalb des Ganzen, – aller
suggerieren	jemanden gegen seinen Willen gefühlsmäßig oder seelisch beeinflussen
Synapse	Kontakt-, Umschaltstelle zwischen Nervenfortsätzen, an der nervöse Reize von einem Neuron auf ein anderes weitergeleitet werden
Syndaktylie	angeborene Entwicklungsstörung mit Verwachsungen bzw. Nichttrennung von Zehen- oder Fingeranlagen
Synergismus	gegenseitige Beeinflussung mehrerer Arzneimittel i. S. einer additiven oder potenzierten, u. U. auch neuartigen Wirkung
Synthese	Zusammensetzung, Aufbau
taktil	das Tasten, den Tastsinn betreffend
teratogen	Mißbildungen bewirkend
Tetraplegie	komplette Lähmung aller vier Extremitäten

Thalidomid-Embryopathie	embryopathisches Fehlbildungssyndrom mit im Vordergrund stehenden schweren Extremitätenanomalien nach Einnahme von Medikamenten in der Frühschwangerschaft
Tic	meist automatisch, gelegentlich willkürlich beeinflußbare, plötzlich einsetzende, rasche Muskelzuckungen i. S. von Sterotypien mit zwanghaften Ausdrucks-, Abwehr- und Reflexbewegungen
tonisch	1. kräftigend, stärkend; 2. den *Tonus* betreffend; durch anhaltende Muskelanspannung charakterisiert
Tonus	Grad der Anspannung eines Organs oder Organteils, z. B. von Muskeln, Gefäßen oder Nerven
Toxikose	durch exogen oder endogen gebildete toxische Substanzen verursachte Erkrankung
Toxoplasmose	durch eine bestimmte Parasitenart hervorgerufene Infektionskrankheit
überprotektiv	(über)beschützend
utero-placentar	Gebärmutter und Mutterkuchen betreffend
Uterus	Gebärmutter
Vakuumextraktion	Form der operativen Entbindung zur Entwicklung des kindlichen Kopfes mittels einer Saugglocke, die auf die Kopfschwarte des kindlichen Schädels gesetzt wird und durch Erzeugung eines Unterdrucks festhaftet
validieren	etwas für rechtsgültig erklären, geltend machen, bekräftigen
Variabilität	Veränderlichkeit, besonders die Verschiedenartigkeit und Veränderlichkeit des Erscheinungsbildes durch Umwelteinflüsse oder durch Veränderungen im Erbgut
vegetativ	unwillkürlich, unbewußt
Verhaltensmodifikation	die durch äußere Faktoren bedingte nichterbliche Änderung des Verhaltens
visuell	das Sehen betreffend
zerebral	das Großhirn betreffend, von ihm ausgehend, zu ihm gehörend
Zerebralparese	allgemeine Bezeichnung für Folgen eines frühkindlichen Hirnschadens
Zygote	nach Verschmelzung der beiden Gameten (geschlechtlich differenzierte Fortpflanzungszelle von Menschen) entstandene diploide (einen doppelten Chromosomensatz aufweisend) Zelle